GIANCARLO DI MARCO

Simplified Complexity

Método para el modelado NURBS avanzado con Rhinoceros®

EDICIONES LE PENSEUR

Simplified Complexity

Método para el modelado NURBS avanzado con Rhinoceros®

Giancarlo Di Marco

Prólogo de Arturo Tedeschi

Contribuciones: Davide Lombardi y Filippo Moroni

ISBN 978-88-95315-44-7 | I edición Septiembre 2017

Impreso en Italia en el mes de Septiembre 2017

Número de copias: 600

Traducción de Adriana Pérez Ruiz

Revisión y validación lingüística:
Shelsy Di Marco Díaz y Giancarlo Di Marco

Imagen de portada: Vision Mercedes-Maybach 6 – Render (detalle)

En el presente volumen se ha utilizado como ejemplo principal el Vision Mercedes-Maybach 6, ya que, debido a la complejidad de las superficies, se prestaba a ilustrar el potencial de modelado NURBS avanzado.

Para conocer nuestras novedades editoriales consulta nuestro sitio internet: www.lepenseur.it

A mi esposa,
mi amiga, mi alma analógica.

Y a la sabiduría humana:
te sigo buscando...

ÍNDICE

Agradecimientos

En un libro escrito en poco tiempo pero en el cual se resume un conocimiento construido a lo largo de casi dos décadas, son muchas las personas que he conocido y que me han apoyado, criticado, estimulado, inspirado, guiado, todas más o menos voluntariamente o conscientemente, y a quienes agradezco.
En primer lugar una persona querida que seguramente en este momento hubiera dicho "Lo hecho, hecho está!", colega, mentor y amigo inolvidable, Arq. Stefano Ricci: gracias a él me introduje muy a fondo en los temas y las problemáticas de la geometría compleja, de la cultura de proyecto, del valor inmaterial del dibujo, discutiendo de arquitectura y traduciendo en joyas únicas las formas arquitectónicas más fantasiosas. Gracias por los casi 15 años de enseñanzas, consejos y amistad.
Amigos, colegas, investigadores, emprendedores, visionarios, innovadores, que tengo la fortuna de conocer no solo en el mundo digital sino también en el real: Arturo Tedeschi, Filippo Moroni, Davide Lombardi, Pietro Gabriele, Alberto Casarotto, Monika Wittig, Raffaella Cerica.
La Universidad Centro de Diseño Cine y Televisión de la Ciudad de México y el mejor equipo que se puede desear para comprender el presente y construir el futuro de la educación universitaria y post-universitaria: Kerstin Scheuch, Iván Abreu, Alejandro Piscitelli, Gabriela Traverso, Karla Paniagua, Roberto Cabezas, Ashby Solano, Eduardo Obieta.
Tonatiuh Navarro, que sabe cómo hacerme sentir joven haciéndome recordar cuando utilizaba ¡CAD con sistema operativo MS-DOS!
Andrés González y Arturo Flores Peñaloza, con quienes inició, entre eventos y amistad, mi aventura profesional en México, el país que me ha acogido.
Matúš Nedecký, uno de los mejores artistas visuales con quien he tenido el placer de colaborar y fuente de inspiración con su gran trabajo Flying Architecture.
Monika deBrucky de Mercedes-Benz Research & Development North America, Inc., por las imágenes oficiales del Vision Mercedes-Maybach 6; Slavche Tanevski por ayudarme con la comunicación con Mercedes-Benz.

Giancarlo Di Marco

Prólogo – Seamless

Una peculiaridad significativa de la "piel" de los objetos contemporáneos es la progresiva reducción de todas las conexiones visibles y, por lo tanto, una especie de aspiración a la continuidad, que parece un asintótico camino hacia una idea de objeto-organismo generado a través de un principio de crecimiento más que de adición de partes.

Desde las envolturas de la arquitectura contemporánea hasta la carrocería de los automóviles de nueva generación, las superficies se desarrollan como finas láminas modeladas por múltiples flujos dinámicos: envuelven espacios y componentes electrónicos, se persiguen, se doblan y se funden con elegancia, anulando cada separación, dando la ilusión de que no existe un antes y un después, un arriba y un abajo. Y cuando las uniones son necesarias o inevitables, estas aparecen como curvas totalmente naturales, intrínsecas a la misma piel, generando un resultado y una percepción muy diferente a aquella de los objetos del pasado.

Esta riqueza y, al mismo tiempo, simplicidad no es sólo producto de la evolución tecnológica, sino que está basada en el desarrollo decenal de técnicas de representación matemática, que ampliaron las posibilidades de gestión de formas complejas por parte de arquitectos y diseñadores. Geometrías *free-form*, aspiraciones proyectuales y *digital manufacturing* experimentan una fecundación recíproca que ha guiado esta profunda mutación.

Dentro de este escenario la computadora y los softwares de modelado se presentan de manera insólitamente contradictoria. Si por un lado el esfuerzo de los programadores se dirige a volver invisibles los "engranajes" matemáticos, dando una apariencia amigable a los complejos algoritmos, por otra parte este tipo de interfaz genera a menudo automatismos y simplificaciones, sea en fase de aprendizaje que de uso.

No es raro lanzar por primera vez una de estas aplicaciones y ser capaz de hacer malabarismos naturalmente entre comandos, paletas y menú. Pero debajo de la superficie simplificada se esconde a menudo la naturaleza de las cosas, la teoría y las metodologías que llevan a un control profundo y a un uso completo de las potencialidades de un programa de modelado 3D. Esto sucede en un modo particular para un software *game-changer* como Rhinoceros, que en pocos años se impuso como plataforma de referencia en el campo del *product-design* y que, gracias a su exactitud y flexibilidad, ha encontrado seguidores y aplicaciones en campos heterogéneos.

Utilizar con sabiduría y eficiencia Rhinoceros significa comprender profundamente su paradigma de modelado, basado en la representación matemática NURBS y sus correspondientes sistemas de curvas y superficies.

Comprender la lógica es requisito preliminar y propedéutico hacia la experimentación y memorización de secuencias de comandos y procesos.

Al adherirse a este principio, Giancarlo escribió uno de los libros más significativos e innovativos sobre Rhinoceros: "Simplified Complexity". Con claridad y simplicidad, el texto estructura un recorrido gradual de aprendizaje de la teoría NURBS, acompañado además por ejemplos paradigmáticos sobre los principales temas del modelado free-form, con el fin de ofrecer al lector una antología de casos a los cuales recurrir, yendo más allá de la aproximación mutualista. Giancarlo tiene la capacidad de identificar el núcleo de cada concepto, rastreando los elementos esenciales que sucesivamente propone como piezas de construcción de un proceso más amplio. Esta estrategia permite que el texto sea exhaustivo y accesible, llevando al lector a emprender un sólido recorrido de conocimientos.

"Simplified Complexity" se sitúa ambiciosamente en una posición informativa inédita, proponiendo contenidos centrales no solo respecto a las disciplinas estrechamente vinculadas a la proyección y producción de geometrías tridimensionales, sino también a la visualización fotorrealista y a la representación de lo existente, dejando links abiertos para desarrollos futuros.

Se trata entonces de una aproximación informativa que intenta crear un continuum, sin costuras, entre contenidos, procesos y perspectivas, resultando valioso tanto para los que desean acercarse a la materia como para aquellos que quieren consolidar sus propios conocimientos.

Arturo Tedeschi

Arturo Tedeschi, arquitecto e investigador independiente, es autor de *Parametric Architecture with Grasshopper* y *AAD Algorithms-Aided Design*, libros de referencia en el campo del diseño computacional. Es fundador y director de A>T, oficina de asesoría operativa a escala mundial en el ámbito de la proyectación y fabricación de formas complejas para la arquitectura, diseño de producto y diseño industrial. Entre sus colaboraciones: el estudio Zaha Hadid Architects y el diseñador Ross Lovegrove. Es actualmente Digital Consultant en el Politécnico de Milán.

Introducción

Escribir un libro es un gran compromiso que requiere concentración, dedicación, pasión y tiempo.

Las primeras tres crean la condición necesaria (y a menudo no suficiente) para que una ocupación se transforme en trabajo y eventualmente en éxito, y generalmente abundan si uno ama y cree en lo que hace.

Al contrario la última, el tiempo, es una rareza. Así que cuando finalmente decidí organizar las notas, las clases y el material acumulado en casi veinte años de actividad profesional y docencia, aproveché el único momento en el cual podía hacerlo, convirtiendo las vacaciones navideñas en un período de trabajo adicional. Por esto, sobra decirlo, en mi familia todos me aman.

Más allá de la exigencia de ocupar el tiempo en algo productivo, el verdadero motivo por el cual decidí escribir este libro se encuentra en un debate que me atrae desde hace unos 10 años sobre la teoría del aprendizaje y nuevas tecnologías: de cómo el dibujo digital y la fotografía digital nos convierten en una población "creativa"; o de cómo internet nos permite encontrar cualquier información en cualquier momento y nos ofrece el instrumento primario del aprendizaje del nuevo milenio, el tutorial.

Que quede claro, que no existe nada de malo en publicar tutoriales ni en seguir tutoriales, especialmente si son realizados por profesionales competentes y con la vocación de transmitir conocimiento. El problema surge cuando el tutorial se convierte en "la manera de aprender".

La discusión sobre tutorial y formación hace referencia a la relación entre información y conocimiento.

La necesidad, o mejor dicho la urgencia de lograr un resultado visible y concreto, la falta de paciencia y la inexistente tolerancia a la frustración que nos caracteriza en esta época histórica precisa, conllevan a la mala interpretación de la utilidad de los tutoriales.

La utilidad de un tutorial es relativa y depende del nivel de conocimiento que ya se posee. El tutorial transmite un contenido específico, que únicamente puede enriquecer un bagaje de conocimientos previamente adquiridos y asimilados.

El problema, por lo tanto, no es hallar la información sino organizarla en un modo en el cual la información además de ser recibida forme parte de un *sistema de informaciones*. De tal manera que este sistema se convierta en *conocimiento útil*, que permita desarrollar la capacidad de intuir, de manera autónoma, la solución a problemas análogos, similares o relativos.

La famosa gota del famoso vaso fue esta. El día en que publiqué por primera vez esta imagen llegó inmediatamente la pregunta: "¿puedes publicar un tutorial sobre cómo modelar este auto con Rhino?

Y yo me pregunté una vez más: ¿se puede condensar en un tutorial todo el conocimiento (que a su vez deriva también de la experiencia) necesario para poder crear este modelo 3D?

¡La respuesta fue este libro!

El objetivo del libro es ofrecer un conjunto de nociones e información estructurada para que el lector pueda adquirir *conocimiento útil*, es decir, pueda aprender los conceptos, los secretos y los trucos del modelado avanzado con Rhinoceros. El arquitecto obtendrá el conocimiento necesario para modelar arquitectura orgánica, el diseñador de autos obtendrá las herramientas para modelar automóviles, el diseñador industrial podrá controlar las formas complejas y su producción, y así sucesivamente.

Este libro no es un manual de Rhinoceros. Se encontrarán descritos y analizados en detalle casi 80 herramientas de modelado y análisis, deteniéndose en el por qué un comando funciona cómo funciona, cuáles son las implicaciones desde el punto de vista de la geometría creada con un comando o con otro, cuáles son las ventajas/desventajas de utilizar un determinado proceso de modelado, cuáles son los trucos para obtener resultados formalmente complejos pero topológicamente más simples.

El método propuesto como estrategia general de modelado NURBS con Rhino es el método ***Simplified Complexity*** que, a través de un profundo conocimiento de la geometría NURBS, aspira a obtener siempre las superficies más simples controlando la complejidad formal.

El sueño de todo diseñador!

Con este método el diseñador, el arquitecto o cualquier usuario que desea utilizar Rhinoceros de una manera profesional (según cánones de calidad, eficiencia y economía) podrá evitar perderse en las trampas del modelado NURBS y trazar inmediatamente el camino más rápido que lleva al mejor resultado.

A partir del capítulo 4 se desarrolla desde cero un modelo 3D del Vision Mercedes-Maybach 6 visible en la imagen anterior. El objetivo no es proporcionar un tutorial paso a paso, imposible en este caso como se podrá comprobar; la idea es presentar una aplicación práctica de algunos conceptos explicados en determinados capítulos, conceptos transversales que se pueden aplicar al modelado de cualquier objeto a cualquier escala.

La intención fue de las mejores. La esperanza es que a la ambición le subsiga un resultado a la altura.

¡Feliz estudio!

Giancarlo Di Marco

1

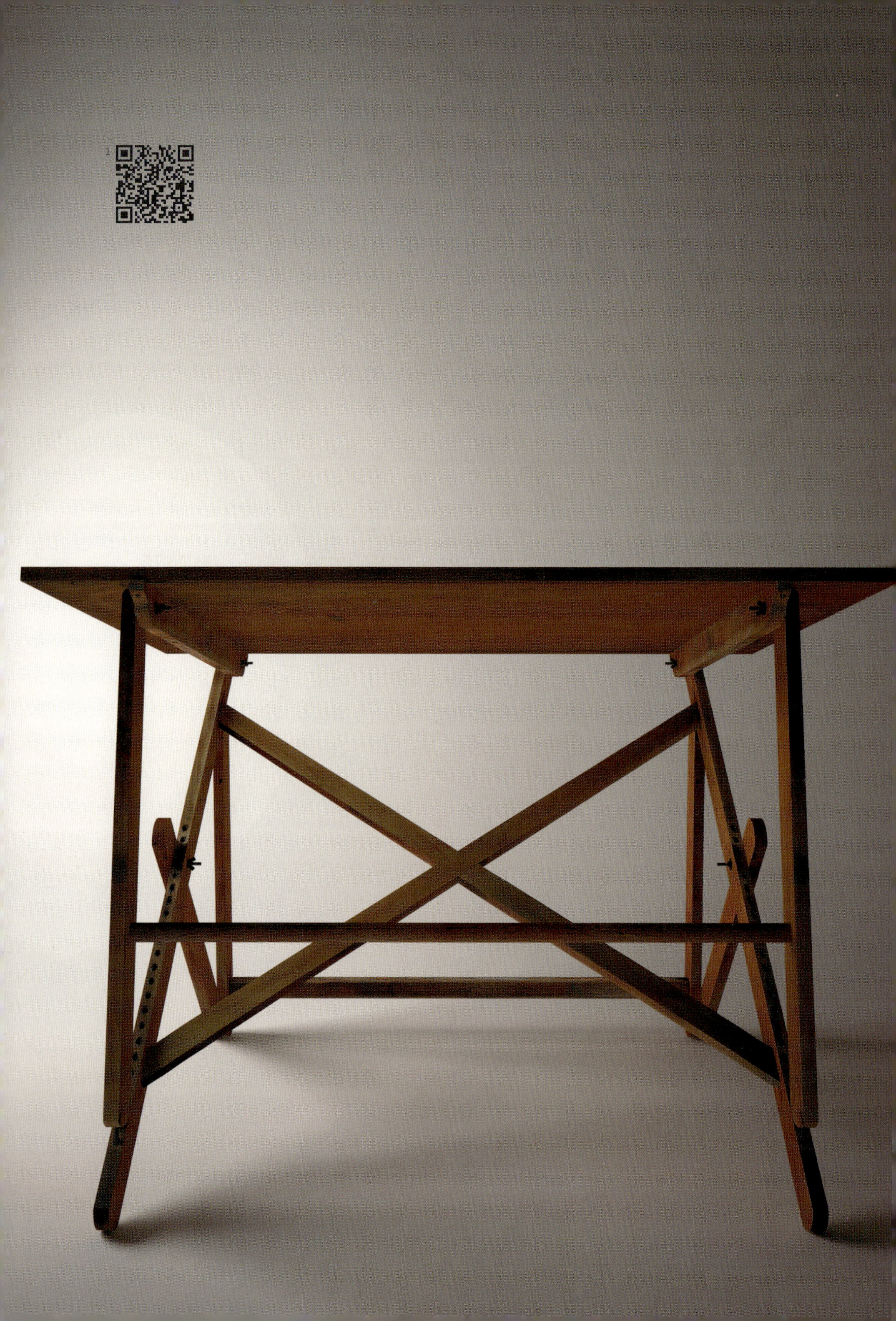

1_Nociones de geometría

Muchos estudiantes y profesionales dicen haber iniciado a utilizar Rhinoceros o querer hacerlo porque Rhinoceros es un software "intuitivo", o por lo menos más "intuitivo" que otros.
Esta visión me ha parecido siempre algo peculiar: según mi experiencia, de hecho, pocos software son menos intuitivos que Rhinoceros.
Un modelador poligonal, cualquiera que sea, es definitivamente más intuitivo que Rhino: un polígono es un polígono, una mesh no tiene secretos, se construye fácilmente, existen pocos elementos a los cuales prestar atención para no incurrir en errores grandes e irreparables; y de todos modos, la misma corrección de los errores es relativamente simple.
Por el contrario, el modelado NURBS es complejo y controlar perfectamente la geometría que se está modelando resulta difícil.
El único prerrequisito necesario para el aprendizaje correcto de Rhino es de hecho el conocimiento de la geometría y la consecuente capacidad de percibir fácilmente ("intuitivamente") la tercera dimensión.
Todo en Rhino se basa en reglas geométricas precisas: hasta cuando se crean formas libres el control geométrico es de gran importancia si se quiere diseñar algo que tenga un sentido.
Se deben tener presentes conceptos simples, casi ancestrales, como punto, línea, arco, círculo, polígono, radio, apotema ...; conceptos de geometría diferencial, como función, derivada, continuidad ...; y conceptos de geometría vectorial: línea de acción, dirección, módulo, descomposición de vectores, operaciones vectoriales ...
Si se poseen estos conocimientos, modelar con la geometría NURBS resultará relativamente sencillo.

1.1 Sistemas de referencia y coordenadas

Sistema de coordenadas se define como un sistema de referencia basado en coordenadas, las cuales determinan la posición de un objeto en cualquier espacio.
Dependiendo del número de coordenadas utilizadas, se puede hablar de:

- *sistema de referencia unidimensional;*
- *sistema de referencia bidimensional;*
- *sistema de referencia tridimensional.*

Sistema unidimensional

Un sistema de referencia unidimensional está constituido por una recta en la cual es posible determinar una correspondencia biunívoca entre una coordenada expresada con un número real y la posición de un punto (Figura 1.1).

Figura 1.1 – Abscisa y coordenada

Ya que Rhino es un modelador de formas libres, es más útil hablar de sistema de referencia unidimensional curvilíneo, o *abscisa curvilínea*, donde la distancia entre el punto y el origen, medida a lo largo de la curva, se llama coordenada curvilínea del punto (Figura 1.2).

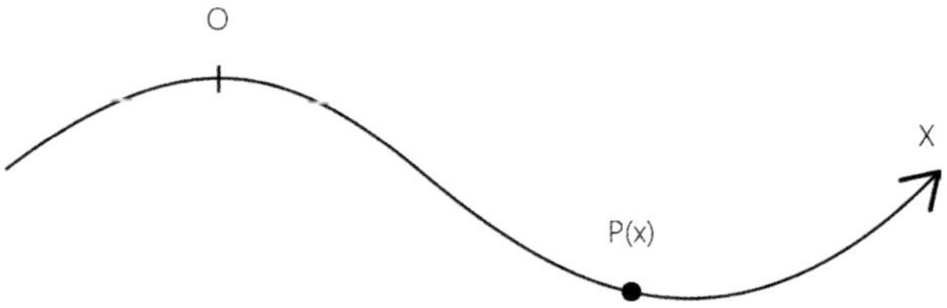

Figura 1.2 – Abscisa curvilínea y coordenada

La geometría que se usa en Rhino, tanto en curvas como en superficies, está basada en el concepto de abscisa curvilínea, como veremos en el capítulo *2 Geometría NURBS*.

Sistema bidimensional cartesiano

Un sistema bidimensional está formado generalmente por dos rectas incidentes llamadas eje X y eje Y.
En Rhino (como en todos los sistemas CAD) se utiliza un sistema bidimensional particular, llamado ortonormal o cartesiano, donde los dos ejes X y Y son ortogonales entre ellos y en ambos ejes se utiliza la misma unidad de medida para determinar las respectivas coordenadas x,y (Figura 1.3).
El eje X toma el nombre de eje de las *abscisas*, mientras el eje Y es el eje de las *ordenadas*.
Los dos ejes dividen el plano en cuatro cuadrantes: el cuadrante I es la parte del plano en donde ambas coordenadas son positivas; el cuadrante II es la parte del plano donde la coordenada x es negativa y la coordenada y positiva, y así sucesivamente.

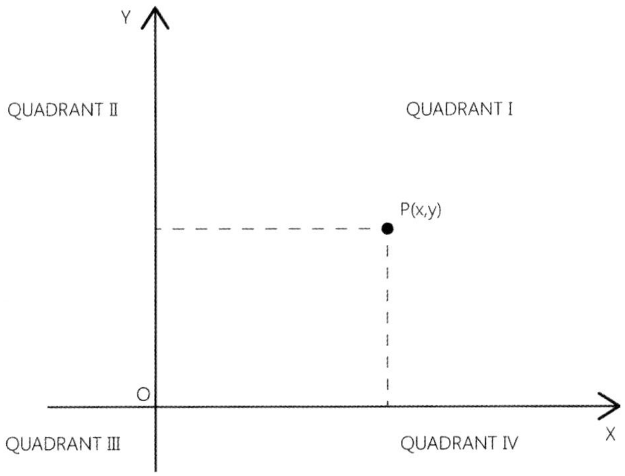

Figura 1.3 – Sistema cartesiano

En Rhino es posible especificar las coordenadas cartesianas de un punto directamente introduciendo los valores x,y en la línea de comando, según la siguiente modalidad:

x,y

Cabe señalar que la coma se utiliza para dividir la coordenada x de la coordenada y, por lo tanto como separador entre unidad y números decimales se usará el punto (ej. 10.5,20).

Sistema bidimensional polar

Un sistema bidimensional polar utiliza siempre dos coordenadas, que toman los nombres de *módulo y anomalía* o, simplemente, radio y ángulo (Figura 1.4).

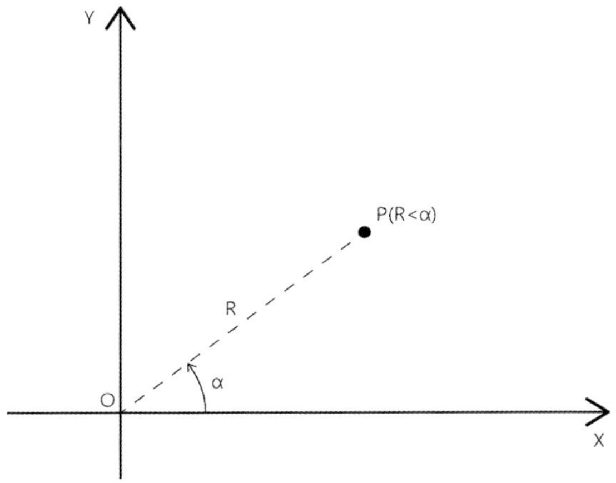

Figura 1.4 – Sistema polar

A menudo es útil recurrir a las coordenadas polares ya que permiten dibujar un segmento no especificando las coordenadas del punto final sino la longitud y la inclinación del segmento.
En Rhino es posible especificar las coordenadas polares de un punto directamente introduciendo los valores R y α en la línea de comando según la siguiente modalidad:

$$R<\alpha$$

Igualmente en este caso como separador entre unidad y números decimales se usará el punto (ej. 10.5<45).

Sistema de referencia tridimensional cartesiano

Un sistema de referencia tridimensional cartesiano está constituido por tres ejes orientados y mutuamente ortogonales, que se encuentran en un punto llamado *origen* (del sistema de referencia): los tres ejes generalmente se indican con las letras X, Y, Z y están orientados como se muestra en la Figura 1.5.
En este sistema de referencia existe una correspondencia biunívoca entre un punto del espacio y una terna de coordenadas (x,y,z) expresadas en números reales.

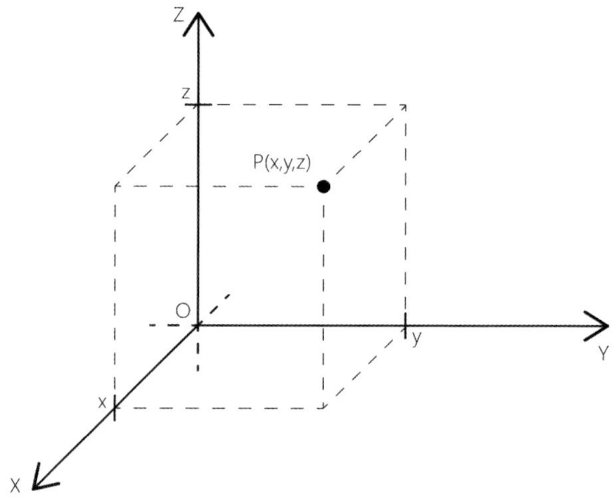

Figura 1.5 – Sistema 3D cartesiano o rectangular

En Rhino es posible especificar las coordenadas cartesianas de un punto directamente introduciendo los valores x,y,z en la línea de comando según la siguiente modalidad:

$$x,y,z$$

Como separador entre unidad y números decimales se usa siempre el punto (ej. 10.5,20,8).

Sistema de referencia tridimensional cilíndrico

Así como el sistema 3D cartesiano es la extensión tridimensional del relativo sistema cartesiano 2D, el sistema 3D cilíndrico es la extensión del sistema 2D polar.

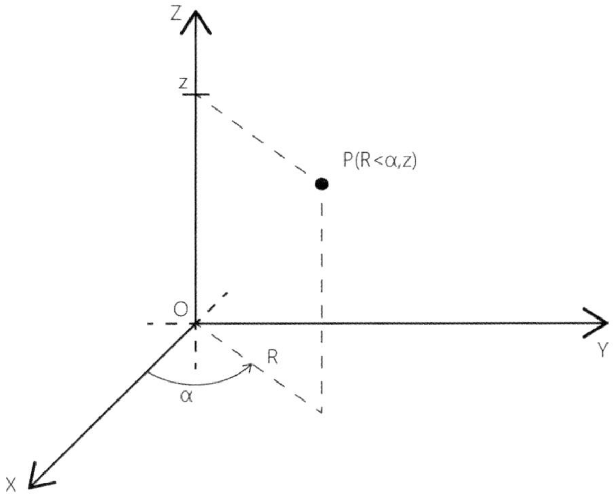

Figura 1.6 – Sistema 3D cilíndrico

En Rhino es posible especificar las coordenadas cilíndricas de un punto directamente introduciendo los valores R, α, z en la línea de comando según la siguiente modalidad:

$$R<\alpha,z$$

Cabe señalar que el símbolo < divide el radio del ángulo, mientras la coma se utiliza para dividir la coordenada z de la primera parte. Como siempre, el separador entre unidad y números decimales es el punto (ej. 10.5<45,20.7).

Observaciones

- Además del sistema de coordenadas 3D cilíndricas se puede utilizar el sistema de coordenadas 3D polares *offset*, *theta*, *phi*, que define la distancia del punto, el ángulo horizontal y el ángulo vertical.

1.2 Curvas cónicas

Una curva cónica es una curva obtenida de la intersección de un plano (plano de corte) y la superficie de un doble cono recto circular (Figura 1.7).

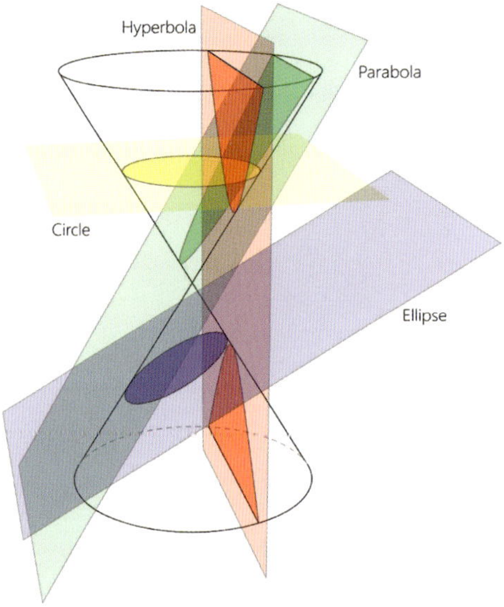

Figura 1.7 – Generación de las curvas cónicas

Se distinguen 4 tipos de curvas cónicas (excluyendo las curvas cónicas *degeneradas* que se obtienen cuando el plano de corte pasa por el vértice del cono):

- Elipse;
- Círculo (algunos lo catalogan como un caso particular de la elipse, pero es una curva tan compleja que merece ser considerada un caso aparte, ver *2.4.2 Curvas notables – el círculo*);
- Parábola;
- Hipérbole.

En los tres casos de curvas cónicas no-circulares se introduce una propiedad específica: la *excentricidad*. Tales curvas, de hecho, se definen como los puntos del plano cuya distancia de un punto llamado *foco* y de una línea llamada *directriz* tienen una relación constante: esta relación es la *excentricidad*.
Las curvas cónicas son curvas algebraicas de grado 2, o bien se expresan mediante ecuaciones de grado 2.

1.3 Geometría vectorial y propiedad de una curva

Un vector puede ser definido tanto matemáticamente como físicamente. Aunque la geometría NURBS haga referencia a ecuaciones matemáticas, su comportamiento tiene muchos puntos en común con la física: desplazamiento, velocidad, aceleración etc..

Es conveniente utilizar las definiciones físicas del vector, ya que nos permite "visualizar" las propiedades de una curva NURBS más allá de la abstracción de las fórmulas matemáticas.

Un vector es una magnitud determinada por dirección, sentido y módulo. Las magnitudes que pueden ser representadas de esta forma se llaman magnitudes vectoriales.

Un vector (aplicado) se representa, por lo tanto, como en la Figura 1.8:

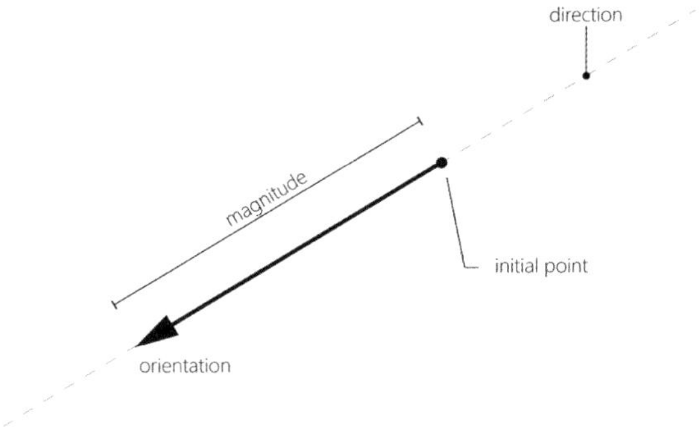

Figura 1.8 – Representación de un vector

Nota: dos vectores que tienen la misma dirección y módulo pero sentido contrario son diferentes, así como dos vectores que tienen la misma dirección y sentido pero módulo diferente. Esta consideración, aparentemente banal, servirá para comprender mejor los conceptos relativos a la continuidad entre curvas y superficies.

Un ejemplo conocido de magnitud vectorial es la *velocidad*.

Cuando un objeto se mueve a lo largo de una trayectoria se dice que se desplaza con una cierta velocidad. Si esta velocidad no cambia en el tiempo se dice que el objeto se desplaza con velocidad constante. Si la velocidad cambia en dirección y/o módulo se tiene una *aceleración*. Si la trayectoria es curva, por ejemplo, la velocidad varía aunque tenga módulo constante, porque varía la dirección (Figura 1.9).

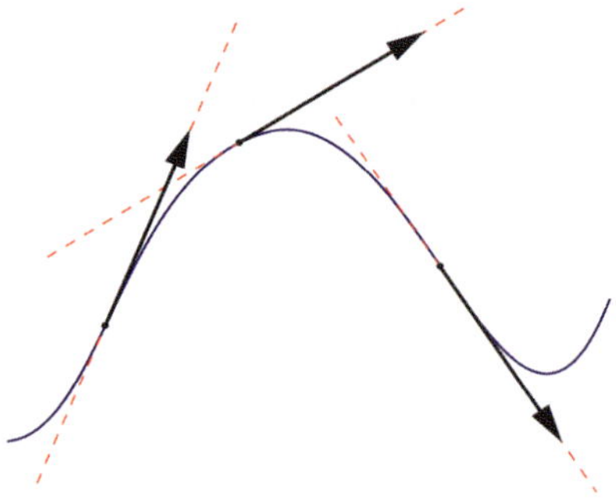

Figura 1.9 – Vector velocidad/dirección de una curva

Como tendremos oportunidad de profundizar más adelante, lo que se acaba de describir es exactamente lo que ocurre en una curva NURBS.

La primera derivada de la ecuación de la curva NURBS representa exactamente las propiedades de dirección y velocidad del punto de la curva que se mueve a lo largo de la trayectoria en función del parámetro.

Un vector dentro de un sistema de referencia cartesiano se puede descomponer en tres elementos, cada uno orientado según uno de los tres ejes (Figura 1.10).

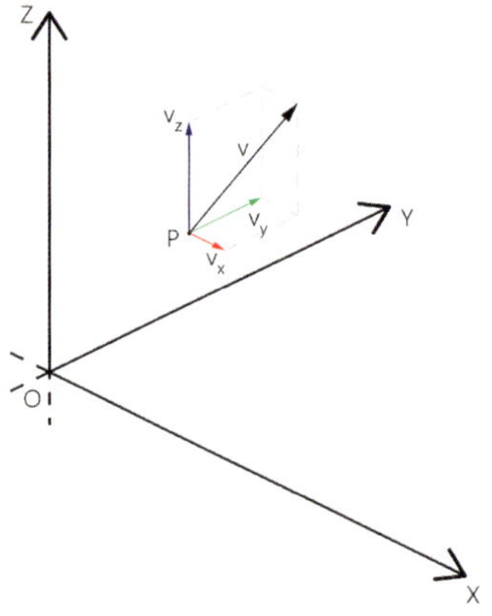

Figura 1.10 – Componentes de un vector según los ejes cartesianos

Por lo tanto intuitivamente se puede ver el vector $\vec{V}$ como la suma de los tres vectores $\vec{V}_x$, $\vec{V}_y$, e $\vec{V}_z$.

La suma de dos vectores se representa y se calcula como en la Figura 1.11.

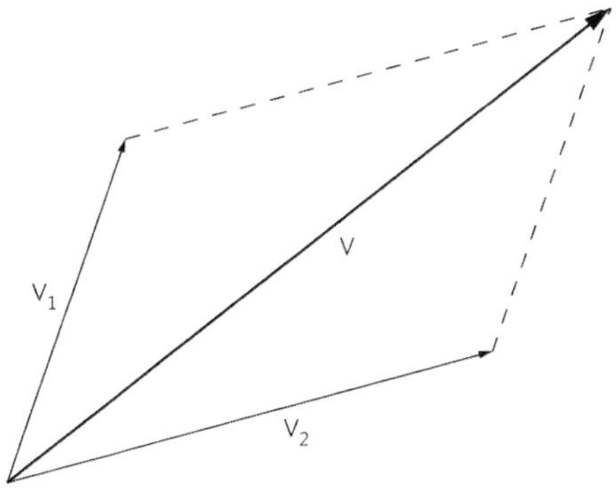

Figura 1.11 – Suma vectorial

1.4 Geometría diferencial de las curvas

Las propiedades que trataremos en este punto son teorizadas en la *Geometría diferencial de las curvas*, una rama de las matemáticas que usa el cálculo infinitesimal para estudiar la geometría de una curva.

Una curva NURBS es el gráfico de una función. Como veremos más adelante, esta función es generalmente continua y diferenciable en un intervalo específico, o bien es una función continua y con derivadas continuas dentro de este intervalo.

Es importante conocer la relación geométrica que existe entre las derivadas de la función de la curva NURBS y las propiedades geométricas de la misma curva.

Detengámonos por ahora en las dos derivadas más importantes: la primera derivada y la segunda derivada.

Un concepto importante en el cálculo infinitesimal es el concepto de entorno.

Pasemos por alto la definición teórica y digamos solamente que, en términos geométricos, dada una curva y un punto *P* de la curva, el entorno del punto *P* es una porción infinitesimal de curva que comprende en su interior el punto P (Figura 1.12).

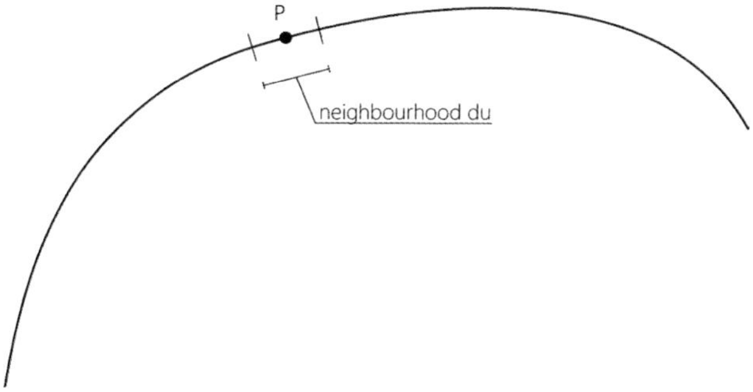

Figura 1.12 – Entorno de un punto P

Dado el punto P de una curva *free-form*, en el entorno del punto P el vector tangente a la curva aproxima la curva hasta el grado 1. Es decir, se asume que la forma de la curva en un entorno infinitesimal del punto P es muy similar a la recta tangente al punto P.

En la Figura 1.13 se puede observar la exactitud de esta aproximación, ya que en el interior de los dos segmentos transversales a la curva, la misma curva y la recta tangente son prácticamente coincidentes.

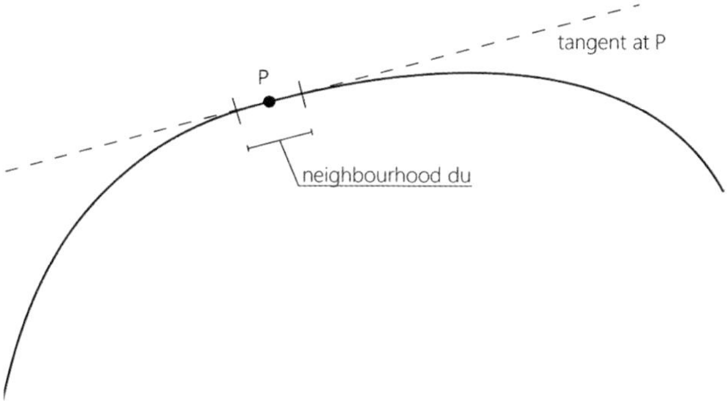

Figura 1.13 – Tangente y curva en el entorno del punto P

Ya que las curvas *free-form* son generalmente curvilíneas, no es interesante simplificar demasiado el aspecto de una curva igualándolo localmente con el de la recta tangente.

Por este motivo se recurre a una aproximación "de grado superior" utilizando el *círculo osculador*.

Dado el punto P de una curva *free-form*, en el entorno del punto P el círculo osculador a la curva aproxima la curva hasta el grado 2. Es decir, se asume que la forma de la curva en el entorno del punto P es muy similar al círculo osculador de la curva en el punto P.

El círculo osculador de la curva en el punto P es un círculo tangente a la curva en el punto P y que tiene radio igual al radio de curvatura de la curva en el punto P (Figura 1.14).

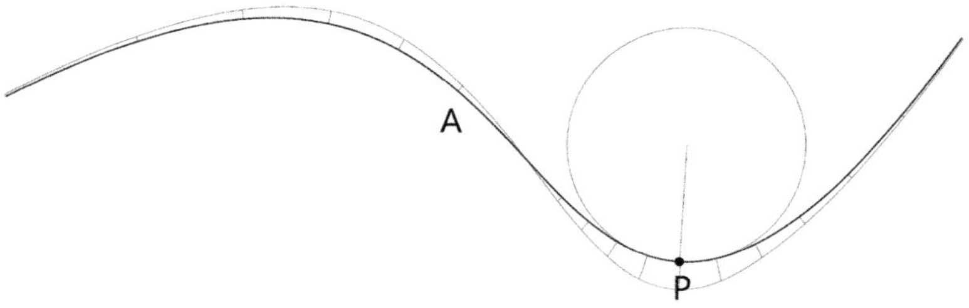

Figura 1.14 – Círculo osculador

En Rhino existe el comando _*Curvature* para visualizar (entre otras cosas) el círculo osculador de una curva.

 ***Comando: _Curvature***

Permite realizar el análisis de la curvatura de una curva, mostrando tres elementos:

- Puntos negros – son puntos de inflexión de la curva; dividen la curva en segmentos dentro de los cuales la curvatura se desarrolla siempre del mismo lado de la curva;
- Puntos blancos – dentro de cada segmento determinado por los puntos de inflexión aparece al menos un punto blanco, que muestra el punto de un tramo de curva en el que la curvatura asume valor máximo, o bien en el que el radio de curvatura es mínimo.
- Círculo osculador – aparece desplazándose a lo largo de la curva y representa el círculo que aproxima la curva localmente: haciendo clic en cualquier punto de la curva (incluyendo los puntos blancos) en la línea de comando se muestran las propiedades de la curvatura en el punto.

A continuación la lista de las relaciones entre derivada de la ecuación y geometría de la curva. Más adelante veremos cuáles herramientas de modelado o análisis permiten controlar estos aspectos.

Función – Posición

Banalmente, la ecuación NURBS proporciona la posición de los puntos en función del parámetro.

Primera derivada – Tangente

Imaginen que nos situamos en el borde de un barranco y lanzamos una piedra en dirección horizontal. En el momento en el que soltamos la piedra, esta tendrá una cierta velocidad inicial.

Como se puede observar la velocidad inicial determina la forma de la trayectoria (curva) según la cual cae la piedra. Además, se puede observar como el vector velocidad inicial resulta tangente a la curva y como cambiando el módulo (lanzando con más fuerza, $\vec{v_2} > \vec{v_1}$) se altera la forma de la trayectoria (Figura 1.15).

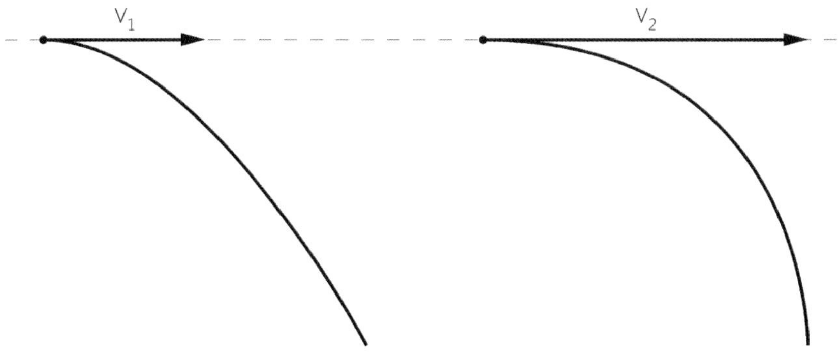

Figura 1.15 – Primera derivada (velocidad) y forma de la curva

Segunda derivada – Curvatura

La misma piedra del ejemplo anterior, en el instante en el que inicia su caída libre sufre la acción de la aceleración de gravedad. Esta aceleración es lo que produce la curvatura de la trayectoria.

La curvatura representa la variación de la dirección de la curva, o bien cómo varía la tangente a lo largo del recorrido de la curva.

Tercera derivada – Variación de la curvatura (Jerk)

La velocidad con la que varía la curvatura se llama *jerk*. Si los valores de la curvatura cambian demasiado rápido, quiere decir que la curva tiene un comportamiento generalmente continuo pero en tramos localizados sufre un cambio de dirección repentino y rápido.

Similar a cuando, manejando un auto en una curva amplia, se corrige continuamente la trayectoria con el volante. El resultado es un recorrido continuo y curvilíneo pero como el radio de curvatura cambia continuamente, la forma de tal recorrido no es suave (*smooth*).

Cuarta derivada – Jounce o Snap

Mide la velocidad con la que varía el *jerk*. El efecto de un cambio repentino del *jerk* se puede definir como temblor o sacudida.

Quinta derivada – Crackle

La definición de *crackle* (crujido) es "sonido compuesto por una rápida sucesión de sonidos leves de ruptura". Por analogía se puede pensar en la quinta derivada como la medida de pequeñas vibraciones a lo largo del recorrido de la curva.

Sexta derivada – Pop

El *pop* representa la variación del *crackle* a lo largo del recorrido de la curva. En realidad, a partir de este orden de derivada en adelante, es extremadamente difícil encontrar una descripción geométrica clara que pueda ilustrar el efecto.

1.5 Curvatura de una superficie

Mientras la curvatura de una curva es simple de analizar (*ver 1.4 Geometría diferencial de las curvas*), para una superficie existen distintos tipos de curvatura.

Curvaturas principales

Dado un punto P de una superficie podemos determinar la posición (el plano) tangente a la superficie y la normal a la superficie en el punto P, o bien considerar la terna cartesiana de ejes paramétricos internos u, v, w (Figura 1.16).

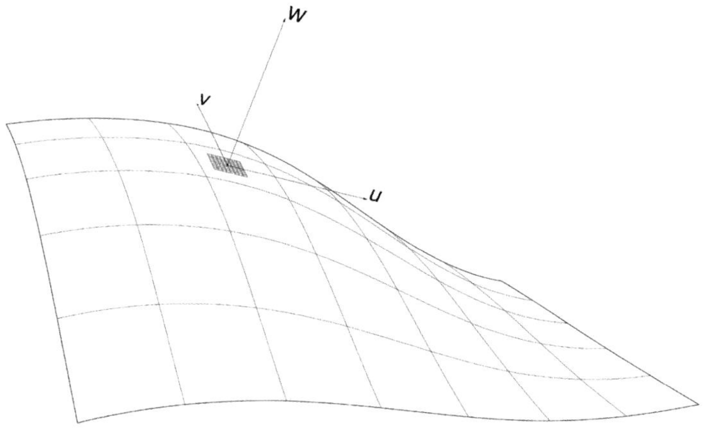

Figura 1.16 – Sistema de referencia paramétrico de la superficie

Si tomamos en consideración el plano uw perpendicular a la superficie en el punto P y lo rotamos alrededor del eje w obtenemos una serie de planos perpendiculares a la superficie en P.

La intersección entre estos planos y la superficie genera curvas que yacen en la superficie y pasan todas por el punto P (Figura 1.17).

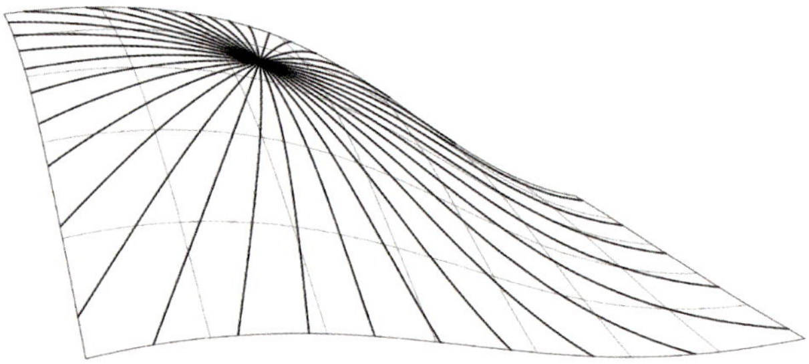

Figura 1.17 – Curvas pertenecientes a la superficie y pasantes por el punto P

Cada una de estas curvas tendrá una curvatura diferente en el punto P pero todos estos valores expresan la curvatura de la superficie en el punto P (Figura 1.18).

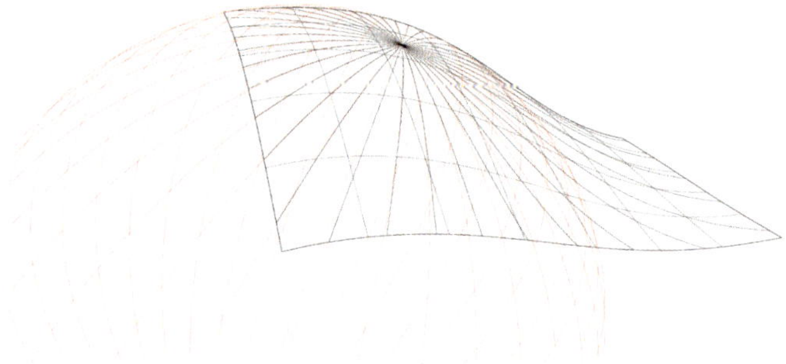

Figura 1.18 – Círculos osculadores (curvatura) en P de las curvas pasantes por el punto P

Se definen como *curvaturas principales* la curvatura máxima y la curvatura mínima de la superficie en el punto P (Figura 1.19).

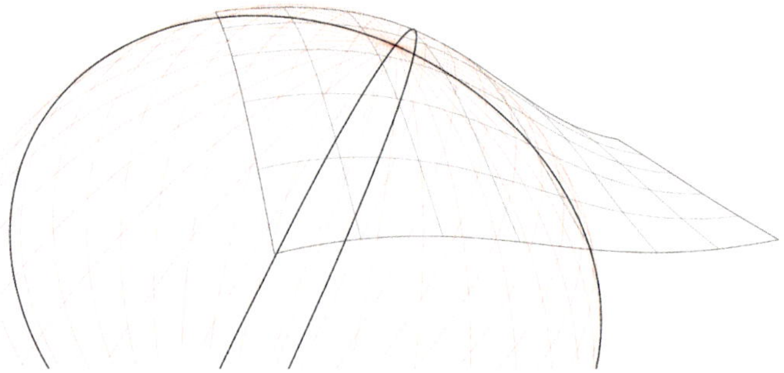

Figura 1.19 – Círculos osculadores principales de la superficie en el punto P

Se puede notar cómo los círculos osculadores principales y las correspondientes curvas principales no corresponden en general a las direcciones paramétricas u,v.

Normalmente las curvaturas principales se indican con:

- k_1, curvatura principal máxima;
- k_2, curvatura principal mínima.

Curvatura Gaussiana

La curvatura Gaussiana (K) se obtiene de las dos curvaturas principales según la fórmula

$$K = k_1 * k_2$$

Indica la convexidad/concavidad de una superficie (Figura 1.20):

- K>0, superficie convexa (ej. esfera);
- K<0, superficie de silla de montar (ej. paraboloide hiperbólico).

Figura 1.20 – Hiperboloide y paraboloide hiperbólico, ambos con curvatura gaussiana negativa

Para que resulte K=0 es necesario que al menos una de las curvaturas principales sea nula: lo que significa que la curvatura gaussiana es nula para superficies de curvatura simple (*14.6.2 Superficies desarrollables en el plano*). El análisis de la curvatura gaussiana, de hecho, es útil para estudiar la posibilidad de desarrollar en el plano una superficie.

Curvatura media

La curvatura media (H) se obtiene de las dos curvaturas principales según la fórmula

$$H = \frac{k_1 + k_2}{2}$$

La curvatura media es un parámetro importante para una clase de superficies llamadas *superficies mínimas* (*minimal surfaces*), que son geometrías particulares que minimizan el área de la superficie.
De hecho una superficie es *mínima* si y solo si es H=0 en cada punto de la superficie (Figura 1.21).

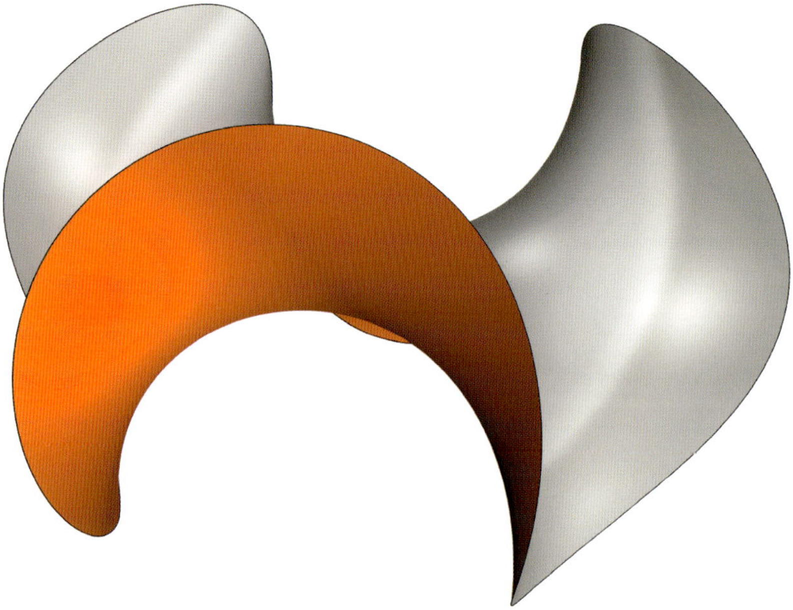

Figura 1.21 – Enneper surface, una superficie mínima

1.6 Interpolación

Matemáticamente, sobre todo en aplicaciones de cálculo probabilístico o de análisis de datos, el concepto de interpolación se puede resumir en la generación de datos utilizando y/o interpretando datos existentes.
Si se tiene a disposición una lista de números, el promedio de estos números es una interpolación que tiene un resultado matemático (un número).
Si se tiene a disposición una serie de puntos en un plano, la línea que mejor aproxima la posición de todos estos puntos es una interpolación que tiene un resultado geométrico (una línea).
En Rhino se obtiene una interpolación cada vez que el programa o un comando construye una geometría en ausencia de input precisos, interpretando los datos especificados por el usuario y utilizando un algoritmo (ecuaciones NURBS o instrucciones del comando) para generar un resultado geométrico.
Una línea dibujada entre un punto inicial y un punto final es una interpolación, específicamente, una interpolación lineal.

Una curva *free-form* dibujada a través de puntos fijos toma una forma que es el resultado de una interpolación determinada por la ecuación NURBS de la curva y que pasa por los puntos dados.
Se puede ver la interpolación como lo contrario del control.
Trabajando con geometría *free-form*, ya suficientemente compleja, al usuario le interesa controlar lo más posible la forma y las dimensiones de los objetos creados.
Por ello es oportuno reducir al mínimo la posibilidad de interpolación por parte del programa y de los comandos individuales, buscando siempre trabajar con aquellos que permitan determinar directamente forma y propiedad de los objetos.
Un claro ejemplo de este problema será analizado con los comandos de creación de curvas *free-form* (*4 Curvas: interpolación vs. control*).

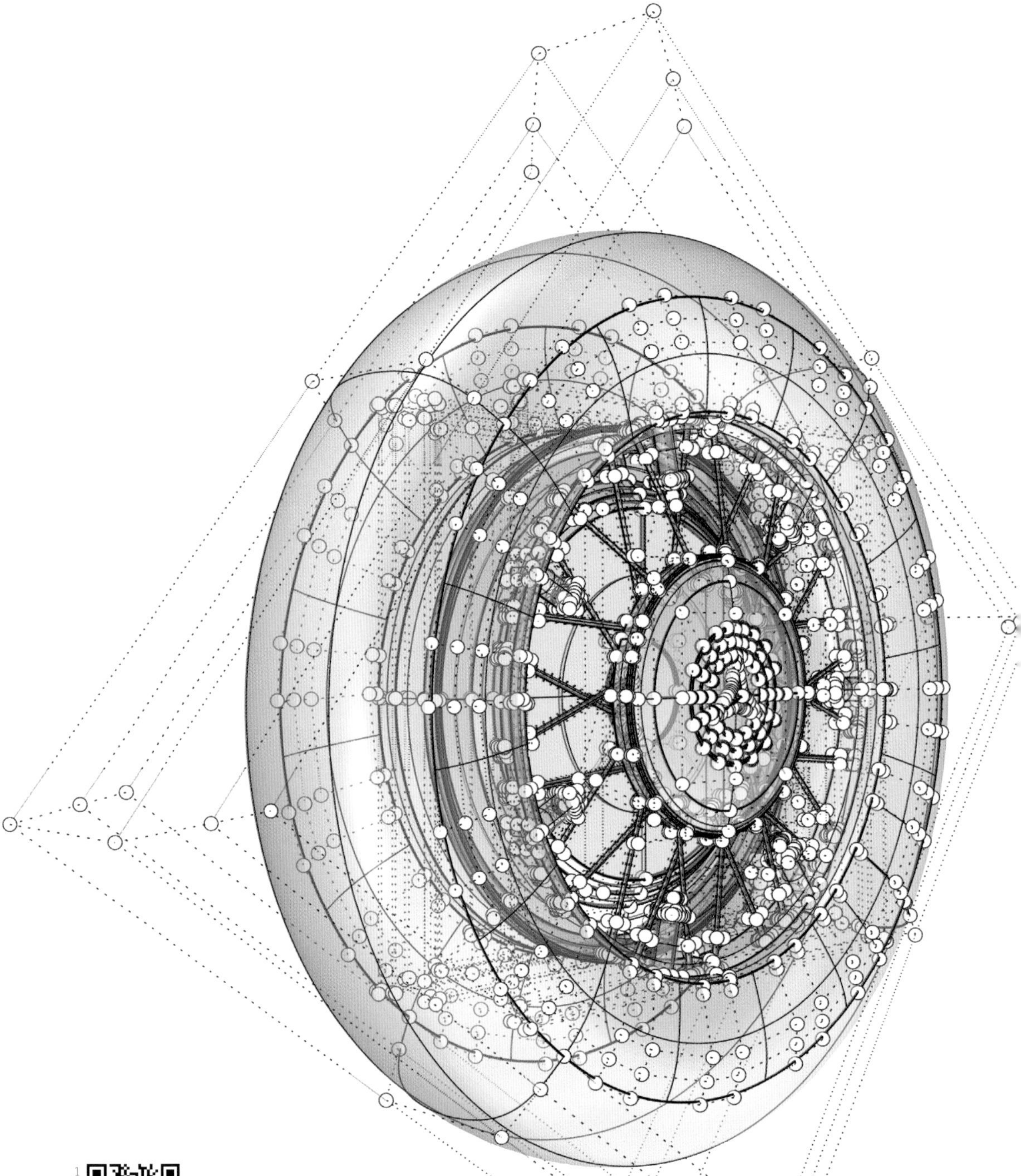

1

2_Geometría NURBS

Ya que todo lo que se dibuja en Rhino está basado en la geometría NURBS, es fundamental comprender a fondo en qué consiste este tipo de geometría y por qué es tan importante y conveniente para el dibujo *free-form*.

Existen otros CAD que probablemente el lector conoce y que utilizan una geometría similar a la NURBS de Rhino: Adobe Illustrator, Autodesk Alias etc..

NURBS es un acrónimo para **Non Uniform Rational Basis Spline**, lo que nos obliga a cambiar momentáneamente la interrogante: ¿qué es una B-Spline? y ¿qué es una spline?

Responder estas preguntas de manera profunda transformaría este libro en un tratado de análisis matemático. Nos limitaremos a analizar únicamente los aspectos importantes para la correcta comprensión del funcionamiento de la geometría NURBS en Rhino.

Nota: en este capítulo se tratará la curva NURBS, pero todos los conceptos descritos se aplican idénticamente a la superficie NURBS.

2.1 Bézier y spline

La curva base de toda esta teoría es la curva de Bézier.

La curva de Bézier es una curva *smooth*[1] determinada por la posición de algunos puntos que controlan la forma: los **puntos de control**.

Cuando en Adobe Illustrator se dibuja una curva con *click* and *drag* de la herramienta *pluma* (Figura 2.1) se está dibujando una curva de Bézier (que como veremos es un caso particular de la curva NURBS).

1. La traducción en español podría ser "blanda" o "suave", pero la palabra en inglés hace referencia también a un cierto aspecto continuo y regular de la curva.

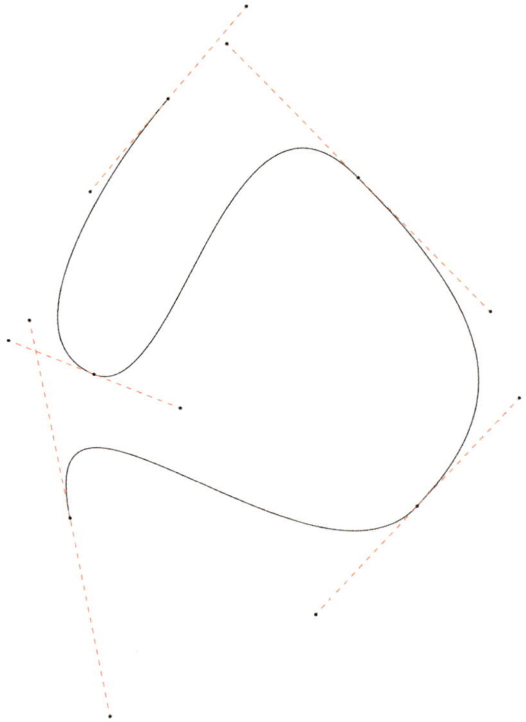

Figura 2.1 – Curva Bézier en Adobe Illustrator

La secuencia de puntos de control (anclas y manipuladores) forma una estructura similar a una polilínea que se llama **polígono de control**: la curva de Bézier está contenida en este polígono (Figura 2.2).

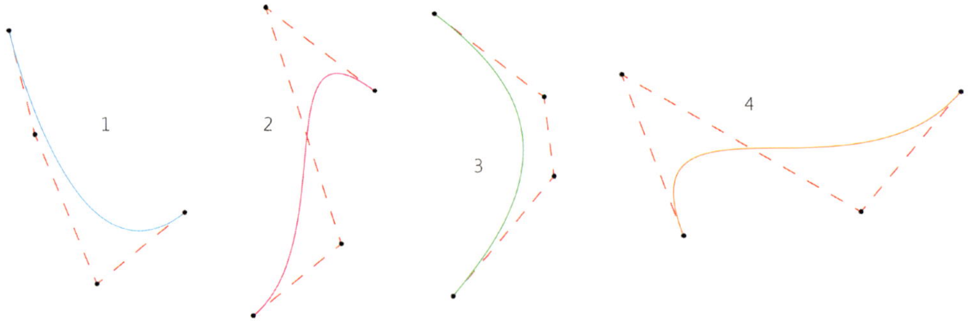

Figura 2.2 – Curvas di Bézier

Para crear formas curvas más complejas se unen más curvas de Bézier y se crea lo que en Adobe Illustrator se llama *path* (recorrido, Figura 2.3).

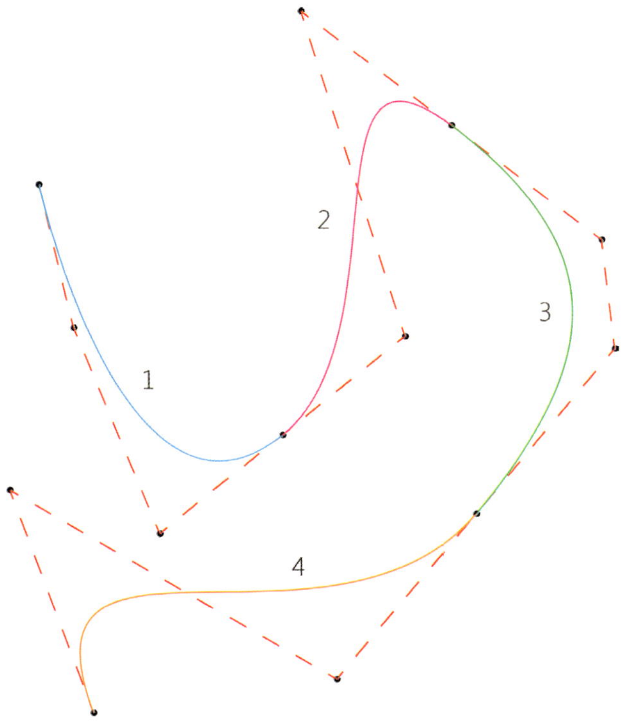

Figura 2.3 – Curva di Bézier compuesta, o path (recorrido)

La particularidad de una curva de Bézier compuesta (*piecewise*) es que en los puntos de contacto entre un tramo de curva y el siguiente se pueden tener solo dos condiciones:

- un vértice, la curva compuesta es continua geométricamente pero en el punto de contacto las dos partes de curva tienen direcciones diferentes;
- una continuidad *smooth*, o bien ausencia de vértice, que se realiza en un punto de control solo si este se encuentra a lo largo de la línea que conecta los dos puntos de control precedente y sucesivo.

Algunas propiedades fundamentales de la curva de Bézier (que encontraremos y analizaremos en detalle cuando hablemos de las curvas NURBS genéricas) son:

1. En los puntos inicial y final, la curva es tangente al polígono de control;
2. La curva es recta si y solo si todos los puntos de control están alineados a lo largo de la misma recta;
3. Una curva de grado *d* es también una curva de grado *m* donde $m>d$;
4. Una curva es siempre *smooth* en relación a su polígono de control;
5. Control local – cualquier cambio hecho en un punto de control se refleja en una porción de curva más amplia: el desplazamiento de los puntos de la curva es inversamente proporcional a la distancia del punto de control desplazado.

2.2 B-Spline

La B-Spline de orden *n* es una función polinómica de grado menor que n en una sola variable x. El gráfico de tal función (Figura 2.4) está representado por una serie de curvas que se encuentran en puntos del espacio llamados *nodos* o *break-points*. Por lo tanto, la B-Spline es también una curva compuesta (*piecewise*).

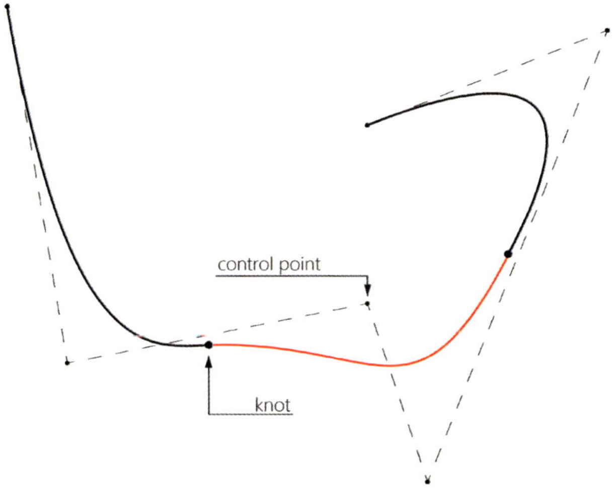

Figura 2.4 – Gráfico de una B-Spline

Los nodos son probablemente el aspecto más complejo de la teoría NURBS porque están directamente relacionados con la representación matemática, resultando entonces en un concepto más abstracto.

2.3 Qué es la NURBS

La NURBS se diferencia de la B-Spline por una sola característica: sus puntos de control tienen un peso. La NURBS está definida, por lo tanto, por:

- grado (y orden);
- vector de nodos;
- puntos de control;
- peso de los puntos de control.

La ecuación matemática que representa este tipo de curva es bastante compleja y se plantea así:

$$C(t) = \sum_{i=1}^{k} \frac{N_{i,n} w_i}{\sum_{j=1}^{k} N_{j,n} w_j} P_i = \frac{\sum_{i=1}^{k} N_{i,n} w_i P_i}{\sum_{i=1}^{k} N_{i,n} w_i}$$

En esta ecuación reconocemos:

- t, el parámetro;
- $N_{i,n}$, función de i y n , donde i rapresenta el punto de control y n el grado;
- k, número de puntos de control;
- P_i, puntos de control;
- w_i, peso de los puntos de control.

donde, introduciendo la función $R_{i,n}(t)$, llamada *función base racional* (*o rational basis function*),

$$R_{i,n}(t) = \frac{N_{i,n}(u)\,w_i}{\sum_{j=1}^{k} N_{j,n}(u)\,w_j}$$

Ecuación 1

se obtiene:

$$C(t) = \sum_{i=1}^{k} R_{i,n}(t)\,P_i$$

Ecuación 2

La *Rational basis function* (Ecuación 1) determina la manera en la cual los puntos de control con su respectivo peso, el grado y los nodos establecen la forma de la curva.

No adentraremos en el análisis matemático profundo de la ecuación NURBS, pero haremos algunas consideraciones que serán útiles para comprender mejor la naturaleza de la geometría determinada por esta:

- La *Rational basis function* que determina la ecuación NURBS es una sumatoria de polinomios, es decir, es una interpolación lineal que determina la acción de grado y puntos de control con su peso.
- Dado que dentro de un segmento (*knot span*) la función es polinómica y se trata de una interpolación lineal, la curva dentro del segmento es continua y *smooth*; *los únicos puntos de la curva en los que se pueden verificar discontinuidades, por consiguiente, coinciden con los nodos.*

2.3.1 Dominio y representación paramétrica de la curva

El hecho de que la NURBS sea una función polinómica en una sola variable nos dice que su representación en el espacio cartesiano está determinada por la variación de la variable en un intervalo determinado. Este intervalo de valores toma el nombre de *dominio*.

No debemos confundir la variable de la función NURBS con la coordenada x del sistema de referencia cartesiano. Por ello normalmente se refiere a la variable de la función NURBS con el nombre de **parámetro** indicándolo con la letra t. Una curva NURBS se puede entonces ver como una abscisa curvilínea (sistema de referencia unidimensional) con coordenada t.

Cada curva tiene asociado un dominio, del cual no tenemos ninguna evidencia hasta que no decidamos conocer sus características, o bien su valor inicial y su valor final (Figura 2.5) a través del botón *Details* en las propiedades del objeto o el comando *_Domain* en la barra de herramientas Análisis.

Comando: _Domain

Permite conocer el dominio de una curva o de una superficie.

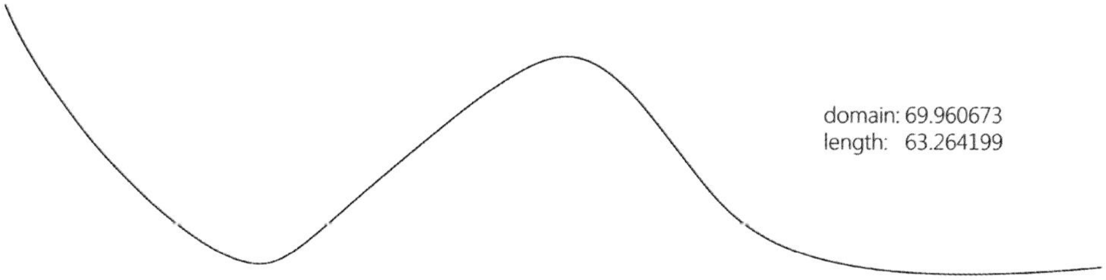

Figura 2.5 – Dominio y longitud de una curva NURBS

Finalmente, es importante no confundir el dominio de la curva con la longitud de la misma. En el caso de la curva en la Figura 2.5 el dominio es [0 to 69.961] mientras la longitud es 63.264 mm.

En realidad, el dominio es de poca utilidad en Rhino porque no existen comandos que lo utilicen directamente. Pero cuando se trabaja con Grasshopper el dominio se convierte en un instrumento fundamental para realizar diferentes operaciones complejas.

2.3.2 Grado y orden

El grado de una curva NURBS es una propiedad que hace referencia a la ecuación matemática que la representa. Es un valor siempre entero y positivo.

El orden de una curva NURBS es igual al grado de la curva más uno:

$$o = d + 1$$

Existe, por lo tanto, una relación entre orden y tipo de curva según el siguiente esquema:

Orden	*Curva (grado)*	*Número mínimo de puntos de control*
2	Lineal (1)	2
3	Cuadrática (2)	3
4	Cúbica (3)	4

Tabla 1

Por consiguiente, para que una curva sea lineal se necesitan al menos dos puntos de control; para que sea cuadrática se necesitan al menos tres puntos de control; para que sea cúbica al menos 4 puntos de control; y así sucesivamente.

Nota: es posible dibujar una curva lineal con más de dos puntos de control (polilínea) pero no es posible dibujar una curva cúbica con menos de 4 puntos de control, porque esta se convertiría automáticamente en una curva de grado inferior (cuadrática o lineal según el número de puntos utilizados).
De manera más general, si se pretende crear una curva con un grado d es necesario especificar al menos d+1 puntos de control.

Dado que el orden (y por tanto el grado) de una curva influye en el número de puntos de control que determinan la posición de cada punto de la misma, es evidente que si a la misma estructura de puntos de control se le asocia un grado diferente, la forma de la curva dependerá exclusivamente del grado (Figura 2.6).

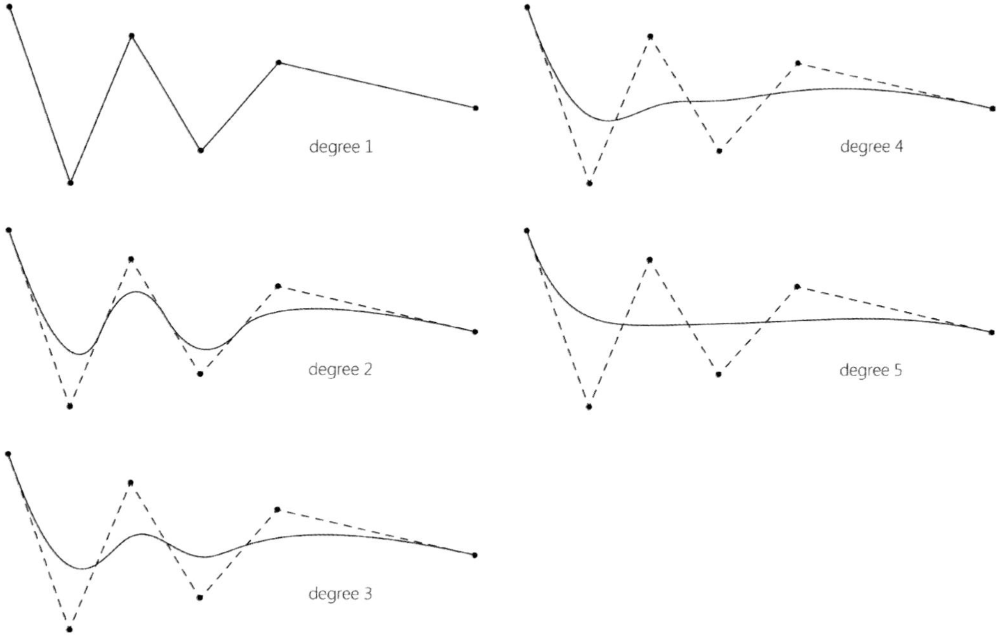

Figura 2.6 – Grado y forma de una curva

Se puede observar cómo una curva con la misma estructura de puntos de control tiene una forma más lisa (*smooth*) si el grado es más alto.

Propriedades generales vinculadas al grado

1. Una curva de grado *d* es también una curva de grado *m* donde *m>d*.

En la Figura 2.7 podemos observar esta propiedad con un ejemplo práctico.
La curva de arriba es una curva de grado 4 con 7 puntos de control.
Dicha curva fue copiada y a la copia (curva de abajo) se le cambió el grado de 4 a 5.
Esto ha provocado el aumento de puntos de control[2], sin embargo, la curva resultante es geométricamente idéntica a la curva original.

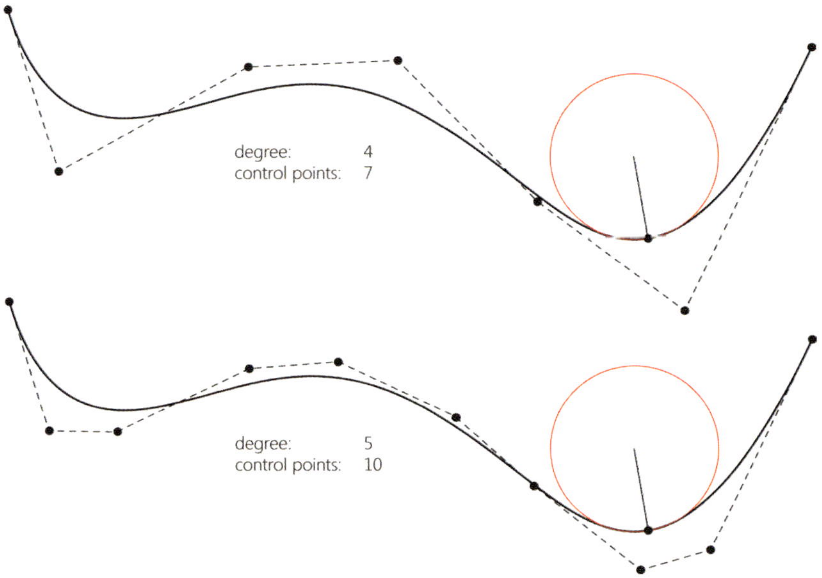

Figura 2.7 – Equivalencia entre curvas de grado distinto

2. El orden de una curva determina el número de puntos de control que influyen, contemporáneamente, en la determinación de la posición de cualquier punto de la curva.

En una curva de orden 2, o bien una curva lineal, la posición de cada punto de la curva depende de dos puntos de control; en una curva de orden 3 (cuadrática) depende de tres puntos de control; en una curva de orden 4 (cúbica) depende de cuatro puntos de control; y así sucesivamente.
Esta propiedad se puede observar fácilmente en una curva de grado 2: la *cónica* (*4.2 La curva cónica*).

3. El orden máximo que normalmente se utiliza para una curva NURBS es el 4, o bien se trabaja con curvas cúbicas.

2. Trataremos de las operaciones topológicas en *5.7 Manipulación de una curva NURBS*.

A veces se utilizan curvas de orden 5 o 6, sobretodo cuando se quiere obtener una continuidad extremadamente refinada, pero esto lo trataremos más adelante.

Curvas de orden superior pueden ser dibujadas directamente por el usuario especificando el grado deseado o son creadas por Rhino como resultado de la aplicación de algunos comandos.

De cualquier modo la utilización de curvas de orden superior produce cálculos mucho más complejos para la renderización de la geometría de la curva, así como algunos problemas en la gestión del flujo de trabajo.

2.3.3 Vector de nodos

El vector de nodos es una lista de valores del parámetro t que determinan cómo los puntos de control influyen en la forma de la curva.

Se distinguen principalmente dos vectores de nodos:

- *Pinned uniform*, es el más común y se refiere a las curvas NURBS normalmente utilizadas en Rhino. La curva pasa a través del primer punto de control y termina en el último punto de control (los puntos finales se definen como pinned); a lo largo de su recorrido la curva pasa más o menos cerca de los puntos de control intermedios pero no a través de estos.
    - Si el número de puntos de control coincide con el orden de la curva (por ejemplo, una curva de orden 4 con cuatro puntos de control) entonces la curva es una curva de Bézier y el desplazamiento de cualquiera de los puntos de control conlleva el desplazamiento de todos los puntos de la curva.
    - Si el número de puntos de control es mayor que el orden de la curva entonces la relación entre los puntos de control y la forma de la curva viene determinada por el vector de nodos y por la división relativa de la curva en segmentos.
- *Piecewise Bézier*, se refiere a las curvas de Bézier compuestas, como las polilíneas o las policurvas (polilíneas con segmentos rectos o segmentos de arco). Al igual que en el caso de la curva Pinned uniform, este tipo de curva también pasa a través del punto de control inicial y termina en el punto de control final, con la diferencia de que a lo largo de su recorrido la curva pasa a través de un punto de control cada o puntos de control (donde o es el orden de la curva). La curva resulta de hecho, dividida en segmentos de o puntos de control cada uno.
    - *Si se mueve un punto de control cualquiera, resultará modificado solo el segmento de curva que posee el punto de control desplazado. Si se mueve un punto de control que enlaza dos segmentos consecutivos resultan transformados ambos segmentos.*
    - *Si el punto de control que une dos segmentos consecutivos está alineado a los puntos de control precedente y sucesivo, entonces los dos segmentos forman una curva smooth y continua en el punto de enlace, de lo contrario este punto será un vértice.*

En Rhino se utiliza el vector de nodos *pinned uniform*.

La longitud del vector, o bien el número de valores del parámetro contenidos en el vector, depende del grado y del número de puntos de control de la curva, según la fórmula:

número de elementos en el vector = grado + número de puntos de control - 1

Ecuación 3

Una fórmula obsoleta (pero aún utilizada por otros software basados en NURBS) es:

número de elementos en el vector = orden + número de puntos de control

Ecuación 4

Rhino utiliza la Ecuación 3 para el cálculo del número de nodos. Esto genera un valor por defecto de 2 unidades respecto a la Ecuación 4: en la fase de exportación/importación de la geometría NURBS Rhino agrega/elimina estos dos valores para poder dialogar correctamente con otros software.

Los valores del parámetro se indican generalmente con un paso de 1, pero es solo una convención, en realidad el parámetro asociado a los nodos de una curva asume valores que dependen del dominio de la misma curva.

Lo que importa no es el valor en sí, sino la relación o la distancia entre los distintos valores. Por ejemplo los tres vectores de nodos [0, 0, 1, 1, 2, 2], [0, 0, 100, 100, 200, 200] y [0, 0, 0.5, 0.5, 1, 1] generan la misma curva.

Dado que los valores del vector de nodos hacen referencia a valores progresivos del parámetro t de la curva, se deduce que el vector de nodos es una secuencia de valores siempre crecientes o al menos iguales: un vector de nodos donde un valor sigue a un valor más grande no es un vector de nodos válido.

El número de veces que un valor se repite se llama *multiplicidad del nodo*, o *multiplicidad nodal*.

Un nodo se define como:

- *Nodo con multiciplidad completa*, si la multiplicidad de un nodo es igual al grado de la curva;
- *Nodo simple,* si el valor del nodo aparece una sola vez;
- *Nodo doble/triple*, si el valor del nodo aparece 2/3 veces.

Los valores del parámetro correspondientes a los nodos dividen la curva en segmentos consecutivos, llamados *knot spans* (Figura 2.8); cada vez que el parámetro pasa al segmento sucesivo se activa un nuevo punto de control mientras se desactiva uno viejo.

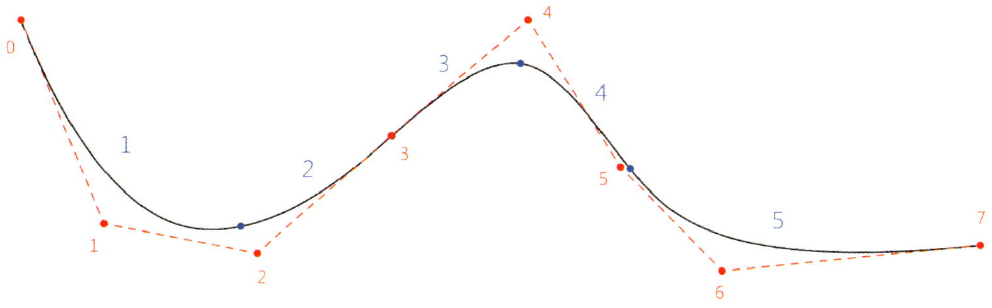

Figura 2.8 – Nodos (en azul) y división de la curva (knot spans)

En referencia a la Figura 2.8, podemos notar:

- en azul los nodos;
- incluidos entre dos nodos consecutivos los *knot spans* (de 1 a 5);
- en rojo los puntos de control con la respectiva numeración (de 0 a 7).

En el *knot span 1* son solo los puntos de control 0-1-2-3 que determinan la forma de la curva.

En el *knot span 2*, el punto de control 0 deja de tener efecto en la forma de la curva mientras comienza a tener efecto el punto de control 4.

En el *knot span 3* se desactiva el punto de control 1 y se activa el 5.

Y así sucesivamente.

Se puede observar (Figura 2.9) como desplazando el punto de control 0 la curva se deforma hasta llegar al nodo que enlaza los *knot spans* 1 y 2.

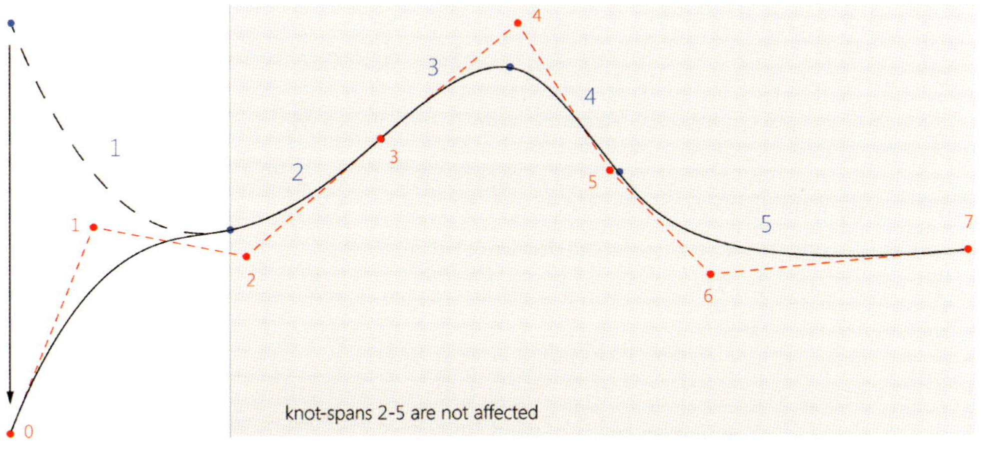

Figura 2.9 – Efecto del punto de control 0 solo en el knot span 1

El vector de nodos generalmente inicia y termina con nodos con multiplicidad completa; lo que tiene dos consecuencias:

- con el primero y con el último nodo se activan todos los puntos de control necesarios para determinar la forma de la curva en el tramo inicial y final;
- la curva inicia/termina en el primer/último punto de control.

Si se intentara construir un vector de nodos con nodos inicial/final que tuviera multiplicidad inferior a la multiplicidad llena, la curva no llegará a tocar el primer/último punto de control (Figura 2.12 y Figura 2.13).

Entre los nodos intermedios, un nodo doble determina un segmento (*knot span*) de longitud 0 y sobretodo determina que dos puntos de control se activen contemporáneamente mientras otros dos dejen de influir en el comportamiento de la curva.

La presencia de nodos intermedios con multiplicidad puede provocar dos tipos de consecuencias:

- una curva con aspecto menos suave (*smooth*);
- una curva con aspecto puntiagudo en correspondencia del nodo.

En el segundo caso se tienen consecuencias en la continuidad de la curva o de sus derivadas de orden superior: por ejemplo, se puede generar un vértice (*kink*) dentro de una curva *smooth*.

Un nodo intermedio con multiplicidad completa señala sin duda la presencia de una discontinuidad dentro de la curva.

En curvas de grado 1, todos los nodos tienen multiplicidad completa, determinando así los vértices de la curva. Los nodos con multiplicidad completa coinciden con los puntos de control.

Nodos uniformes

Si el vector de nodos está constituido por la secuencia

nodo con multiplicidad completa | nodos simples | nodo con multiplicidad completa

y todos los valores tiene espacios equitativos, entonces se dice que los nodos *uniformes*.

El vector [0, 0, 0, 1, 2, 3, 3, 3] está constituido por nodos uniformes.

El acrónimo NURBS nos dice que las curvas dibujadas en Rhino pueden ser no-uniformes (*Non Uniform*).

El vector [0, 0, 0, 1, 3, 4, 4, 4] está constituido por nodos no uniformes.

Algunos ejemplos de vectores con nodos uniformes:

Grado	*Número de puntos de control*	*Vector de nodos*
3	4	[0, 0, 0, 1, 1, 1]
3	5	[0, 0, 0, 1, 2, 2, 2]
3	6	[0, 0, 0, 1, 2, 3, 3, 3]
4	6	[0, 0, 0, 0, 1, 2, 2, 2, 2]

Tabla 2

Examinemos nuestro archivo de ejemplo (Figura 2.10).

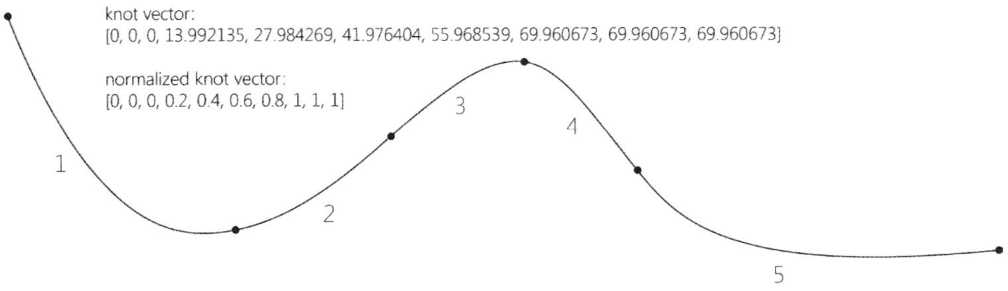

Figura 2.10 – Vector de nodos

La curva tiene orden 4 (grado 3), 8 puntos de control y tiene dominio [0, 69.961].

El vector de nodos (obtenido a través de Grasshopper) es:

[0, 0, 0, 13.992135, 27.984269, 41.976404, 55.968539, 69.960673, 69.960673, 69.960673]

al cual corresponde el siguiente vector de nodos normalizado (o bien referido al dominio [0, 1]):

[0, 0, 0, 0.2, 0.4, 0.6, 0.8, 1, 1, 1]

Estos valores del parámetro dividen la curva en 5 segmentos (*knot spans*):

- Segmento 1, valor del parámetro comprendido entre 0 y 0.2;
- Segmento 2, valor del parámetro comprendido entre 0.2 y 0.4;
- Segmento 3, valor del parámetro comprendido entre 0.4 y 0.6;
- Segmento 4, valor del parámetro comprendido entre 0.6 y 0.8;
- Segmento 5, valor del parámetro comprendido entre 0.8 y 1.

Los nodos son uniformes (espacios equitativos con un paso de 0.2) y el dominio de la curva viene dividido en cinco partes iguales: lo que significa que cada quinta parte del dominio un punto de control deja de tener efecto e inicia a tener efecto un nuevo punto de control.

Un vector de nodos uniformes implica una deformabilidad uniforme de la curva.

Veamos cuáles son los efectos de un nuevo vector de nodos en la misma secuencia de puntos de control, manteniendo constante el grado 3 de la curva.

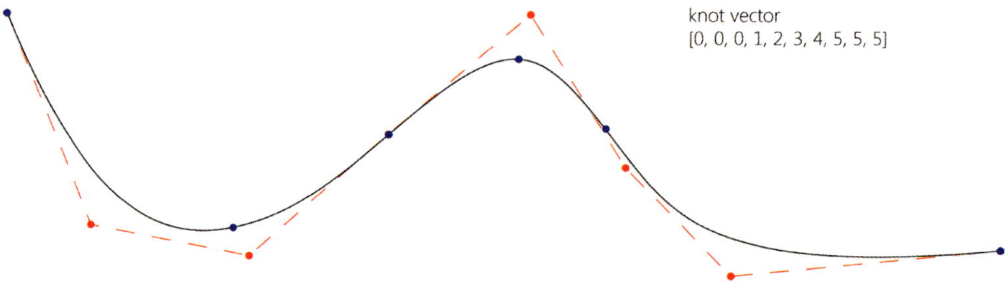

Figura 2.11 – Nodos uniformes y nodos terminales con multiplicidad completa

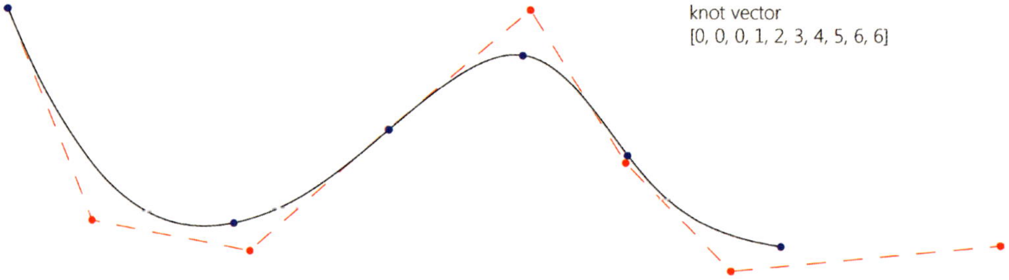

Figura 2.12 – Nodo final sin multiplicidad completa

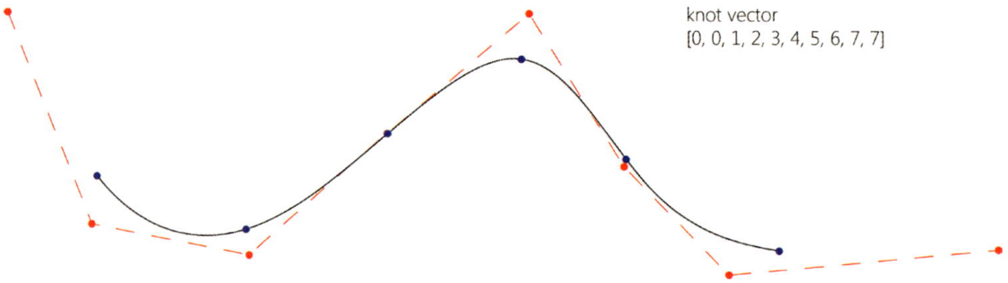

Figura 2.13 – Nodos terminales sin multiplicidad completa

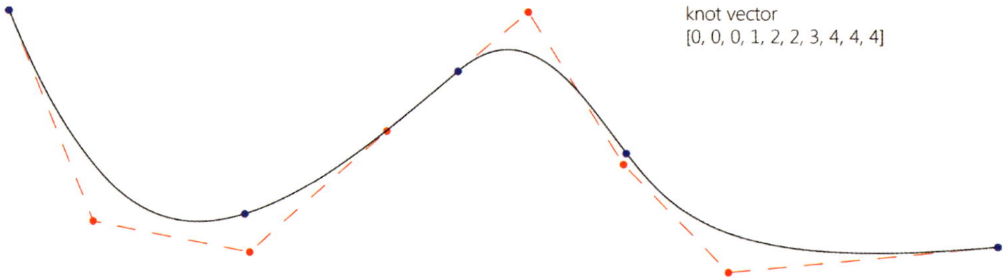

Figura 2.14 – Nodo intermedio doble

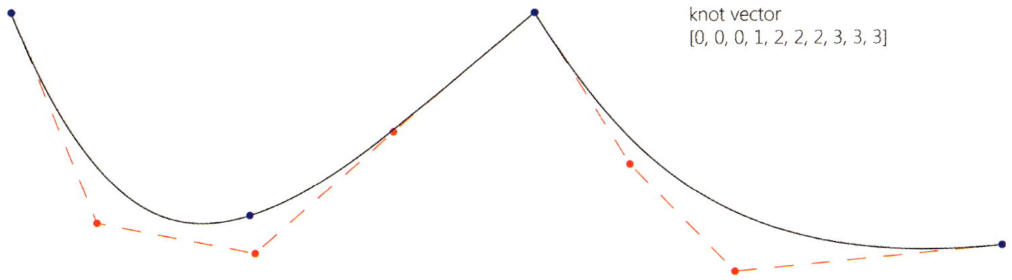

Figura 2.15 – Nodo intermedio con multiplicidad completa (kink)

2.3.4 Puntos de control y peso

Como ya hemos mencionado, los puntos de control de una curva son los que determinan su forma.

De hecho, también el vector de nodos influye en la geometría de la curva, pero es más intuitivo trabajar con los puntos de control porque estos son visibles y manipulables directamente en la interfaz de Rhino.

Los puntos de control de la curva NURBS tienen una característica más respecto a aquellos de otras curvas (Bézier, B-Spline): el peso.

La forma de una curva NURBS es por tanto determinada por la posición de los puntos de control y por su peso.

Ya que el orden de la curva establece el número de puntos de control que determinan contemporáneamente la forma de la misma curva en un *knot span*, se deduce que la posición de un punto cualquiera de la curva es determinada por la suma ponderada de o puntos de control, donde o es igual al orden de la curva.

Por ejemplo, para una curva de grado 3 (estándar en Rhino) la posición de los puntos de la curva es determinada por la suma ponderada de 4 puntos de control.

Cuando se dibuja una curva en Rhino, por defecto es generada con puntos de control que tienen todos un peso igual a 1.

Dado que la posibilidad de variar el peso de los puntos de control es la característica que diferencia una curva NURBS de una B-Spline, se deduce que una curva NURBS, recién creada, es una B-Spline.

Se puede también decir que la NURBS es una clase de curva que contiene como casos particulares la B-Spline y la curva de Bézier.

Una curva en la cual todos los puntos de control tienen el mismo peso se define como **no racional**.

Si el peso de los puntos de control varía, la curva se define como **racional**.

El círculo es una curva racional, ya que sus puntos de control tienen pesos diferentes (1 y $\frac{\sqrt{2}}{2}$) (*2.4.2 Curvas notables – el círculo*).

Una vez dibujada la curva, es posible cambiar el peso de cada punto de control a través del comando *_Weight* (Figura 2.16).

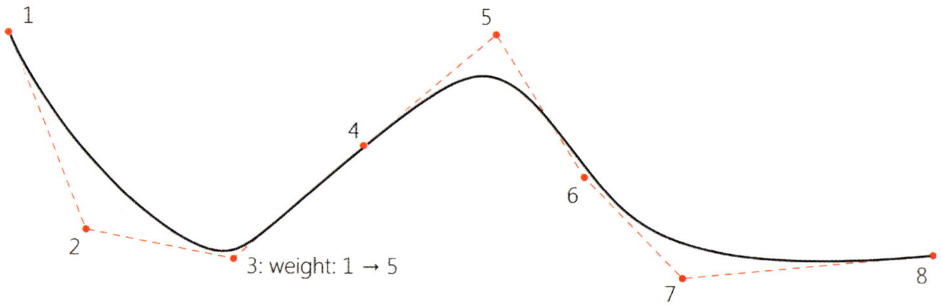

Figura 2.16 – Cambio del peso de un punto de control

Como se observa, *aumentar el peso de un punto de control equivale a aumentar la fuerza con la que el punto atrae la curva hacia él.*

Esta técnica es muy útil cuando se quiere crear un cambio de dirección muy brusco en el trayecto de una curva sin por esto tener que aumentar la complejidad (*5.7.9 Cambio del peso de los puntos de control*).

Se recomienda no exceder la cantidad de puntos de control porque, si bien es cierto que por un lado permiten controlar la geometría de manera más localizada (*local support*), por otra parte tener muchos puntos de control implica la imposibilidad de crear una evolución suficientemente suave (*smooth*) de la curva.

Entonces más que crear una curva con muchos puntos de control (o agregar muchos puntos de control a una curva de la que se quiere controlar una tramo específico) se puede también intentar trabajar con el peso de los puntos.

2.3.5 Edit points

Una entidad bastante útil cuando se quiere revisar el paso de una curva por un punto específico es el punto de modificación, o *edit point*.

Comando: _EditPtOn

Permite visualizar los edit points de una curva.

Los *edit points* no son puntos de control ni tampoco nodos. Son puntos pertenecientes a la curva cuya posición depende del vector de nodos, y sirven para regular el paso de la curva por un punto específico.

Los *edit points* vienen distribuidos a lo largo de la curva utilizando como valores del parámetro los valores intermedios a los valores de los nodos.

Como ya vimos, el vector de nodos contiene los valores del parámetro t que determinan la posición de los nodos de la curva. Por lo tanto si la curva tiene dominio [0 4] y el vector de nodos es [0, 0, 0, 1, 2, 3, 4, 4, 4], los *edit points* serán los puntos de la curva con t=0.5, t=1.5, t=2.5, t=3.5 .

2.3.6 Velocidad de una curva

La acción de nodos y puntos de control en una curva se puede expresar físicamente con una magnitud aparentemente descontextualizada: la velocidad de la curva.

Imaginemos construir la curva NURBS configurando primero la posición de los puntos de control y después trazando la curva.

Ya vimos que los puntos de control ejercen una acción de atracción sobre la curva: donde existe una mayor densidad de puntos de control la curva será mayormente atraída, por lo que un punto que se mueve a lo largo de la curva avanzará más lento.

Con la ayuda de Grasshopper podemos visualizar este fenómeno (Figura 2.17).

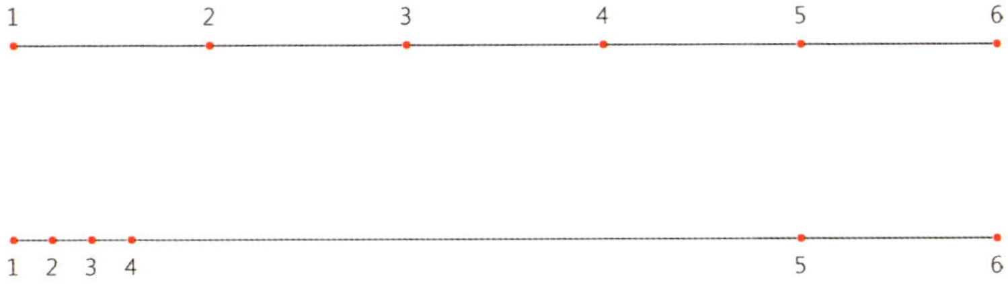

Figura 2.17 – Curvas de grado 3 con 6 puntos de control distribuidos diversamente

Evidentemente las dos curvas son idénticas desde un punto de vista geométrico, rectas y con la misma longitud. Pero la distribución de los puntos de control revela una *topología* diversa: la primera tiene puntos de control uniformemente distribuidos y equidistantes; la segunda tiene cuatro puntos concentrados cerca del punto inicial y dos en la proximidad del punto final.

Si se realiza un estudio paramétrico de las curvas, o bien se iguala el dominio de las dos curvas al rango [0,1] y se hace variar el parámetro entre 0 y 1, se puede notar que el punto correspondiente se mueve a lo largo de la primera curva con velocidad constante, mientras que a lo largo de la segunda curva se mueve más lento en el tramo con más puntos de control, más rápido en el tramo intermedio donde no hay puntos de control y un poco más lento en el tramo final. Si tomamos un valor del parámetro igual a 0.5 vemos que el punto ocupa dos posiciones diferentes a lo largo de las curvas (Figura 2.18).

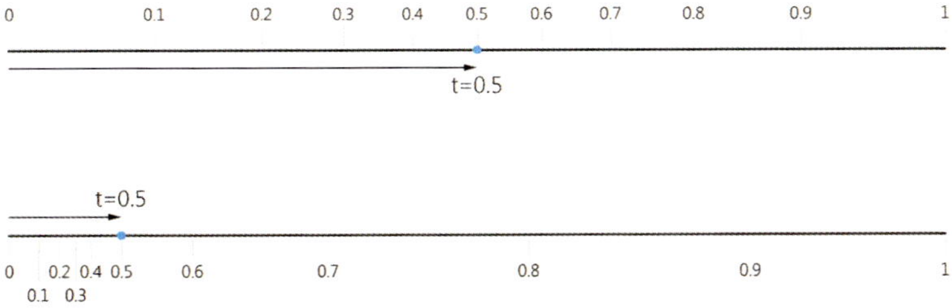

Figura 2.18 – Puntos de las curvas correspondientes al valor 0.5 del parámetro

Ya que la velocidad de una curva es un propiedad topológica, se puede pensar inicialmente que carece de importancia dado que la geometría no es afectada de una forma evidente.

En realidad todos los comandos de modelado 2D/3D, tanto para creación de curvas como de superficies, se ven afectados por la velocidad de las curvas. Analizaremos algunos de estos casos más adelante.

Por otra parte, la velocidad de una curva tiene efectos también en los procesos de fabricación digital (*14.7.2 Nodos y velocidad de la curva*).

2.3.7 Orientación de una curva

En una curva NURBS se puede asociar cada punto con un sistema de coordenadas para representar la orientación de la misma curva (Figura 2.19).

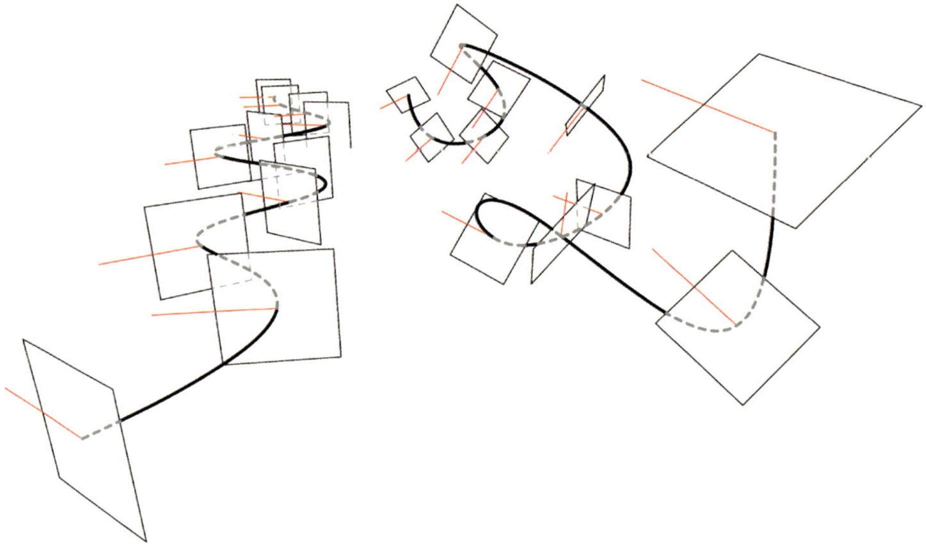

Figura 2.19 – Orientación de la curva NURBS 2D (a la izquierda) y 3D (a la derecha)

La tangente a la curva en el punto determina la dirección y sentido positivo del eje Z, mientras los ejes X y Y definen un plano perpendicular a la curva en el punto.

Se pueden comprobar dos casos generales:

- Curva plana: el eje Z sigue la tangente a la curva mientras el plano XY queda siempre perpendicular al plano de la curva;
- Curva 3D: el eje Z sigue la tangente a la curva mientras el plano XY rota alrededor del eje Z siguiendo la torsión realizada por la curva en el espacio.

La orientación de la curva NURBS influye en el comportamiento de algunos comandos importantes, como por ejemplo el *_Sweep1* (*7.8.2 Sweep1 con estilo Freeform*).

2.4 Continuidad

El concepto de continuidad es probablemente el más importante en el modelado de formas libres.
En esta sección necesitaremos nociones de geometría vectorial (*1.3 Geometría vectorial y propiedades de una curva*) y geometría diferencial de las curvas (*1.4 Geometría diferencial de las curvas*).

2.4.1 Continuidad interna

La función de la curva NURBS de grado *d* es una función continua y diferenciable hasta el grado *d-1*.
Analicemos desde el punto de vista geométrico las curvas de grado 1,2 y 3.

Curva de grado 1

La curva de grado 1 es la más simple de las curvas NURBS. El vector de nodos de esta curva es:

- 2 puntos de control → [0, 1] (2 nodos con multiplicidad completa);
- 3 puntos de control → [0, 1, 2] (3 nodos con multiplicidad completa);
- n puntos de control, con n>3 → [0, 1, ..., n-1] (n nodos con multiplicidad completa).

Todos los nodos intermedios son de multiplicidad completa y por consiguiente, como ya hemos visto, forman vértices internos a la curva (*kink*).
En una curva de grado 1 los nodos coinciden con los vértices (y con los puntos de control). Cada segmento de una polilínea entonces también es un *knot span* (Figura 2.20).

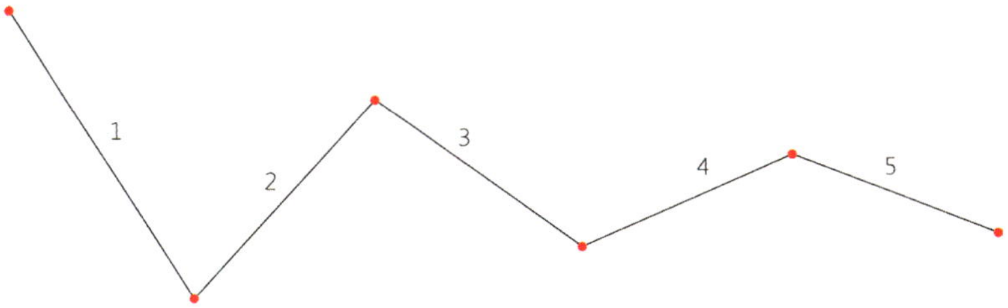

Figura 2.20 – Curva de grado 1, puntos de control, nodos y knot spans

Dado que la ecuación es lineal, la primera derivada es constante. Lo que quiere decir que la dirección y la velocidad son constantes dentro de un *knot span*. Se observa, de hecho, que el cambio de dirección está presente sólo en los vértices, o bien en los nodos. La discontinuidad que se observa en los nodos se refleja en la primera derivada.
El grado 1 de la ecuación implica un orden 2 de la curva, por lo tanto son necesarios dos puntos de control para determinar la posición de cualquier punto de la curva.
La posición de los puntos dentro de un segmento de la curva (*knot span*) depende exclusivamente de la posición de los puntos de control inicial y final del segmento.

En la Figura 2.21 se observa cómo los puntos del segmento 3 no son afectados por el desplazamiento del vértice 4.

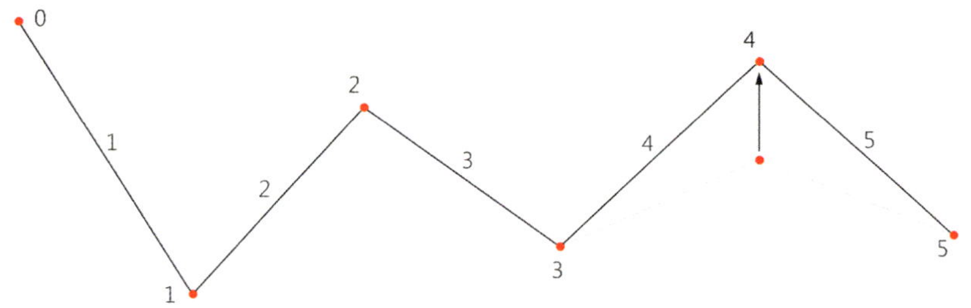

Figura 2.21 – Puntos de control y forma de la curva de grado 1

Curva de grado 2

Vector de nodos uniformes:

- 3 puntos de control → [0, 0, 1, 1] (2 nodos con multiplicidad completa);
- 4 puntos de control → [0, 0, 1, 2, 2] (3 nodos de los cuales el primero y el último tienen multiplicidad completa);
- n puntos de control, con n>4 → [0, 0, 1, ..., n-3, n-2, n-2] (n-1 nodos de los cuales el primero y el [ultimo tienen multiplicidad completa).

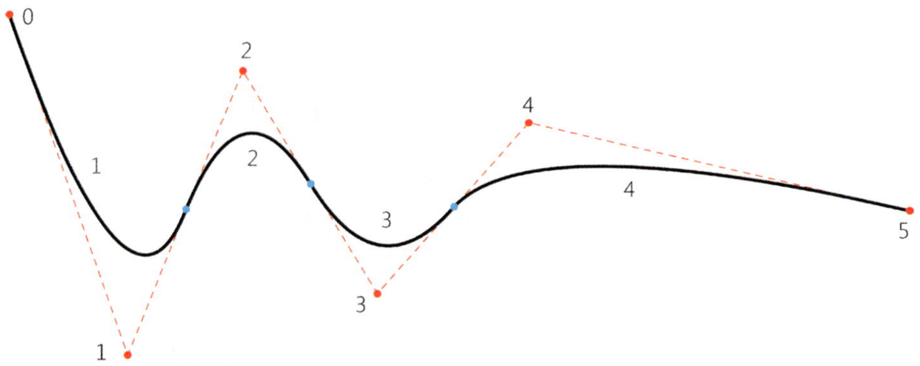

Figura 2.22 – Curva de grado 2, puntos de control, nodos, kont spans y curvatura

La curva es cuadrática (grado 2) por tanto:

- El orden es 3 y sirven tres puntos de control para determinar la forma de la curva dentro de un *knot span*; con referencia a la Figura 2.22, si se intenta mover el punto de control 3 la curva no se deforma dentro del *knot span 1*;

- La primera derivada es a su vez una función continua del mismo parámetro: la tangente a la curva cambia de punto a punto con continuidad; también en correspondencia con los nodos.

Dado que existe una función que expresa la primera derivada, se le puede analizar el comportamiento mediante la derivada sucesiva que expresa la curvatura. El gráfico de la curvatura muestra cómo dentro de un *knot span* la curvatura es continua, mientras que es discontinua en correspondencia con los nodos (Figura 2.22). Como ya vimos los nodos son el lugar de las discontinuidades internas de la curva NURBS.

La multiplicidad completa de un nodo es igual a 2, por lo tanto es posible crear un *kink* dentro de la curva introduciendo un nodo doble en la secuencia del vector [0,0,1,1,2,3,3] (Figura 2.23).

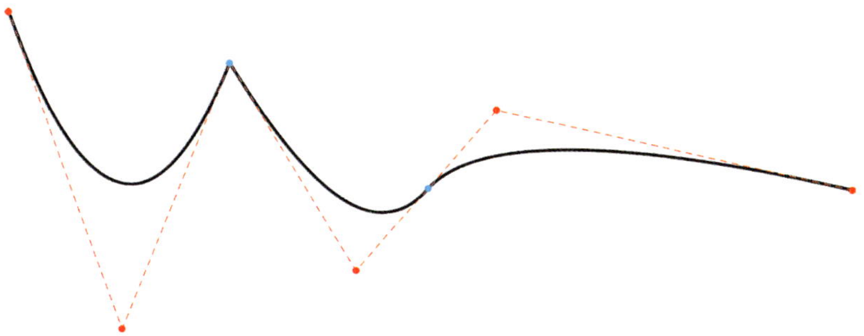

Figura 2.23 – Introducción de un kink (nodo doble) en la curva de grado 2

Curva de grado 3

La curva de grado 3 constituye el estándar de Rhino, es continua y derivable hasta la segunda derivada y sus derivadas son continuas.

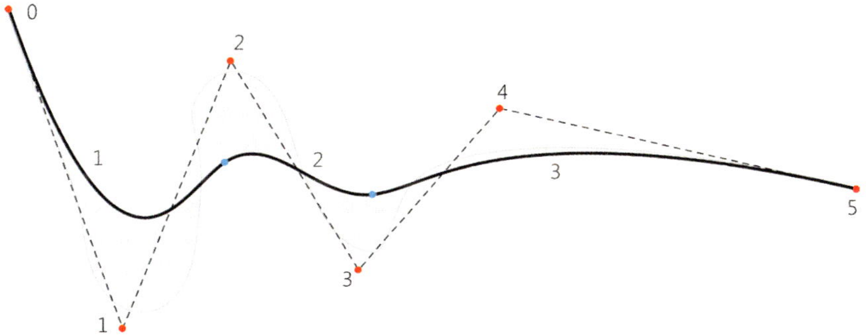

Figura 2.24 – Curva de grado 3, puntos de control, nodos, knot spans y curvatura

El vector de nodos uniformes es:

- 4 puntos de control → [0, 0, 0, 1, 1, 1] (2 nodos con multiplicidad completa);
- 5 puntos de control → [0, 0, 0, 1, 2, 2, 2] (3 nodos de los cuales el primero y el último tienen multiplicidad completa);

- n puntos de control, con n>5 → [0, 0, 0, 1, ..., n-4, n-3, n-3, n-3] (n-2 nodos de los cuales el primero y el último tienen multiplicidad completa).

La curva tiene grado 3 y por tanto:

- el orden de la curva es 4 y sirven cuatro puntos de control para determinar la posición de un punto de la curva dentro de un *knot span*; si se mueve el punto de control 4 la curva no se deforma en el primer *knot span* (Figura 2.24);
- la primera derivada es continua, por lo que no tiene vértices internos;
- la segunda derivada es continua y por lo tanto la curvatura cambia con continuidad.

Se puede observar, de hecho, como el gráfico de la curvatura es continuo (sin saltos) en correspondencia con los nodos, a diferencia de lo visto en la curva de grado 2.

El vector de nodos tiene solo 2 nodos intermedios, por lo tanto no es posible en este caso particular crear un *kink* dentro de la curva ya que se requiere un nodo con multiplicidad 3.

Se puede solo introducir un nodo doble provocando una mayor curvatura de la curva al pasar? por el nodo (Figura 2.25).

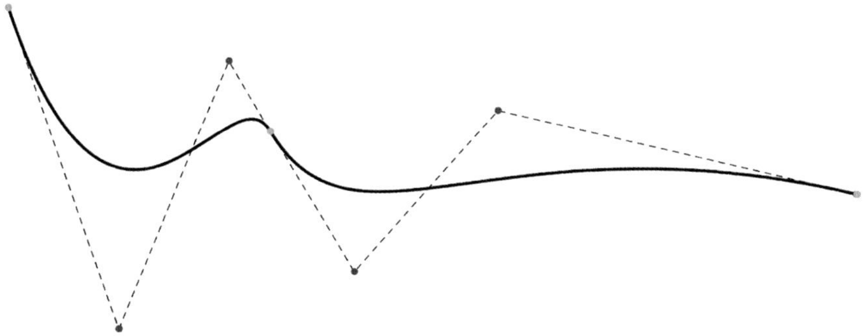

Figura 2.25 – Inserción de un nodo doble y deformación de la curva

2.4.2 Curvas notables – el círculo

Para comprender mejor cómo funcionan las curvas NURBS no debemos olvidar que el aspecto de la curva depende **contemporáneamente** de grado, vector de nodos y disposición y peso de los puntos de control.

Analicemos un caso representativo y de fácil comprensión: el círculo.

Si se dibuja un círculo y se activan los puntos de control (tecla *F10* o comando *_PointsOn*) se observa que estos son 9 y vienen distribuidos en forma de cuadrado (Figura 2.26).

Los puntos de control visibles son 8, sin embargo la curva es cerrada, por lo que existe un noveno punto superpuesto al primero.

Figura 2.26 – Puntos de control del círculo

Sabemos además que el círculo es una curva de grado 2.

Pero si se intenta dibujar una curva de grado 2 con el comando _*Curve* (curva por puntos de control) colocando 9 puntos de control para formar un cuadrado, no se obtiene un círculo (Figura 2.27).

Figura 2.27 – Curva cerrada de grado 2 con 9 puntos de control

Sabemos que cuando se dibuja una curva en Rhino, el peso de los puntos de control es automáticamente programado a 1, por lo tanto todos los puntos tienen el mismo peso (curva *no-racional*, B-Spline). Si se analiza el peso de los puntos de control de un círculo se observa en cambio que los 9 puntos tienen pesos diferentes:

$$1, \frac{\sqrt{2}}{2}, 1, \frac{\sqrt{2}}{2}, 1, \frac{\sqrt{2}}{2}, 1, \frac{\sqrt{2}}{2}, 1$$

Pero, una vez más, si cambiamos a $\frac{\sqrt{2}}{2}$ el peso de los puntos de control que se encuentran en los vértices del polígono de control de la curva de grado 2, el resultado que se obtiene tampoco es un círculo (Figura 2.28).

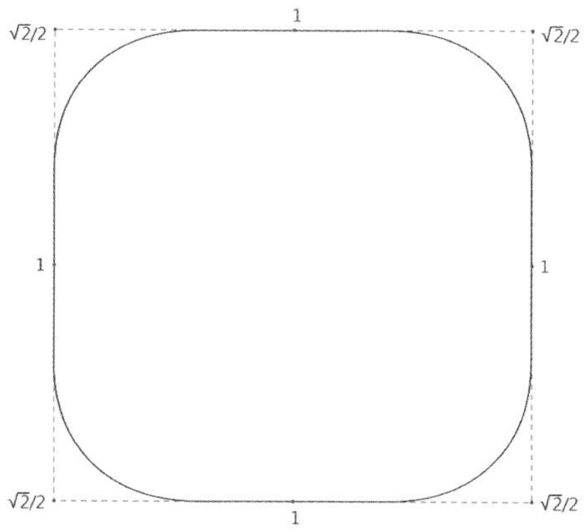

Figura 2.28 – Curva cerrada de grado 2 con puntos de control con peso

No hemos obtenido aún un círculo porque cuando se dibuja una curva NURBS *free-form* con el comando _*Curve* se crea una curva con nodos uniformes, o bien con un vector de nodos del tipo

[0, 1, 2, 3, 4, 5, 6, 7, 8, 9] (grado 2 periódica)

Esto crea una curva *piecewise* compuesta por 9 *knot spans* representados por segmentos rectos y curvilíneos alternados, que tienen continuidad de tangencia en los nodos pero no continuidad de curvatura (Figura 2.29).

Figura 2.29 – Curva periódica de grado 2 con 9 puntos de control y vector de nodos uniformes

El círculo, en cambio, tiene un vector de nodos compuesto solo por nodos dobles

[0, 0, 1, 1, 2, 2, 3, 3, 4, 4] (vector de nodos del círculo)

Por consiguiente para construir un círculo es necesario configurar correctamente y contemporáneamente todos los parámetros. La curva que se obtiene es siempre una curva *piecewise* pero está compuesta por 4 arcos con igual curvatura (Figura 2.30).

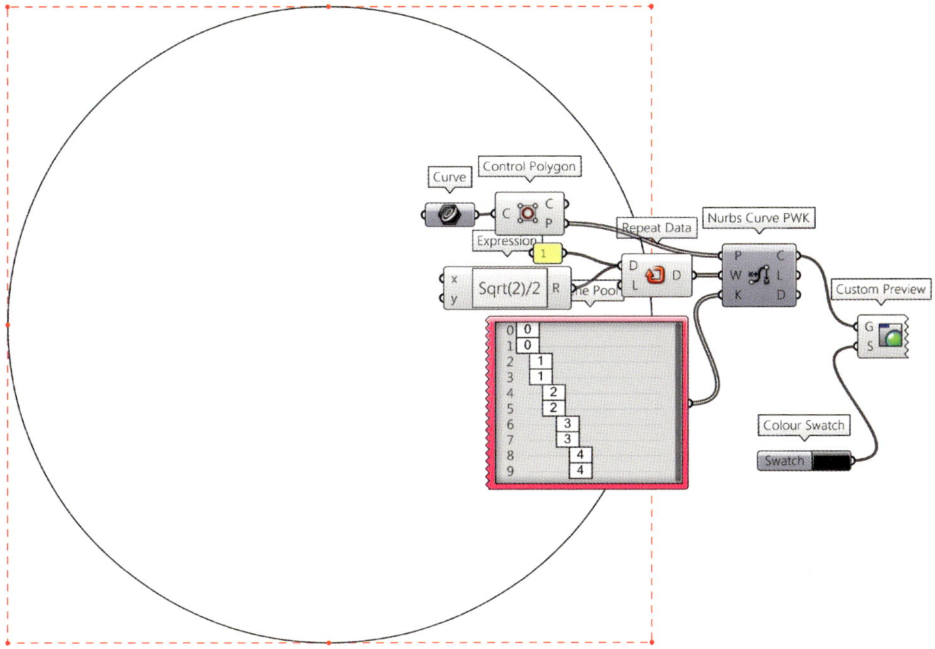

Figura 2.30 – Creación de un círculo a través de una curva NURBS en Grasshopper

El vector de nodos del círculo está compuesto por nodos dobles y el grado de la curva es 2; lo que significa que todos los nodos del círculo tienen multiplicidad completa y por lo tanto son puntos *kink*. Dadas estas condiciones, el hecho que a lo largo de la curva no aparecen vértices se debe solo a la disposición de los puntos de control: es por esto que *si se mueve cualquier punto de control en cualquier dirección, aparece un vértice a lo largo de la curva.*

2.4.3 Continuidad geométrica

Hasta ahora hemos considerado solo una curva a la vez, eventualmente analizando puntos críticos internos a la misma (nodos, *kink*).

Pero ¿qué sucede cuando se analiza la continuidad entre dos curvas NURBS adyacentes?

Se pueden observar cuatro casos que dan lugar a las principales condiciones de continuidad geométrica.

Nota: el grado de continuidad entre dos curvas se expresa con la abreviatura Gn, que significa continuidad geométrica de grado n.

G-1 ("menos" 1), discontinuidad de posición

Es, en realidad, la ausencia de continuidad geométrica: las dos curvas no están en contacto (Figura 2.31).

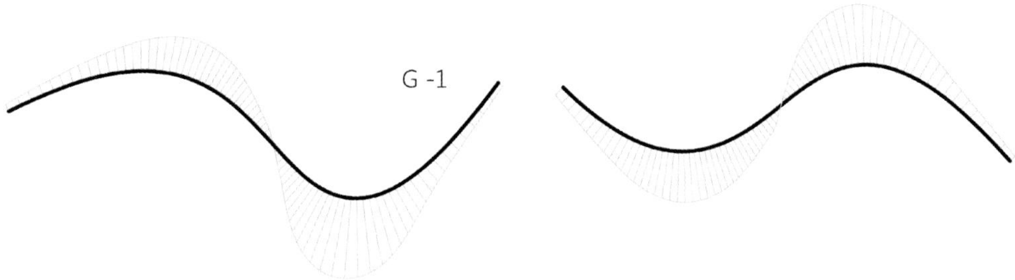

Figura 2.31 – Continuidad G-1 (discontinuidad de posición)

G0, continuidad de posición

Es la condición más clásica e intuitiva de continuidad, donde las dos curvas se tocan en el extremo, o bien el punto final de una de ellas coincide con el punto inicial de la otra.

La definición más intuitiva de continuidad es la posibilidad de dibujar una línea sin separar el lápiz del papel.

Evidentemente esta condición no contempla los diferentes niveles de continuidad que se pueden obtener en el empalme y permite por consiguiente la unión puntiaguda de las dos curvas: en el punto de unión las dos curvas pueden tener direcciones diferentes (Figura 2.32).

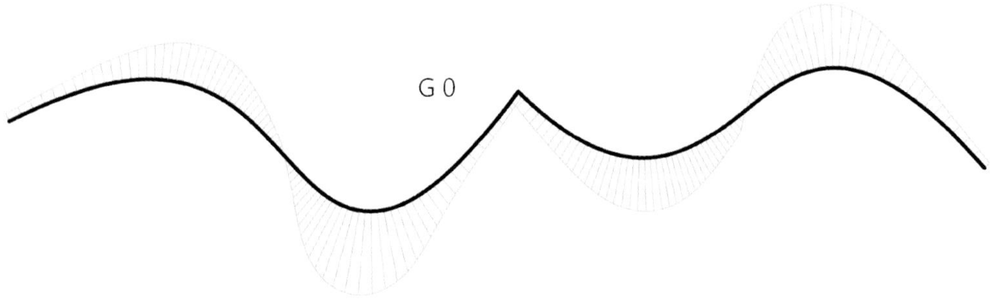

Figura 2.32 – Continuidad G0 (continuidad de posición)

G1, continuidad de tangencia

Es la condición de continuidad geométrica que garantiza la ausencia de una unión puntiaguda en el punto de contacto entre dos curvas. Para que no se forme un vértice, es necesario evidentemente que la dirección de la curva 1 en el punto final coincida con la dirección de la curva 2 en el punto inicial.

Por eso la continuidad G1 toma el nombre de continuidad de tangencia (Figura 2.33).

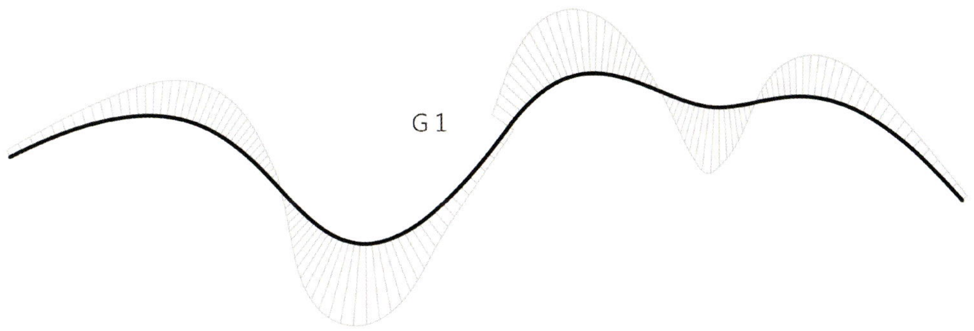

Figura 2.33 – Continuidad G1 (continuidad de tangencia)

La condición G1 es necesaria para que dos curvas se unan sin formar un vértice, pero es importante hacer algunas consideraciones.

En la naturaleza no existen los vértices, ya que ninguna punta es perfectamente afilada y ninguna esquina es una esquina puntiaguda.

Consideremos una aguja, el objeto afilado por excelencia. Si se observa la punta de una aguja en el microscopio electrónico se nota que la punta no es en realidad una punta!

En la Figura 2.34 se construye con Grasshopper la curva B tangente a la curva A ya existente.

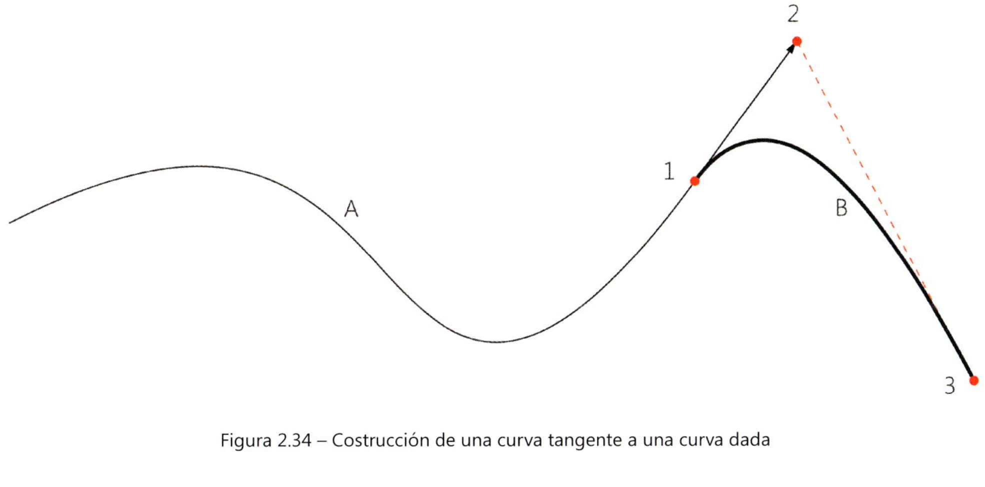

Figura 2.34 – Costrucción de una curva tangente a una curva dada

Lo que determina la tangencia de la curva B es el vector $\overrightarrow{12}$ que tiene:

- dirección tangente a la curva A en su punto final 1;
- sentido saliente de la curva A en su punto final 1;
- módulo igual a la distancia del punto 2 desde el punto 1.

Dado que una curva NURBS es también una curva de Bézier, los puntos de control 1 y 2 de la curva B determinan su tangente inicial; específicamente, el hecho de que el punto 2 esté alineado con la tangente final de la curva A hace que la curva B inicie con la misma dirección de la curva A en el punto 1.

Si el punto 2 se mueve a lo largo de esta dirección, la curva B siempre queda tangente a la curva A en el punto 1.

Pero si el punto 2 se acerca mucho al punto 1 (manteniendo una distancia, aunque sea mínima) se observa que a la escala del objeto se crea una condición de vértice aparente en 1 (Figura 2.35).

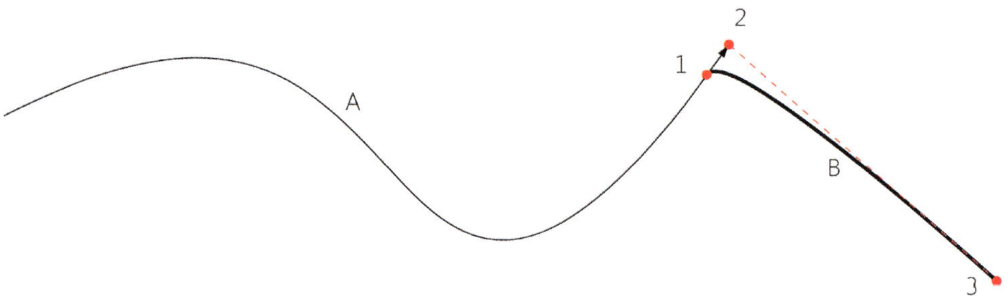

Figura 2.35 – Continuidad de tangencia y vértice aparente

Esto es lo que sucede con la punta de la aguja: a nivel microscópico la curva B es siempre tangente a la curva A, pero su dirección cambia brusca e inmediatamente.

Para evitar este tipo de condición es necesario recurrir a niveles de continuidad superiores a la G1.

G2, continuidad de curvatura

Si dos curvas son G1 y además tienen el mismo radio de curvatura en el punto de contacto, entonces se dice que las dos curvas también son G2, o bien tienen continuidad de curvatura (Figura 2.36).

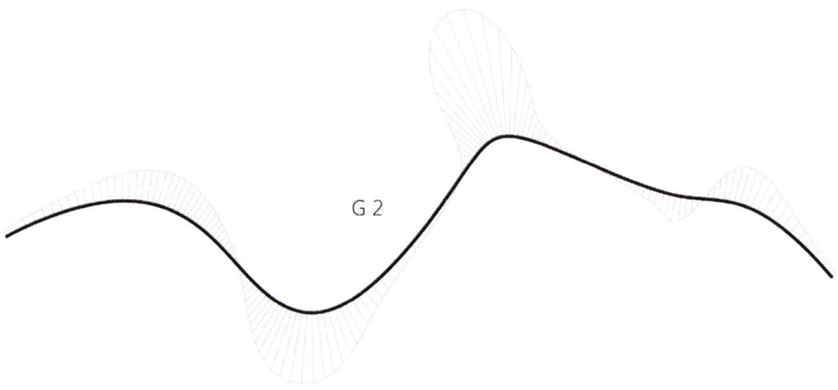

Figura 2.36 – Continuidad G2 (continuidad de curvatura)

Esta condición de continuidad no solo permite que no se forme un vértice en la unión de las dos curvas, sino que además evita el brusco cambio de dirección que se puede verificar con la sola continuidad G1.
Si las curvas A y B tienen el mismo círculo osculador (*1.4 Geometría diferencial de las curvas*) en el punto de contacto P, entonces el último tramo de la curva A y el primer tramo de la curva B ambos se pueden aproximar con el mismo círculo y esto elimina la posibilidad de un cambio de dirección repentino de una de las dos curvas en un entorno del punto P (como podría suceder con la sola continuidad G1).

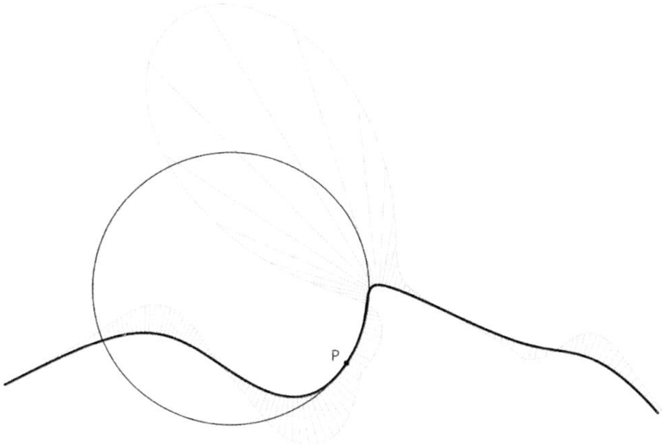

Figura 2.37 – Continuidad G2 y círculo osculador

Como veremos a continuación, establecer la continuidad G1 a través del correcto posicionamiento de los puntos de control es fácil, mientras que para la continuidad G2 es prácticamente imposible. Afortunadamente existen herramientas que permiten obtener este nivel de continuidad automáticamente.

Continuidades superiores a la G2

Como vimos en el punto *1.4 Geometría diferencial de las curvas*, los diversos niveles de continuidad corresponden a la continuidad de las relativas funciones y derivadas: G0 corresponde a la continuidad de la función NURBS; G1 a la continuidad de la primera derivada; G2 a la continuidad de la segunda derivada.
Establecer continuidades geométricas superiores, como la G3 o G4, equivale a evitar la aparición de efectos como los descritos en el mencionado punto, estableciendo que respectivamente la tercera o cuarta derivada sean continuas.
Rhino permite crear continuidades hasta la G4.
Se recurre a continuidades superiores a la G2 sobretodo en aplicaciones en las que el control de la variación de curvatura es fundamental, como en estudios de fluidodinámica (diseño de automóviles, aviones, barcos ...).
Más adelante trataremos el uso de las continuidades superiores para requisitos de manipulación de la topología de las curvas.

1

3_Aspectos generales de Rhino

Independientemente del campo de aplicación y de la complejidad del modelo 3D que se realiza, el ambiente de trabajo de Rhino no cambia. No obstante la apariencia simple de la interfaz, es indispensable conocer algunos aspectos fundamentales.

3.1 Sistema de referencia en Rhino

Rhino utiliza un sistema de referencia tridimensional dentro del cual es posible utilizar el sistema de coordenadas cartesiano (2D y 3D), polar y cilíndrico, cada uno con la respectiva designación anteriormente descrita.

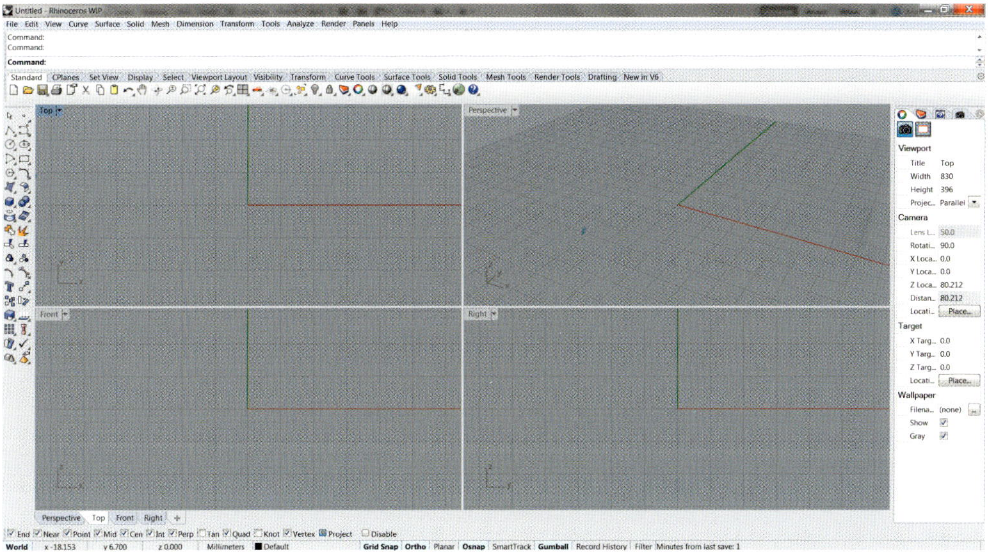

Figura 3.1 – Interfaz de Rhino

En la interfaz del programa, el área de trabajo se divide en cuatro vistas: una perspectiva y tres ortogonales (superior, frontal y lateral). Pocos se detienen a observar que en cada vista están representados siempre los ejes X y Y, con los colores rojo y verde.

Si observamos el espacio 3D cartesiano según las tres proyecciones ortogonales, podemos fácilmente intuir como a la vista superior corresponde el plano XY, a la vista frontal el plano XZ y a la vista lateral el plano YZ.

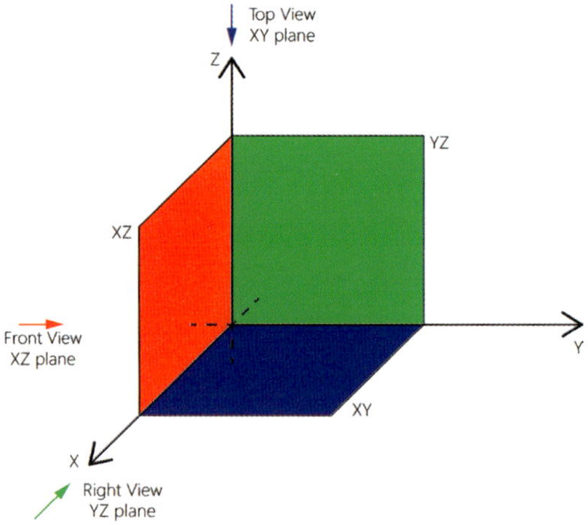

Figura 3.2 – Proyecciónes y planos de referencia

En las vistas ortogonales siempre aparecen los ejes de color rojo y verde (X y Y), por lo que es fácil intuir que cada vista utiliza un sistema de referencia local, cuya orientación respecto al sistema de referencia global es señalada por el pequeño símbolo gris (*widget*) presente en el ángulo inferior izquierdo de cada vista (Figura 3.3).

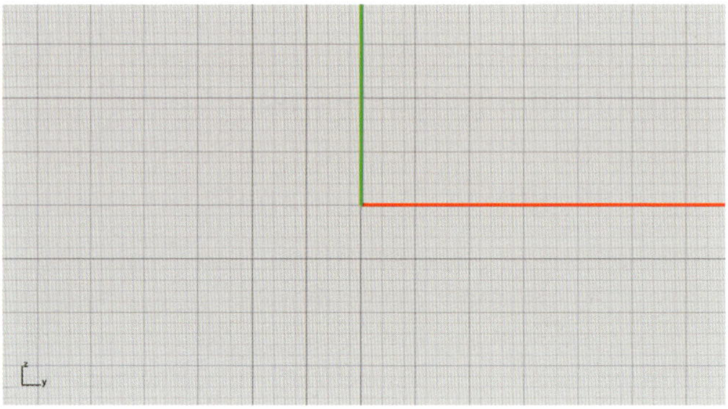

Figura 3.3 – Plano de trabajo local y widget del plano de referencia global

Esta particularidad de la interfaz de Rhino implica algunas consecuencias, de las cuales la más importante es el concepto de *verticalidad*.

La observación del mundo real nos lleva instintivamente y naturalmente a considerar al espacio común como a un ambiente tridimensional donde X y Y son las dos dimensiones horizontales, mientras la Z es la dimensión vertical. Pero cuando trabajamos en una vista de Rhino, en la cual el sistema de referencia local no coincide con el sistema de referencia global, esta condición cambia.

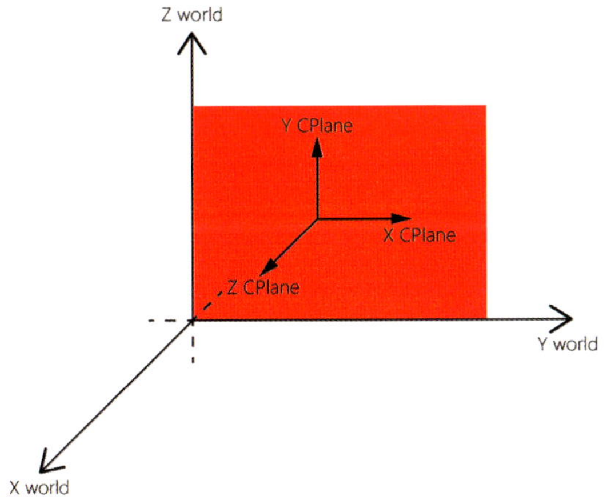

Figura 3.4 – Plano de coordenadas local y verticalidad local

Como podemos observar en la Figura 3.4, si estamos dibujando en la vista lateral el sistema de referencia activo es el plano XY vertical (coincidente con el plano global YZ): por lo tanto el eje Z, vertical respecto a la vista, será horizontal respecto al plano XY global.

Como veremos más adelante, este aspecto de la interfaz afecta el funcionamiento de algunos comandos muy importantes.

Nota: se recomienda diseñar cerca del origen del sistema de referencia. Hacerlo tiene dos ventajas:

- *se reduce la cantidad de memoria necesaria para archivar el documento;*
- *se evitan problemas de interoperabilidad con otros software.*

3.1.1 Cambio del plano de trabajo (*CPlane*)

Todas las herramientas CAD permiten cambiar el sistema de coordenadas para poder trabajar más cómodamente. Rhino ofrece muchas opciones para acomodar el plano de coordenadas según las necesidades.

Comando: _CPlane _3Point

Permite cambiar el sistema de coordenadas especificando 3 puntos: origen, punto en la dirección del eje X y punto en la dirección del eje Y (perpendicular al eje X).

El eje Z resulta automáticamente determinado para formar una terna cartesiana.

detallar más a fondo una parte del diseño, casi seguramente esta exigencia determinará la creación de un nuevo archivo con las correctas unidades de medida y tolerancia absoluta.
A continuación un esquema general para asociar los templates con las diversas disciplinas (se indica genéricamente con Diseño Industrial cualquier actividad inherente al diseño de productos y accesorios).

Template	**Unidad de medida**	**Tolerancia**	**Disciplina**
Objetos grandes – Centímetros	Centímetros	0,01 cm	Arquitectura, Diseño Industrial
Objetos grandes – Pulgadas	Pies – Pulgadas	0,01 ft	Arquitectura, Diseño Industrial
Objetos grandes – Pies	Pies	0,01 ft	Arquitectura, Diseño Industrial
Objetos grandes – Pulgadas	Pulgadas	0,01 in	Diseño Industrial
Objetos grandes – Metros	Metros	0,01 m	Arquitectura
Objetos grandes – Milímetros	Milímetros	0,01 mm	Diseño Industrial
Objetos pequeños – Centímetros	Centímetros	0,001 cm	Diseño Industrial
Objetos pequeños – Pies – Pulgadas	Pies – Pulgadas	0,001 ft	Diseño Industrial
Objetos pequeños – Pies	Pies	0,001 ft	Diseño Industrial
Objetos pequeños – Pulgadas	Pulgadas	0,001 in	Diseño Industrial
Objetos pequeños – Metros	Metros	0,001 m	Arquitectura, Diseño Industrial
Objetos pequeños – Milímetros	Milímetros	0,001 mm	Diseño Industrial

Tabla 3

En el caso específico del dibujo arquitectónico a la escala del edificio, se recomienda el uso del template "Objetos grandes – Metros" ya que este ajuste facilita el uso de plugins en Rhino o Grasshopper así como la correcta interoperabilidad con otros software de diseño arquitectónico.
Para aplicaciones de diseño de interiores se recomienda el uso del template "Objetos grandes - Metros" u "Objetos grandes – Centímetros", dependiendo del nivel de detalle que se pretende lograr.
Para aplicaciones de diseño de muebles o similares se recomienda el uso del template "Objetos grandes – Centímetros" u "Objetos grandes – Milímetros".
Para aplicaciones de diseño mecánico o diseño de joyería se recomienda el uso del template "Objetos pequeños – Milímetros.

3.2.1 Tolerancia absoluta

La tolerancia absoluta es un parámetro fundamental porque no solo determina genéricamente el nivel de detalle mínimo que se pueda representar, sino de manera más específica determina *la dimensión mínima que Rhino es capaz de considerar.*

Una tolerancia absoluta de 0,01 m implica que:

- Si dos objetos se encuentran a una distancia de 0,0099 m para Rhino estos están en contacto.
- Si una curva está pegada a una superficie pero en algunos tramos se aleja de la misma por más de 0,01 m, para Rhino la curva no yace en la superficie.
- Si el punto final de una curva está cerca del punto final de otra curva pero a una distancia inferior al valor de la tolerancia absoluta, las dos curvas se pueden unir (*5.1 Unión de curvas*).

3.3 Record History

Rhino no es un CAD paramétrico. Una vez dibujada la geometría Rhino no conserva memoria de cómo fue dibujada ni cuáles valores de los parámetros se utilizaron para dibujarla.
Existe un modo de hacer que Rhino recuerde esta información: la opción *Record History*, que se encuentra en la barra de estado (Figura 3.6).

Figura 3.6 – Barra de estado, opción Record History

El efecto del *Record History* sobre la geometría de Rhino es la creación de un vínculo "padre-hijo" entre el input y el output del comando.
Por ejemplo si se crea un *Loft* con *Record History*, cambiando la posición y/o la forma de las curvas iniciales, la superficie se adapta para responder a las nuevas configuraciones.
Para que su uso no provoque consecuencias indeseables, se recomienda utilizar el *Record History exactamente según los siguientes pasos*:

1. deseleccionar objeto que esté eventualmente ya seleccionado, incluso si se trata de geometrías que deben utilizarse en el comando que se realizará;
2. ejecutar el comando deseado[3];
3. activar la opción *Record History* *antes* de seleccionar cualquier objeto;
4. completar la ejecución del comando.

Al termino de la ejecución del comando, la opción *Record History* será automáticamente desactivada.

Nota: la existencia de la opción Record History no implica que el diseñador deba abusar de esta opción. Como ya vimos en los conceptos generales del capítulo anterior y como aprenderemos en los próximos capítulos, la geometría NURBS es bastante compleja. Guardar las relaciones entre objetos input y objetos output con Record History produce un aumento importante del tamaño del archivo.

3. No todos los comandos admiten el uso de la opción Record History.

Esta es una buena estrategia para el uso del *Record History*:

- Activar la opción *Record History* dentro de un comando según el procedimiento apenas descrito;
- Ajustar la posición y forma de los objetos input hasta lograr el resultado deseado;
- Romper la relación padre-hijo cuando se haya obtenido el resultado deseado: es suficiente mover la geometría final para romper esta relación.
- ¡Nunca eliminar la geometría input! Conviene más bien ocultarla o cambiarla a otro layer. Podrá volverse útil cuando se haya eliminado la relación "padre-hijo";

Después de romper dicha relación Rhino volverá a trabajar de forma no paramétrica.

Si se quisiera volver a cambiar las propiedades de la geometría resultante, se podrá repetir el comando con la opción *Record History* utilizando la última versión del input (¡que no habrá sido eliminada!).

3.4 Dibujar curvas alrededor de una línea

Algunas herramientas permiten crear la geometría (normalmente curvas cerradas) alrededor de una curva existente gracias a la opción *AroundCurve*.

Tienen esta opción: el círculo, la elipse, el rectángulo, el polígono regular (incluso la superficie plana rectangular).

Se trata de una ayuda importante para el modelado de formas complejas, muy utilizada en comandos como el *_Loft* (*7.7.4 Torsión en el loft*) y el *_Sweep1* (*7.8.5 Torsión en el Sweep1*).

Una técnica simple es dividir la línea base en partes iguales, para obtener puntos equidistantes a lo largo de la misma; y así utilizar estos puntos de referencia como centros para dibujar las curvas alrededor de la línea (Figura 3.7).

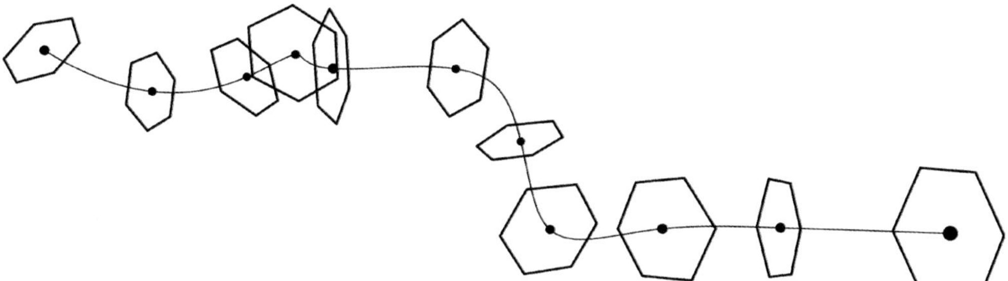

Figura 3.7 – Polígonos regulares equidistantes dibujados con opción AroundCurve a lo largo de la curva

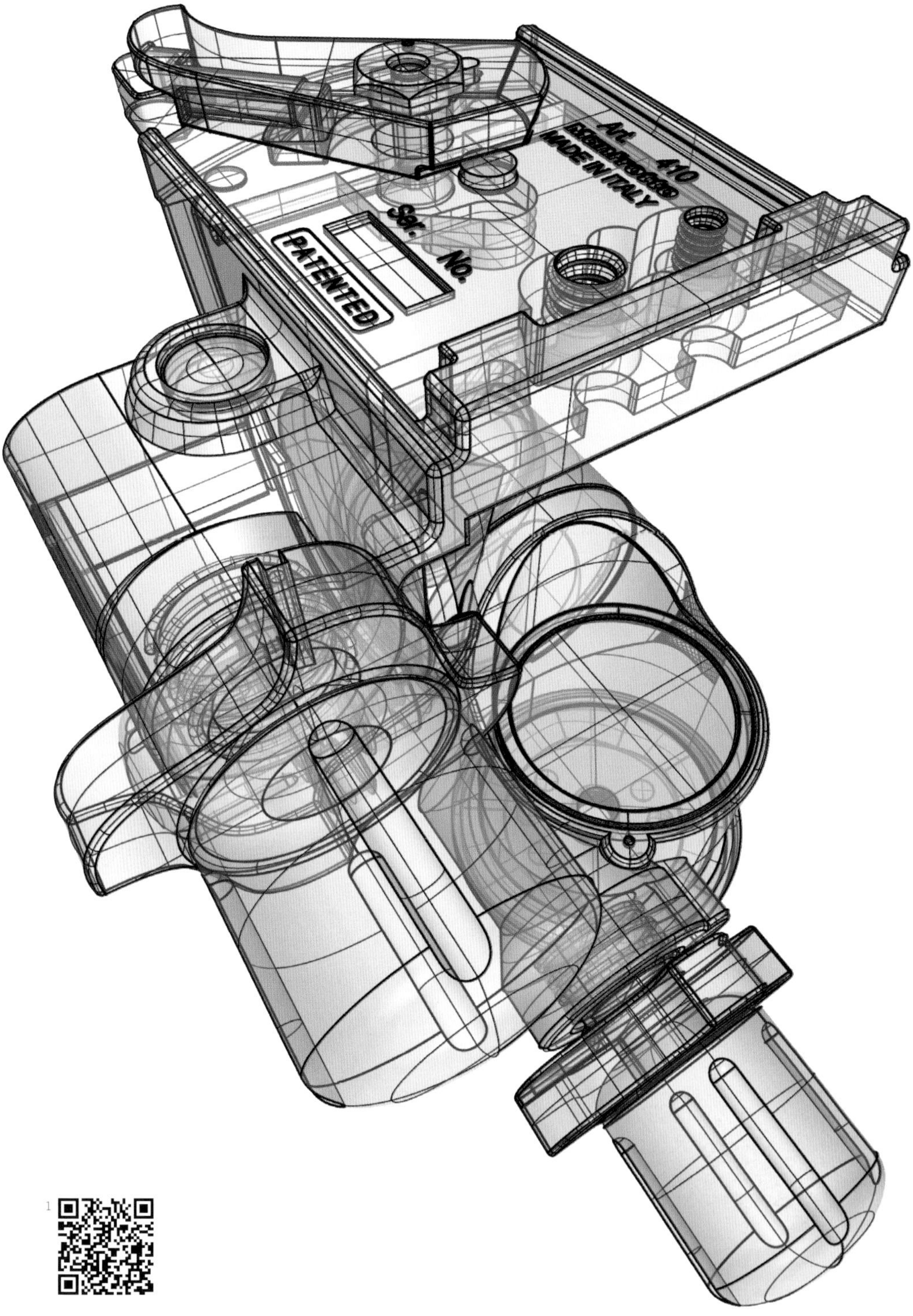
Art.
410
MADE IN ITALY
Ser.
No.
PATENTED

4_Curvas: interpolación vs. control

Cuando se habla de geometría *free-form* se hace referencia a formas "suaves", "orgánicas", "lisas", "continuas", "fluidas", todos aquellos términos que se refieren a una propiedad única de este tipo de geometría, que hace que se diferencie de la línea recta, del arco, del círculo, del polígono, etc.. *Esta propiedad es la ausencia de una regla única que sea válida en cada punto de la geometría.*

Nota: un arco o un círculo son geometrías curvas, pero no "orgánicas", porque tienen una regla única válida para toda la curva: ambas se definen como el lugar geométrico de los puntos del plano cuya distancia a otro punto fijo, llamado centro, es igual a una cantidad constante, llamada radio.

Trabajando con geometría *free-form* existe tanto la dificultad técnica de dibujar la complejidad, como la dificultad práctica de controlar la forma desde el punto de vista dimensional.
Para que el objeto del diseño pueda ser fabricado, es importante que la forma libre sea también correcta desde el punto de vista de dimensiones y tolerancias.

Cuando se quiere controlar la forma y la dimensión del diseño, existe un concepto que debe evitarse tanto como sea posible: la interpolación.

Como ya vimos, en Rhino se produce una interpolación cuando los inputs proporcionados no son suficientes para determinar el resultado; la interpolación está basada en algunas reglas generales, como la ecuación NURBS.

La interpolación no permite conocer a priori cuál será el resultado. Por otra parte, el resultado mismo de la interpolación a menudo no sigue reglas fácilmente interpretables y por tanto eventuales intervenciones o transformaciones sucesivas podrían requerir mucho esfuerzo y mucho tiempo.

Los dos comandos principales para crear una curva *free-form* con Rhino son *_Curve* y *_InterpCrv*.

Nota: Rhino crea normalmente curvas de forma libre de grado 3 (orden 4).

4.1 La curva interpolada

Cuando se dibuja a mano, existe una correspondencia directa entre la posición y el movimiento de la mano y la forma del trazo dibujado. Este proceso psicomotor está arraigado en nosotros desde que iniciamos a hacer garabatos, dibujar, escribir. Por esto en Rhino, inicialmente, puede parecer más práctico utilizar una herramienta como la curva interpolada.

La curva interpolada es la herramienta que permite dibujar curvas *free-form* de la manera más intuitiva, o bien determinando directamente los puntos de paso de la curva.

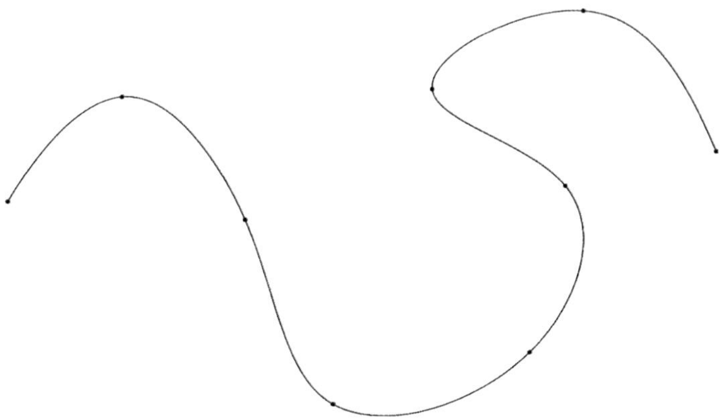

Figura 4.1 – Creación de una curva interpolada

La ejecución del comando es muy fácil: se hace clic en secuencia en puntos que serán los puntos de paso de la curva. Sin embargo, el significado de las opciones no es tan simple.

Comando: _InterpCrv

Permite crear una curva *free-form* que pasa a través de puntos específicos.

Los puntos seleccionados se convierten en nodos de la curva, así que contemporáneamente se define la trayectoria de la curva, sus nodos y sus *knot spans*.

Opciones importantes

Degree — Permite especificar el grado de la curva. Dado que grado, orden y puntos de control están vinculados, como vimos en el capítulo 2, es necesario que al grado n correspondan al menos n+1 puntos de control, de otro modo la curva no será de grado n.

Este comando no permite crear directamente los puntos de control, por tanto si se quiere dibujar curvas de grado 3 no es posible especificar al menos 4 de ellos. Por eso, hasta cuando simplemente se hace clic en dos puntos, el segmento será recto pero la curva tendrá 4 puntos de control.

Knots — Dado que los nodos determinan los *knot spans* es importante especificar cómo se pretende parametrizar la distribución de nodos.

- *Uniform* — Los nodos de la curva serán uniformes, o bien el primero y el último nodo tendrán multiplicidad completa, mientras los nodos intermedios serán todos simples y con distancia uniformemente.

  Para que esta modalidad produzca una curva *smooth* hay que realizar una serie de puntos más o menos equidistantes, de otro modo la curva iniciará a tener cambios bruscos de curvatura.

  Con este tipo de parametrización de nodos, cada punto de control afectará con la misma fuerza la forma de la curva.

- *Chord* — La distancia entre los puntos determinados con un clic será utilizada como separación entre los nodos (nodos no uniformes).

  Esta opción crea curvas más suave (*smooth*) incluso cuando la distancia entre los nodos varía de manera considerable.

- *SqrtChord* — La raíz cuadrada de la distancia entre los puntos determinados con un clic será utilizada como separación entre los nodos (nodos no uniformes).

La curva interpolada es una buena herramienta para dibujar rápidamente curvas *free-form* pero no permite controlar bien ni la forma, ni las propiedades geométricas, ni las dimensiones de las curvas dibujadas. Comprobamos esta afirmación a través de un ejemplo práctico.

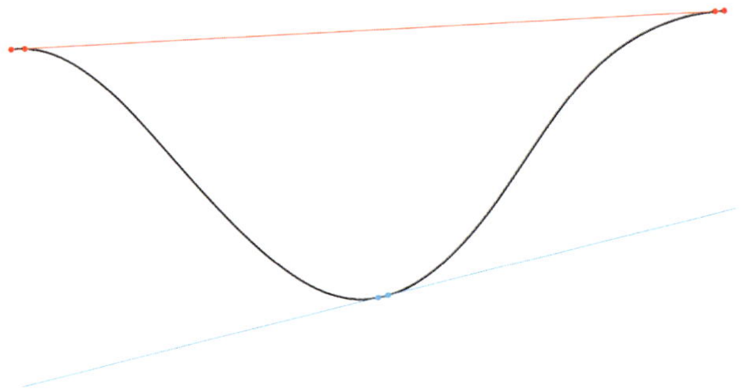

Figura 4.2 – Curva interpolada entre dos líneas

En la Figura 4.2 se buscó dibujar una curva interpolada entre dos líneas de modo tal que la curva fuera tangente en los puntos de contacto con las mismas.

Aparentemente se obtuvo un buen resultado pero en realidad hay dos tipos de problemas en este dibujo:

- La curva en realidad nunca es tangente a las dos líneas: gracias a los puntos de intersección evidenciados en rojo se nota cómo la curva atraviesa sistemáticamente las dos líneas;
- La forma final de la curva es relativamente *smooth*, presentando diversas zonas donde el cambio de curvatura (si bien no rompiendo la continuidad) hace que la curva se vea menos "suave".

A estos problemas se le agrega un tercero, quizás todavía más grave: dado que la curva fue generada por interpolación a través de puntos específicos, los puntos de control de la misma fueron posicionados por el programa de modo tal que se adaptaran a los nodos y a la parametrización configurada en la fase de ejecución del comando. No existe una lógica en el posicionamiento de los puntos de control que pueda servir para ajustar la tangencia con las líneas (Figura 4.3).

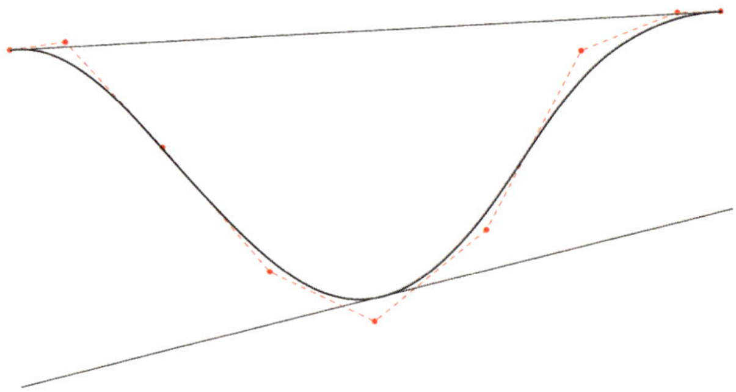

Figura 4.3 – Puntos de control resultantes de la interpolación

En conclusión, si se quiere dibujar una curva *free-form* controlando su forma, propiedades geométricas y dimensiones, no conviene utilizar el comando *_InterpCrv*, es preferible utilizar el comando *_Curve*.

4.2 La curva cónica

La curva cónica (*1.2 Curvas cónicas*) es el primer objeto que nos permite comprender exactamente cómo dibujar una curva *free-form* determinando al mismo tiempo algunas propiedades geométricas de la misma.

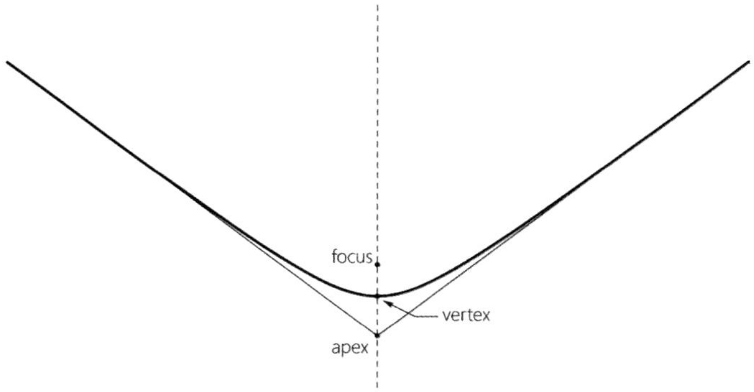

Figura 4.4 – Curva cónica

La forma resultante de la ejecución del comando *_Conic* es una hipérbole: la diferencia respecto al comando *_Hyperbola* es que este último crea unicamente una hipérbole simétrica, mientras que el comando *_Conic* crea un arco de hipérbole que puede ser asimétrico.
Por lo tanto la curva *_Conic* se presenta con una forma de arco *free-form*.

Comando: _Conic

Permite crear una curva cónica (específicamente una hipérbole) según tres modalidades: libre, tangente o perpendicular.
Para determinar la forma de la curva es necesario especificar tres puntos: *Start point/End point*, puntos inicial y final de la curva; *Apex*, ápice del cono, que no debe confundirse con el vértice de la cónica que será el punto clave de la forma de arco resultante (Figura 4.4).

Opciones importantes

Tangent	Permite crear la curva cónica tangente a una curva ya existente, vinculando la dirección del *Apex* a la tangente de la curva existente en el punto *Start point* (Figura 4.5).

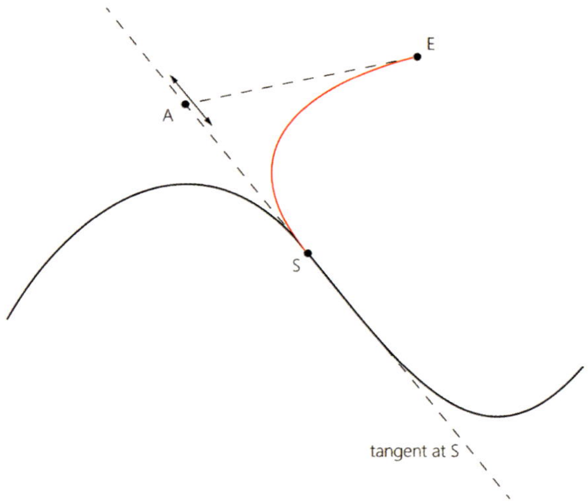

Figura 4.5 – Curva _Conic tangente a una curva existente

La importancia de esta curva es viene del rol que desempeña el punto *apex*. Por primera vez se está dibujando una curva no a través de un punto inicial – nodos/puntos de paso – punto final, sino especificando la posición y el rol de una entidad de la que hasta ahora se había hablado sólo teóricamente: el punto de control.

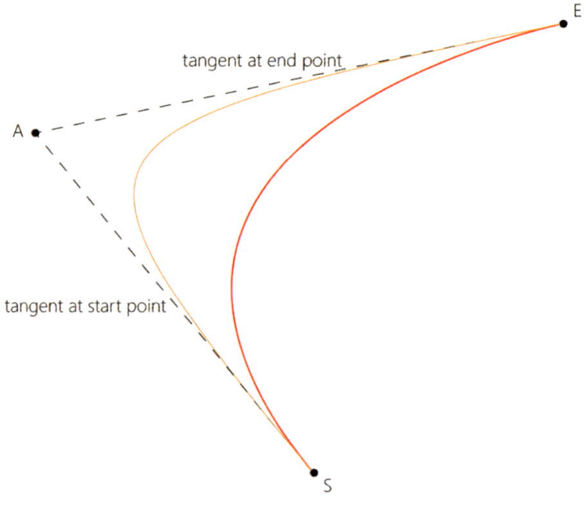

Figura 4.6 – Estructura de control de una curva _Conic

Observando la Figura 4.6, notamos que la curva en cuestión:

- es tangente a su polígono de control (segmentado en la figura); lo cual no debería de sorprender ya que se trata de una curva NURBS, por lo tanto una B-Spline y también una curva de Bézier: por consiguiente es normal que sea tangente a su polígono de control en los puntos inicial y final;

- tiene 3 puntos de control y tiene una forma curva, lo que corresponde al hecho de que su grado es 2;
- inicia y termina en los puntos de control inicial y final, lo que quiere decir que el vector de nodos tiene en los extremos dos nodos con multiplicidad completa, por lo tanto el vector es [0, 0, 1, 1];
- el punto A (*Apex*) es el punto de control intermedio que con su peso atrae con una mayor o menor intensidad la curva hacia él.

Pero la consideración más importante es que la posición del punto de control que coincide con el *Apex* determina la dirección inicial y final de la curva, o bien las dos tangentes inicial y final.

Como veremos en el siguiente punto esta es una regla general de las curvas por puntos de control, que junto a otras permite determinar las propiedades geométricas de la curva.

4.3 La curva por puntos de control

La curva por puntos de control es la geometría más importante en Rhino. Con esta se puede dibujar cualquier tipo de forma, por más libre o controlada que sea.

Comando: _Curve

Permite crear una curva dibujando directamente sus puntos de control y seleccionando el grado. Para que el grado n seleccionado corresponda al grado de la curva dibujada, es necesario especificar al menos n+1 puntos de control.

Opciones importantes

Persistent close	Cuando tenemos *Sharp=No*, esta opción permite cerrar la curva creando una curva periódica. Esto influye sobre el vector de nodos ya que el punto inicial y el punto final son puntos de paso de la curva, por lo tanto en el vector de nodos ya no existirán nodos con multiplicidad completa (a menos de que se creen especialmente).

Seguramente la característica más desconcertante para el usuario de Rhino es que dibujando una curva por puntos de control esta no pasa a través de los puntos seleccionados (Figura 4.7).

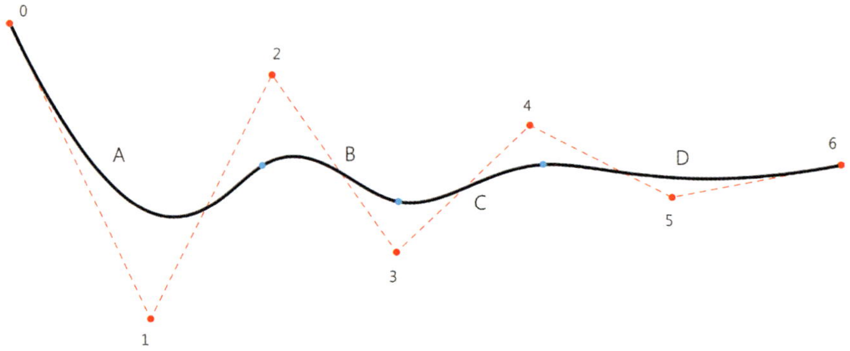

Figura 4.7 – Curva por puntos de control

En el caso de la Figura 4.7 se dibujó una curva de grado 3.

- La curva tiene 7 puntos de control y pasa por los puntos inicial y final, por lo tanto el vector de nodos es [0, 0, 0, 1, 2, 3, 4, 4, 4];
- La curva está dividida por 5 nodos en 4 *knot spans*, y en cada uno influyen 4 puntos de control (iguales al orden de la curva); si por ejemplo se mueve el punto de control número 4 la curva no se deforma en el *knot span* A;
- La curva es tangente a su polígono de control en los puntos inicial y final.

4.3.1 Grado y deformabilidad

En el punto *2.3.2 Grado y orden* (*Tabla 1 – Orden, tipo de curva y puntos de control*), observamos como el grado de una curva determina el aspecto general de la misma, o bien si está compuesta por segmentos rectilíneos, curvilíneos o curvilíneos *free-form*.

También vimos que para que una curva sea de grado d es necesario seleccionar al menos d+1 puntos de control.

Veamos cómo cambian la curva y sus propiedades en función del grado.

Grado 1 Con el número mínimo de puntos de control, 2, se crea un solo segmento rectilíneo.

Con más puntos de control se dibuja una polilínea, o bien una curva formada por segmentos rectilíneos consecutivos unidos con continuidad G0 en correspondencia a los nodos.

Cada *knot span* está controlado por dos puntos de control (orden de la curva: 2), por lo tanto los puntos de control coinciden con los nodos y con las extremidades/vértices del segmento/de la polilínea.

La curva no es deformable dentro de los *knot spans* (los segmentos siguen siendo rectilíneos).

En el caso de una curva con más de 2 puntos de control, la curva se puede explotar.

Grado 2 Con el número mínimo de puntos de control, 3, se crea un solo segmento curvilíneo (segmento de hipérbole, curva _Conic) tangente al polígono de control en los puntos inicial y final.

Con más puntos de control se dibuja una curva piecewise compuesta por segmentos de hipérbole con continuidad G1 en correspondencia a los nodos.

Cada *knot span* es controlado por tres puntos de control (orden de la curva: 3).

La curva es deformable.

En el caso de una curva con más de 3 puntos de control, la curva se puede explotar y los segmentos curvos resultantes terminan en los nodos de la curva original.

Grado 3 Con el número mínimo de puntos de control, 4, se crea una curva *free-form* con un solo *knot span* y tangente al polígono de control en los puntos inicial y final.

Con más puntos de control se determina una curva *free-form* con continuidad G2 en correspondencia a los nodos.

Cada *knot span* es controlado por cuatro puntos de control (orden de la curva: 4).

La curva es deformable.

La curva de grado 3 (creada directamente con el comando _*Curve*) no se puede explotar.

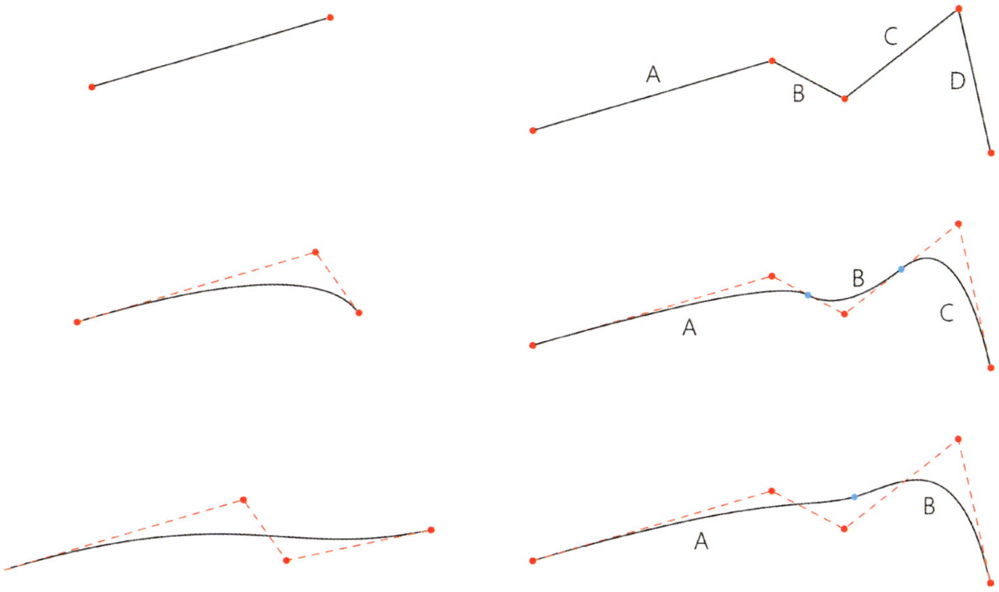

Figura 4.8 – Grado y forma de una curva: grado 1 (arriba), grado 2 (centro), grado 3 (abajo)

Se puede observar que para que una curva sea deformable internamente, es decir, que se pueda curvar, es necesario que sea al menos de grado 2.

4.3.2 Tres reglas prácticas para dibujar una curva *free-form*

Nota: las tres reglas que siguen son válidas para curvas de grado 3.

Regla 1	*El segundo y el penúltimo punto de control determinan respectivamente la tangente inicial y final de la curva.*

Esta propiedad es fundamental; en realidad se puede decir que las otras dos reglas son derivaciones de esta.

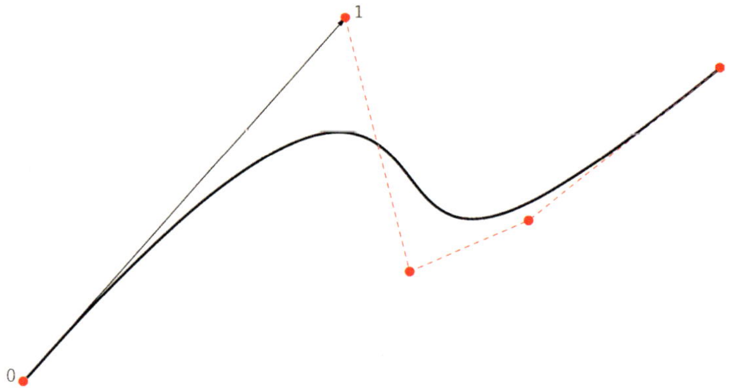

Figura 4.9 – Tangente inicial

En la Figura 4.9 se puede ver cómo la tangente inicial está direccionada como el segmento 0-1.

Lo mismo sucede con el penúltimo punto de control de la curva, que determina la tangente final.

A través del posicionamiento correcto del segundo punto de control se puede determinar directamente la condición de continuidad G1 entre dos curvas.

Si tenemos por ejemplo una curva A de forma libre y queremos dibujar una segunda curva que sea G1 con la primera, podemos proceder de la siguiente manera:

1. Activar los puntos de control de la curva A a través de la tecla *F10* o el comando *_PointsOn* (en Rhino 6 es suficiente seleccionar la curva con un clic para visualizar los puntos de control);
2. Dibujar una línea que pase por el penúltimo y último punto de control de la curva A, o bien la tangente final (asegurarse de haber activado lo snap *Point*);
3. Posicionar el segundo punto de control de la nueva curva en la misma dirección de la tangente final a la curva A.

En el paso 2 se pueden adoptar dos técnicas diferentes para dibujar la tangente final a la curva A:

- Dibujar una línea por punto medio, desde el punto final de la curva A al penúltimo punto de control (Figura 4.10);

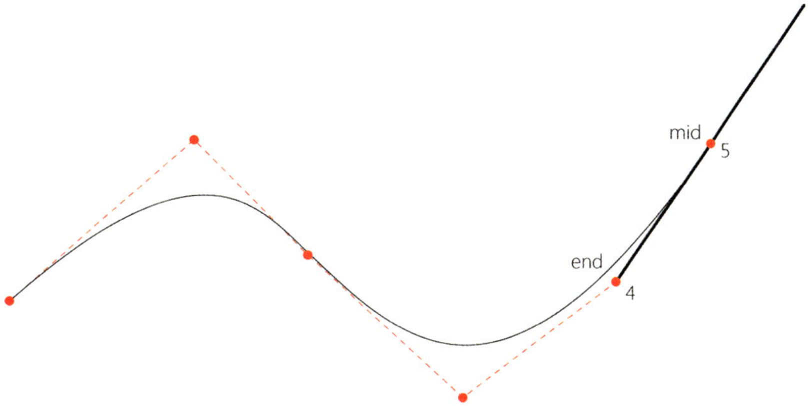

Figura 4.10 – Tangente final obtenida por línea por punto medio

- Dibujar una línea desde el penúltimo punto de control y, posicionando el cursor sobre el punto final, presionar la tecla *TAB* para bloquear la dirección de la línea, y extenderla más allá del punto final (Figura 4.11).

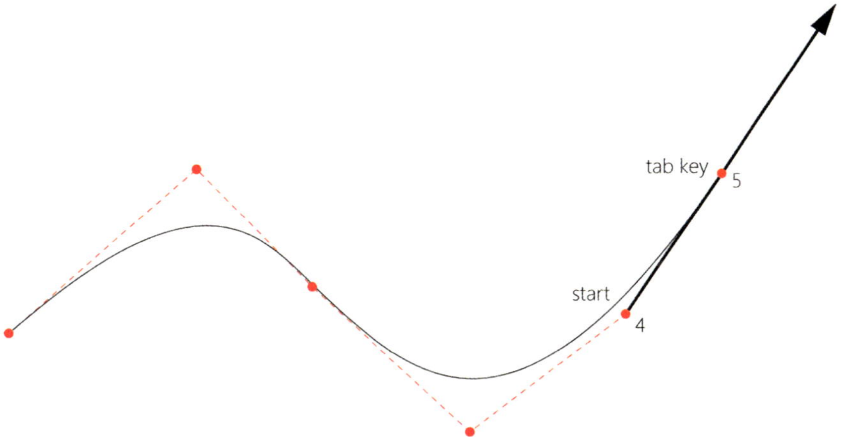

Figura 4.11 – Tangente final obtenida por línea con dirección vinculada (TAB)

El segundo método es preferible porque se puede dibujar una línea más larga para utilizarla como línea de apoyo para posicionar el segundo punto de control de la nueva curva (Figura 4.12).

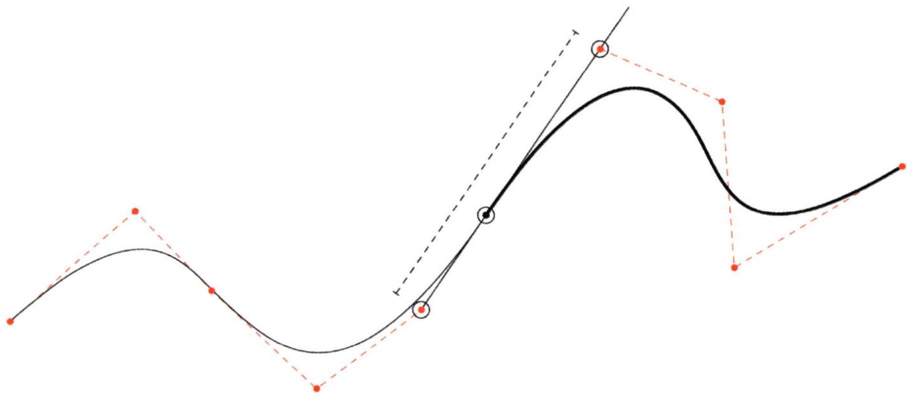

Figura 4.12 – Dibujo de la segunda curva tangente a la primera

Regla 2	*Tres puntos de control alineados determinan la tangencia de la curva a la recta que pasa por los tres puntos: si los tres puntos de control están alineados y son equidistantes, la curva pasa a través del punto de control intermedio.*

Como ya vimos, la curva por puntos de control pasa a través de su punto inicial y su punto final, pero no pasa a través de los puntos de control intermedios.

¿Cómo podemos obligar a una curva a pasar a través de un punto preciso?

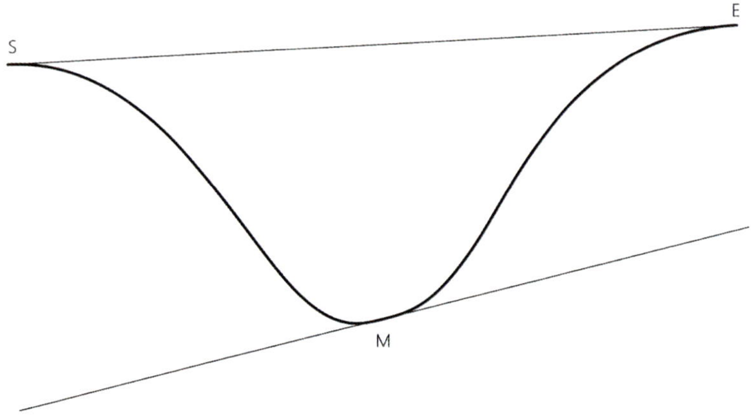

Figura 4.13 – Paso a través de un punto

Tomemos el caso en Figura 4.13, en el que se quiere dibujar una curva *free-form* que inicie en el punto S, pase por el punto M y termine en el punto E, siendo tangente a las dos líneas en los tres puntos de contacto.

Ya sabemos cómo obligar a la curva a ser tangente a la línea S-E en sus puntos inicial y final: es suficiente alinear los primeros dos puntos de control y los últimos dos puntos de control a lo largo de la misma. Para el paso a través del punto M en cambio, imaginemos descomponer el problema en dos partes, o bien dibujemos el tramo de curva que inicia en el punto S y termina en el punto M.

En este caso es fácil determinar que son suficientes 4 puntos de control (Figura 4.14).

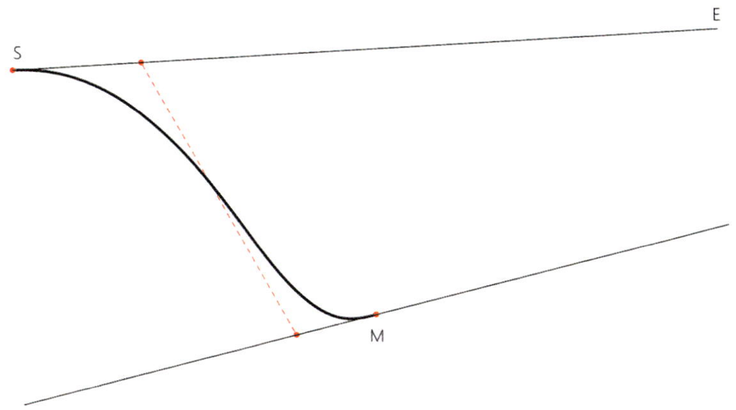

Figura 4.14 – Costrucción del primer tramo de curva

Sucesivamente supongamos que queremos construir el segundo tramo de curva: obviamente la estructura de puntos de control será perfectamente equivalente (Figura 4.15).

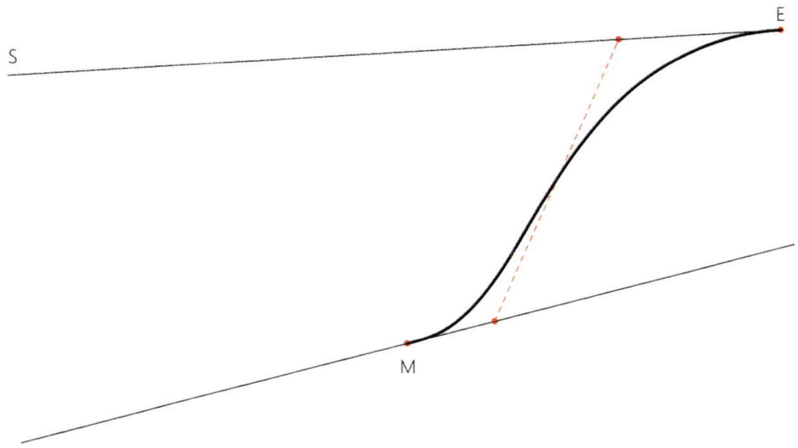

Figura 4.15 – Costrucción del segundo tramo de curva

La condición necesaria en el punto M es que la curva llegue al punto según la dirección tangente a la línea de abajo y parta del mismo punto según la misma tangente.

Para obtener este resultado es suficiente posicionar tres puntos alineados a lo largo de la línea de abajo (Figura 4.16).

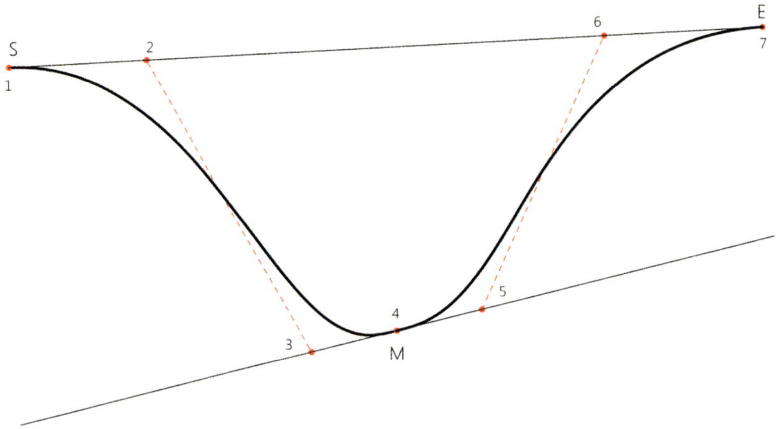

Figura 4.16 – Curva free-form que pasa por un punto

En realidad se puede observar que si los puntos de control 3 y 5 tienen distancias diferentes desde el punto intermedio 4, la curva no pasa exactamente a través del punto M (Figura 4.17).

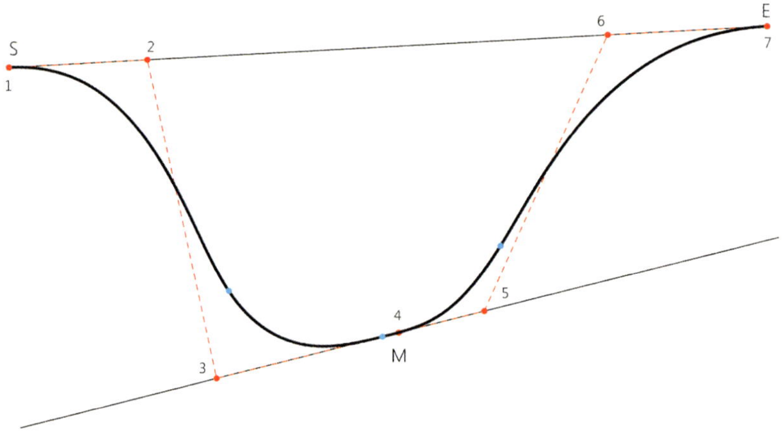

Figura 4.17 – El nodo es el verdadero punto de tangencia con la línea, por consiguiente la línea no pasa por el punto de control intermedio

Los tres puntos alineados determinan que la tangencia con la línea suceda en el nodo (punto azul) y no en el punto de control intermedio. Pero, si los tres puntos además de estar alineados son también equidistantes, entonces el nodo coincide con el punto de control intermedio y la curva pasa por tal punto de control.

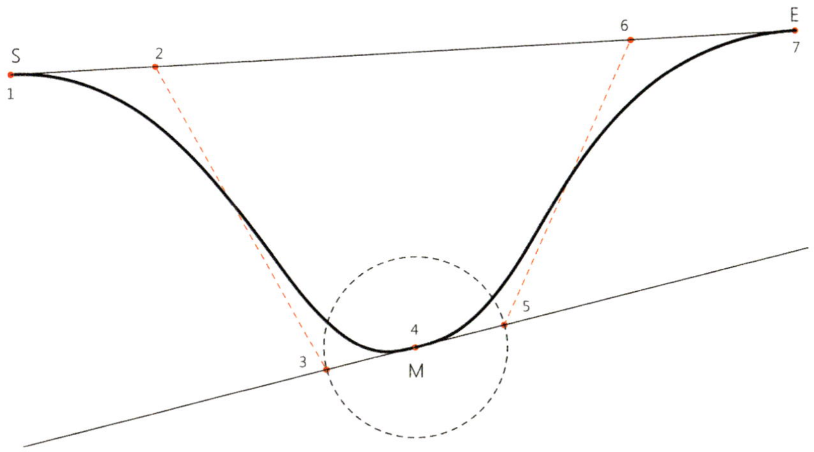

Figura 4.18 – Paso por el punto M con tres puntos de control alineados y equidistantes

UnUna vez dibujada la curva con los puntos de control en la posición correcta, la forma particular de la curva puede ser obtenida moviendo los puntos de control sin romper las reglas.

Con referencia a la Figura 4.16, es posible de hecho:

- Mover los puntos 1, 2, 6 y 7 a lo largo del segmento de arriba;
- Mover los puntos 3, 4 y 5 a lo largo del segmento de abajo.

Si se moviera uno solo de los puntos fuera de uno de los dos segmentos, la curva ya no respetaría al menos una de las reglas de tangencia impuestas inicialmente.

Regla 3	*Cuatro puntos de control alineados determinan un tramo rectilíneo de la curva comprendido entre dos puntos de control intermedios.*

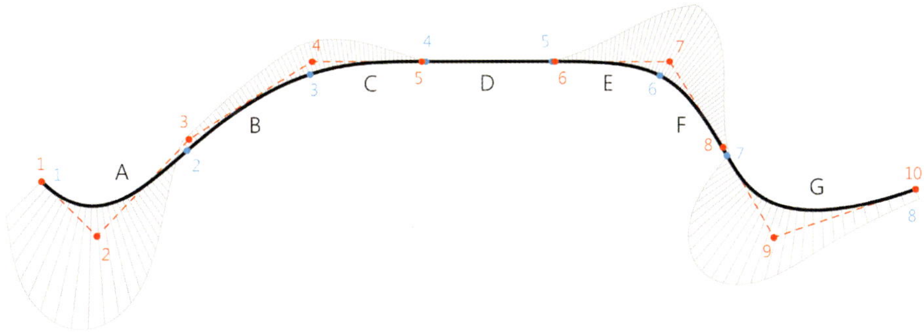

Figura 4.19 – Tramo rectilíneo de una curva free-form

En la Figura 4.19 se reconocen los puntos de control de la curva (puntos rojos), los nodos (puntos azules) y los *knot spans* (letras A-G) y el gráfico de curvatura.

En el *knot span* D actúan sólo los cuatro puntos de control 4, 5, 6 y 7, que son exactamente los 4 puntos dispuestos en línea.

Para comprender qué sucede en este tramo de curva, se puede imaginar que los puntos 4-5-6 vinculan la tangente de la curva en el punto 5 (segunda regla) y lo mismo hacen los puntos 5-6-7 en el punto 6. Dado que los 4 puntos están todos alineados, las dos tangentes en 4 y 5 deben tener la misma dirección, por lo tanto la curva en el tramo 5-6 no puede más que tener una tangente constante: por esto la curva se convierte en rectilínea en el *knot span* D (no exactamente entre los puntos de control intermedios sino entre los nodos).

Observaciones

- Cuando se trabaja con curvas por puntos de control es más importante establecer inicialmente las propiedades geométricas de la curva (también en relación a otras entidades ya presentes en el diseño) que la forma de la misma.

  En el ejemplo de la Figura 4.13 se puede de hecho dibujar una curva con 7 puntos de control dispuestos totalmente al azar en el plano y sucesivamente posicionar tales puntos en relación a las dos líneas ya existentes.

  Por lo general, si se quiere dibujar una curva *free-form* regulando tangencia inicial, tangencia final y paso por x puntos del espacio (o determinando x tangentes intermedias), es necesario dibujar la curva con un número de puntos de control igual a:

$$\text{número de puntos de control} = 2 + 2 + 3x$$

4.3.3 Ejemplo: calcar un dibujo orgánico

Muchos diseñadores prefieren dibujar a mano alzada un concepto o un boceto del proyecto, para controlar mejor y desde diversos ángulos la integración entre forma y funciones.

Al momento de llevar el dibujo a Rhino, la operación que se realiza normalmente es colocar un escaneo (o foto) del dibujo como fondo y calcar las líneas con las herramientas de creación de curvas.

Analicemos este proceso para evidenciar los problemas y proporcionar algunas buenas prácticas.

Importación de la imagen en Rhino

Se aconseja utilizar un escaneo en vez de una foto, para reducir al máximo eventuales distorsiones; es mejor si el escaneo es de alta resolución (aún cuando, dibujando a mano, es difícil que las líneas sean precisas y limpias cuando se amplía la imagen).

Para importar la imagen en Rhino es mejor utilizar el comando *_Picture* (Figura 4.20) o simplemente arrastrar la imagen al área de trabajo de Rhino y en la ventana de diálogo seleccionar la opción *Picture* (en Rhino 5 *Picture Frame*).

Comando: _Picture

Permite crear una superficie rectangular con la imagen seleccionada aplicada como texture.

Es posible cambiar las dimensiones de la superficie durante su creación, pero sus proporciones serán siempre las mismas de la imagen importada.

Es recomendable utilizar este comando por diferentes razones:

- Permite transformar fácilmente la imagen para alinearla/rotarla/escalarla y hacer que sus dimensiones sean no solo proporcionales a las dimensiones reales del objeto representado, sino también en escala;
- Reconstruyendo la superficie se puede disponer de puntos de control internos para deformar la imagen, lo que puede servir para obtener:
    - contra-deformaciones;
    - ajustes de perspectivas.

Figura 4.20 – Dibujo a lápiz del vaso de Alvar Aalto importado en Rhino como superficie rectangular

Una vez introducida y dimensionada correctamente la superficie-imagen, se puede bloquear el objeto para no correr el riesgo de moverlo o alterarlo. Se recomienda utilizar un *layer* aparte para las imágenes, manteniéndolo bloqueado durante las operaciones de dibujo.

Trazar las líneas

Para trazar líneas orgánicas (como las del vaso de Alvar Aalto) se puede intentar utilizar una curva interpolada, pero rápidamente nos daremos cuenta de lo difícil que es controlar la interpolación: sobre todo si las curvas a trazar presentan muchos detalles, o bien muchos cambios de curvatura en espacios pequeños, la curva interpolada puede volverse incontrolablemente ondulada.

Se recomienda utilizar siempre (o lo más posible) la curva por puntos de control, buscando reducir al mínimo el número de puntos.

Cuando se traza una curva por puntos de control, dado que dichos puntos no se sitúan en la curva, como regla práctica se pueden disponer los puntos de control fuera de la curva del lado convexo.

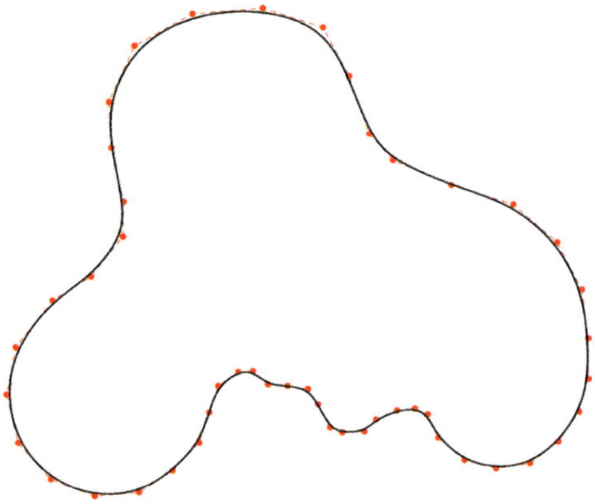

Figura 4.21 – Curva por puntos de control con 51 puntos

Para trazar este dibujo con una curva se utilizaron alrededor de 50 puntos de control: aún así es posible reducir drásticamente esta complejidad para obtener curvas más manejables.
En el próximo capítulo aprenderemos a simplificar y optimizar la complejidad de las curvas.

4.4 Tutorial – Construcción de las guías

En este capítulo iniciamos la construcción del modelo NURBS del Vision Mercedes-Maybach 6.
Prácticamente todos aquellos que se ocupan de modelado 3D de automóviles, adoptan una técnica que consiste en modelar las diversas partes que conforman la carrocería como superficies separadas. Este método genera una serie de problemáticas sobre todo cuando es necesario regular la continuidad entre las superficies adyacentes.
En este proyecto utilizaremos un método diferente, modelando la carrocería del auto utilizando una única superficie NURBS para sucesivamente recortarla y obtener las diversas partes del auto: de este modo no se tendrá ningún problema de continuidad.
La dificultad de modelar este tipo de auto, un *concept car*, está principalmente en la ausencia de referencias y esquemas precisos. Normalmente se recurre a la web para conseguir material útil para el modelado: esquemas, dibujos técnicos, *blueprints* etc.. Pero tratándose de un *concept* todo esto no está disponible y por lo tanto es necesario conformarse con las fotografías.
Es oportuno limitar la búsqueda a imágenes de alta resolución, para poder obtener eventuales detalles en fase de diseño: si la foto es de baja resolución los *pixeles* se vuelven inmediatamente visibles durante las operaciones de *zoom* no permitiendo así leer los detalles más pequeños.

Obviamente en los casos en que esto no sea posible se deberá recurrir a las imágenes disponibles, independientemente de su resolución.

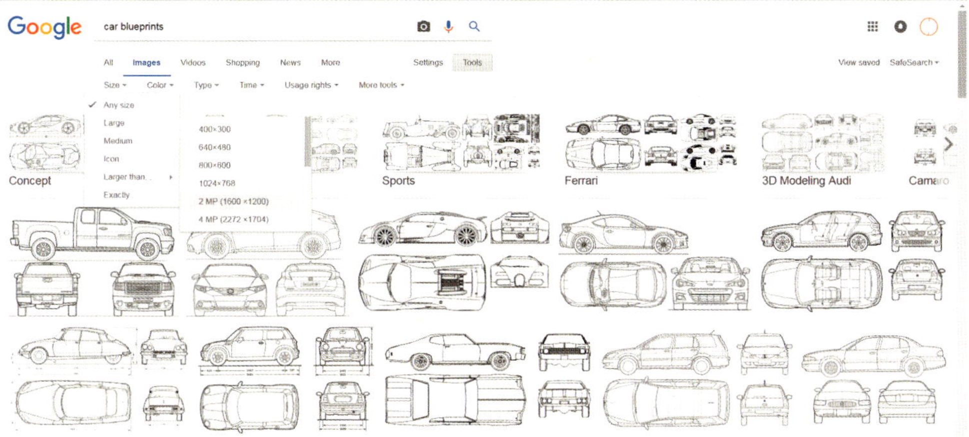

Figura 4.22 – Búsqueda web de blueprints con resolución mínima de 2MP

4.4.1 Preparación blueprints

Los *blueprints* son por lo general imágenes que muestran esquemas o dibujos técnicos de las proyecciones ortogonales del objeto con sus dimensiones.

Existen miles de *blueprints* para los autos históricos, contemporáneos, *supercars* etc. pero es muy difícil encontrarlos en el caso de los *concept cars*.

Por esto en nuestro caso debemos recurrir a las fotos.

No se trata de la mejor opción, ya que una foto siempre tiene una deformación de perspectiva, lo que altera las dimensiones/proporciones del objeto.

De ahora en adelante nos referiremos a las fotos utilizadas como base para el modelado con el nombre de *blueprints,* incluso si técnicamente no lo son.

Para compensar los defectos de perspectiva y proporciones es necesario preparar las fotos en un programa de *photo-editing* buscando eliminar la deformación de la foto y haciendo que las diversas fotos coincidan: el ancho del objeto en una vista lateral debe coincidir con el ancho en la vista lateral opuesta y en la vista superior, y así sucesivamente.

Es posible utilizar una foto que describa un detalle del objeto y que lo represente sin deformaciones particulares, normalmente sirve para modelar logos y escritas.

Dado que uno de los aspectos fundamentales para la correcta proporción del modelo es poder trabajar con dimensiones reales del objeto, conviene recortar los *blueprints* a fin de eliminar partes de la imagen que no representen el objeto.

Figura 4.23 – Eliminación de las áreas superfluas de la imagen

4.4.2 Configuración blueprints en Rhino

Para importar los *blueprints* en Rhino es suficiente arrastrar el archivo en el área de trabajo del programa y seleccionar la opción *Picture* en la ventana de diálogo que aparece en la pantalla.

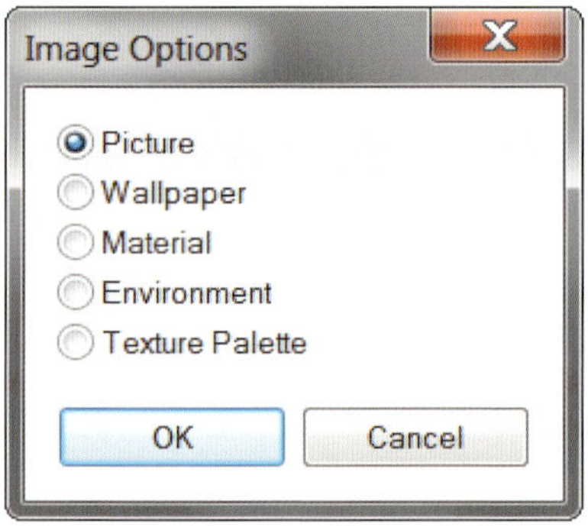

Figura 4.24 – Importación imágenes blueprint

Se recomienda respetar la correspondencia entre el enfoque de la foto y las proyecciones en Rhino:

foto frontal → vista frontal; foto lateral → vista lateral; y así sucesivamente.

Una vez introducidas las fotos es necesario escalarlas para que correspondan a las dimensiones reales del auto.

Largo	5,70 m
Ancho	2,10 m
Alto	1,33 m

Nota: en Rhino 6 es posible ajustar la transparencia de la texture en las propiedades del material (la imagen introducida es en realidad una superficie con una texture aplicada, como un material). Se recomienda que los blueprints sean semi-transparentes para distinguir mejor las geometrías del modelo.

4.4.3 Trazar las proyecciones 2D

Una vez colocadas y escaladas correctamente las imágenes se inicia a calcar las líneas principales del objeto. Se recomienda utilizar la herramienta _*Curve* siguiendo las indicaciones dadas en el presente capítulo. Para el modelado de las diversas partes de la carrocería con distintas superficies puede ser útil calcar las líneas con una precisión moderada. En nuestro caso, utilizaremos las líneas sólo como referencia general en fase de deformación de la superficie de la carrocería, por lo tanto no es necesario ser exageradamente precisos.

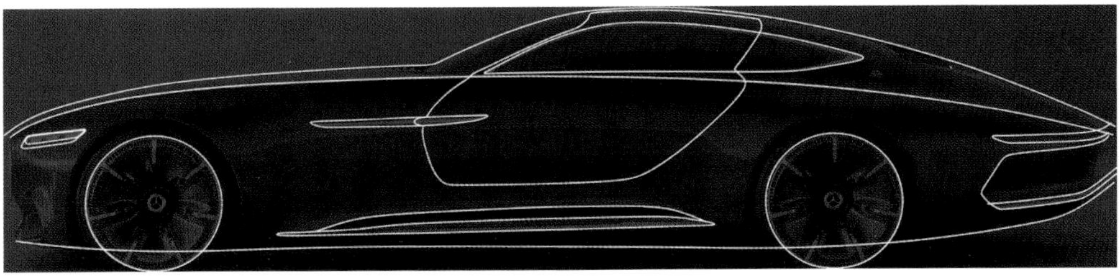

Figura 4.25 – Líneas principales de la vista lateral

1

5_Operaciones con curvas

Ya aprendimos a dibujar las curvas *free-form*, ahora analizaremos cómo podemos trabajar con estas curvas y cuáles son los problemas que podemos encontrar.

Muchos de los comandos de Rhino resultan conocidos para aquellos que ya han utilizado otros software de diseño CAD: sin embargo, cuando se trabaja con la geometría NURBS *free-form* la complejidad no depende tanto del comando sino del tipo de geometría que se utiliza.

5.1 Unión de curvas

Si dos curvas se tocan en una extremidad se pueden unir. Sin embargo, si la extremidad de una curva se encuentra con un punto localizado a lo largo de otra curva, estas no se pueden unir (Figura 5.1).

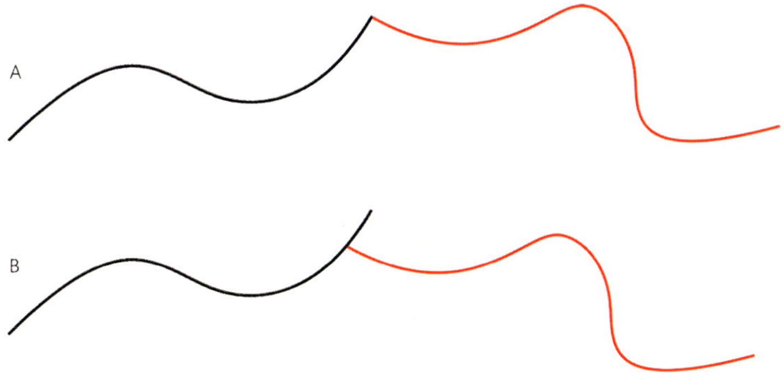

Figura 5.1 – A) curvas que se pueden unir; B) curvas que no se pueden unir

Comando: _Join

Permite unir múltiples curvas.

Dos curvas se pueden unir si tienen dos extremos en contacto, o bien si la distancia entre estos es inferior a la tolerancia absoluta.

El comando puede trabajar según dos modalidades:

- Seleccionando primero todas las curvas a unir y entonces ejecutando el comando. En este caso, si la condición de distancia no fuera verificada, la unión no sería generada.

- Ejecutando primero el comando y entonces seleccionando una por una las curvas que están en contacto. En este caso, el comando detecta una distancia mayor que la tolerancia absoluta, y entonces pregunta si a pesar de esto se pretende unir las curvas (Figura 5.2).

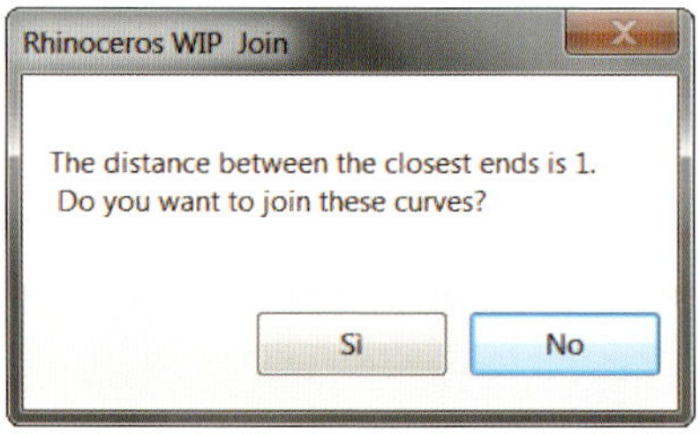

Figura 5.2 – Unión con distancia superior a la tolerancia absoluta

Se aconseja, salvo en casos reconocibles, trabajar con la segunda modalidad, porque esta permite detectar eventuales situaciones críticas en la geometría a unir.

Es necesario prestar atención porque si se elige unir dos curvas no obstante tengan una distancia mayor que la tolerancia absoluta, se obtiene una deformación al menos local de las curvas iniciales. Este aspecto es claramente más interesante cuando hablamos de unión de superficies (*Forzar la unión entre superficies,* pág. 352).

5.2 Extensión

Extender una curva no es una operación particularmente complicada si la curva en cuestión es una recta o un arco. Pero si una curva es una curva *free-form* ¿Cómo se determina la forma de su extensión?

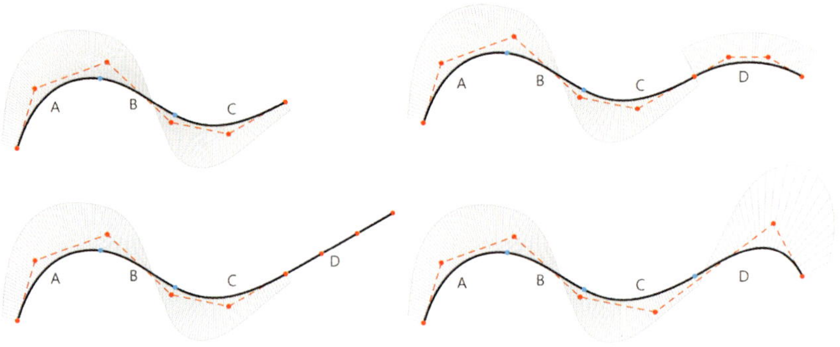

Figura 5.3 – Extensiones de una curva free-form

En la Figura 5.3 vemos los tres principales tipos de extensión (recta, arco y *smooth*) de una curva de grado 3 con vector de nodos [0, 0, 0, 1, 2, 3, 3, 3].

Cualquier extensión:

- genera una nueva curva compuesta por la curva original y la extensión;
- es tangente al punto final de la curva original.

Analicemos en detalle los diversos tipos de extensión.

Comando	Descripción
 ***_Extend _Line***	Extiende la curva con un segmento rectilíneo (Figura 5.4).

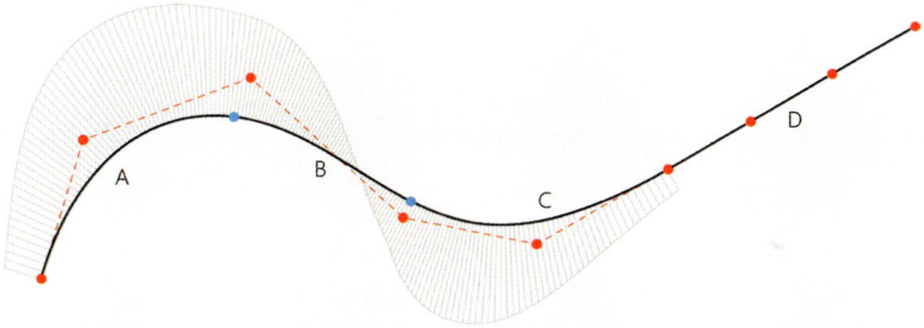

Figura 5.4 – Extensión con segmento recto: nodos y curvatura

- La extensión es rectilínea pero dado que la curva resultante incluye también la curva original, su grado depende del grado de la curva que se extiende (en la Figura 5.4 se ve que la extensión recta tiene 4 puntos de control, porque la curva original tiene grado 3).
- Un nodo intermedio aparece donde originalmente estaba el punto final de la curva. El nuevo vector de nodos es:

  [0, 0, 0, 1, 2, 3, 3, 3, 4, 4, 4]

  Dado que el cuarto nodo tiene multiplicidad completa, esto representa un *kink*, por lo que la curva resultante presenta discontinuidad de curvatura en el punto correspondiente al nodo (Figura 5.4).
- Si se explota la curva resultante obtiene la curva inicial y la línea generada por la extensión; después de la explosión la extensión lineal ya no tendrá grado 3 y 4 puntos de control, sino simplemente será un segmento lineal con 2 puntos de control.

_Extend _Arc _ToPoint

Extiende la curva con un segmento de arco (Figura 5.5).

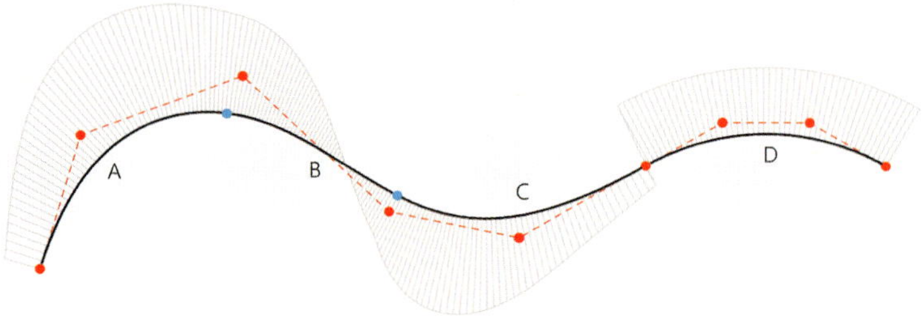

Figura 5.5 – Extensión de arco de curvas de grado 3 y 2

- Como acabamos de ver con la extensión recta, grado y número de puntos de control de la extensión dependen del grado de la curva original.

  Un nodo intermedio aparece donde originalmente estaba el punto final de la curva. El nuevo vector de nodos es [0, 0, 0, 1, 2, 3, 3, 3, 4, 4, 4], por lo tanto también en este caso el cuarto nodo tiene multiplicidad completa y genera un *kink*. La curva resultante presenta discontinuidad de curvatura en el punto. Un punto de control de la nueva curva coincide con tal nodo.
- Explotando la curva resultante de la extensión se obtiene nuevamente la curva inicial y el arco correspondiente a la extensión.

  Pero el arco obtenido tiene grado, número y peso de los puntos de control propios de una estructura de arco (grado 2) (Figura 5.6).

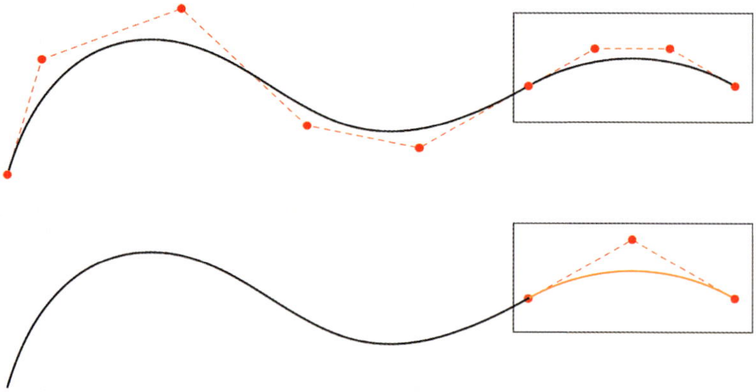

Figura 5.6 – Explosión de la extensión de arco

_Extend _Smooth

Extiende la curva con un nuevo tramo perfectamente *smooth*, o bien perfectamente continuo con la curva original (Figura 5.7).

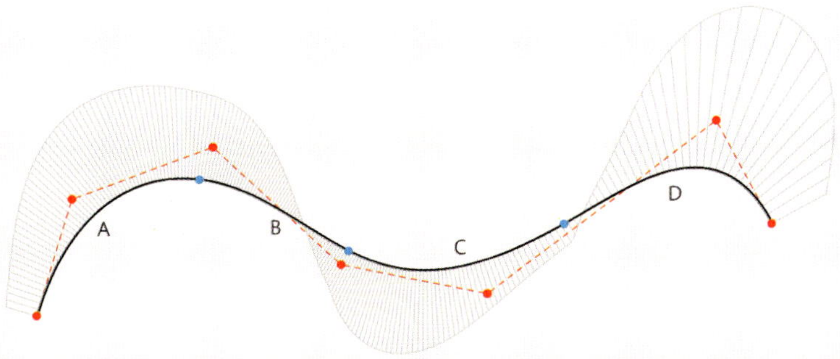

Figura 5.7 – Extensión smooth, nodos y puntos de control

- Un nodo intermedio aparece donde originalmente estaba el punto final de la curva. El nuevo vector de nodos es [0, 0, 0, 1, 2, 3, 4, 4, 4]. Esta vez el cuarto nodo es simple, por lo tanto no hay ningún *kink* en la curva resultante de la extensión y la curva tiene continuidad de curvatura a lo largo de toda su trayectoria.
- La extensión implica un ajuste de los puntos de control en el último tramo respecto a la estructura de control de la curva original (Figura 5.8).

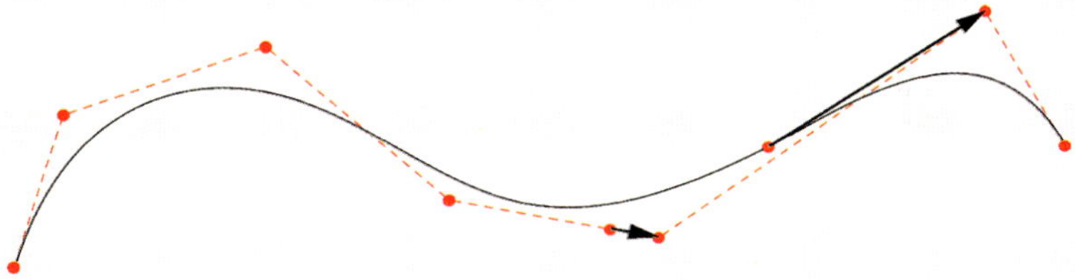

Figura 5.8 – Ajuste de los puntos de control

- La curva final está compuesta por un único segmento y no se puede explotar.

Nota: si se utiliza la extensión smooth se recomienda conservar una copia de la curva original ya que no será posible explotar la curva resultante.

5.3 Offset

Es un comando muy utilizado y relativamente simple, sin embargo presenta algunas problemáticas topológicas más o menos complejas.

Comando: _Offset

A partir de una curva inicial, permite crear una nueva curva cuyos puntos se encuentran a la misma distancia de los puntos correspondientes de la curva inicial (Figura 5.9).

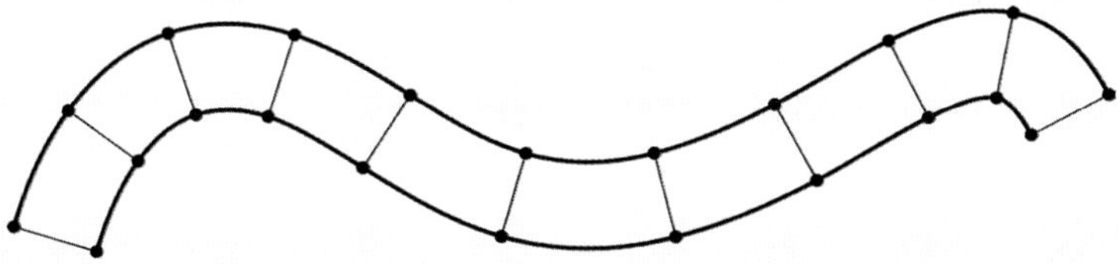

Figura 5.9 – Offset de una curva

Si se ejecuta el offset a partir de curvas notables como polilíneas, arcos y círculos (no elipses), la curva offset tendrá la misma estructura de puntos de control que la curva original.

Si se ejecuta el offset a partir de una curva *free-form* la curva offset tendrá una estructura de puntos de control siempre más compleja que la curva original.

Opciones importantes

Loose — Permite ejecutar el offset sin cuidar su comportamiento en correspondencia a vértices y sin considerar una tolerancia.

- Si se ejecuta el offset de una curva *free-form*, el offset tendrá una estructura de control con el mismo número de puntos de control que la curva original. Obviamente esto implicará una extrema variabilidad de la distancia entre curva offset y curva original (Figura 5.10).

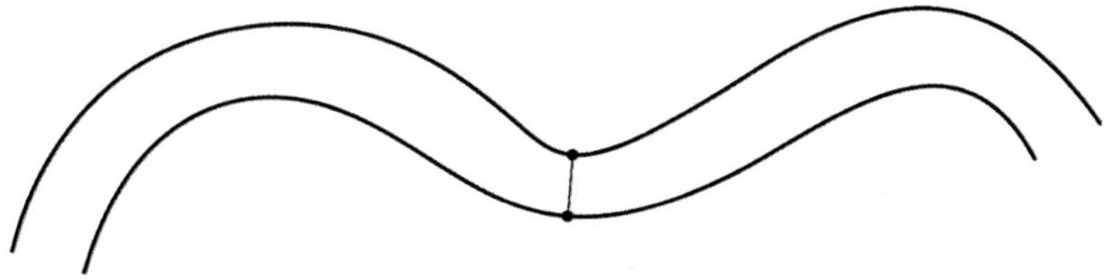

Figura 5.10 – Offset loose y distancia mínima entre las curvas

Corner

Si la curva original presenta un vértice convexo en la dirección del offset, este vértice tiende a abrirse después del offset (Figura 5.11).

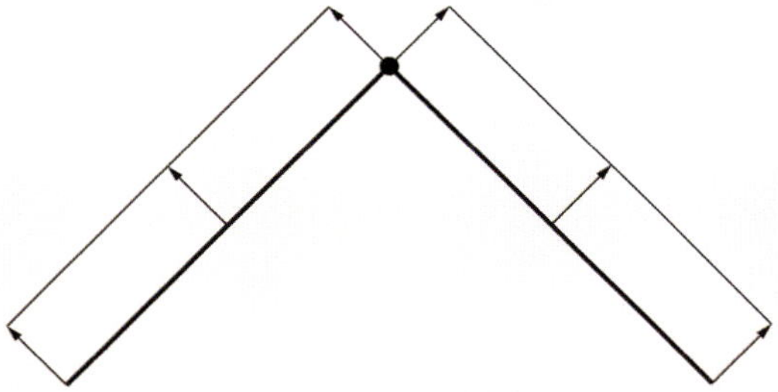

Figura 5.11 – Ruptura del offset con un vértice convexo

La opción *Corner* permite decidir si y cómo unir las extremidades abiertas del offset resultante.

Sharp – los segmentos resultantes son extendidos hasta intersectarse en un nuevo vértice. Si la curva original es de grado 3 y tiene un vértice interno, la extensión de los segmentos será recta pero de grado 3 (Figura 5.12).

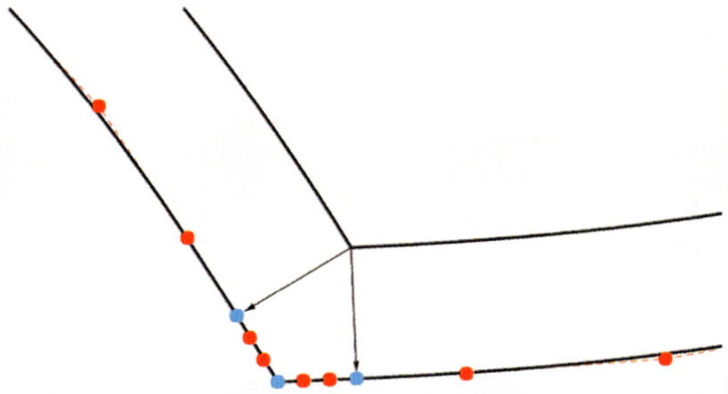

Figura 5.12 – Enlace sharp en el offset de una curva de grado 3

Round – dado que la distancia de offset es constante, la distancia entre el vértice convexo y los dos puntos finales de ambos segmentos del offset es idéntica, por lo tanto se puede unir las extremidades abiertas con un *fillet* que genera un arco de círculo con radio igual a la distancia de offset.

Dado que se genera un enlace de arco que tiene grado 2 y se une este enlace con los otros segmentos de la curva offset, se pueden observar dos casos:

- Si la curva offset está compuesta solo por segmentos rectilíneos lineales, la unión con el enlace de grado 2 hace que todo el offset sea de grado 2, con consecuente aumento de los puntos de control dentro de cada *knot span*.

▪ Si la curva offset está compuesta por segmentos que tienen grado superior a 2, el enlace de arco será convertido en una curva de grado superior con más puntos de control dentro de ella.

Smooth – es la opción que genera el resultado topológico más complejo porque crea un enlace de grado 3 entre los dos segmentos abiertos del offset. Si la curva offset está compuesta por segmentos lineales o de grado 2, la unión con este enlace eleva el grado de la curva offset a 3.

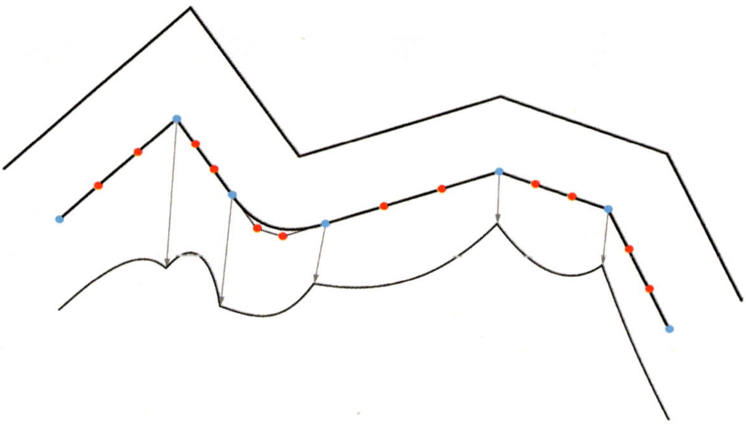

Figura 5.13 – Offset de una polilínea (grado 1) con enlace smooth

El offset de una polilínea con al menos un vértice convexo en la dirección del offset (Figura 5.13) genera una curva de grado 3 donde todos los nodos tienen multiplicidad completa (todos los nodos son *kink*).

Chamfer – las extremidades abiertas vienen enlazadas con un segmento recto (enlace con chaflán).

Como ya vimos con la opción *sharp*, también en este caso el segmento creado es de grado 3 si la curva original es de grado 3.

Tolerance

Es la opción más interesante del offset ya que determina directamente la complejidad de la curva resultante.

La curva offset no se puede obtener "escalando" la función de la curva original: se trata de una nueva curva con una nueva ecuación. Por lo tanto tiene sentido establecer con cuál tolerancia se desea que la curva offset se mantenga constantemente a la misma distancia de la curva original.

Por lo tanto (Figura 5.14):

- cuanto más baja es la tolerancia más puntos de control determinarán la forma del offset;
- cuanto más alta menos puntos de control determinarán la forma del offset.

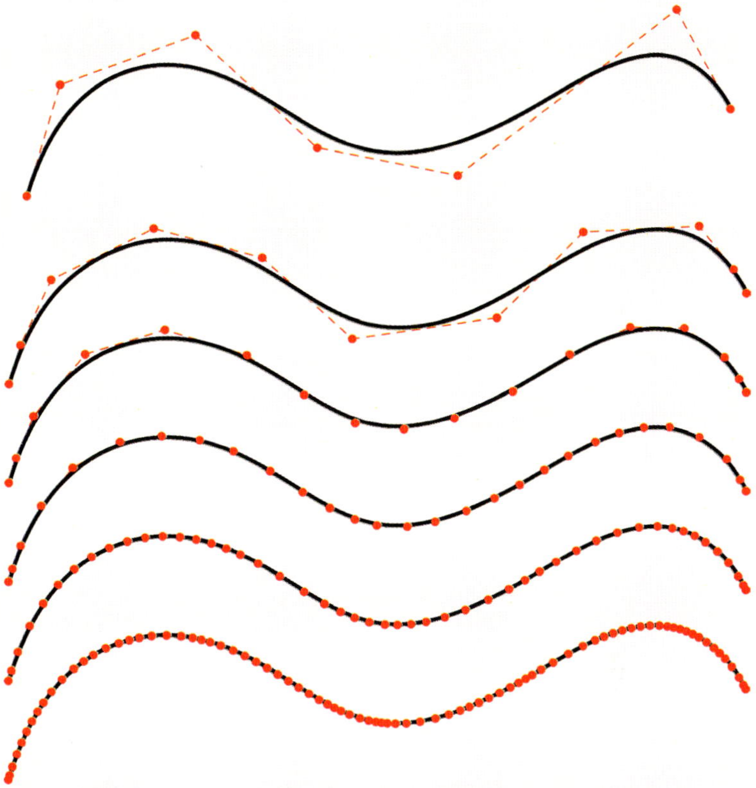

Figura 5.14 – Complejidad del offset y tolerancia (desde arriba: curva original y offset con tolerancia igual a 1, 0.1, 0.01, 0.001, 0.0001)

Es conveniente configurar el valor de la tolerancia según las exigencias proyectuales con el fin de encontrar un balance entre la precisión del offset y la complejidad de la curva resultante.

5.3.1 Distancia del offset y curvatura

Antes de ejecutar el offset de una curva *free-form*, es oportuno determinar cuál es su curvatura mínima para poder establecer establecer correctamente la distancia del offset.

Si realizamos el offset de una curva con tramos cóncavos y la distancia del offset es demasiado grande, puede originarse un vértice (o más de uno, según el caso) en la curva resultante (Figura 5.15).

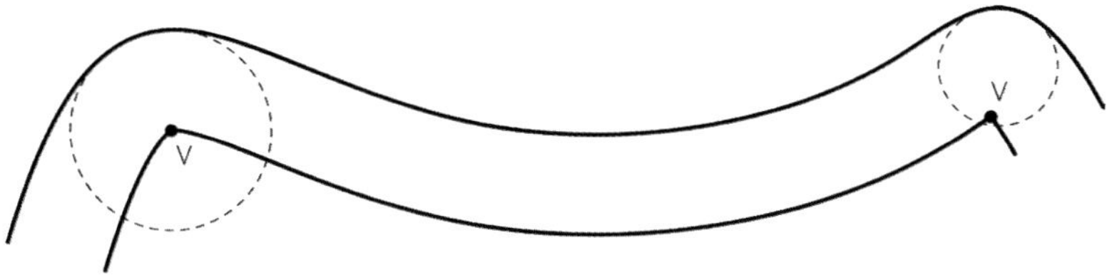

Figura 5.15 – Vértices en la curva offset

Esto sucede cuando la distancia de offset es mayor que el radio de curvatura de la curva original en esa área. Para conocer cuál es el radio de curvatura mínimo en un área específica de una curva se puede utilizar el comando *_Curvature*.

Comando: _Curvature

El comando permite conocer el radio de curvatura de una curva en cada uno de sus puntos.
Desplazándose a lo largo de la curva (Figura 5.16) se muestra el círculo osculador en el punto y haciendo clic sobre el punto aparecen en la línea de comando:

- valor de la curvatura en el punto;
- coordenadas del punto;
- componentes x, y, z del vector tangente a la curva en el punto;
- coordenadas del centro del círculo osculador;
- radio de curvatura (radio del círculo osculador).

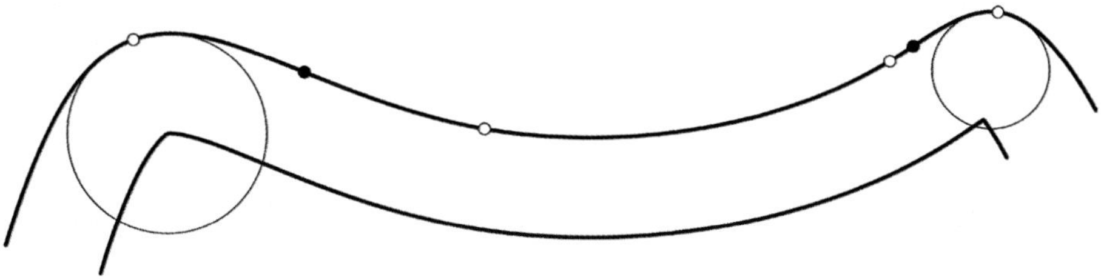

Figura 5.16 – Análisis de la curvatura de una curva

Además de esta información puntual, aparecen a lo largo de la curva dos tipos de puntos:

- puntos negros, son los puntos de inflexión;
- puntos blancos, son los puntos en los cuales se tiene el mínimo radio de curvatura dentro de cada segmento identificado por los puntos negros (puede suceder que dentro de un mismo segmento se encuentren varios puntos blancos).

Para conocer el valor mínimo del radio de curvatura de la curva es suficiente hacer clic en los puntos blancos e identificar el valor del radio de curvatura más bajo (en el caso de estudio tal valor es 2.03981, evidentemente en correspondencia con el punto blanco en el extremo derecho de la curva).

Una vez determinado r_{min} (radio de curvatura mínimo de la curva), se puede configurar la distancia del offset a un valor inferior a r_{min} para obtener un offset sin discontinuidad.

5.4 Enlaces complejos: blend de curvas

El enlace más útil en el modelado *free-form* con Rhino es el enlace blend entre curvas.
Es una herramienta bastante compleja tanto en términos de utilización como de aplicaciones prácticas, por lo tanto la trataremos de manera profunda ya que la encontraremos también en el estudio de superficies.

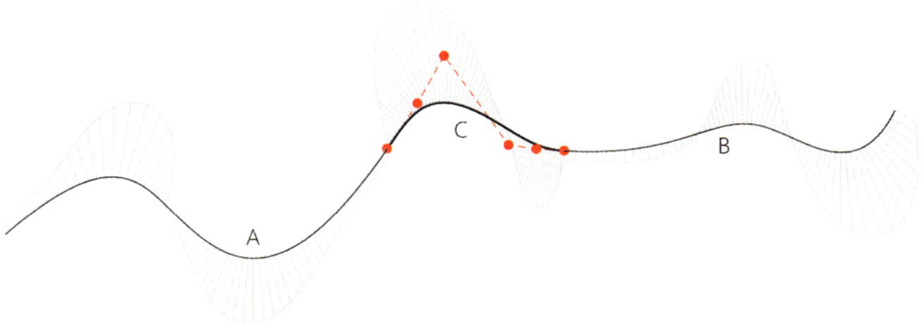

Figura 5.17 – Enlace blend (C) con continuidad de curvatura entre dos curvas (A y B)

Comando: _BlendCrv

A partir de dos curvas no continuas (G-1) el *blend* crea una nueva curva que enlaza un extremo de una curva con un extremo de otra curva.
La forma del enlace depende de los siguientes parámetros:

- Continuidad geométrica;
- Posición de las extremidades del enlace;
- Posición de los puntos de control intermedios del enlace.

Dado que a todas estas propiedades podemos regularlas dinámicamente durante la ejecución del comando, el *blend* se denomina "regulable".

Opciones importantes

Edge	Permite crear el *blend* a partir de dos bordes de superficie.	
BlendStart	Es una característica del enlace que se puede controlar también en fase de ajuste moviendo los puntos inicial y final del enlace.	
	CurveEnd	El enlace inicia y termina en los puntos finales de las curvas a enlazar.
	PickPoint	El enlace inicia y termina en los puntos en los cuales se seleccionan las curvas a enlazar. Esta opción es muy útil si se quiere realizar el enlace dentro de una misma curva.
Point	Sirve para crear un blend que inicia desde una curva y termina en un punto. Obviamente en correspondencia con el punto no será posible regular ninguna continuidad geométrica.	
Edit	Es posible cambiar las regulaciones de un *blend* anteriormente creado solo si el enlace en cuestión fue generado utilizando la opción *Record History* (*3.3 Record History*).	

Interfaz del comando

Una vez seleccionadas las curvas input del comando, se entra en la modalidad interactiva de ajuste de las propiedades del enlace (Figura 5.18).

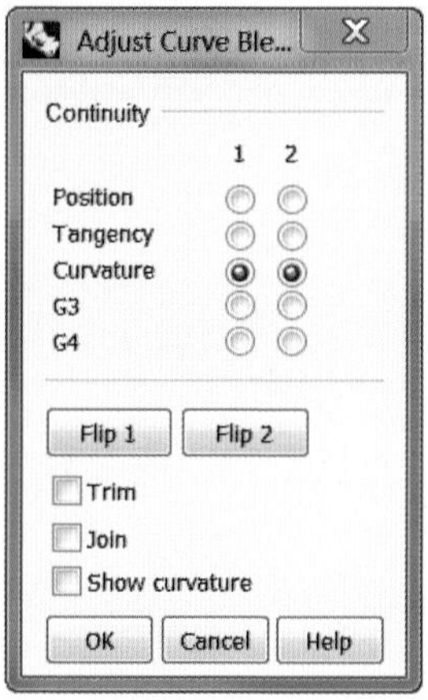

Figura 5.18 - Interfaz _BlendCrv

Los aspectos más importantes de esta parte de la ejecución del comando son:

Continuidad geométrica	Las columnas 1 y 2 hacen referencia a la primera y a la segunda curva seleccionadas. Se puede elegir entre diferentes niveles de continuidad, desde la G0, posición, a la G4, *jounce* o *snap* (*1.4 Geometría diferencial de las curvas*). Se puede observar cómo a cada nivel de continuidad corresponde una determinada cantidad y disposición de puntos de control en el *blend*.
Puntos de control	En correspondencia con el nivel de continuidad deseado en las extremidades del enlace, el comando crea una secuencia de puntos de control que pueden ser manipulados dinámicamente (pero solo durante la ejecución del comando) para regular la intensidad con la cual una cierta continuidad actúa.

Se notará fácilmente cómo la posición de los puntos de control no es libre sino vinculada según algunas direcciones específicas, esto permite no romper la condición de continuidad geométrica impuesta.

Nota: el blend se puede utilizar también para enlazar dos partes de una misma curva o dos segmentos de una policurva. En este caso conviene utilizar la opción BlendStart = PickPoint. Dado que el enlace se crea dentro de una misma curva, en los puntos inicial y final la curva blend tendrá la misma dirección: es necesario invertir el sentido de una de las dos extremidades a través de los botones Flip en la interfaz del comando.

5.4.1 Continuidad y ajustes

Las continuidades y los ajustes disponibles en una extremidad del blend durante la ejecución del comando son las siguientes.

G0 – Posición	Es necesario un solo punto de control para que el *blend* toque la curva inicial.
G1 – Tangencia	Son necesarios dos puntos de control para que el *blend* toque la curva inicial y su tangente sea orientada como la tangente a la curva inicial.
G2 – Curvatura	Son necesarios tres puntos de control para determinar este tipo de continuidad. Otros comandos permiten ajustar la continuidad entre dos curvas, pero el *blend* es la única herramienta que permite dibujar una curva que tenga continuidad G2 con una curva ya existente. Se puede notar cómo la posición de los tres puntos de control es interdependiente (Figura 5.19): el primer punto (G0) arrastra consigo los 2 restantes; el segundo punto (G1) está sujeto a moverse en la dirección tangente a la curva inicial y arrastra consigo el último punto de control; el tercer punto (G2) está sujeto a moverse en una dirección precisa.

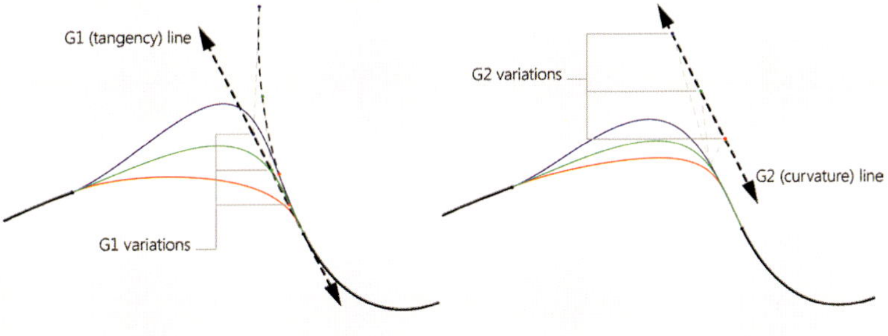

Figura 5.19 – Desplazamiento de los puntos de control (G2) durante el blend

Cualquier disposición de estos tres puntos determina una forma diferente de la curva *blend* pero siempre con continuidad de curvatura, lo que nos hace entender que es prácticamente imposible dibujar a mano una curva por puntos de control en continuidad de curvatura con una curva existente: bajo estas condiciones ¿cómo colocar los primeros tres puntos de control?

G3 – Jerk	Son necesarios cuatro puntos de control para la continuidad G3.
G4 – Jounce/Snap	Son necesarios cinco puntos de control para la continuidad G4.

Cuando se mueven los puntos de control durante la ejecución del *blend*, se puede recurrir a las teclas *SHIFT* y *ALT* para obtener dos efectos diferentes.

Tecla *SHIFT* – Manipulación simétrica

Si se realiza un *blend* entre dos curvas simétricas y se quiere mantener esta simetría incluso en el enlace, nos encontramos frente al problema de que manipulando los puntos de una extremidad se rompe tal simetría. Utilizando la tecla *SHIFT* mientras se mueve uno de los puntos de control a una extremidad, el punto de control correspondiente a la otra extremidad se mueve simétricamente.

Tecla *ALT* – Cambio del ángulo entre el enlace y el borde

Cuando se realiza un *blend* entre los bordes de dos superficies (opción *Edge*), inicialmente la curva de enlace tiene la continuidad geométrica deseada y es perpendicular a los bordes.
Normalmente el desplazamiento de los puntos de control no afecta esta relación de perpendicularidad en relación a los bordes.
Si se desea un enlace que mantenga la misma continuidad geométrica con las superficies y que no sea perpendicular a los bordes de las mismas, se pueden mover los puntos de control presionando la tecla ALT: lo que provoca un desplazamiento del punto fuera de la dirección perpendicular al borde correspondiente (Figura 5.20).

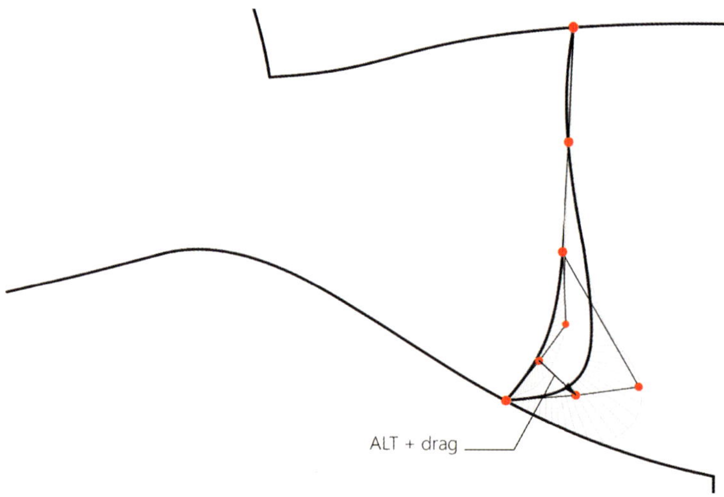

Figura 5.20 – Enlace blend no perpendicular al borde de la superficie de abajo

Deformación de una curva blend

Dado que el comando *_BlendCrv* puede generar curvas con diversos puntos de control, se puede utilizar no solamente para obtener un cierto nivel de continuidad geométrica en las extremidades sino también para obtener curvas que se puedan sucesivamente deformar.

Esta técnica consiste en utilizar un *blend* con continuidad superior a la requerida para tener suficientes puntos de control para mover y deformar la curva sin cambiar su continuidad geométrica en los extremos.

Nota: cuando se crea una curva con *_BlendCrv* se controla directamente el número de puntos de control a través de la continuidad geométrica deseada pero no el grado de la curva. El grado depende del número de puntos de control según la regla vista en *2.3.2 Grado y orden*: dados n puntos de control, el grado d de la curva es igual a

$$\mathbf{d = n - 1}$$

Por lo tanto eligiendo la continuidad geométrica en las extremidades del *blend* se determina contemporáneamente el número de puntos de control y en consecuencia el grado de la curva:

Continuidad 1	Continuidad 2	n	d
G0	G0	2	1
G1	G0	3	2
G1	G1	4	3
G2	G1	5	4
G2	G2	6	5
G3	G2	7	6
G3	G3	8	7
G4	G3	9	8
G4	G4	10	9

Tabla 4

Si se quiere trabajar con curvas de grado máximo 3, se pueden crear enlaces *blend* con continuidades hasta la G1-G1: esto, sin embargo, no permite tener suficientes puntos de control intermedios a disposición para deformar la curva.

Para obtener una curva G1-G1 personalizada se pueden seguir estos pasos:

- Se crea un *blend* con continuidad G2-G2 que tenga 6 puntos de control y grado 5;
- Se tienen a disposición dos puntos de control intermedios para modificar la curva sin perder la continuidad G1 en los extremos[4] (Figura 5.21).

4. La regla de la tangente inicial y final es una propiedad válida generalmente para las curvas NURBS, incluso para curvas de grado superior a 3.

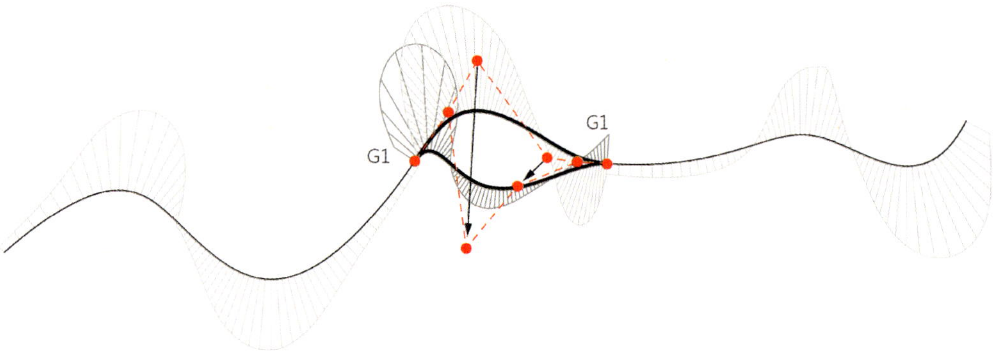

Figura 5.21 – Desplazamiento de los puntos de control intermedios

Para comprender cuál es el límite de esta técnica imaginemos querer obtener una curva G2-G2 y querer obligar que esta pase por un punto específico. En el caso de una curva de grado 3, en total se necesitan 9 puntos de control: 3 para la condición G2 inicial, 3 para el paso por un punto, 3 para la condición G2 final. Por lo tanto es necesario crear un *blend* G3-G4 para lograr los 9 puntos de control necesarios (Figura 5.22).

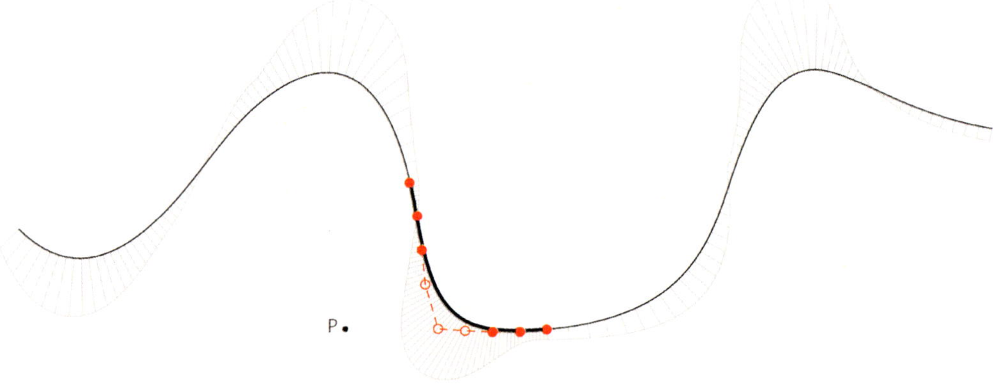

Figura 5.22 – Enlace blend G3-G4

Los puntos resaltados no se pueden mover ya que son aquellos que determinan la condición G2-G2 final deseada; se puede intervenir sólo sobre los tres puntos intermedios. Alineamos los tres puntos de control de modo que el punto intermedio coincida con el punto P y que los otros dos se encuentren alineados y a la misma distancia del punto intermedio. La condición G2-G2 es respetada, pero el resultado que se obtiene no es el esperado (Figura 5.23).

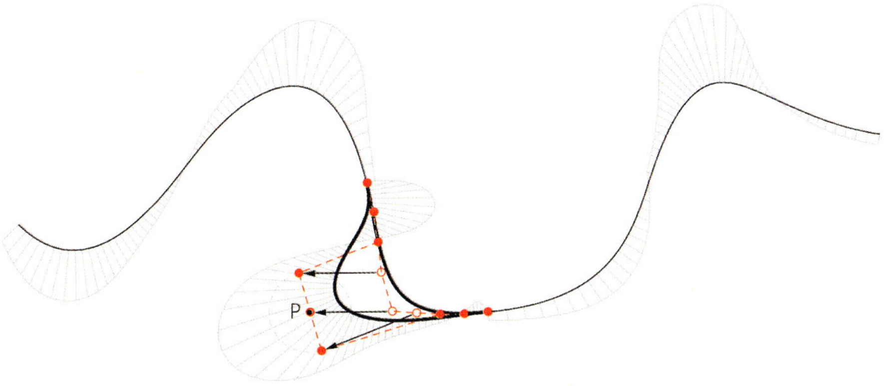

Figura 5.23 – Alineando los 3 puntos de control a través del punto P, la curva blend no pasa a través de P

Como ya observamos, las reglas prácticas del dibujo de curvas por puntos de control valen exclusivamente para curvas de grado 3. El blend con continuidades G3-G4 genera una curva de grado 8, por lo cual el alineamiento de 3 puntos de control no es suficiente para obligar el paso de la curva por un punto.

Nota: Se pueden generalizar las reglas prácticas a curvas de grado superior, incluso si esto es relativamente interesante ya que normalmente se prefiere trabajar con curvas de grado 3.
Por ejemplo para imponer la tangencia o el paso por un punto preciso en una curva de grado superior a 3, es suficiente alinear un número de puntos de control igual al grado de la curva (Figura 5.24).

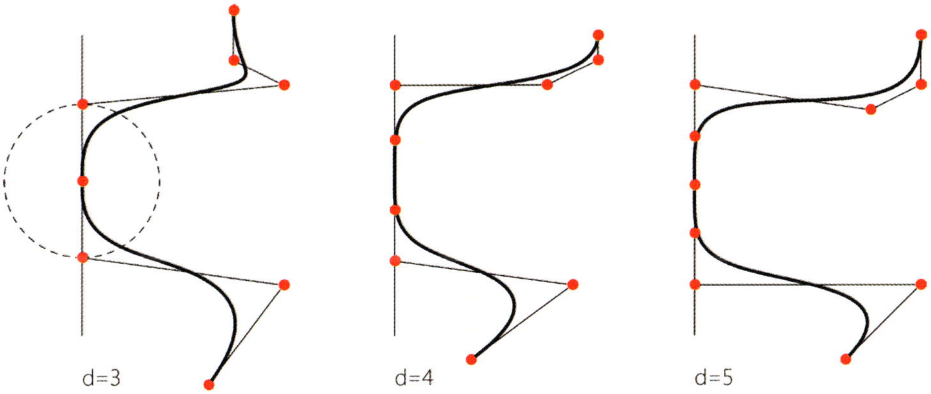

Figura 5.24 – Grado de una curva y paso por un punto

Independientemente del grado, tener a disposición suficientes puntos de control puede servir cuando se utiliza la curva para sucesivos comandos de modelado, como por ejemplo en el caso de creación de superficies. Hablaremos de esta técnica en la construcción de superficies *Sweep2* (*7.9 Sweep2*).

5.5 Curva 3D a partir de proyecciones ortogonales

Es muy útil cuando se debe dibujar una curva 3D de forma orgánica y se tienen a disposición al menos dos vistas ortogonales de la misma:

- en Arquitectura, para dibujar la forma de un edificio a partir de un plano y de una fachada;
- en diseño de automóviles, cuando se tienen a disposición las imágenes *blueprints* (Figura 5.25);
- en diseño industrial/producto, cuando se tienen a disposición los bocetos.

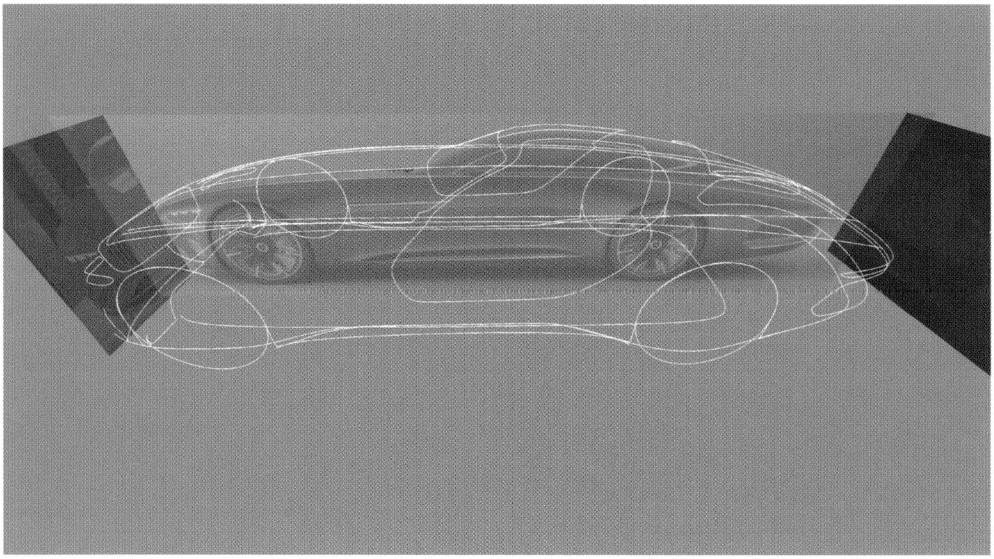

Figura 5.25 – Creación de curvas 3D a partir de las fotografías ortogonales de un auto

Comando: _Crv2View

A partir de dos curvas planas permite crear una tercera curva que tiene las dos curvas iniciales como proyecciones ortogonales.

El principio con el cual trabaja este comando es el de crear dos extrusiones según dos direcciones mutuamente ortogonales y calcular la intersección entre las dos extrusiones. Por eso a veces (dependiendo de la forma y de la planaridad de las curvas iniciales) el comando puede preguntar explícitamente cuál es la dirección para calcular la curva 3D.

El comando permite el uso de la opción *Record History*, por lo cual es posible crear la curva 3D y sucesivamente cambiar la forma y/o posición de las proyecciones ortogonales para alterar la forma del resultado.

Observaciones

- La curva 3D generada con este comando es (mucho) más compleja que las dos curvas originales (Figura 5.26), lo que a menudo hace que sea inadecuada para trabajos sucesivos.

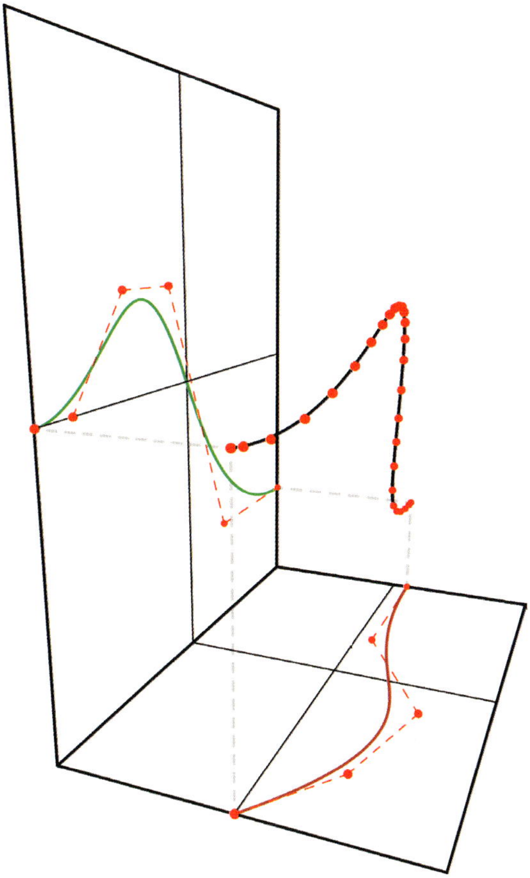

Figura 5.26 – Complejidad de la curva 3D resultante

Se recomienda por lo tanto evaluar la oportunidad de reconstruir la curva (*5.7.1 Reconstrucción de una curva*) para hacerla más regular y/o más simple.

5.6 Curva booleana

Cuando se habla de operaciones booleanas se piensa inmediatamente en las clásicas operaciones de unión/diferencia/intersección de sólidos. Se pueden realizar operaciones booleanas incluso entre curvas con el comando *_CurveBoolean*.

Se trata de una operación plana, o bien el resultado es una curva o un set de curvas cerradas y planas.

Comando: _CurveBoolean

Cuando se tiene un set con al menos dos curvas que se intersectan generando una región cerrada (al menos en proyección), se puede utilizar el comando *_CurveBoolean* para lograr que tal región se convierta en una nueva curva cerrada y plana (Figura 5.27).

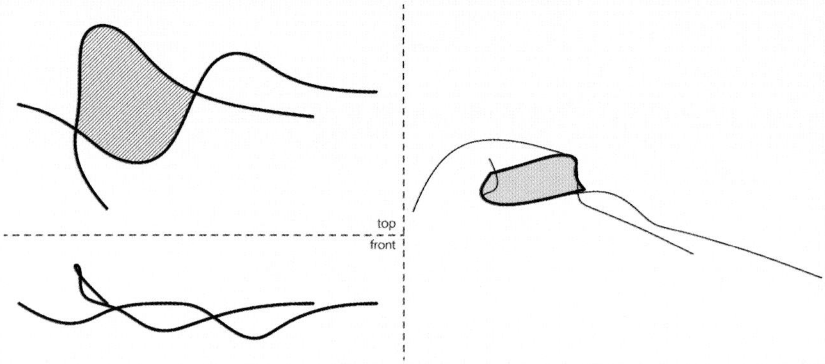

Figura 5.27 – Curva booleana obtenida de dos curvas 3D sin intersecciones pero con región cerrada visible en proyección superior

Opciones

CombineRegions, si activada permite fusionar regiones adyacentes (que tienen al menos un segmento en común); si desactivada cada región seleccionada genera una curva cerrada y plana independiente.

Es un comando muy útil en arquitectura porque permite evadir la lógica de extrusión vertical, estrategia típica del modelado sólido.

Para producir el modelo 3D de un edificio con la finalidad de una visualización del exterior ambientado, no conviene proceder a la extrusión de los planos: conviene crear directamente (y de manera más fácil) las superficies de las fachadas.

El comando *_CurveBoolean* es perfecto para esta tarea (Figura 5.28 – Figura 5.32).

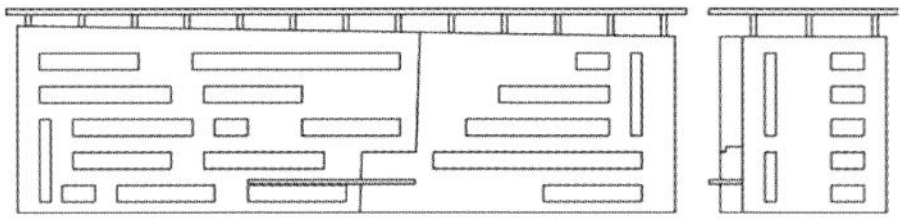

Figura 5.28 – Dibujos 2D del edificio

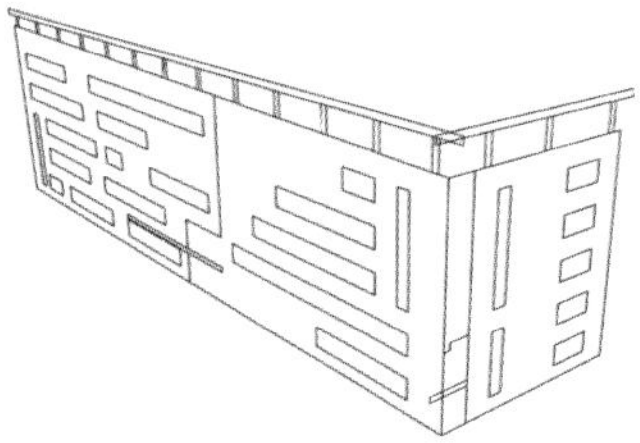

Figura 5.29 – Orientación de los dibujos de acuerdo con los planos de fachada

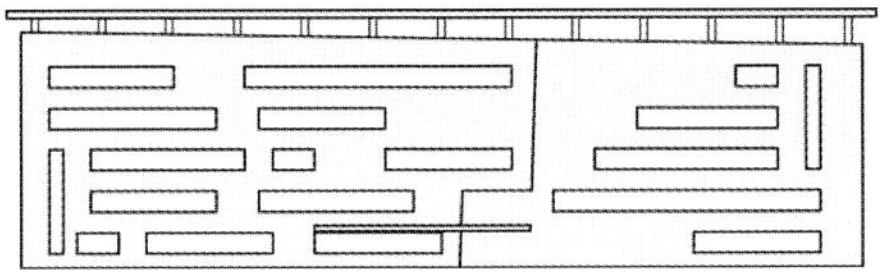

Figura 5.30 – _CurveBoolean aplicado a la fachada principal

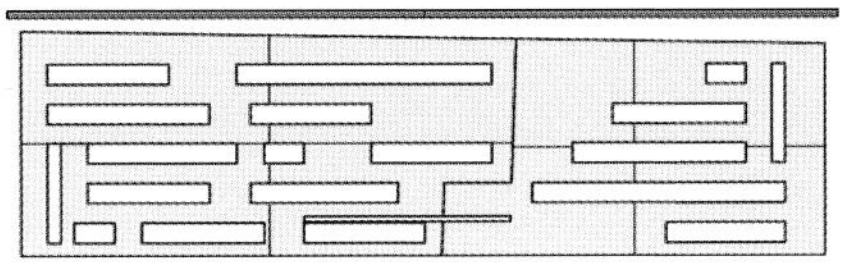

Figura 5.31 – Creación de las superficies de la fachada a través de _PlanarSrf

Ya que el resultado del *_CurveBoolean* es un set de curvas cerradas y planas es posible utilizar el comando *_PlanarSrf* para crear superficies planas dentro de tales curvas (*7.5 Superficie a partir de curvas planas*) y repitiendo el mismo procedimiento para las otras fachadas se obtiene rápidamente el volumen del edificio (Figura 5.32).

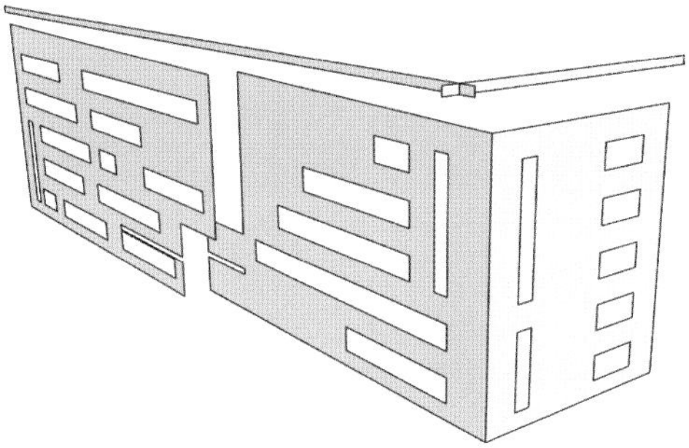

Figura 5.32 – Volumen del edificio obtenido con _CurveBoolean y _PlanarSrf

5.7 Manipulación de una curva NURBS

El motivo que impulsa a muchos usuarios a dibujar con Rhino es la posibilidad de modelar geometrías complejas *free-form*. Dibujar este tipo de geometrías no es difícil: cualquier herramienta de creación de superficies permite crear objetos extremadamente complejos. El problema se presenta cuando las geometrías complejas no deben ser solo creadas y visualizadas, sino también realizadas: en este caso es necesario un control casi puntual de la geometría *free-form*, en términos tanto geométricos como dimensionales. Consecuentemente es de fundamental importancia poder controlar directamente la complejidad de las curvas y sobre todo distribuirla solamente donde sirve.
Construir curvas complejas a través de comandos directos (curva por puntos de control) o indirectos (*blend*) por lo general no es suficiente. Veamos entonces cómo crear, gestionar y controlar la complejidad.

5.7.1 Reconstrucción de una curva

La reconstrucción de una curva es una operación muy útil en diversas circunstancias y con implicaciones topológicas importantes. El comando que permite reconstruir una curva es _*Rebuild*.

Comando: _Rebuild

Permite reconstruir una curva de manera uniforme, especificando el número de puntos de control y el grado deseado.

En la interfaz del comando (Figura 5.33) aparecen entre paréntesis el número de puntos de control y el grado iniciales mientras que en los dos campos de a lado se pueden especificar los valores deseados para la reconstrucción.

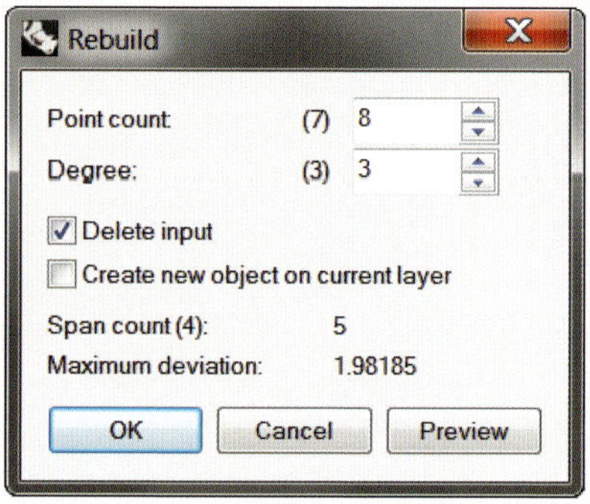

Figura 5.33 – Interfaz Rebuild

Observación: al grado **d** requerido deben corresponder al menos **d+1** puntos de control.

En la interfaz del comando aparecen además dos datos muy importantes:

Span count (n)	Indica el número de *knot spans* actuales (entre paréntesis) y los que se obtienen con la reconstrucción. La reconstrucción es uniforme, lo que genera una curva con vector de nodos uniformes, o bien con la misma separación paramétrica: por lo tanto la curva resultará dividida en *knot spans* iguales.
Maximum deviation	Indica la distancia máxima entre la curva reconstruida y la original. Tal distancia es expresada en la unidad de medida del archivo y es un dato muy útil para evaluar la deformación producida por la reconstrucción.

La reconstrucción de una curva no solo cambia el grado y/o el número de puntos de control de la curva, sino que redistribuye estos últimos a lo largo de la trayectoria. Este aspecto del comando resalta si se intenta reconstruir una curva dejando inalterados tanto el grado como el número de puntos de control (Figura 5.34).

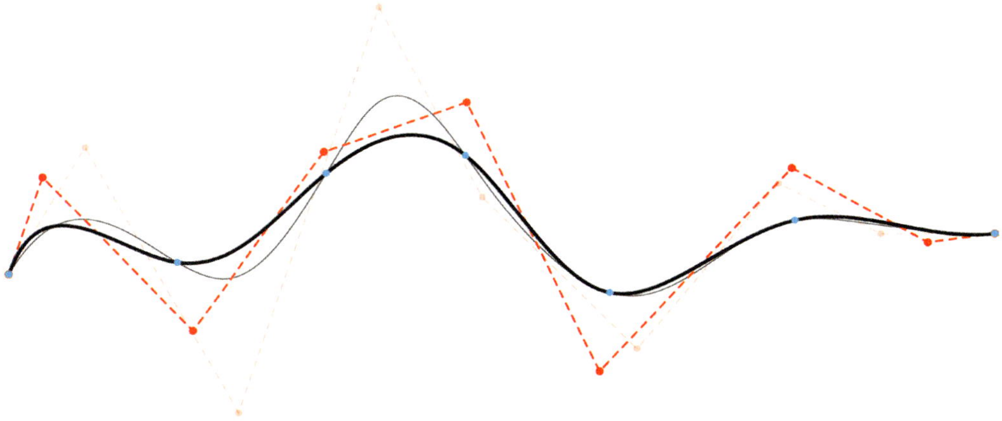

Figura 5.34 – Reconstrucción de una curva con parámetros inalterados

Como se puede observar, la curva reconstruida (continua) no coincide con la original (segmentada) y la ventana de diálogo nos informa que existe una *Maximum Deviation*.

Esto ocurre porque el comando *_Rebuild* distribuye los nodos de manera que los *knot spans* sean regulares, o bien que los nodos sean uniformes a lo largo de la trayectoria de la curva (es por eso que en la ventana de diálogo aparece el valor *Span count*). Si se quiere que la curva reconstruida se parezca más a la curva original es necesario aumentar el número de puntos de control. Esto crea más nodos y por lo tanto *knot spans* más pequeños y permite que la curve reconstruida tenga una mejor adaptación en las zonas de la curva con mayor curvatura, reduciendo la *Maximum Deviation*.

Observaciones

- El valor obtenido por la *Maximum Deviation* no tiene un significado absoluto, sino que es más o menos aceptable en base a las consideraciones del diseñador. Si por ejemplo estamos trabajando en metros y reconstruimos una curva de longitud 10 m con una *Maximum Deviation* de 5 mm, probablemente este sea un valor más que aceptable: en este caso vale la pena intentar reducir aún más la complejidad de la curva inicial hasta alcanzar el valor de la *Maximum Deviation* que estamos dispuestos a aceptar.
- Puede suceder (aún cuando es rarísimo que suceda) que una reconstrucción con menos puntos de control se parezca más a la curva original que una reconstrucción con más puntos de control. Vale la pena intentar una reconstrucción con pocos puntos de control, ya que generalmente es más cómodo trabajar con curvas simples que con curvas uniformes.

5.7.2 Reconstrucción no uniforme de una curva

En el caso en el que la curva a reconstruir tenga tramos de gran curvatura que se quiera mantener, el comando _*Rebuild* no es la mejor solución porque la redistribución de los puntos de control tiende a suavizar estos tramos. En tal caso es mejor recurrir al comando _*RebuildCrvNonUniform*.

Comando: _RebuildCrvNonUniform

Permite reconstruir una curva especificando el número máximo de puntos de control a utilizar y usando una distribución no uniforme de los mismos en base a la tolerancia establecida y a la curvatura de la curva inicial.

El comando permite ajustar interactivamente el resultado a través de la manipulación de algunos puntos que aparecen a lo largo de la curva a reconstruir:

- Punto inicial y final, permiten reducir el tramo de curva a reconstruir (reconstrucción parcial);
- Cuartos de la curva (si están activados), dividen la curva en 4 segmentos, proporcionando dos manipuladores más respecto al solo punto intermedio que aparece normalmente.

Cada vez que se cambia el valor de un parámetro o que se desplaza un manipulador, en la línea de comando vienen visualizados dos datos:

- *Approximate achieved tolerance*, desviación máxima obtenida distribuyendo de la mejor forma posible los puntos de control determinados por las configuraciones especificadas;
- *PointCount*, número de puntos de control efectivamente creados.

En base a estos valores se puede decidir si y cómo cambiar los parámetros en las opciones del comando, optando por una tolerancia mayor o menor o cambiando el número máximo de puntos de control.

Opciones importantes (en la línea de comando)

RequestedTolerance	Deformación máxima deseada respecto a la curva inicial.
MaxPointCount	Permite especificar el número máximo de puntos de control con el que se quiere reconstruir la curva. El comando buscará utilizar una cantidad de puntos de control inferior a este valor.

Con este comando los tramos de curva con mayor curvatura serán aquellos en los cuales se tendrá mayor densidad de puntos de control.

Observaciones

- Cuando se decide activar los cuartos de la curva (*Quarters=Yes*) se tienen a disposición 5 puntos a lo largo de la curva que se pueden mover provocando una mayor o menor densidad de puntos de control en los 4 segmentos en los que está dividida la curva. Si desplazamos mucho estos puntos se puede generar una deformación excesiva de la curva que puede resultar en "rizos" y auto-intersecciones de la misma. Más que un cierto límite, el desplazamiento de estos puntos determina la salida automática del comando sin producir un resultado.

5.7.3 Fit de una curva

Se puede ver el *fit* como otro modo de reconstruir una curva. Normalmente se utiliza cuando una curva es muy compleja y/o tiene una estructura de puntos de control muy densa.

Comando: _FitCrv

Permite crear una nueva curva no racional especificando el grado, de tal manera que alcance la curva inicial con la tolerancia deseada.

La parametrización de la curva, o bien la distribución de los nodos a lo largo de la trayectoria de la curva, se establece de modo tal que:

- el dominio de la curva coincida aproximadamente con la longitud de la curva inicial;
- la longitud del tramo de curva determinado por el valor del parámetro coincida con el valor del mismo;
- la separación de los nodos está determinada por la curvatura de la curva inicial: los nodos son más densos en los tramos con mayor curvatura.

El comando funciona mejor en curvas que tienen forma ondulada y puntos de control muy concentrados.

Según la tolerancia utilizada, el comando puede producir curvas con muchos puntos de control (Figura 5.35) que se concentran en los tramos de curva con mayor curvatura.

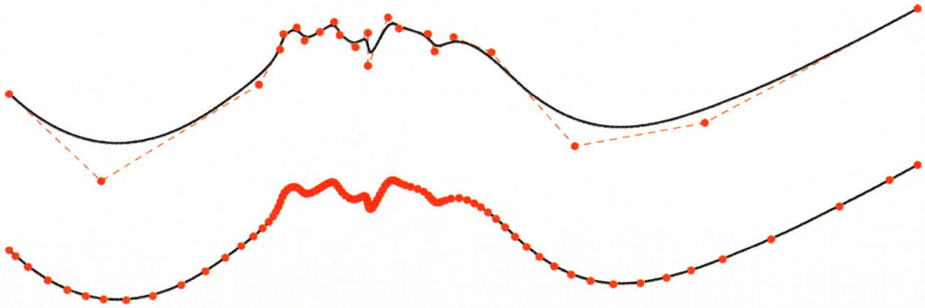

Figura 5.35 – Fitting de una curva con tolerancia muy baja

Opciones importantes

- *Fitting tolerance*, permite establecer la distancia máxima que la nueva curva puede tener respecto a la curva original;
- *Angle tolerance*, permite conservar o suavizar eventuales puntos *kink* de la curva original: si en el punto *kink* el ángulo es menor que el valor especificado, el punto será suavizado; si el ángulo es mayor que el valor especificado, el punto sigue siendo un *kink* incluso después del *refit*.

Observaciones

- Se puede recurrir al *fit* de una curva con tolerancia relativamente alta para obtener una curva más suave (*smooth*) en los tramos con gran curvatura. A veces es necesario repetir el comando muchas veces para suavizar los tramos con mayor rugosidad.

5.7.4 Fair de una curva

Este comando se utiliza cuando una curva tiene variaciones de curvatura repentinas y grandes.

Comando: _Fair

Dada una curva inicial con variaciones de curvatura grandes y repentinas, el comando permite crear una nueva curva reduciendo el cambio de curvatura.
El comando utiliza el valor de la tolerancia para establecer la distancia máxima de la nueva curva respecto a la original.

Nota: los comandos _FitCrv y _Fair permiten suavizar una curva con forma evidentemente irregular (por ejemplo, muy ondulada con ondulaciones pequeñas).
Este tipo de curvas "problemáticas" normalmente no son dibujadas directamente por el usuario, sino que son el resultado de operaciones complejas como offset, proyecciones, y similares.

5.7.5 Criterios para la reconstrucción y el fit de una curva

_Rebuild, *_FitCrv* y *_Fair* influyen globalmente sobre la complejidad de una curva, a diferencia de comandos de inserción de puntos de control, nodos o *kink* que, como veremos, permiten alterar la topología solo en determinadas porciones de curva.
Ya que tanto la reconstrucción como el *fit* se encuentran también dentro de algunos comandos de creación de superficies, es importante hacer algunas consideraciones sobre su funcionamiento.

1. *Ambos deforman la curva original* – Después de la reconstrucción o fit, sin importar con cuántos puntos de control o con cuál tolerancia, *la curva resultante será siempre diferente a la original.*

Resulta importante, por lo tanto, establecer un criterio para que la reconstrucción o el *fit* generen un resultado "aceptable".

  a. *Criterio subjetivo*: a escala arquitectónica, en una distancia de 100 m una deformación de 1 cm puede ser aceptable a criterio del diseñador en ausencia de vínculos proyectuales.
  b. *Criterio objetivo*: es el de la tolerancia absoluta configurada en el archivo (*3.2.1 Tolerancia absoluta*): una deformación más pequeña que el valor de la tolerancia absoluta no es detectada por Rhino y por lo tanto no genera efectos colaterales en las operaciones de modelado.

2. El *_Rebuild* controla directamente la complejidad y permite un control indirecto sobre la precisión. Se puede de hecho determinar directamente el número de puntos de control, controlando indirectamente y sin precisión absoluta la deformación subsiguiente.
3. El *_FitCrv* controla directamente la precisión (a través de la tolerancia), sin permitir un control directo y preciso de la complejidad, o bien de los puntos de control necesarios (y de su disposición) para obtener la precisión deseada.

5.7.6 Inserción y eliminación de puntos de control

A menudo se presenta la exigencia de cambiar la forma de una porción limitada de una curva. Los comandos de reconstrucción producen generalmente el aumento de la complejidad de toda la curva, por lo tanto no es particularmente ventajoso utilizarlos para producir una deformación localizada.
Si, como normalmente sucede, se usa una curva de grado 3 o superior, la deformación de un tramo pequeño de la curva puede resultar imposible dado que en un *knot span* la forma de la misma es determinada por un número de puntos de control igual al orden.
De aquí la necesidad de crear las condiciones para que esta deformación local sea posible, lo que significa crear nuevos puntos de control solo en la zona a modificar.
Para introducir nuevos puntos de control en una curva se usan principalmente dos modos:

- Introducir puntos de control;
- Introducir nodos.

Veamos cómo introducir y eliminar puntos de control, de la inserción de nodos trataremos en el siguiente punto.

Comando: _InsertControlPoint

Permite introducir puntos de control en una curva existente.
La opción *Midpoint* bloquea la posición de los nuevos puntos de control en el punto medio de cada segmento del polígono de control: sirve para agregar puntos de control equidistantes, para obtener una curva más uniformemente deformable.

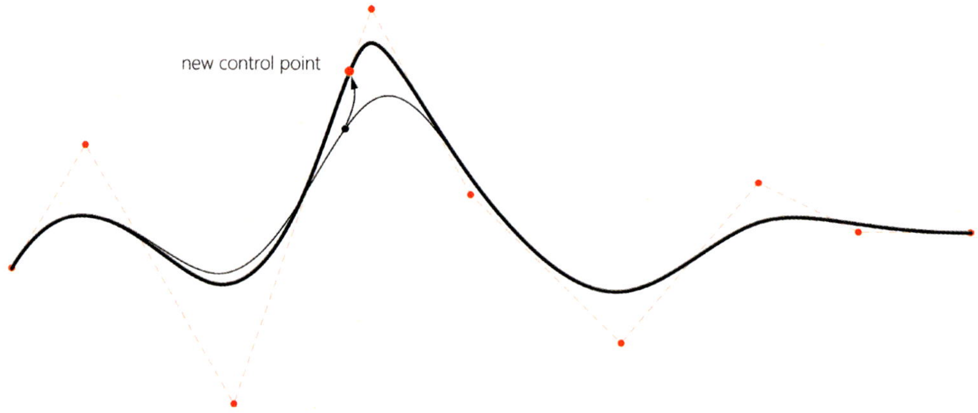

Figura 5.36 – Inserción de un punto de control a lo largo de una curva

Como se puede observar (Figura 5.36), si nos movemos a lo largo de la curva el punto de control aparece a lo largo del polígono de control. Haciendo clic sobre la curva el punto de control es agregado a lo largo del polígono.

Dado que un punto de control ejerce una acción de atracción hacia la curva, la forma de esta última cambia con la adición de nuevos puntos de control.

 ***Comando: _RemoveControlPoint***

Permite eliminar puntos de control de una curva.

Obviamente *la eliminación de puntos de control altera la forma de la curva.*

Observaciones

- También es posible borrar directamente los punto de control de una curva cuando estos son visibles; es suficiente seleccionarlos y eliminarlos como cualquier entidad con la tecla Canc (Del).
  - En Rhino 5 se necesita visualizar los puntos de control, por ejemplo con la tecla F10;
  - En Rhino 6 los puntos de control de una curva se observan automáticamente cuando se selecciona la curva.
- Dado que la adición de un punto de control altera automáticamente la forma de la curva y normalmente no se quiere renunciar a la forma original sin controlar la deformación, generalmente se prefiere utilizar el método de inserción de nodos.

5.7.7 Inserción y eliminación de nodos

La inserción de nodos es un modo práctico de agregar puntos de control a una curva sin alterar su forma. Introducir gráficamente un nodo en una curva significa también introducir un nodo en el vector de nodos de la curva. La adición de un nodo implica la adición de un punto de control, pero en realidad ocurre algo más.

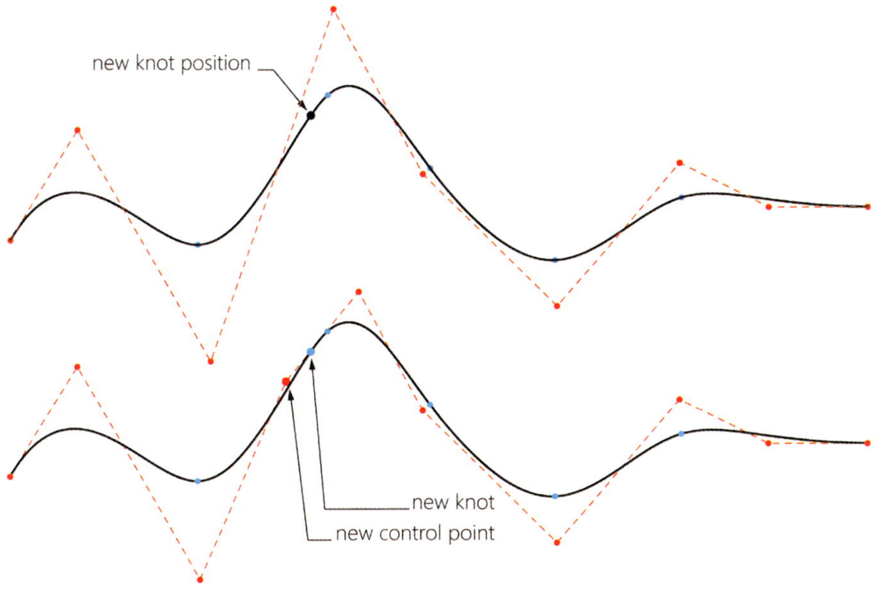

Figura 5.37 – La curva con un nodo extra (abajo) presenta un punto de control extra pero tiene la misma forma de la curva original

Utilizando el comando *_InsertKnot* visualizamos a lo largo de la curva seleccionada los puntos correspondientes a los nodos ya existentes. Haciendo clic sobre un punto de la curva se agrega un nuevo nodo.

Comando: _InsertKnot

Permite introducir nuevos nodos en el vector de nodos de una curva; gráficamente permite introducir nuevos nodos a lo largo de la trayectoria de la curva.

La adición de un nodo implica *la adición de un punto de control y la redistribución de los puntos de control ya existentes en el área de interés del nuevo nodo.*

Se puede especificar el valor del parámetro para introducir un nodo controlando exactamente su posición (el valor del parámetro correspondiente a la posición del cursor sobre la curva se puede leer en la barra de estado a la izquierda de la barra de configuración de los layers).

Comando: _Weight

Permite cambiar el peso de un punto de control, o bien la fuerza con la que el punto atrae la curva hacia él.

A mayor peso, mayor es la fuerza de atracción ejercida por el punto de control.

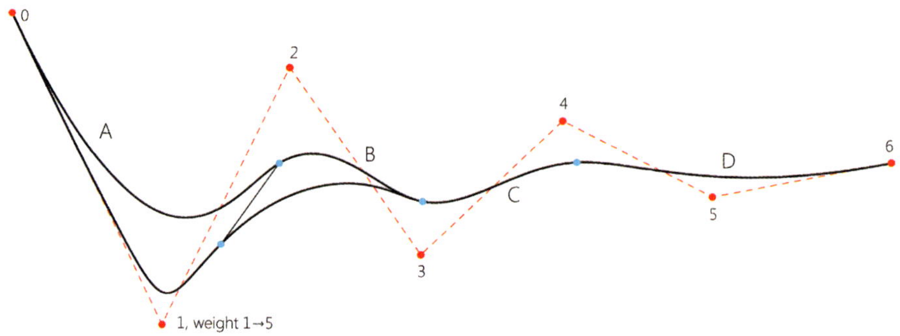

Figura 5.40 – Cambio del peso de un punto de control y subsecuente deformación de la curva

Como se puede observar en la Figura 5.40, aumentando el peso del punto de control 1:

- la curva se acerca más al punto.
- la acción del punto de control se ejerce exclusivamente en los *knot spans* A y B: el efecto del punto y de su cambio de peso se anulan en correspondencia con el nodo B-C.
- el aumento del peso provoca una deformación en la curva: la atracción modifica la posición incluso del nodo A-B, el que como veremos con las superficies conlleva una deformación topológica importante.

Nota: dado que no todos los software pueden gestionar curvas no racionales, trabajar con el peso de los puntos de control puede generar problemas de compatibilidad de los archivos. Sin embargo si se trabaja solo en Rhino, cambiar el peso de los puntos de control es una operación que brinda numerosas ventajas, como por ejemplo poder trabajar con curvas (o superficies) relativamente simplesi.

5.7.10 Cambio del grado de la curva

Es posible cambiar el grado de una curva sin interferir sobre el vector de los nodos (obviamente cambiando el número de puntos de control) a través del comando _ChangeDegree. *Se trata de un comando muy complejo por la manera en la cual trabaja sobre los parámetros de la curva.*

El resultado del comando depende de dos condiciones principales

- si se está aumentando o disminuyendo el grado;
- si se utiliza o no la opción *Deformable* del comando.

Recordemos que nodos, grado y puntos de control están vinculados por la Ecuación 3, pág. 48 .

_Comando: _ChangeDegree_

Permite cambiar el grado de una curva manteniendo la estructura de nodos y agregando o eliminando puntos de control dentro de los *knot spans*.

Si se aumenta el grado, el número de puntos de control que vendrán agregados depende del grado escogido.

Opciones

Deformable	Yes	Si el nuevo grado es diferente al original, el vector de los nodos de la nueva curva tendrá nodos intermedios simples.
	No	Si el nuevo grado es mayor al inicial, la curva nueva tendrá la *misma forma y parametrización* pero la multiplicidad de los nodos será dada por la fórmula **multiplicidad = multiplicidad anterior + (nuevo grado - grado anterior)**. Si el nuevo grado es menor del grado actual, la curva nueva será una aproximación de la curva original con nodos simples.

La acción de cambiar el grado de una curva no es particularmente aconsejable por diversos motivos:

- disminuyendo el grado de una curva casi siempre se obtiene una deformación considerable de la misma;
- aumentando el grado de curva, aunque la nueva curva tenga la misma forma que la original, se obtiene una curva más "pesada" desde el punto de vista de la visualización, necesitando más tiempo y memoria;
- no todos los software pueden gestionar NURBS de grado superior a 3.

Normalmente no se cambia el grado de una curva para aumentarlo, incluso si la forma de la curva permanece inalterada. De hecho, el único aspecto positivo del aumento de grado es la mayor cantidad de puntos de control, que intuitivamente se puede relacionar con una deformación más localizada de la curva. Sin embargo agregar puntos de control aumentando el grado tiene dos consecuencias:

- Pro – Por lo general, más puntos de control implica que el desplazamiento de un punto afecta un tramo de curva más pequeño.
- Contra – Un grado más alto implica que en el mismo tramo de curva actúan más puntos de control, limitando la posibilidad de producir una deformación localizada.

Los dos efectos contrastantes hacen que al aumento de puntos de control determinado por el aumento del grado de la curva, no coresponda una mayor deformabilidad localizada..

Reglas prácticas

1. Si se quiere aumentar uniformemente los puntos de control de una curva *free-form* (de grado 3) conviene realizar una reconstrucción y no un aumento del grado.

2. Si se quiere deformar una curva localmente se agregan puntos de control en las áreas a deformar a través de la inserción de nodos para no alterar la forma inicial de la curva.

Como ya vimos en *2.3.2 Grado y orden*, una curva NURBS de un cierto grado puede ser siempre representada por una curva NURBS de grado superior.

El *aumento de grado* es una operación que utiliza esta propiedad y ocurre automáticamente luego de la ejecución de otros comandos, como por ejemplo la unión de curvas NURBS de distintos grados.

En la Figura 5.41 se observan 3 curvas A, B y C, respectivamente de grado 1, 7 y 2.

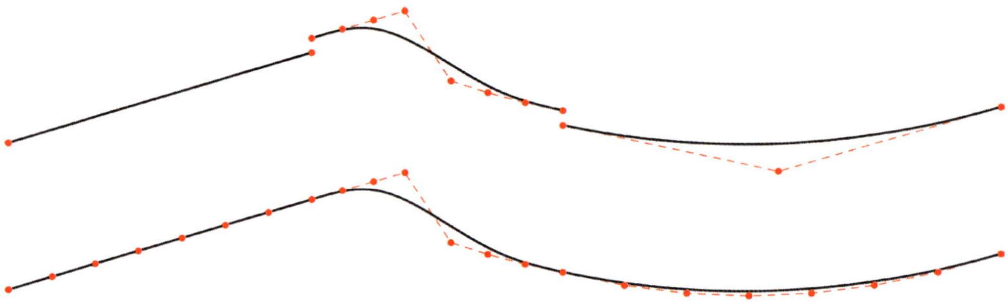

Figura 5.41 – Unión de curvas de diferentes grados

Luego de unir estas 3 curvas se obtiene una única curva de grado 7.

Nota: Las curvas de grado inferior se pueden representar con curvas de grado superior sin sufrir deformaciones, por lo tanto el aumento del grado de las curvas que tienen grado inferior no implica ninguna deformación; si el comando disminuyera el grado de la curva más compleja ocurrirían deformaciones en el proceso de unión.

Si se explota nuevamente la curva obtenida por la unión, se vuelven a obtener las tres curvas con sus respectivos grados 1, 7 y 2.

5.8 Tutorial – Configurar las curvas 3D

A partir de las curvas 2D creadas en el punto *4.4.3 Dibujo de las proyecciones 2D*, procedemos ahora a generar las curvas 3D del auto, que serán exclusivamente utilizadas como referencia para la deformación de la carrocería y no como curvas de construcción de la misma.

La base utilizada como punto de partida está ilustrada en la Figura 5.42.

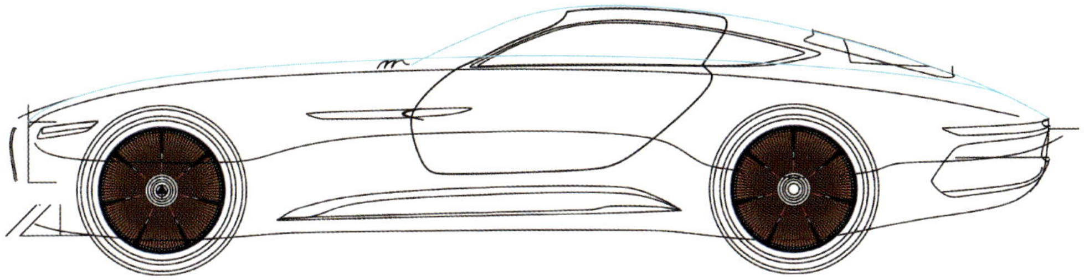

Figura 5.42 – Curvas 2D trazadas partiendo de un blueprint

5.8.1 Crear las curvas 3D

Utilizando el comando *_Crv2View* es posible obtener las líneas del auto en 3D a partir de las líneas ya trazadas en las distintas proyecciones ortogonales.

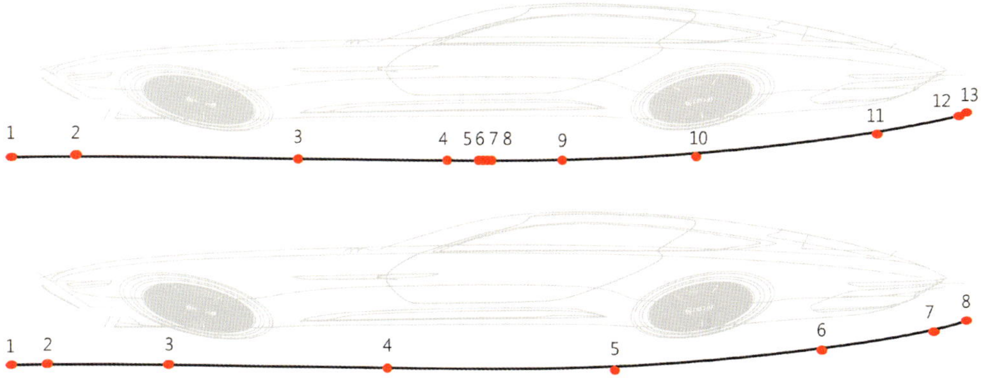

Figura 5.43 – Curva 3D antes (arriba) y después (abajo) de la reconstrucción

Las curvas 3D recién logradas pueden sufrir las imprecisiones presentes en las curvas 2D: cambios de curvatura, ondulaciones, etc..

Por eso se recomienda ejecutar un *_Rebuild*, sobre todo de aquellas curvas que se extienden a lo largo de toda la superficie del auto.

De este modo se simplifican dichas curvas resultando más suaves (*smooth*) (Figura 5.43).

En nuestro proceso no utilizaremos estas curvas 3D porque modelaremos la superficie del auto por deformación de una sola superficie inicial.

Las curvas 3D que se obtienen de las vistas 2D también son útiles si se quiere modelar las partes del auto de manera separada (las puertas, los laterales etc.).

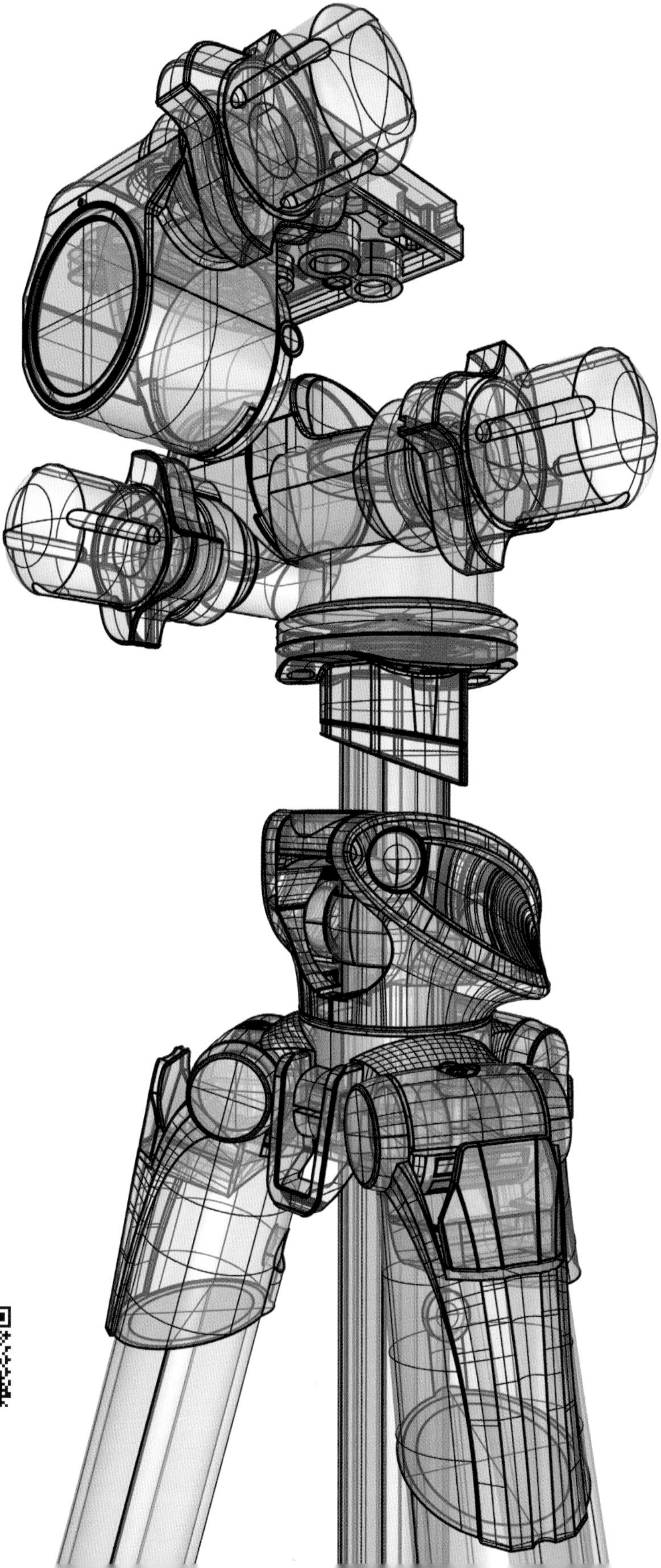

2

6_Topología NURBS

Trabajar con las superficies NURBS es sin duda la verdadera razón por la que se utiliza un modelador de superficies como Rhinoceros.
Sin embargo, hay que considerar que todo lo que se ha dicho hasta ahora sobre las curvas (grado, puntos de control, nodos etc.) es válido también para las superficies, y se debe tener en consideración para comprender exactamente todo lo que vendrá descrito y profundizado en esta segunda parte.

6.1 Topología rectangular

La superficie NURBS de Rhino siempre tiene una topología rectangular. Lo que quiere decir que su dominio es siempre un dominio bidimensional u,v .

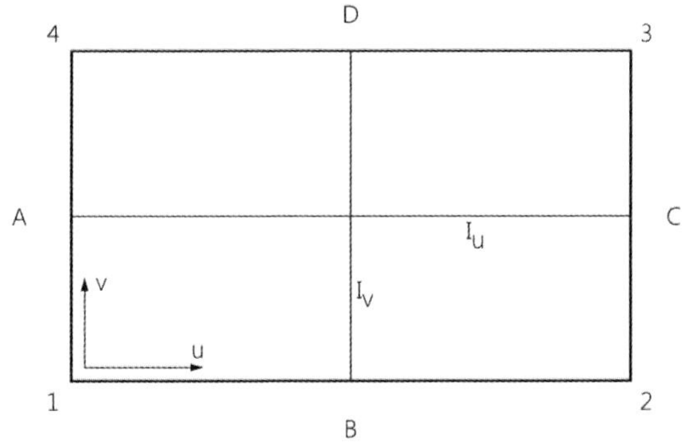

Figura 6.1 – Topología rectangular de la superficie en Rhino

En la Figura 6.1 está representada la superficie estándar de Rhino, en la que se reconocen:

- cuatro **vértices**, del 1 al 4;
- cuatro **lados**, del A al D, llamados **bordes** de la superficie, que juntos conforman el **contorno**;
- el sistema paramétrico u,v interno a la superficie;
- dos líneas transversales, I_u e I_v, llamadas **isocurvas**, de las cuales hablaremos más adelante.

El hecho de que todas las superficies en Rhino tengan *topología* rectangular no quiere decir que todas las superficies creadas tengan *forma* rectangular: aprenderemos cómo se puede obtener cualquier forma respetando siempre la topología estándar.

6.1.1 Topología de la esfera

Un ejemplo que permite entender inmediatamente cómo la topología rectangular es la regla para todas las superficies, es la esfera. Si se dibuja una esfera y se observan sus propiedades, se puede notar que Rhino la identifica como una superficie cerrada. Siendo una superficie, su topología debe ser siempre la de un plano rectangular.

Veamos cómo se obtiene una esfera a partir de una topología rectangular: este análisis será muy útil cuando toquemos el tema de las operaciones de corte de una superficie (*11.1.2 Cortar o dividir una superficie cerrada*).

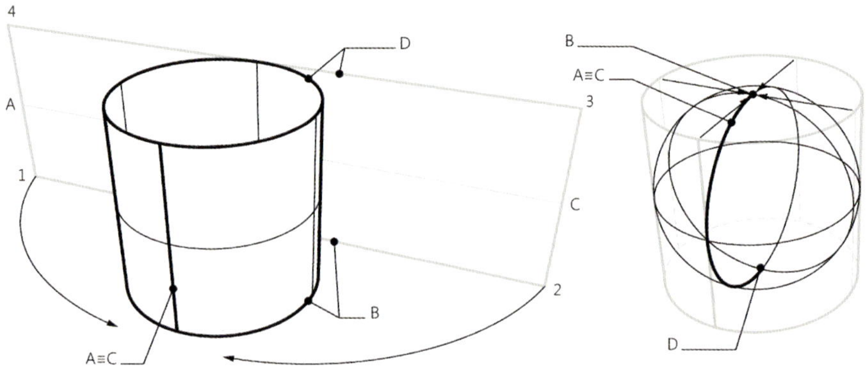

Figura 6.2 – Obtención de un cilindro y de una esfera a partir de un plano rectangular

La superficie esférica tiene la siguiente topología (Figura 6.3):

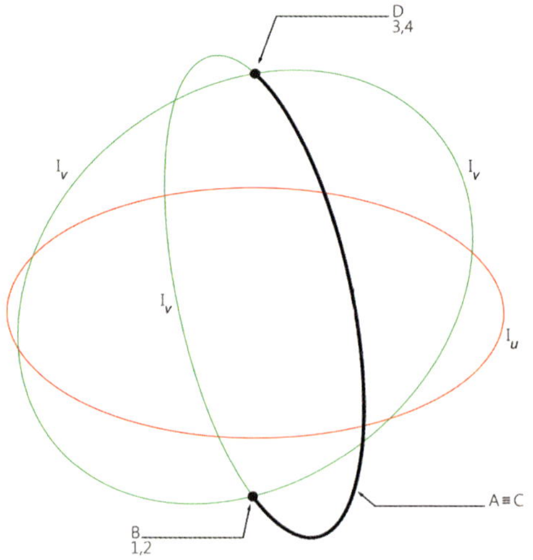

Figura 6.3 – Topología de la superficie esférica

Dada la analogía evidente de la esfera (3D) con el círculo (2D) es oportuno destacar cómo también la esfera es una superficie NURBS racional. Analizando los puntos de control de la esfera se puede observar que:

- los puntos de control en los cuadrantes y en los polos tienen peso 1;
- los puntos de control en los vértices (de la estructura de control) tienen peso 0.5;
- los puntos de control en la mitad de los bordes tienen peso $\frac{\sqrt{2}}{2}$.

6.2 Orientación de una superficie

Cuando se crea una superficie NURBS se obtiene un objeto sin espesor con una cara positiva y una negativa. En Rhino es posible visualizar las caras negativas de las superficies con un color distinto al de las caras positivas (*Options -> Rhino Options -> View -> Shaded -> Backface Settings -> Single color for all backfaces*): esta posibilidad de distinguir los dos tipos de caras resulta muy útil en diversas situaciones de modelado, así como en la preparación del modelo para la producción.
Se recomienda activar esta opción para visualizar las caras negativas con un color.

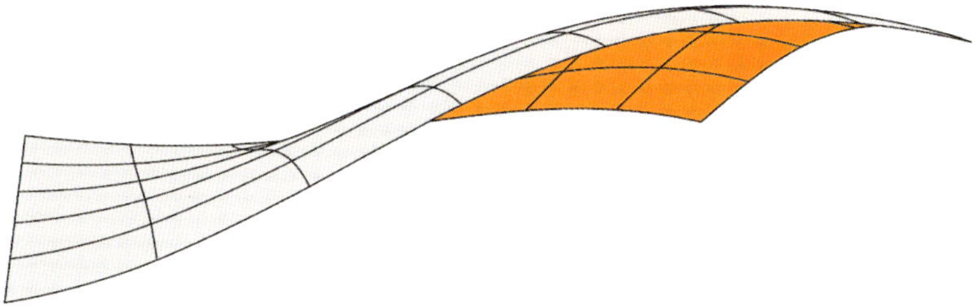

Figura 6.4 – Visualización de la cara negativa con un color

No siempre es fácil crear una superficie controlando su orientación. Existen algunos principios generales basados en convenciones internacionales de matemática y geometría: el más relevante para nuestro caso es el que establece que una superficie tiene la cara positiva hacia arriba si es creada en sentido antihorario (Figura 6.5).

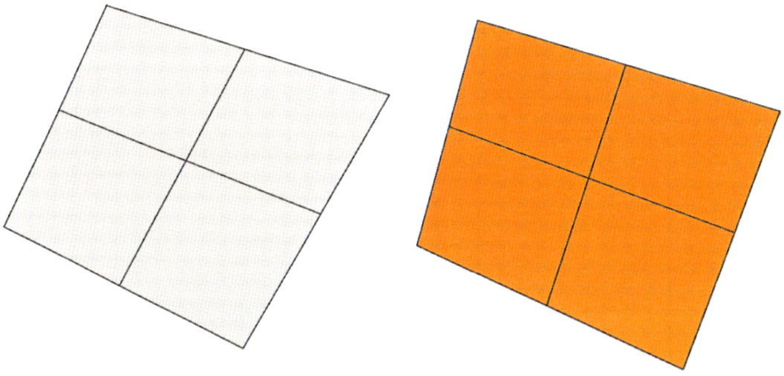

Figura 6.5 – Superficie de 4 vértices dibujada A) en sentido antihorario y B) en sentido horario

Aparte del caso de la superficie de 4 vértices, la mayor parte de los comandos de Rhino sirven para dibujar superficies a partir de varias curvas; dado que tales curvas pueden ser resultado de la ejecución de otros comandos (proyecciones, intersecciones, etc.), no es posible conocer de antemano su orientación sin realizar un análisis.

Afortunadamente no es necesario analizar todas las geometrías que se utilizan como input antes de crear una superficie, ya que es posible con un simple comando invertir su orientación.

Comando: _Flip

Permite invertir la normal de una superficie.

6.3 Representación paramétrica de una superficie

Si la curva NURBS es un dominio unidimensional con parámetro t, la superficie NURBS es un dominio bidimensional con parámetros convencionalmente indicados con las letras u,v.

Por lo tanto un punto de la superficie se puede expresar ya sea en función de las coordenadas cartesianas x, y, z como de las coordenadas paramétricas u,v (Figura 6.6).

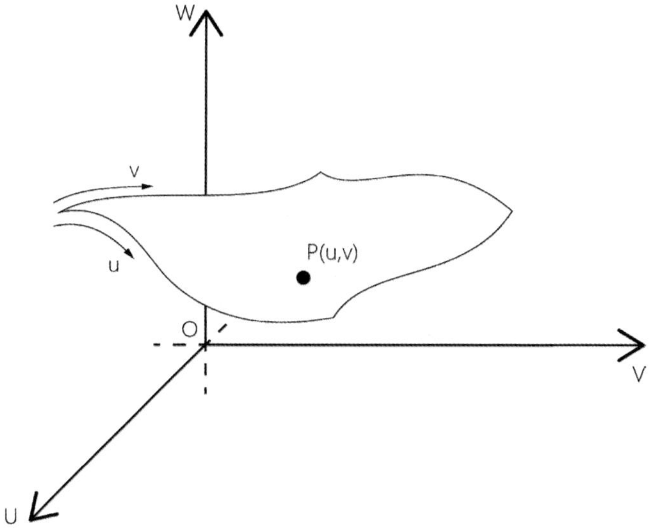

Figura 6.6 – Coordenadas y parámetros u,v

Cada punto de la superficie tiene coordenadas expresadas en forma paramétrica P(u,v).

Si a lo largo del eje u se toma un punto con coordenada fija u_1 y se hace variar el otro parámetro v en su rango completo $[0,v_f]$, se obtiene una línea que atraviesa toda la superficie (Figura 6.7): esta línea se llama

isoparamétrica, ya que corresponde a un valor constante de uno de los dos parámetros; normalmente nos referimos a esta entidad con el término **isocurva** (Figura 6.8).

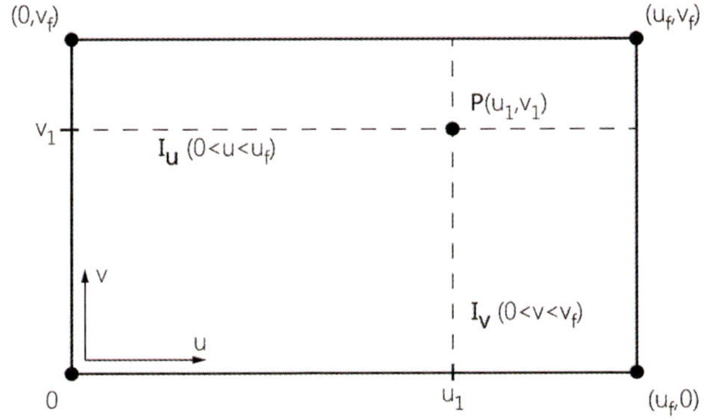

Figura 6.7 – Sistema paramétrico e isocurvas

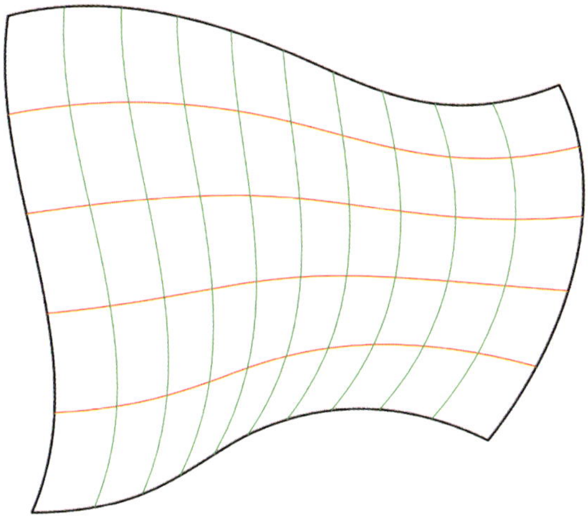

Figura 6.8 – Isocurvas U (en rojo) y V (en verde)

Cuando se dibuja una superficie cualquiera, Rhino visualiza en el interior de la misma un set de isocurvas, que pueden ser más o menos densas según la complejidad interna de la superficie.

Por cómo están definidas:

- las isocurvas unen siempre un punto que pertenece a un lado de la superficie con un punto del lado opuesto;
- la complejidad de las isocurvas depende de la complejidad de la superficie en las dos direcciones paramétricas: si una superficie es lineal (o de grado 2, 3, ...) en una dirección, las isocurvas en esa dirección serán lineales (o de grado 2, 3, ...);

- la forma de las isocurvas es el resultado de una transformación continua (*morphing*) entre los dos lados opuestos en la misma dirección (por ejemplo el set de isocurvas u en la Figura 6.8 es un *morphing* entre los dos lados horizontales).

Observaciones

- Es posible cambiar la visualización de las isocurvas utilizando las opciones que aparecen entre las propiedades del objeto superficie en el grupo *Isocurve Density. Cambiar la densidad de las isocurvas con el parámetro Density no altera la topología de la superficie.*
- Las isocurvas visualizadas en el interior de una superficie con densidad de visualización 1, corresponden a las líneas de nodos de la superficie (Figura 6.9).

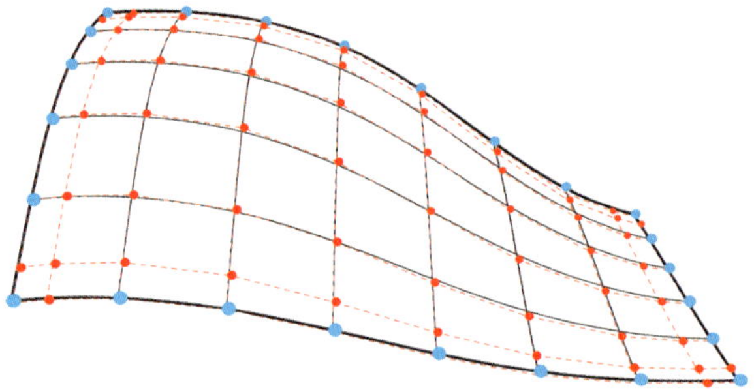

Figura 6.9 – Nodos de la superficie resaltados en azul: se puede notar cómo las isocurvas son líneas de los nodos

En el caso de que una superficie tenga grado 3 y 4 puntos de control en una dirección, aparecerá entonces una isocurva intermedia aún si la superficie tiene un solo *knot span* en esa dirección.

7_Superficies NURBS

En este capítulo trataremos la creación de las superficies NURBS según las distintas herramientas disponibles en Rhino.

Iniciaremos a con las superficies más simples hasta llegar a las más complejas, de modo tal que al aumentando gradualmente la complejidad de la herramienta paralelamente aumentará el control sobre la forma y la complejidad de la superficie resultante.

7.1 Superficie plana rectangular deformable

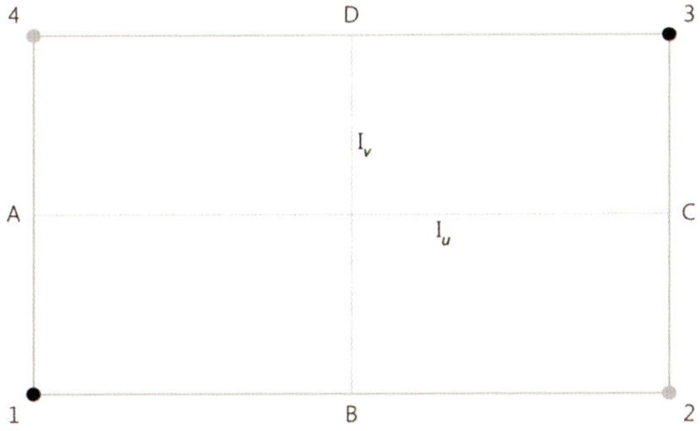

Para realizar este tipo de superficies utilizamos el comando *_Plane*.

Comando: _Plane

Permite crear una superficie plana rectangular.

Opciones importantes

AroundCurve	Crea un plano rectangular con su centro sobre la curva seleccionada y su orientación perpendicular a la curva en el punto seleccionado.	
Deformable	Crea un plano rectangular no bilineal, o topológicamente más complejo y listo para ser deformado (curvado) internamente, con el grado y la complejidad deseados	
	UDegree	Grado deseado en la dirección paramétrica u del plano.

VDegree	Grado deseado en la dirección paramétrica v del plano.
UPointCount	Número de puntos de control deseados en la dirección paramétrica u. Para obtener el grado especificado con el parámetro *UDegree* es necesario introducir al menos *UDegree*+1 puntos de control.
VPointCount	Número de puntos de control deseados en la dirección paramétrica v. Para obtener el grado especificado con el parámetro *VDegree* es necesario introducir al menos *VDegree*+1 puntos de control.

En la Figura 7.1 se puede observar un plano rectangular deformable de grado 3 en las dos direcciones paramétricas y 10x8 puntos de control.

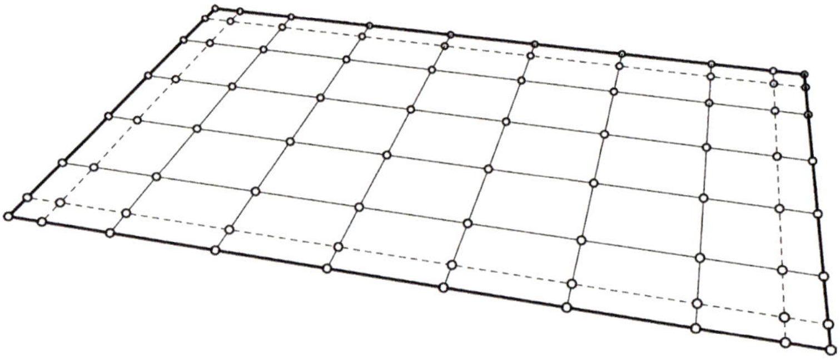

Figura 7.1 – Plano rectangular deformable

Como ya vimos, las isocurvas indican la posición de las líneas de nodos de la superficie en las dos direcciones. Se puede observar como la primera línea de puntos de control no influye sobre la forma de la superficie ya desde el segundo *knot-span* (Figura 7.2).

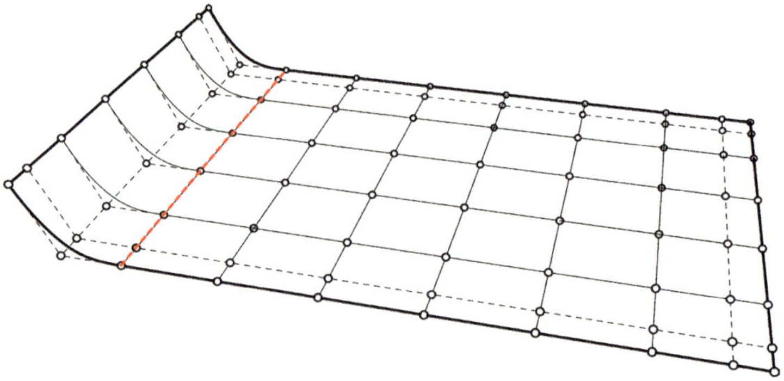

Figura 7.2 – Puntos de control, isocurvas, knot-spans

De la misma manera la quinta línea de puntos de control no influye sobre la forma de la superficie dentro del primer *knot-span*.

El plano rectangular deformable se puede utilizar como superficie base para modelar objetos extremadamente complejos: justo esta técnica será la que utilizaremos en nuestro proyecto del automóvil (Figura 7.3).

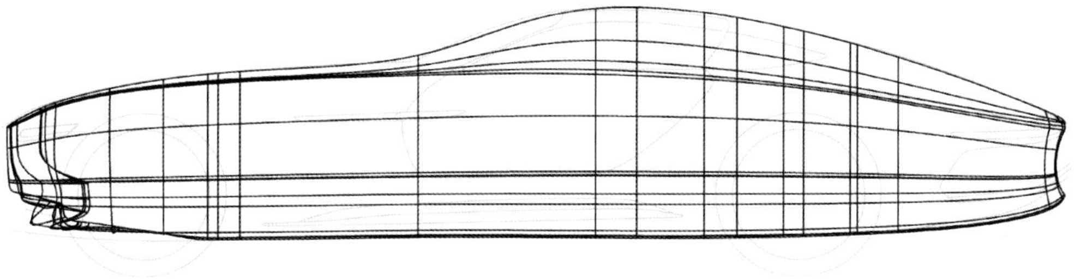

Figura 7.3 – Carrocería de un auto obtenida de una sola superficie plana deformable

7.2 Superficie de 3-4 vértices

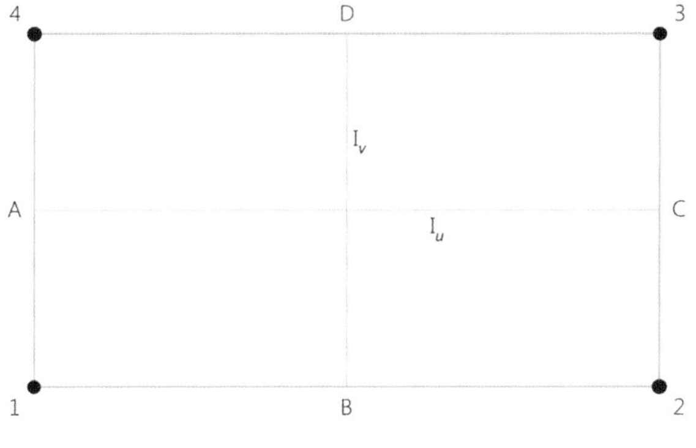

Es un comando simple que permite dibujar una superficie especificando la posición de sus vértices.

Pese a su simplicidad, es necesario hacer dos observaciones sobre el uso correcto del comando.

1. La superficie que se crea con este comando es una superficie bilineal (lineal en las dos direcciones paramétricas). Lo que se evidencia también cuando los cuatro vértices de la superficie no se posicionan sobre el mismo plano.

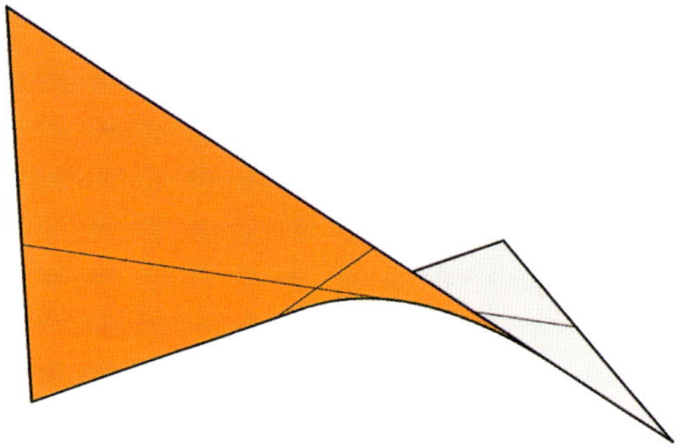

Figura 7.4 – Superficie de 4 vértices no coplanares

Aún si la superficie en la Figura 7.4 es curva internamente, su curvatura no se refleja en las direcciones topológicas u,v. Las isocurvas son perfectamente rectilíneas (para que esto sea más evidente se puede aumentar la densidad de las isocurvas). Entonces una superficie bilineal puede ser curva según direcciones diagonales, distintas de las direcciones topológicas.

2. Para dibujar una superficie triangular, no es suficiente limitarse a hacer clic en solo 3 puntos. Si se especifica la posición de 3 vértices Rhino dibuja una superficie triangular "anormal", en la cual las isocurvas no se intersectan dentro de la superficie sino a lo largo de un borde (Figura 7.5).

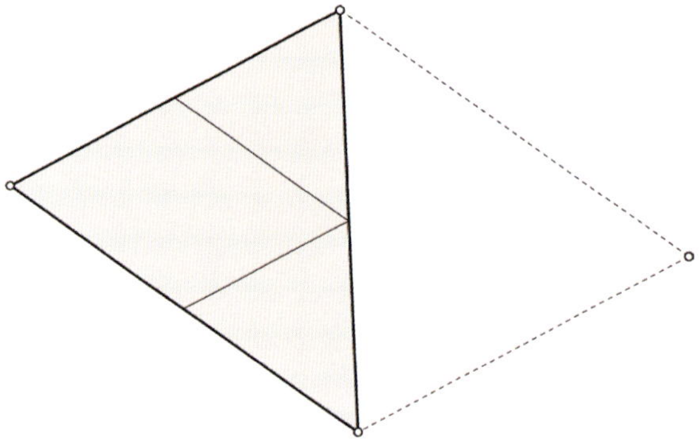

Figura 7.5 – Superficie triangular recortada

Seleccionando la superficie y activando los puntos de control, se observa como existe un cuarto punto de control externo a la superficie, en una posición que junto a los vértices del triángulo reconstruye un paralelogramo.

Entonces si se dibuja una superficie con este comando seleccionando solo 3 vértices, se obtiene como resultado una *superficie recortada*. Si ninguna operación viene ejecutada sucesivamente sobre esta, el hecho que sea recortada no constituye un problema.

Sin embargo cualquier operación podría causar un efecto no deseado.

Tomemos como ejemplo el simple desplazamiento de uno de los tres vértices (Figura 7.6).

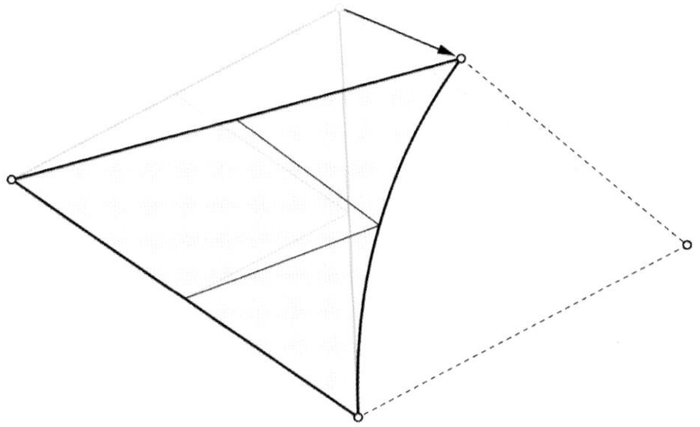

Figura 7.6 – Desplazamiento de un vértice y deformación de la superficie triangular recortada

Este desplazamiento provoca la deformación de uno de los lados, justo de aquel lado que corresponde a la diagonal de la superficie completa (dirección no topológica). Este comportamiento puede constituir un problema si por ejemplo se quisiera inclinar la superficie triangular arrastrando un vértice hacia arriba.

Por este motivo conviene siempre seleccionar cuatro vértices, aún cuando se quiera dibujar una superficie triangular; es suficiente hacer coincidir el cuarto vértice con el primero: de este modo se crea una superficie triangular auténtica, donde las isocurvas se intersectan dentro de la superficie y todos los puntos de control coinciden con los vértices (Figura 7.7).

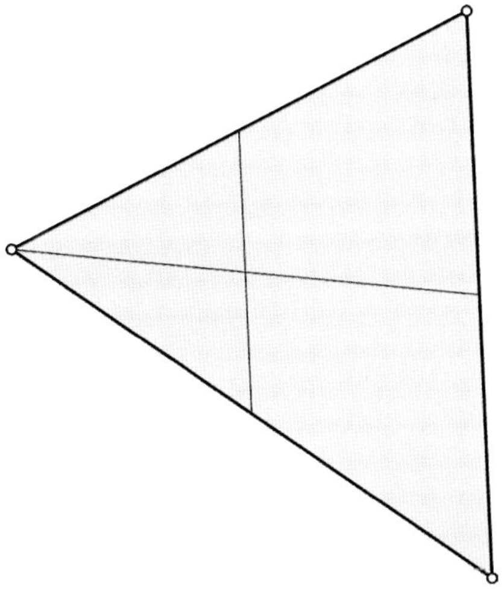

Figura 7.7 – Superficie triangular no recortada

7.3 Extrusión

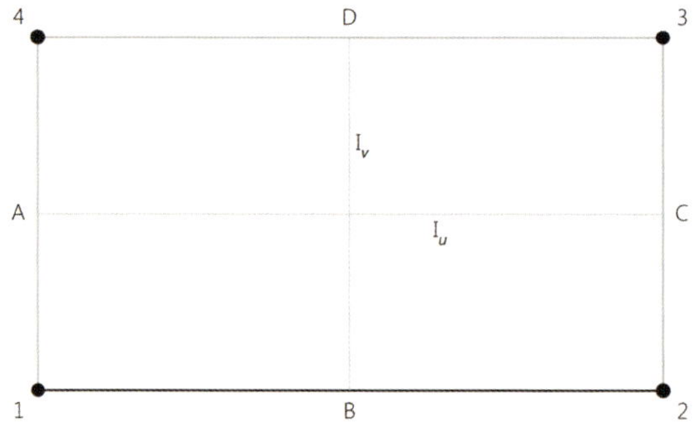

La extrusión no es un comando particularmente complejo: la única modalidad de ejecución interesante desde el punto de vista del modelado complejo es la extrusión con opción *ToBoundary*, que permite generar extrusiones con altura (distancia) variable.

Comando: _ExtrudeCrv

Dada una curva inicial el comando crea una superficie desplazando la curva en una dirección establecida.

Opciones importantes

ToBoundary	Permite detener la extrusión en correspondencia con una superficie. Normalmente la extrusión alcanza uniformemente la misma distancia, pero si se utiliza como límite una superficie con una forma genérica, la extrusión será recortada por la superficie alcanzando puntualmente una distancia diferente (Figura 7.8).

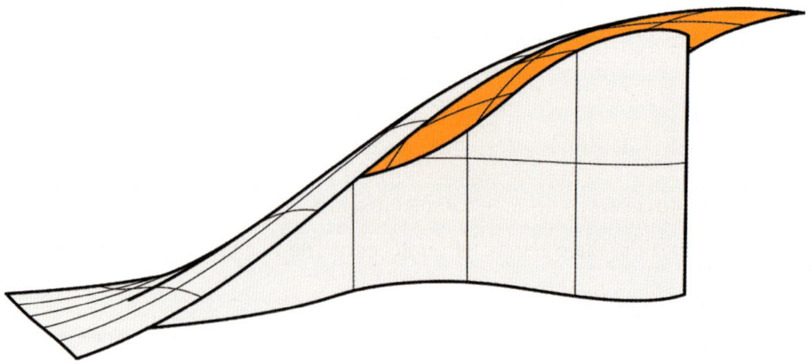

Figura 7.8 – Extrusión con opción ToBoundary

Observaciones

- La extrusión en Rhino funciona con cualquier tipo de curva: abierta o cerrada, de cualquier grado, plana o en 3D;
- Si la curva que se extruye es cerrada y plana se puede generar un sólido (polisuperficie cerrada) ya que el comando puede tapar las bases, del mismo modo en el que se crea una superficie a partir de curvas planas (*7.5 Superficie a partir de curvas planas*); las superficies planas en las bases de la extrusión son generalmente superficies recortadas;
- La extrusión puede utilizar curvas libres o bordes de superficie;
- La superficie resultante es lineal en la dirección de la extrusión (a menos que no se trate de una extrusión por una curva de trayectoria) y conserva la complejidad de la curva original en la dirección de esta última;
- El comando _*ExtrudeCrv* genera un tipo de objeto (introducido en Rhino 5) que, de hecho, se llama extrusión. Este tipo de objeto tiene una representación atípica, donde se encuentran solo las isocurvas en la dirección de la extrusión (Figura 7.9). Si se activan sus puntos de control, aparecen solo tres puntos:

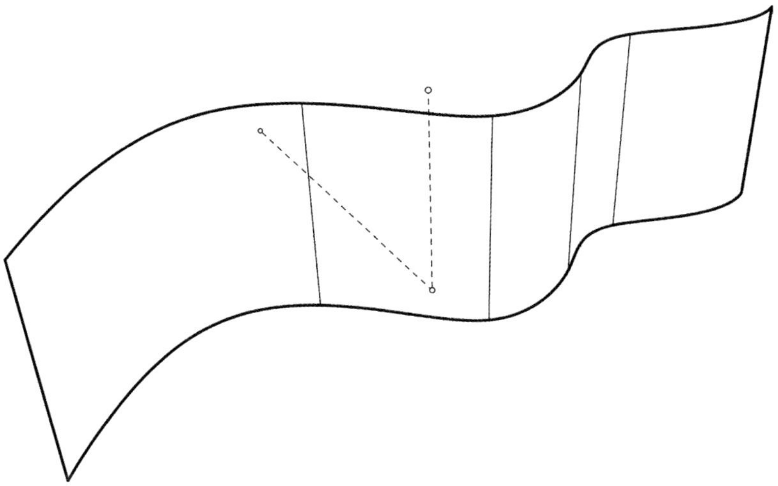

Figura 7.9 – Visualización y puntos de control de la extrusión

  - El punto de arriba permite cambiar la altura de la extrusión;
  - El punto de abajo mueve el punto inicial de la extrusión manteniendo la dirección hacia el punto de arriba;
  - El tercer punto, que se encuentra fuera de la vertical de los dos primeros, permite rotar la extrusión.

Si se explota la extrusión se obtiene el objeto NURBS real, la superficie o la polisuperficie que sea, y aparecen entonces todas las isocurvas y los puntos de control que lo caracterizan (Figura 7.10).

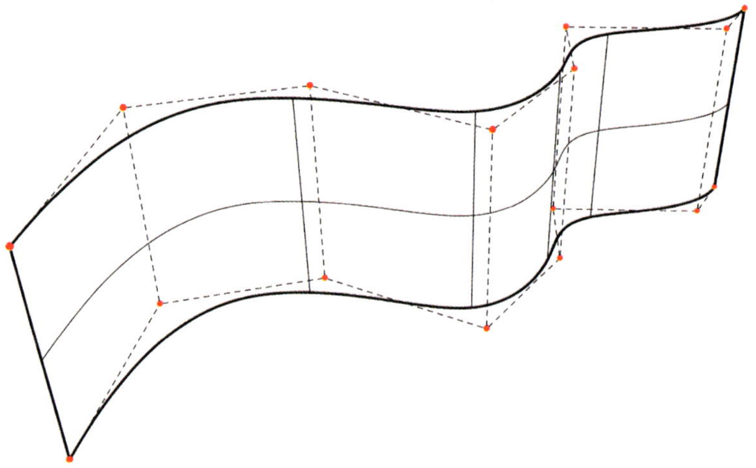

Figura 7.10 – Explosión de la extrusión, isocurvas y puntos de control

7.3.1 Extrusión y continuidad

Una de las dudas más frecuentes de los usuarios de Rhino respecto a la extrusión es el porqué, realizando la extrusión de dos curvas continuas unidas sin formar un vértice, la extrusión genera una polisuperficie, o bien en correspondencia con el punto de unión entre las dos curvas se genera un borde dentro de la polisuperficie, incluso si la continuidad entre las curvas en este punto es G1 (Figura 7.11).

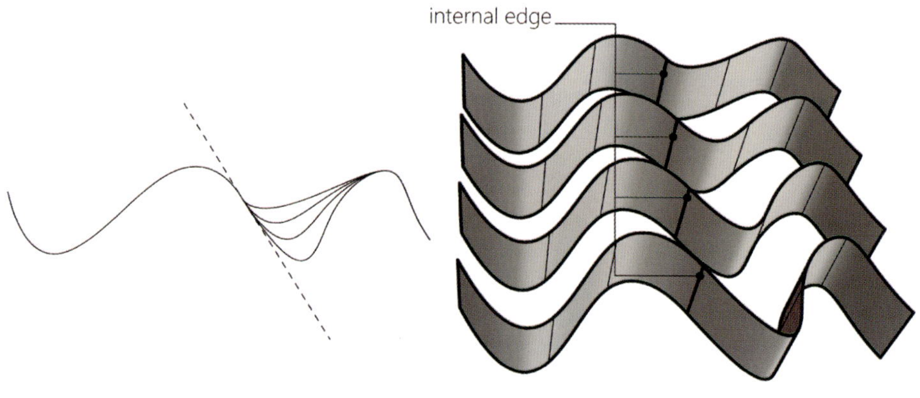

Figura 7.11 – Polisuperficies obtenidas por policurvas con punto de unión G1 y diversos módulos del vector tangente

Para comprender este fenómeno es necesario recordar que una superficie (estándar de grado 3 en ambas direcciones paramétricas) es un dominio bidimensional continuo y diferenciable hasta la segunda derivada, por lo tanto sabemos que tiene continuidad interna de curvatura (G2) en cada punto.
Entonces para obtener una superficie única a partir de una extrusión de policurvas es necesario que las

policurvas sean continuas G2 en los puntos de unión de los segmentos que las componen.

Cuando se impone una continuidad G1 en el punto de unión se garantiza que las tangentes a los dos segmentos de la policurva tengan la misma dirección y sentido de la tangente en el punto, sin embargo es suficiente que el vector tangente de un segmento tenga módulo distinto al vector tangente del otro segmento para provocar una discontinuidad en la función tangente, que a su vez corresponderá a un salto de curvatura en el punto (Figura 7.12).

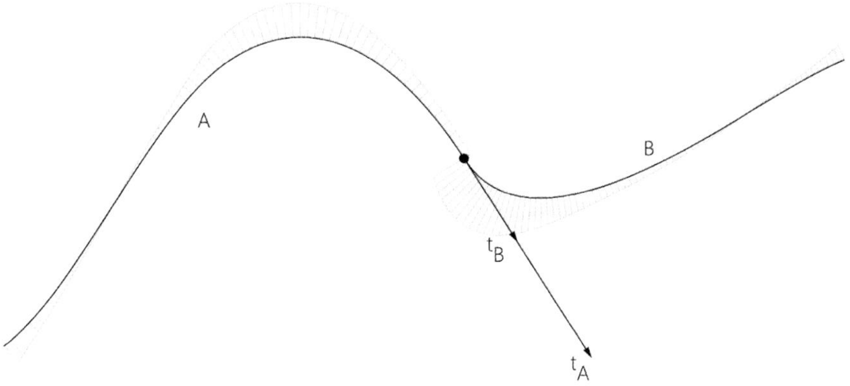

Figura 7.12 – Discontinuidad del módulo de la tangente en el punto interno de una policurva

En realidad Rhino puede crear una extrusión única a partir de una policurva si los segmentos de la curva son G1 y tienen la concavidad hacia el mismo lado. En este caso, incluso si no existe continuidad de curvatura, se crea una extrusión única. Si los puntos de unión son G1 y son también puntos de inflexión, la extrusión produce una polisuperficie.

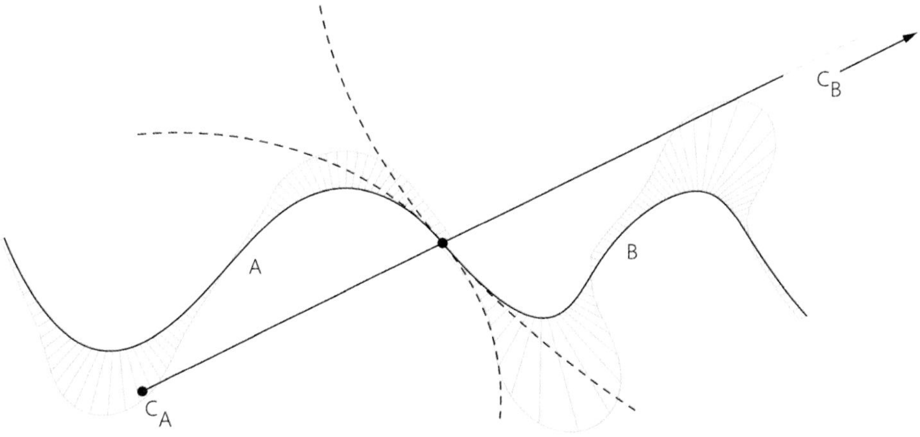

Figura 7.13 – Policurva 1: Continuidad G1 e inflexión

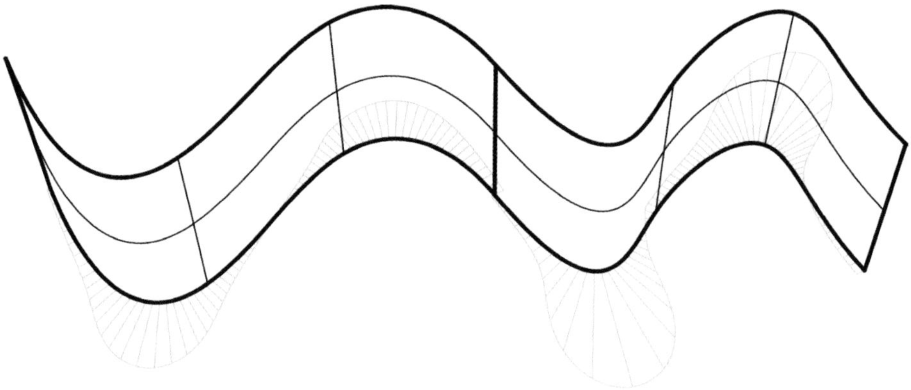

Figura 7.14 – Polisuperficie resultante de la extrusión de la policurva 1

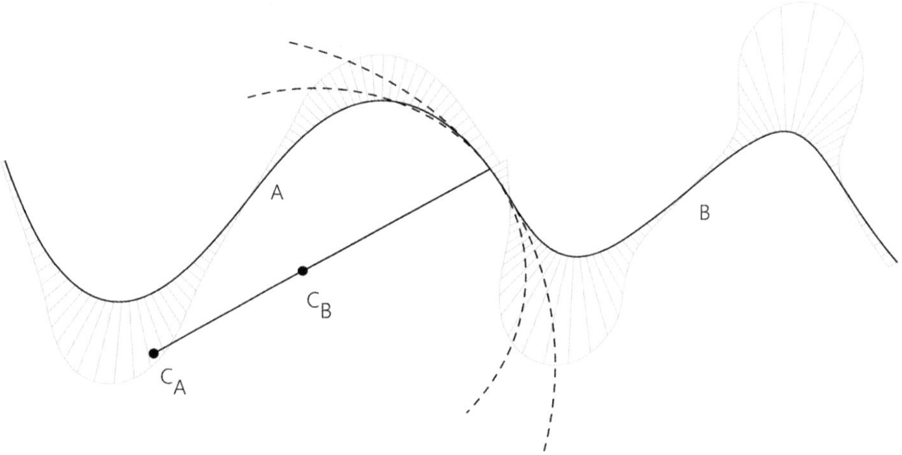

Figura 7.15 – Policurva 2: Continuidad G1 y curvatura del mismo lado

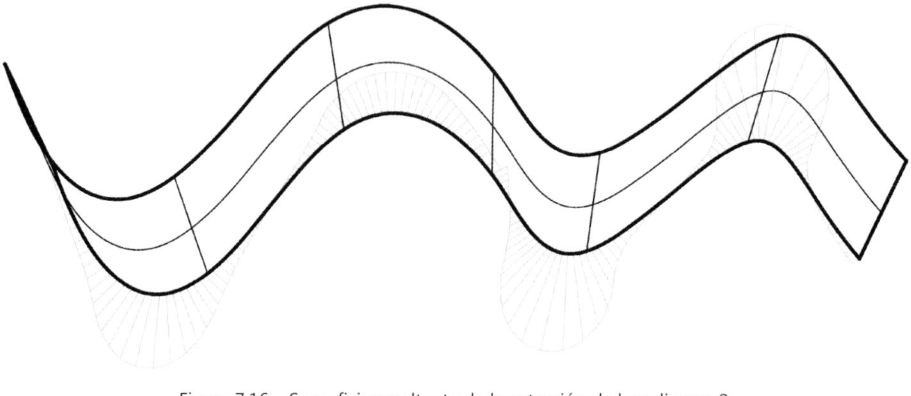

Figura 7.16 – Superficie resultante de la extrusión de la policurva 2

Policurvas con continuidad G2 en los puntos de unión o con continuidad G1 pero sin inflexión son extruidas como una única superficie. En correspondencia con el punto de unión, en lugar de un borde interno aparece una isocurva. Además, si se activan los puntos de control de la superficie (extrusión explotada) nos damos cuenta que una línea vertical de puntos de control coincide con esta isocurva y con el punto de unión de la policurva original.

Ya encontramos este fenomeno en la analisis de las curvas NURBS: por lo general, un punto de control se encuentra sobre la curva solo si la curva tiene un nodo en este punto (curva *piecewise*).

La línea de puntos de control en correspondencia de la isocurva nos deja entender que la isocurva de la superficie resultante (Figura 7.16) es una línea *kink*!

De hecho si se mueve esta línea de puntos de control la superficie revela una discontinuidad interna, que como hemos visto corresponde a la discontinuidad de curvatura (Figura 7.17).

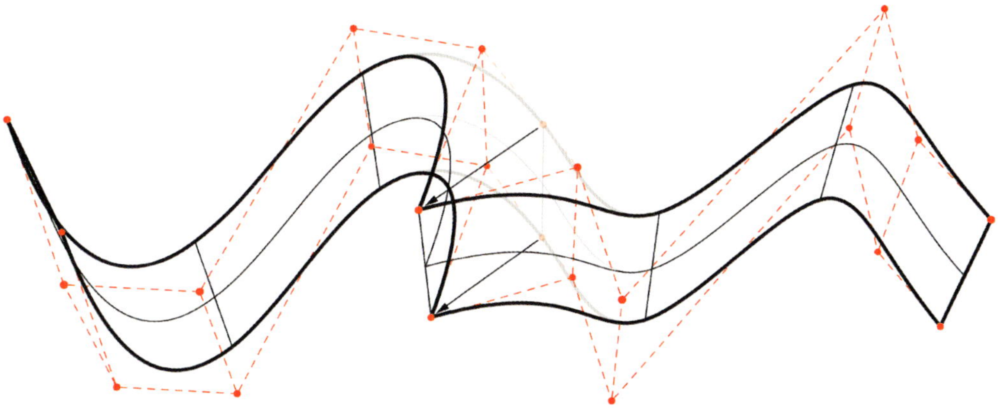

Figura 7.17 – Superficie extruida con línea kink interna

7.4 Revolución

Para modelar cualquier forma que tenga una simetría tendencialmente radial en una proyección se puede utilizar el comando _*Revolve*, que genera una superficie de revolución.

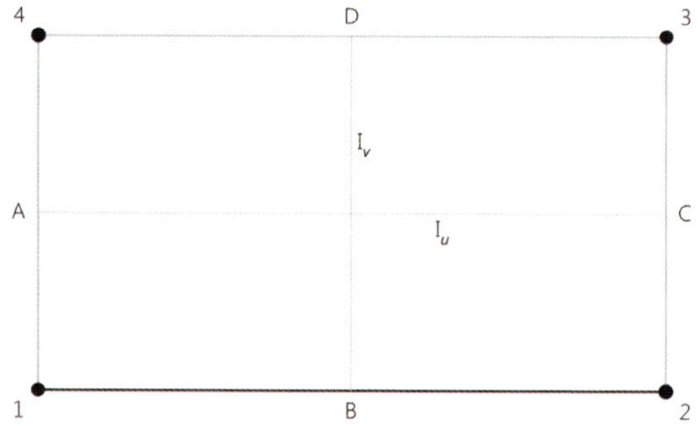

Comando: _Revolve

Permite crear una superficie de revolución a partir de una curva (o varias curvas) de perfil y un eje de revolución. La revolución alrededor del eje puede ser completa o parcial.

Opciones importantes

Deformable	Permite crear la superficie de revolución con la cantidad de puntos de control deseados (opción *PointCount*) a lo largo del desarrollo circular.

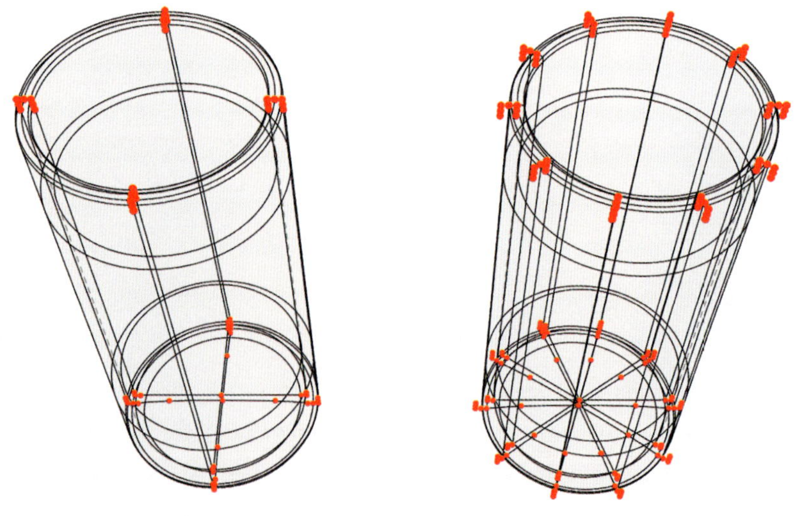

Figura 7.18 – Revolución normal (a la izquierda) y Deformable (a la derecha)

Observaciones

- En una revolución normal, la regla según la cual viene generada la superficie es la del círculo. El círculo tiene una estructura de puntos de control muy particular, que ya analizamos en el punto *2.4.2 Curvas notables – el círculo*; la estructura de puntos de control está compuesta por 8 puntos distribuidos en forma de cuadrado. En la dirección de la revolución, la superficie presenta exactamente esta estructura de puntos de control, que se repite cada vez que la curva de perfil tiene un nodo.
- Si se quiere deformar la superficie de revolución para agregar detalles al modelo (por ejemplo agregar una boquilla a una jarra como en la Figura 7.19), conviene seleccionar la opción *Deformable* durante la ejecución del comando en vez de reconstruir la superficie de revolución una vez generada. Como vimos en el punto *5.7.1 Reconstrucción de una curva*, la reconstrucción genera siempre una deformación; sería necesario aumentar considerablemente los puntos de control para no deformar excesivamente la superficie inicial.

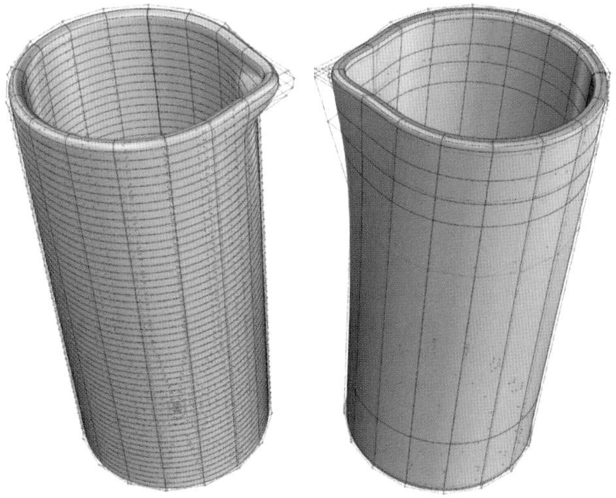

Figura 7.19 – Deformación de la superficie de revolución: reconstruida (a la izquierda) y deformable (a la derecha)

Al contrario, si se usa la opción *Deformable*, la topología en la dirección de la rotación alrededor del eje, está basada en una regla *free-form* pseudo-circular, que tiene el número de puntos de control deseado.

- Dado que un punto de control del perfil se convierte en una línea de puntos de control de la superficie, si se quiere deformar sucesivamente la superficie es necesario crear una curva de perfil con suficientes puntos de control y nodos (Figura 7.20, en el perfil a la derecha se agregaron dos nodos en la parte vertical externa y dos nodos en la parte vertical interna, para poder sucesivamente disponer de puntos de control suficientes y así crear la boquilla).

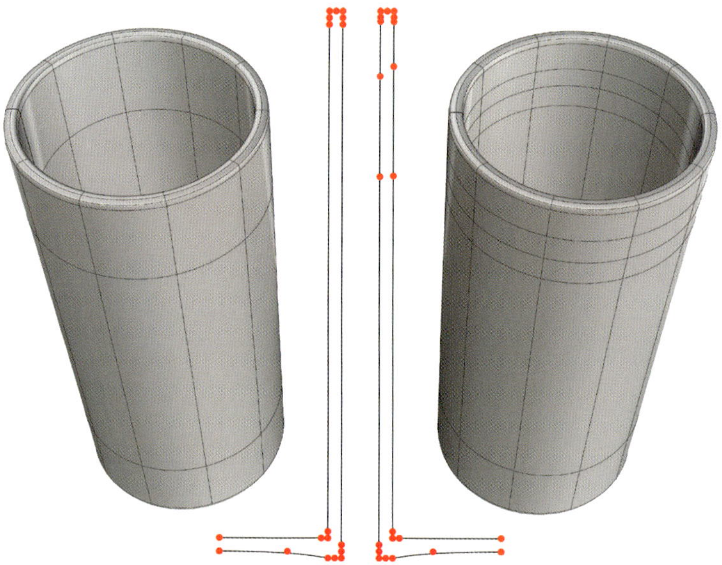

Figura 7.20 – Revolución deformable con perfil no apto (a la izquierda) y apto (a la derecha)

7.4.1 Revolución por carril

La superficie de revolución, incluso si es deformable, utiliza siempre la regla del círculo (una de las maneras de dibujar la curva _*Circle* es la deformable). Sin embargo si se quiere generar una superficie alrededor de un eje cambiando radicalmente la regla de revolución, es necesario utilizar el comando _*RailRevolve*.

 ***Comando: _RailRevolve***

Permite crear una superficie de revolución a partir de una curva de perfil, un carril (o riel, o guía) y un eje de revolución.

Opciones importantes

ScaleHeight	Útil solo si el carril no es perpendicular al eje de revolución. En este caso si se proyectan los puntos del carril sobre el eje se nota como tal proyección se mueve a lo largo del mismo eje. *No* – la sección no viene escalada en altura cuando el carril sube o baja a lo largo del eje de revolución; la parte superior de la superficie sigue el cambio de altura del carril (a la derecha en la Figura 7.22). *Yes* – La sección viene escalada en altura cuando el carril sube o baja a lo largo del eje de revolución; la parte superior de la superficie no sigue el cambio de altura del carril (al centro en la Figura 7.22).

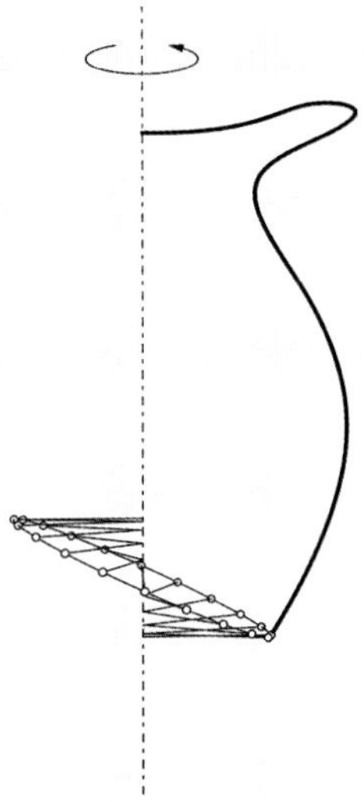

Figura 7.21 – Carril no perpendicular al eje de revolución

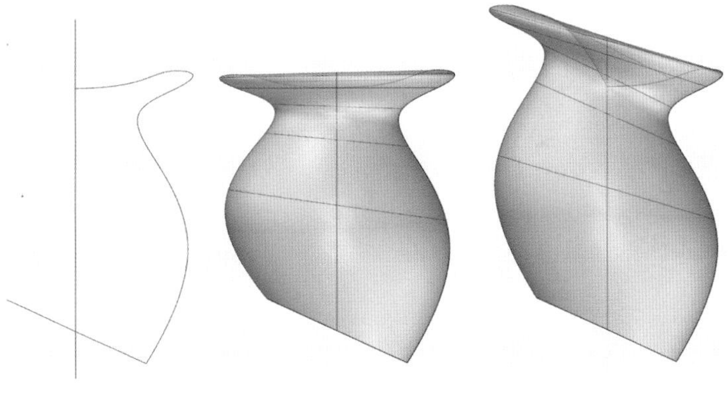

Figura 7.22 – _RailRevolve con ScaleHeight y sin ScaleHeight

Retomando el ejemplo del vaso de Alvar Aalto (*4.3.3 Ejemplo: calcar un dibujo orgánico*) analicemos los problemas topológicos de la superficie de revolución por carril.

Identificamos el centroide de la curva, que utilizaremos como referencia para el eje de revolución.

Comando: _AreaCentroid

Permite obtener el punto central de cualquier forma cerrada.

Si la forma no es regular se habla de *centroide*.

Para que la revolución con carril produzca un resultado suficientemente regular, *es necesario que el carril no tenga tramos tendencialmente radiales respecto a la posición del eje de revolución.*
Por lo tanto en el caso del vaso en cuestión, tenemos un problema en dos puntos distintos (Figura 7.23).

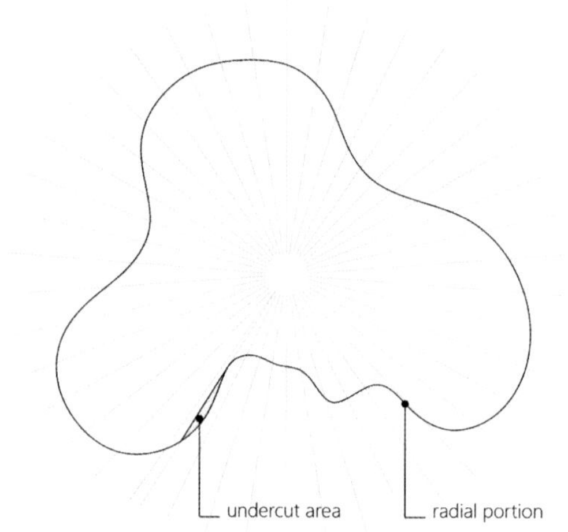

Figura 7.23 – Problemas que obstaculizan el uso del comando

No obstante, si intentamos ejecutar el comando, podemos observar como estos dos puntos críticos se traducen en errores o puntos críticos en la superficie resultante (Figura 7.24).

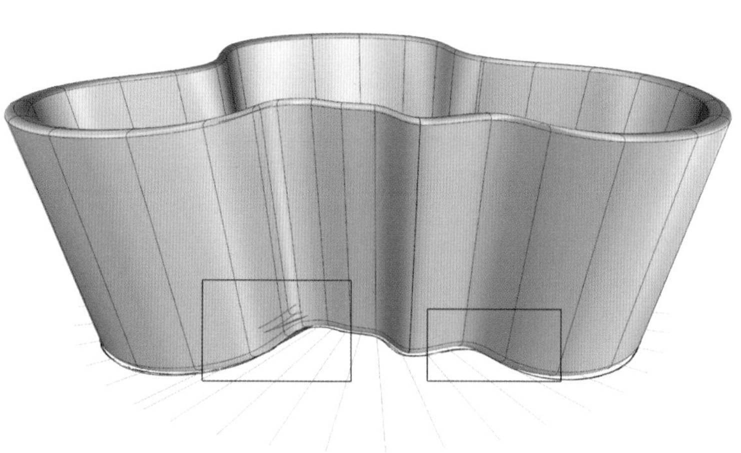

Figura 7.24 – Sobreposición y espesor nulo de la superficie de revolución

Para obtener un resultado óptimo, el carril debería ser lo más perpendicular posible al radio de rotación.

7.5 Superficie a partir de curvas planas

Cuando se dispone de un contorno cerrado y plano, compuesto por una sola curva/policurva cerrada o por un conjunto de curvas/policurvas, se puede recurrir al comando *_PlanarSrf*.

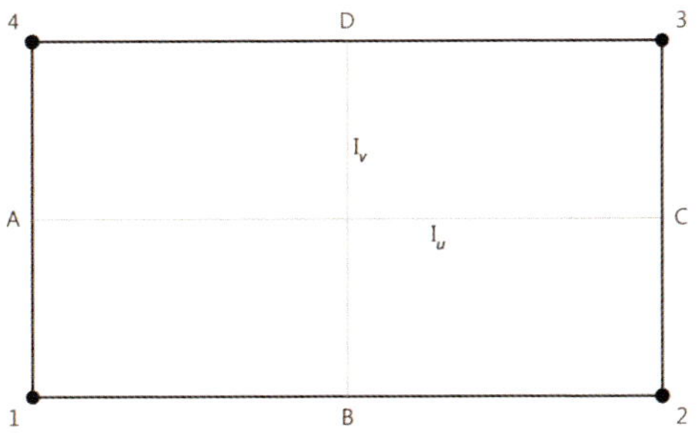

Comando: _PlanarSrf

Permite crear una superficie a partir de un contorno plano y cerrado.

El contorno que se selecciona para crear esta superficie puede tener cualquier forma, siempre que sea cerrado y plano. Lo que significa que se puede crear un contorno con una sola curva *free-form* o con una o varias policurvas que en conjunto formen un contorno cerrado y plano, incluso con más de cuatro lados (Figura 7.25).

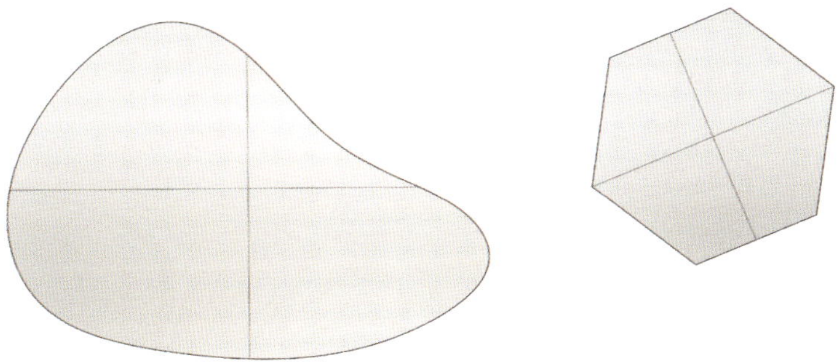

Figura 7.25 – Superficie plana con un lado y con 6 lados

Esto parece contrastar con lo afirmado acerca de la topología rectangular de las superficies de Rhino. En realidad la verdadera naturaleza de las superficies creadas con este comando es revelada por las isocurvas. Ya vimos cómo las isocurvas conectan dos puntos pertenecientes a dos lados opuestos: activamos los puntos de control de las superficies para analizar sus propiedades (Figura 7.26).

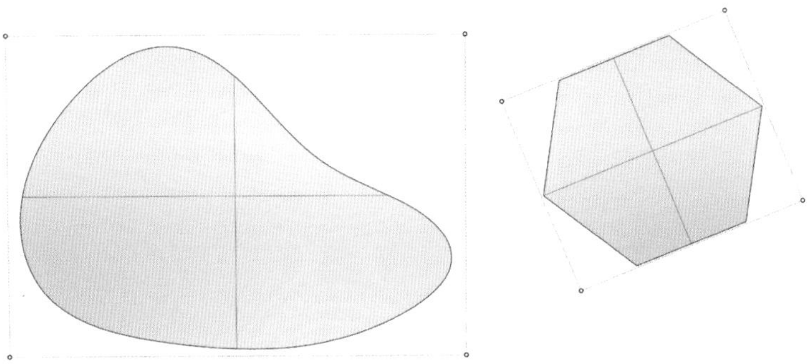

Figura 7.26 – Punti de control de las superficies a partir de curvas planas

Observamos que también en este caso las superficies tienen puntos de control externos y un polígono de control que no corresponde absolutamente a la forma del contorno de la superficie. Incluso en este caso, por ende, nos encontramos de frente con superficies recortadas. La superficie real es rectangular, está orientada para optimizar su correspondencia con la forma del contorno seleccionado y es más grande que el mismo contorno.

El motivo por el cual la superficie rectangular es más grande que el contorno está en la operación de recorte ejecutada por el comando.

7.5.1 Inconsistencia

Tomemos como referencia el comando *_PlanarSrf* para analizar un tema muy importante en dibujo CAD: la inconsistencia.

Tomemos el caso de una curva *free-form* cerrada y plana, y de una superficie rectangular obtenida a partir del rectángulo que contiene tal curva (Figura 7.27).

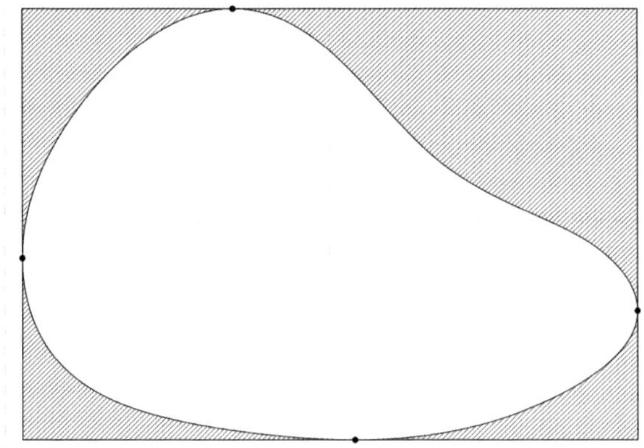

Figura 7.27 – Superficie rectangular e inconsistencia

La curva orgánica resulta tangente a los cuatro lados de la superficie. Al momento de recortar la superficie con la curva *free-form*, el software tendría que calcular exactamente la posición de estas intersecciones. Geométricamente es fácil definir la condición de tangencia, pero calcular matemáticamente el punto exacto en el cual la curva toca el lado del rectángulo es un problema que no siempre encuentra una solución en términos de cálculo. Esto sucede porque un punto es en realidad una entidad adimensional, entonces no se llega nunca a definirlo con absoluta precisión, sobre todo si el cálculo resultara en números irracionales o en una cantidad de valores decimales superior a la capacidad de cálculo de la computadora o del software a cargo. Esto es exactamente el problema de la inconsistencia.
Para tomar previsiones y evitar el problema, Rhino crea un offset del envolvente de tal manera que la intersección entre la curva *free-form* y la superficie rectangular sea perfectamente clara y no genere inconsistencias. Por esto la superficie rectangular real es más grande que la curva seleccionada en el comando *_PlanarSrf* y el polígono de control de la superficie final se encuentra al externo.
Generalmente, el problema de la inconsistencia se vuelve evidente cada vez que se quiere efectuar una operación de corte con geometrías entre las cuales la intersección "no es clara". Por este motivo en operaciones de corte es mejor siempre utilizar objetos que se intersectan de manera evidente, o bien en los que al menos uno de los objetos atraviese completamente al otro (*11.1 Recortar y partir*).

7.6 Superficie desde 2-3-4 aristas

El comando *_EdgeSrf* es el primero que permite evitar cualquier interpolación a lo largo del contorno de la superficie. La ejecución del comando es muy fácil, simplemente permite crear una superficie que utiliza las curvas seleccionadas como contorno.

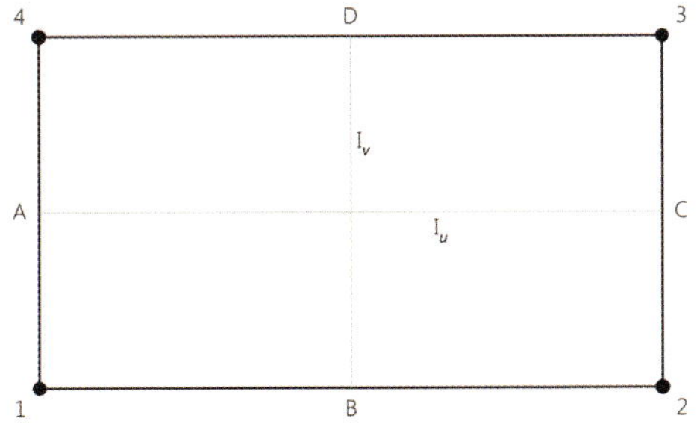

Comando: _EdgeSrf

Permite crear una superficie a partir de 2, 3 o 4 curvas.

Los casos que se pueden presentar y por los que se obtienen resultados regulares y controlables son ejemplificados en la Figura 7.28:

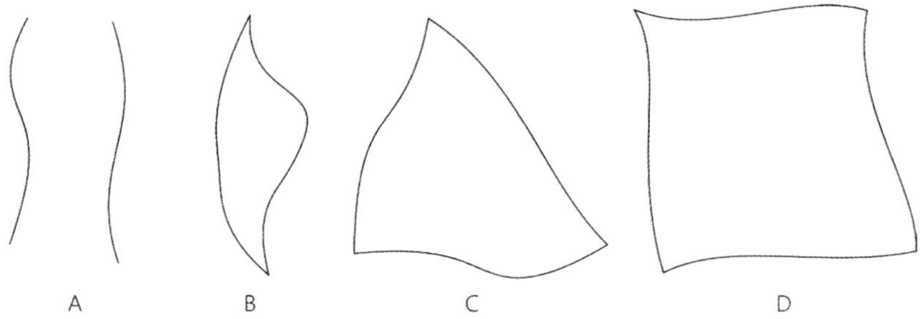

Figura 7.28 – Superficie desde 2,3,4 aristas, posibles casos

Existen otras configuraciones posibles, por ejemplo en los casos C y D las curvas podrían no formar un *loop* cerrado: no es recomendable trabajar con tales configuraciones de curvas ya que el comando efectuaría una interpolación de los vértices de la superficie y por lo tanto de algunos bordes (Figura 7.29).

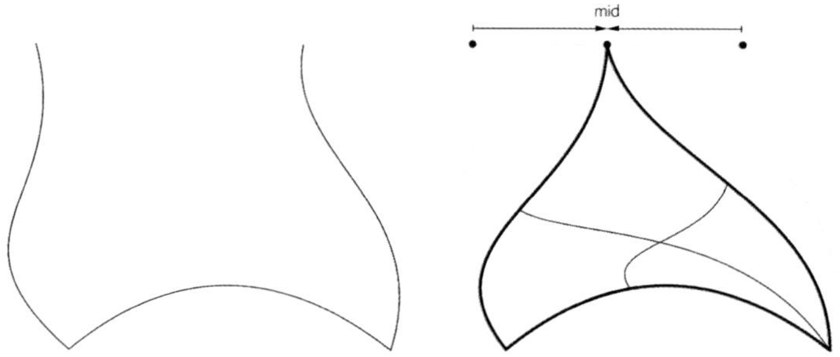

Figura 7.29 – _EdgeSrf a partir de un loop abierto y su interpolación

En algunos casos trabajar con curvas que no forman un *loop* cerrado puede ser útil si se puede anticipar el resultado (Figura 7.30). Cuando se trabaja bajo estas condiciones, el comando ejecuta siempre interpolaciones lineales para determinar la forma de los bordes faltantes o la posición de los vértices.

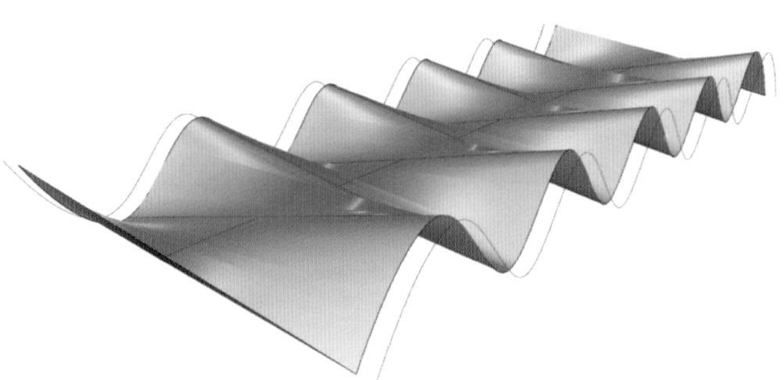

Figura 7.30 – Superficie entre 2 curvas opuestas (Figura 7.28, caso A), interpolación lineal

Nota: se recomienda utilizar siempre un loop cerrado de curvas para evitar interpolaciones, a menos que sea posible prever el resultado del comando (Figura 7.30).

7.6.1 Deformabilidad

Regresando a la Figura 7.28, tomemos como caso de estudio el caso D ya que es el más representativo de la topología rectangular de las superficies de Rhino.

Las cuatro curvas (de grado 3 y con 4 puntos de control) forman un *loop* cerrado y plano: por lo tanto en realidad para crear una superficie a partir de tales curvas sería suficiente utilizar el comando *_PlanarSrf* (*7.5 Superficie a partir de curvas planas*).

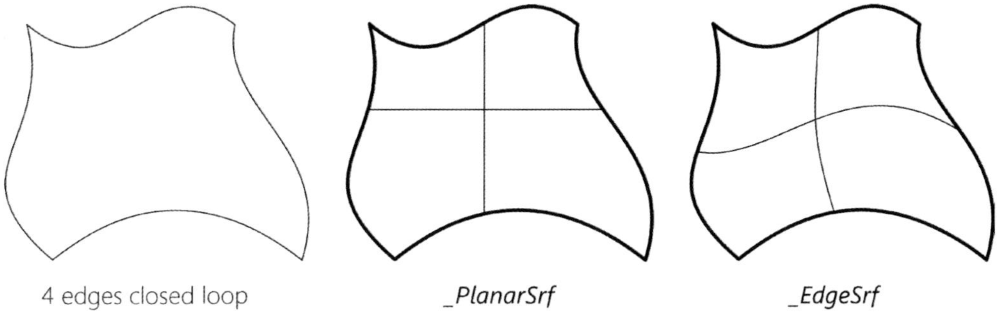

Figura 7.31 – _PlanarSrf, _EdgeSrf y topología

En este caso (al centro en la Figura 7.31) la superficie creada es una superficie plana rectangular, por lo tanto es bilineal y entonces indeformable internamente en las direcciones topológicas; por otra parte se trata de una superficie recortada, así que *su topología no está relacionada con el contorno*.

Esta última consideración es muy importante ya que con el comando *_PlanarSrf* se tiene la ilusión de controlar el contorno de la superficie, pero en realidad se está determinando solo el contorno aparente: una simple operación de deformación de la superficie hace evidente la imposibilidad de controlar la forma y la posición del contorno de la misma.

Por el contrario, utilizando el comando *_EdgeSrf* (a la derecha en la Figura 7.31) se obtiene una superficie completamente distinta, aunque tenga la misma forma del contorno, y la misma planeidad de la superficie anterior. Una vez más son las isocurvas las que hacen evidente esta diferencia. Se nota como la superficie *_EdgeSrf* tiene isocurvas curvilíneas.

Además, si aumentamos la densidad de visualización de las isocurvas podemos comprender como Rhino crea las superficies a partir de las curvas de contorno, ejecutando una doble interpolación entre bordes opuestos.

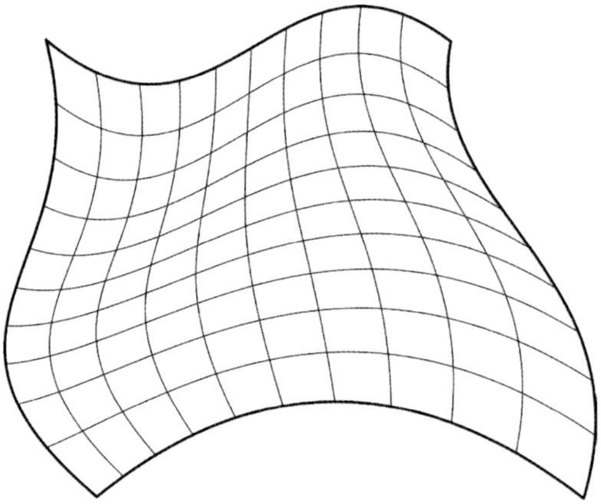

Figura 7.32 – _EdgeSrf con mayor densidad de isocurvas visibles

El hecho de que las isocurvas sean curvilíneas nos hace entender inmediatamente que en su interior esta superficie no es iineal en las dos direcciones topológicas.

La forma de las isocurvas que progresivamente atraviesan la superficie en las dos direcciones (Figura 7.32) nos demuestra cómo la forma de las mismas es un *morphing* entre lados opuestos, o bien cómo cada isocurva es el resultado de una deformación progresiva entre la isocurva (o borde) anterior y la isocurva (o borde) sucesiva.

En resumen la parte interna de este tipo de superficies es directamente determinada a partir de la forma y la complejidad de las curvas iniciales.

Esto es muy importante pues las curvas utilizadas en este caso son todas de grado 3 y tienen 4 puntos de control; si activamos los puntos de control de la superficie observamos que esta es comandada por una red de 16 puntos de control, o exactamente 4 puntos de control en la dirección paramétrica u y 4 en la dirección paramétrica v.

Por lo tanto la superficie es deformable internamente (Figura 7.33).

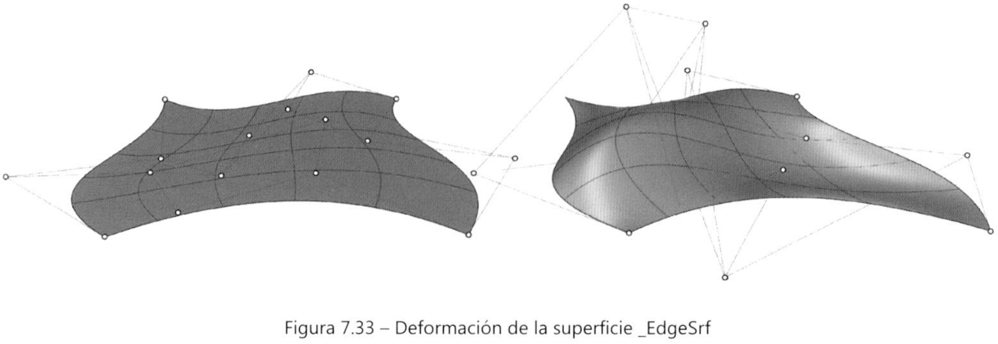

Figura 7.33 – Deformación de la superficie _EdgeSrf

Los bordes de la superficie son controlados por las primeras líneas de 4 puntos de control: por lo tanto si los 16 puntos de control del contorno no son desplazados, los bordes no se deforman. Añadiendo que en la superficie resultante del comando _*EdgeSrf* se tiene completo control sobre la forma del contorno.

Observaciones

- Si las curvas iniciales tienen distintos tipos de complejidad (por grado y/o número de puntos de control), la complejidad interna resultante para la superficie será determinada por la complejidad más grande de las curvas iniciales. Esto se debe a que por regla, una curva más simple puede ser representada por una curva de mayor complejidad, y no inversamente; por lo que si el comando utilizara la complejidad menor, las curvas más complejas resultarían deformadas. La capacidad de prever la complejidad de una superficie en base al input es uno de los principios del método *Simplified Complexity.*

7.7 Loft

Entre las superficies más complejas el _*Loft* crea la solución más simple, y debería ser la primera elección para crear cualquier superficie orgánica.

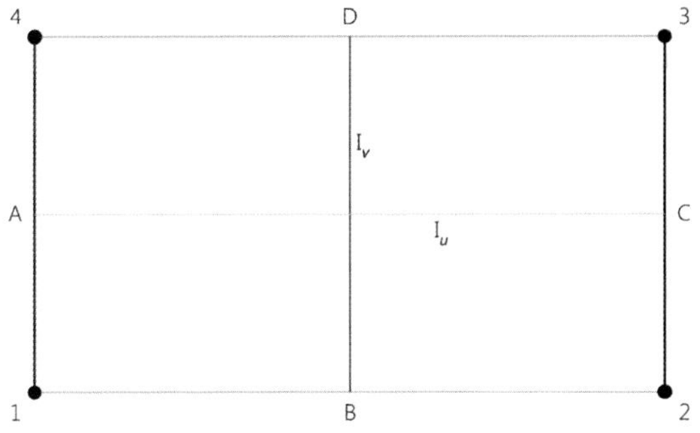

Comando: _Loft

Permite crear una superficie a través de una secuencia de curvas. Las curvas input son llamadas *secciones transversales* a la dirección del desarrollo de la superficie.

Opciones

Point	Permite terminar el _*Loft* en un punto.

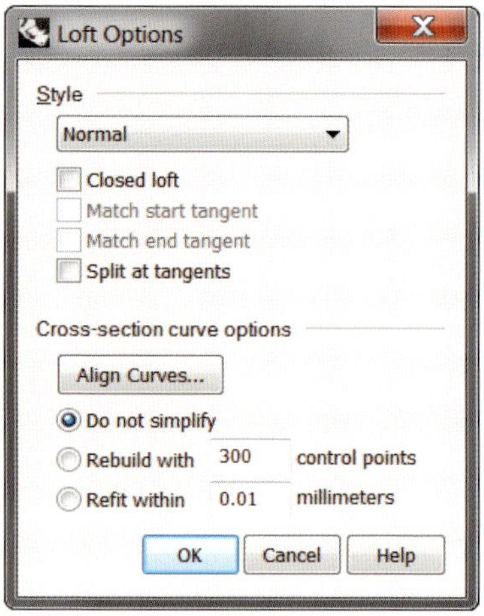

Figura 7.34 – Interfaz del comando _Loft

Opciones de la interfaz

Style — Permite seleccionar la modalidad con la que será creada la superficie a través de las curvas de sección, regulando la estructura de nodos y puntos de control.

Normal — Genera una superficie que pasa a través de las curvas de sección deformandose de igual manera entre ellas.

Útil para configuraciones de curvas de sección tendencialmente paralelas (o bien todas claramente transversales a la dirección de desarrollo de la superficie) y suficientemente distanciadas entre ellas. Las curvas de sección se convierten en líneas de nodos de la superficie resultante.

Loose — Genera una superficie en la que los puntos de control se encuentran en correspondencia con los puntos de control de las curvas de sección.

Útil si se pretende manipular sucesivamente los puntos de control para deformar la superficie.

También útil cuando las curvas de sección realizan saltos de cota en espacios pequeños. Con este estilo las curvas de sección no determinan directamente una línea de nodos en la superficie resultante.

Tight — Genera una superficie que sigue exactamente las curvas de sección resultando más "tensa" entre ellas.

Útil en casos en los que las curvas de sección giran alrededor de un ángulo.

	Straight sections	Genera una polisuperficie por interpolación lineal entre curvas de sección consecutivas. Cada pareja de curvas de sección determina una superficie lineal en la dirección de desarrollo del _*Loft*. Las curvas de sección constituyen unas crestas o bordes internos a la polisuperficie.
	Uniform	Genera una superficie en la cual el vector de nodos está compuesto por nodos uniformes.
Rebuild with	Realiza una reconstrucción (*5.7.1 Reconstrucción de una curva*) de las curvas de sección. Útil cuando las curvas tengan propiedades topológicas muy distintas, para evitar que la superficie, como consecuencia, tenga una topología particularmente "caótica".	
Refit within	Realiza un *fit* (*5.7.3 Fit de una curva*) de las curvas utilizando una tolerancia absoluta. Útil para atenuar/eliminar tramos particularmente duros o con cambios de curvatura fuertes y repentinos de las curvas de sección, para obtener una superficie más suave (*smooth*).	

El *loft* permite dibujar formas orgánicas pudiendo controlar directamente el nivel de complejidad topológica. De hecho lo que determina la topología de la superficie son casi exclusivamente las curvas de sección: utilizando curvas simples y regulares se obtienen superficies simples y regulares (Figura 7.35).

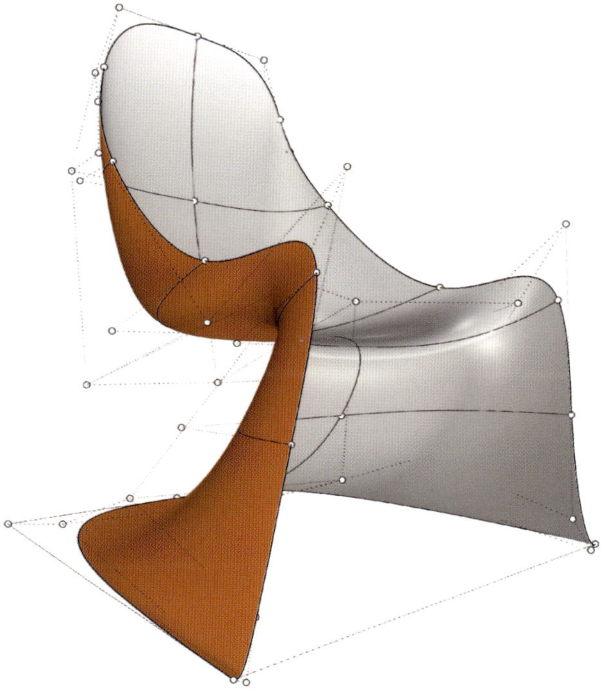

Figura 7.35 – Superficie de una silla obtenida con un loft

7.7.1 Selección de las curvas de sección

Si las curvas de sección tienen una disposición "clara", o bien en la cual es posible identificar claramente la secuencia desde la primera hasta la última, se pueden seleccionar todas las curvas antes de ejecutar el comando. Sin embargo si las curvas tienen una distribución en la cual el orden desde la primera hasta la última no es claramente determinable o el usuario quiere especificar el orden en el que la superficie debe pasar a través de las curvas de sección, en este caso es necesario ejecutar el comando y luego seleccionar las curvas en el orden deseado.

En este segundo caso, cuando se seleccionan las curvas una después de la otra, es necesario tener la prudencia de hacer clic siempre hacia las extremidades correspondientes de las curvas (o siempre del mismo lado), de lo contrario las secciones transversales serán invertidas.

Cuando se hace clic en una curva la extremidad más cercana será considerada como el punto inicial de la curva, mientras que el otro extremo será considerado como el punto final. Lo que determina el sentido de la trayectoria de dicha curva (Figura 7.36).

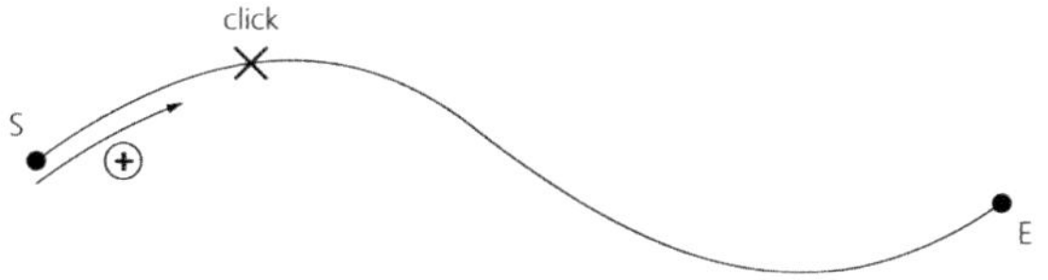

Figura 7.36 – Selección de una curva y consecuente sentido de la trayectoria

Para determinar la forma de la superficie, el *_Loft* construye dos curvas interpoladas a través de los extremos de las curvas de sección consecutivas, conectando todos los puntos iniciales con una curva y todos los puntos finales con otra curva (Figura 7.37). Estas dos curvas serán los bordes longitudinales de la superficie *loft*.

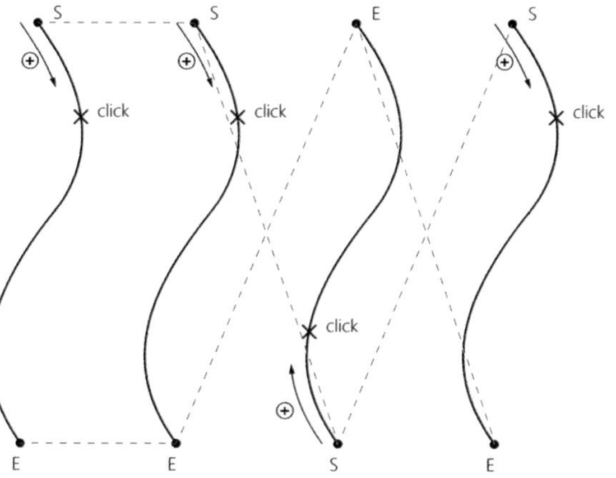

Figura 7.37 – Selección invertida de una sección

Si los puntos iniciales y finales se invierten por seleccionar una curva de manera errónea, la superficie resultante forma un "caramelo" auto-intersectándose a la altura de la sección invertida (Figura 7.38).

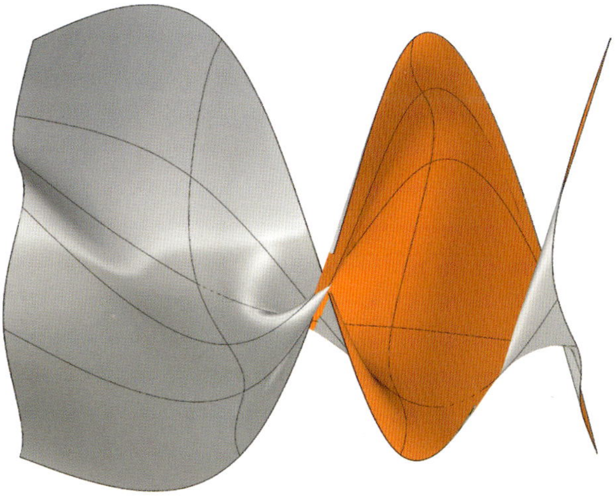

Figura 7.38 – Superficie loft con sección invertida y efecto "caramelo"

Este error se puede corregir incluso en fase de ejecución del comando, utilizando el botón *Align curves* en la interfaz del comando para corregir la orientación de la (las) curva(s) errada(s).

7.7.2 Elección del estilo del loft

Generalmente se pueden distinguir tres categorías para los estilos del *_Loft*:

- pasante por las curvas de sección: *Normal, Tight, Uniform*;
- no pasante por las curvas de sección, *Loose*;
- optimizado para la producción, *Straight sections* (y *Developable* en Rhino 5).

El estilo utilizado más comúnmente es el *Normal* y es también el que produce los resultados que más se ajustan a las expectativas del diseñador. Consiste en el paso de la superficie a través de las curvas de sección de la forma más natural posible. Las curvas de sección constituyen las líneas de nodos de la superficie, convirtiéndose en los límites de los *knot-spans* en la dirección longitudinal.

Como ya hemos mencionado, con este estilo obtenemos buenos resultados cuando las curvas son más o menos paralelas entre ellas y la separación es casi constante. Cuando estas condiciones no son verificadas, la interpolación entre secciones consecutivas puede generar unos movimientos muy bruscos, resultando en "garabatos" incontrolados.

El estilo *Tight* hace que la superficie resulte más tensa entre las curvas iniciales: el efecto es más evidente en relación a los bordes longitudinales del *loft*, sobre todo cuando la superficie gira alrededor de un ángulo.

El estilo *Uniform* genera un *loft* con nodos uniformes (en la dirección del *loft*).

La ventaja de tener una superficie con nodos uniformes es que esta resulta deformable de una forma más o menos homogénea (*Nodos uniformes*).

Nota: como se puede ver en la Figura 7.39, las diferencias desde el punto de vista de la forma de la superficie resultante de los estilos Normal, Tight y Uniform son mínimas, al menos en el caso en el que las curvas tienen una distribución regular (curvas que tienden a ser paralelas y están suficientemente distanciadas).

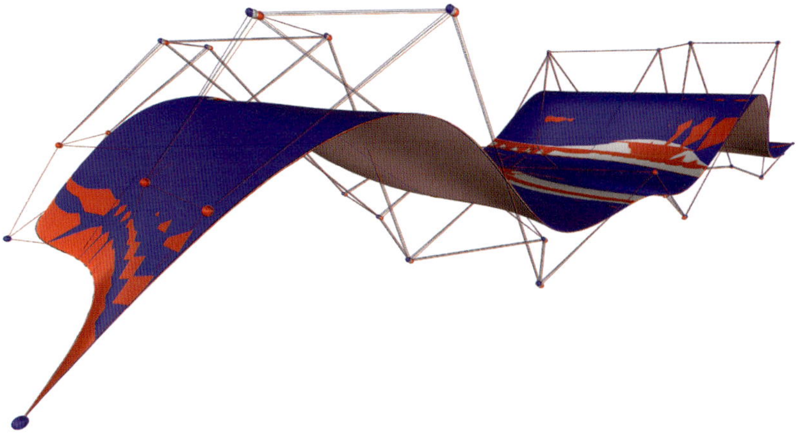

Figura 7.39 – Loft con estilo Normal (rojo), Tight (azul) y Uniform (blanco)

El estilo *Loose* genera una superficie que no pasa a través de las curvas de sección intermedias. La diferencia principal respecto al *loft* normal es la misma que existe entre una curva interpolada y una curva por puntos de control.

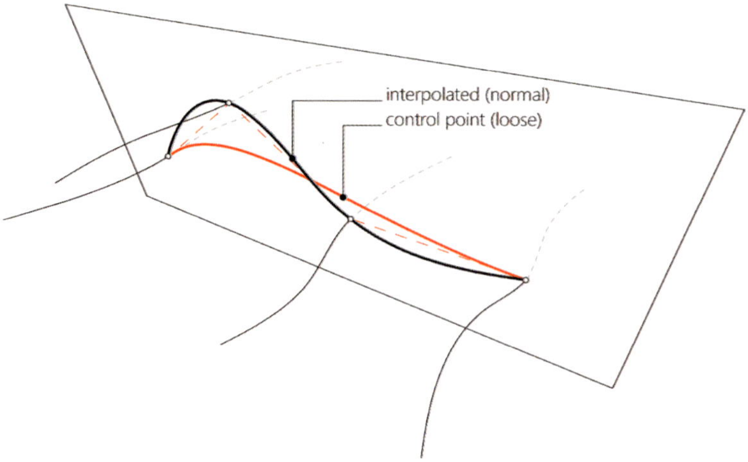

Figura 7.40 – Comparación entre el estilo normal y el estilo loose

Con referencia a la Figura 7.40, si imaginamos cruzar las curvas de sección con un plano vertical obtenemos una secuencia de puntos: utilizando estos puntos para crear una curva, el resultado cambia radicalmente si se utiliza la herramienta _*InterpCrv* o la herramienta _*Curve*.

Análogamente, cuando se usa el estilo *Normal* del *loft* se realiza una interpolación a través de las curvas de sección, mientras que cuando se usa el estilo *Loose* las curvas de sección son el lugar donde se encuentran los puntos de control de la superficie.

Si representamos las curvas de sección como puntos y la superficie *loft* como una curva determinada por estos puntos, podemos fácilmente intuir cuál es la utilidad del estilo *Loose* (Figura 7.41).

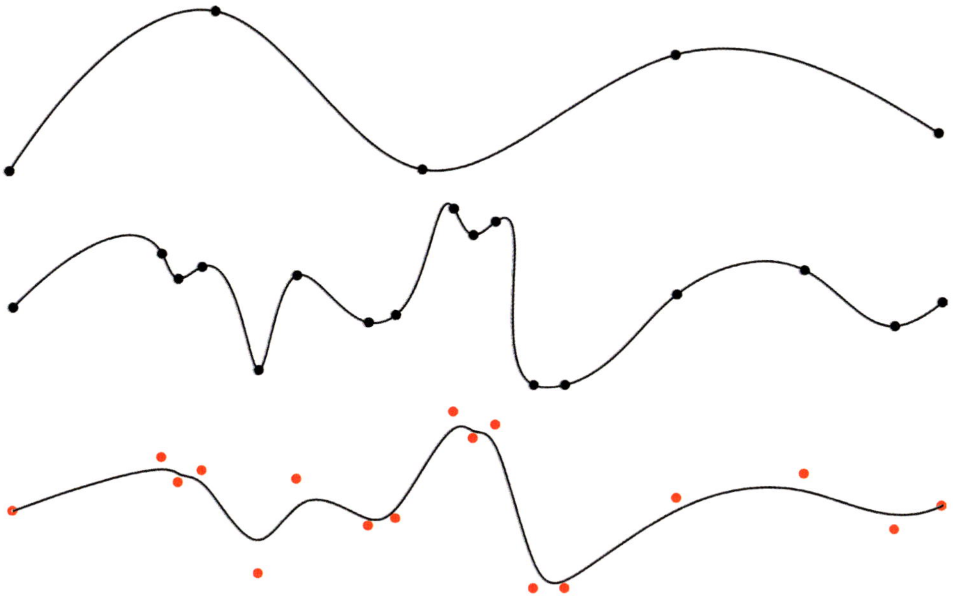

Figura 7.41 – Loft "loose" y distribución articulada de las secciones

Si las curvas de sección (los puntos) tienen una distribución regular (Figura 7.41, línea superior) el estilo *Normal* genera una superficie igualmente regular.

Cuando la distribución de las secciones se vuelve más articulada, sea por número de curvas que por cambios repentinos de posición y cota (Figura 7.41, línea central), el estilo *Normal* comienza a generar interpolaciones extremadamente variables, por lo cual la superficie resulta poco regular y poco suave (*smooth*).

En este caso conviene utilizar el estilo *Loose* (Figura 7.41, línea inferior), que genera una superficie definitivamente más regular y suave (*smooth*).

El estilo *Straight sections* genera la superficie *loft* como interpolación lineal entre parejas de curvas consecutivas. En este caso, dependiendo de si se activa la opción *Split at tangents*, las curvas de sección pueden convertirse en líneas *kink* de la superficie o en bordes internos de la polisuperficie resultante.

7.7.3 Opciones de las curvas de sección

Como en todos los comandos de creación de superficies (a excepción de la superficie a partir de curvas planas) la topología de la superficie *loft* depende de la topología de las curvas de sección: el mismo nivel de complejidad de las curvas (número y distribución de puntos de control, nodos y curvatura), se refleja en la superficie resultante. En tales casos, para obtener una topología más regular y para atenuar cambios de curvatura, se puede recurrir a las opciones de reconstrucción disponibles en la interfaz del comando.
En la Figura 7.42 se puede observar el efecto de la reconstrucción y del *fit* de las curvas de sección.

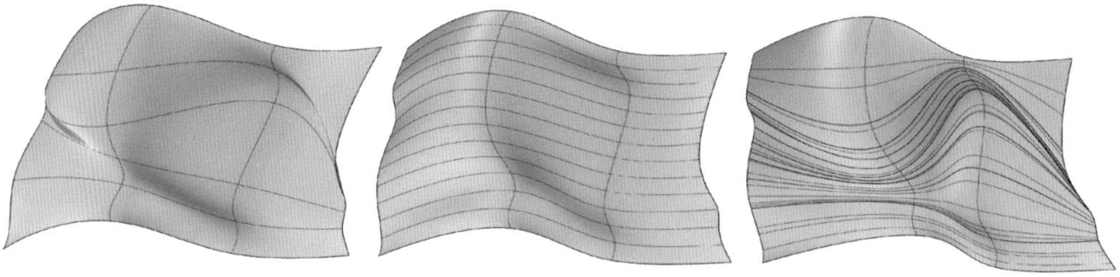

Figura 7.42 – Secciones inalteradas, reconstrucción y fit de las curvas de sección

La superficie normal (a la izquierda) presenta un set de isocurvas longitudinales que se doblan notablemente a causa de la diferente distribución de los puntos de control y nodos de las curvas iniciales. Este movimiento de las líneas de los nodos implica la presencia de zonas muy estrechas y con gran curvatura a lo largo de la dirección del *loft*.
Para regularizar la topología y al mismo tiempo evitar los problemas de curvatura, se pueden reconstruir las curvas de sección. Se observa fácilmente (superficie al centro) cómo aumenta el número de isocurvas longitudinales y al mismo tiempo como todas tienen una forma menos ondulada y una distribución mucho más regular. El mayor número de isocurvas es debido a la necesidad de reconstruir las curvas de sección con un número de puntos de control relativamente alto, para evitar excesivas deformaciones de las mismas y así hacer que la superficie final corresponda exactamente a las curvas iniciales. La reconstrucción de las curvas de sección genera una superficie más compleja pero más regular (Figura 7.43, a la izquierda), como se observa gracias al análisis de la curvatura (del cual hablaremos ampliamente en el capítulo 9) que muestra la ausencia de áreas pequeñas con fuerte curvatura.
La complejidad presente en el *loft* con estilo *normal* se puede reducir también con la opción *fit* (Figura 7.43, a la derecha). El *fit* es más eficaz desde el punto de vista de la reducción de la curvatura, ya que partiendo de las curvas iniciales suaviza las mismas en función de la tolerancia configurada: por lo tanto la forma de las curvas queda casi idéntica mientras la curvatura máxima disminuye.
Sin embargo, mientras que la reconstrucción trabaja del mismo modo sobre las diversas secciones, el *fit* produce resultados diversos sobre las curvas dependiendo de su forma y curvatura original: recordemos

que el comando vuelve más densos los nodos y puntos de control sobre todo en las áreas con gran curvatura. La superficie resultante es menos regular y mucho más compleja.

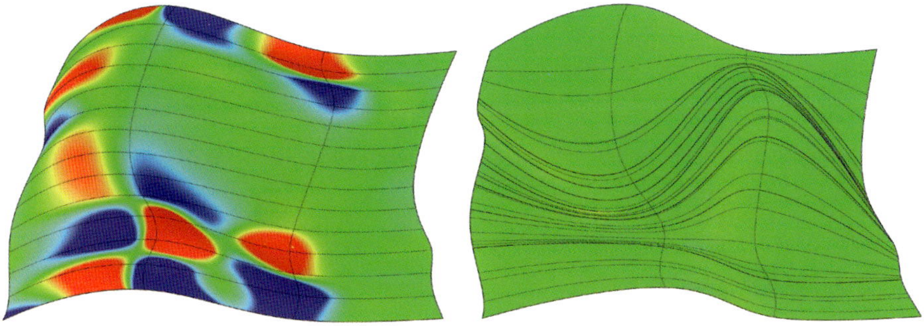

Figura 7.43 – Atenuación de los cambios de curvatura con reconstrucción (a la izquierda) y fit (a la derecha)

Observaciones

- Un *loft* entre dos curvas de sección abiertas equivale al comando *_EdgeSrf* con dos curvas opuestas ya que genera simplemente una interpolación lineal entre las dos secciones. Si se utilizan solo dos curvas de sección no existe posibilidad de obtener una interpolación curva entre las mismas, es algo así como dibujar una curva por puntos de control de grado 3 con solo dos puntos de control.

7.7.4 Torsión en el loft

La diversa topología de las curvas de sección en un *loft* puede producir efectos indeseados en la superficie resultante, como por ejemplo una torsión localizada (Figura 7.44).

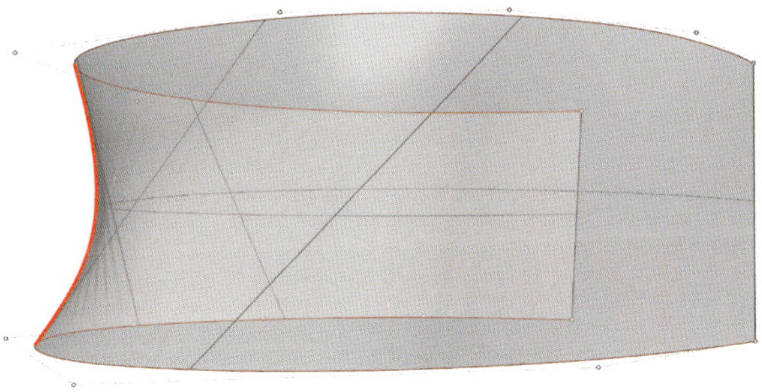

Figura 7.44 – Loft entre dos curvas con topología diversa

La curva inferior y la curva superior tienen el mismo número de puntos de control pero diferente distribución de los mismos. Esta diferencia topológica hace que las isocurvas se inclinen a lo largo del desarrollo de la superficie, lo que técnicamente define un deslizamiento de la superficie o bien, dado que esta es curva, una torsión. Se puede ver cómo la silueta a la izquierda resulta curva adentrándose en la superficie.

7.7.5 Loft con secciones cerradas

Cuando las curvas utilizadas como secciones transversales son cerradas, el *_Loft* permite diseñar formas definitivamente interesantes.

Así como una curva abierta tiene un punto inicial y final, también una curva cerrada, aunque sea periódica. Ya vimos que seleccionando una curva abierta el *_Loft* determina el punto inicial y final de la curva según la cercanía del punto en el que ha sido seleccionada con el clic del mouse. Para una curva cerrada existe el concepto de *Seam point*.

Seleccionando un set de curvas cerradas, antes de pasar a la interfaz del comando, aparece una gráfica de puntos y flechas dispuestos sobre cada sección, y una línea discontinua que une todos los puntos (Figura 7.45).

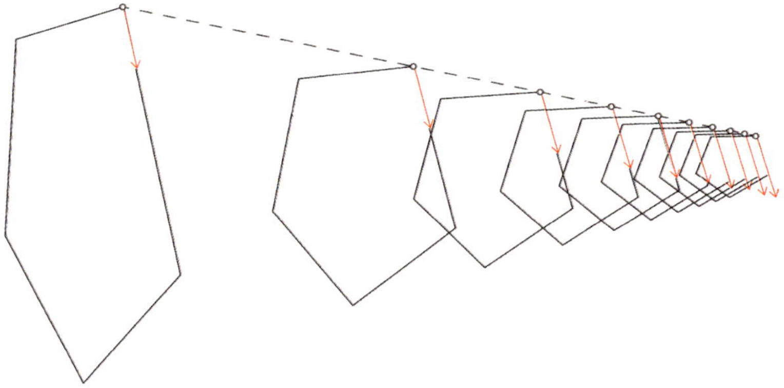

Figura 7.45 – Seam points y sentido positivo de las secciones

La línea que une los *seam points* desempeña la misma función que las líneas que en un *loft* con secciones abiertas unen todos los puntos iniciales y todos los puntos finales: solo que en este caso, dado que las secciones son cerradas, los puntos iniciales y los puntos finales coinciden con los *seam points*.

Los *seam points* son por lo tanto los puntos que determinan la forma del borde longitudinal del *loft*.

Las flechas que aparecen en correspondencia con los *seam points* indican el sentido positivo de la sección correspondiente: normalmente es necesario verificar que los sentidos sean todos coherentes; o bien que todas las secciones "giren" en el mismo sentido.

Por lo tanto con los *seam points* alineados del mismo lado de las secciones y con el sentido coherentes de las mismas, el *loft* genera una superficie "cilíndrica" regular. En el caso de la Figura 7.45 el *loft* genera un prisma recto con base pentagonal.

Si se mueven los *seam points* a lo largo de las respectivas secciones se obtiene una deformación del borde longitudinal del *loft*, generando una torsión de la superficie.

Si la línea que une los *seam point* gira alrededor de las secciones con un paso regular, la superficie resultante sufrirá una torsión (Figura 7.46).

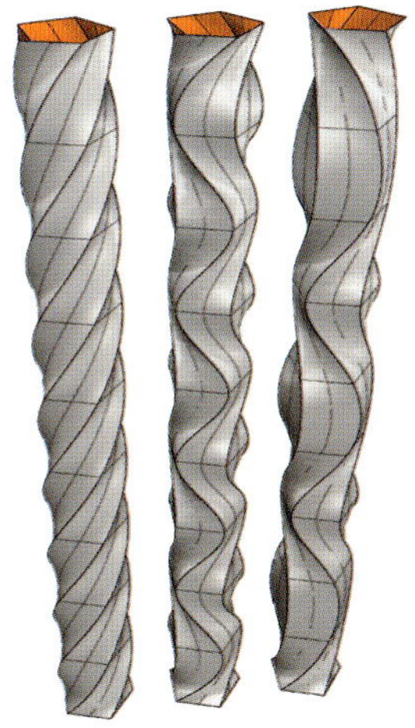

Figura 7.46 – Torsiones del loft generadas moviendo los seam points de las secciones

7.8 Sweep 1

Se puede imaginar esta herramienta como un *_Loft* que usa una guía longitudinal además de las secciones transversales. En realidad se trata de un comando bastante difícil de controlar.

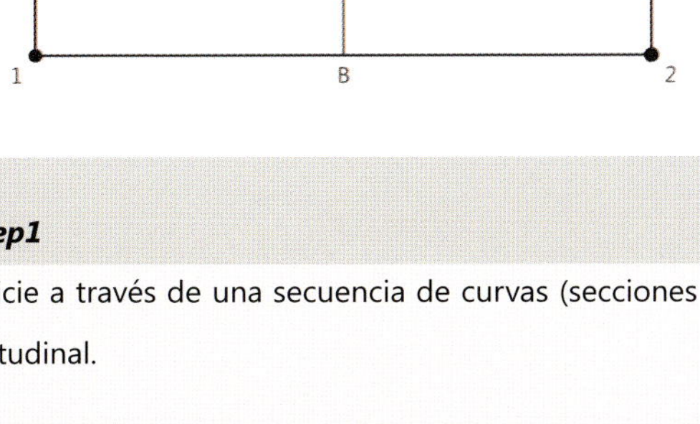

Comando: _Sweep1

Permite crear una superficie a través de una secuencia de curvas (secciones transversales) utilizando un carril como guía longitudinal.

Opciones

ChainEdges	Permite utilizar como carril una serie de bordes consecutivos de una superficie. Dado que el comando admite un solo carril, si se selecciona directamente el borde de una superficie los bordes siguientes serían interpretados como curvas de sección.

Para poder hacer clic sobre más bordes consecutivos y definir un solo carril compuesto por los mismos, es necesario activar esta opción.

Para seleccionar automáticamente bordes consecutivos se puede activar la opción *AutoChain* y elegir el nivel de continuidad a considerar para el encadenamiento:

- *Position*, selecciona todos los bordes encadenados que tienen continuidad al menos G0, por lo tanto también los que forman uniones con vértice;
- *Tangency*, selecciona todos los bordes encadenados que se unen con continuidad al menos G1, por lo tanto la selección automática se detiene en correspondencia de uniones con continuidad G0;
- *Curvature*, selecciona todos los bordes encadenados que se unen con continuidad al menos G2, por lo tanto la selección automática se detiene en correspondencia de uniones con continuidad G0 o G1.

Tolerancias:

- Para el encadenamiento con continuidad *Position* se configura el valor de *GapTolerance*: dos bordes cuyos extremos tengan una distancia inferior a este valor serán considerados continuos G0. Aparentemente este parámetro no tiene mucho sentido porque idealmente dos bordes consecutivos están siempre en contacto; en realidad lo que sucede es que consecuentemente a elaboraciones sobre superficies pueden generarse micro-bordes: esto lo trataremos en el capítulo del modelado para la producción.
- Para el encadenamiento con continuidad *Tangency* se configura el valor de *AngleTolerance*: dos bordes que se tocan formando un ángulo inferior a este valor serán considerados continuos G1.

Point — Permite terminar la superficie en un punto.

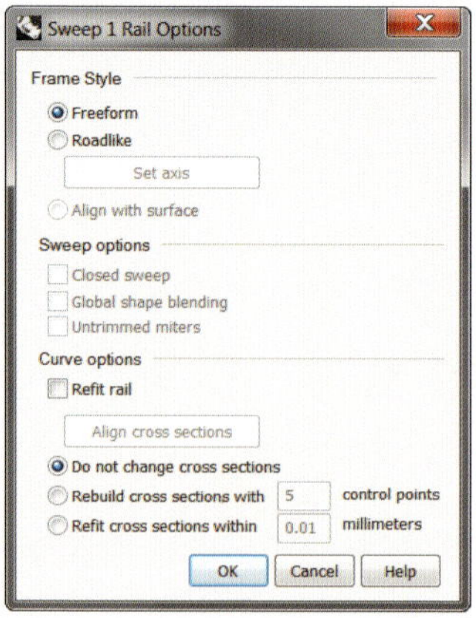

Figura 7.47 – Interfaz del comando _Sweep1

Opciones de la interfaz		
Frame Style	Sirve para definir el comportamiento general de la superficie.	
	Freeform	Mantiene constante la relación entre secciones y carril.
	Roadlike	Mantiene la sección constantemente perpendicular al eje seleccionado con el botón *Set axis* (no disponible en Rhino 5, donde *Roadlike* se refiere solo a los planos del sistema de coordenadas).
	Align with surface	Si el carril que se selecciona es el borde de una superficie, el comando busca mantener el alineamiento de las secciones con la superficie adyacente a lo largo del carril.
Sweep options	*Global shape blending*	Si activado, permite crear un *sweep* con transición lineal. No funciona si el comando usa una sola sección y es más útil cuando se usan solo dos secciones (*7.8.1 Interpolación en el Sweep1*).
	Untrimmed miters	Cuando el carril contiene discontinuidades tipo *kink* el *sweep* crea una polisuperficie cuyas superficies componentes son recortadas en correspondencia de los *kinks* del carril. Esta opción permite generar la polisuperficie con o sin superficies recortadas según el estado de la opción (*ON/OFF*) (Figura 7.48). ▪ *OFF* – si se explota el *sweep* resultante se obtienen superficies recortadas independientes, lo que permite recuperar su forma completa utilizando el comando *_Untrim*; ▪ *ON* – si se explota el *sweep* se obtienen superficies ya contraídas. Aparentemente se trata de la mejor solución pero en este caso *la sección del sweep se puede deformar produciendo una superficie de sección variable.*

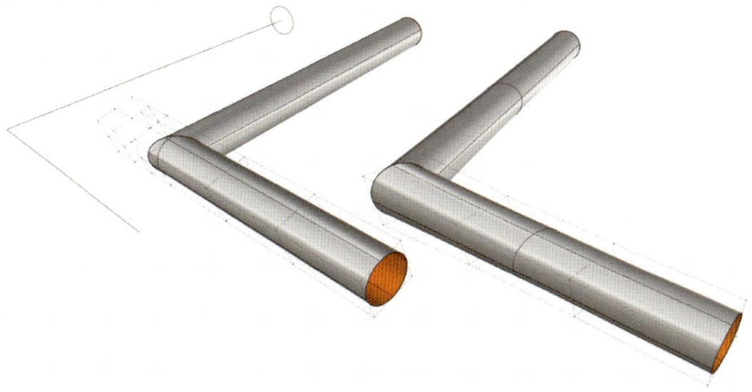

Figura 7.48 – Untrimmed miters OFF y ON

Curve options	*Refit rail*	Realiza un *fit* del carril y por lo tanto ejecuta el *sweep* utilizando la curva modificada. *La tolerancia del fit es tomada del valor de la tolerancia absoluta especificado en los ajustes del documento.*
	Align cross sections	Introducido en Rhino 6, permite cambiar el sentido positivo de las curvas de sección, exactamente como ocurre con el botón *Align curves* del comando *_Loft*.
	Rebuild / Refit	Como ya vimos en el *_Loft*, estas dos opciones permiten reconstruir contemporáneamente todas las curvas de sección según dos modalidades: ▪ Uniformando el número de puntos de control y su distribución para obtener un *sweep* más regular en la dirección transversal; ▪ Ajustando (suavizando) la forma de las secciones según la tolerancia absoluta requerida, normalmente para reducir grandes saltos de curvatura: la complejidad de las secciones resultantes puede ser muy heterogénea por lo tanto el *sweep* puede volverse muy complejo.

Observaciones

- En un *sweep* con muchas secciones puede suceder que la complejidad de las secciones (grado, nodos y puntos de control) sea variable. Si no utilizamos las opciones *Rebuild/Refit*, las curvas de sección serán utilizadas según el mismo principio ya observado: todas las curvas se adaptan a la complejidad de la curva más compleja mediante el cambio de grado, el aumento de nodos y el aumento de puntos de control.
- Dado que (como veremos en detalle en los próximos puntos) la relación entre sección y carril se mantiene constante a lo largo del desarrollo del *sweep*, si la sección transversal es más larga que el radio de curvatura mínimo del carril se pueden evidenciar fenómenos de auto-intersección o sobreposición de la superficie en algunos tramos (Figura 7.49). Ya observamos este fenómeno en el caso del comando *_OffsetCrv*, *5.3.1 Distancia del offset y curvatura*).

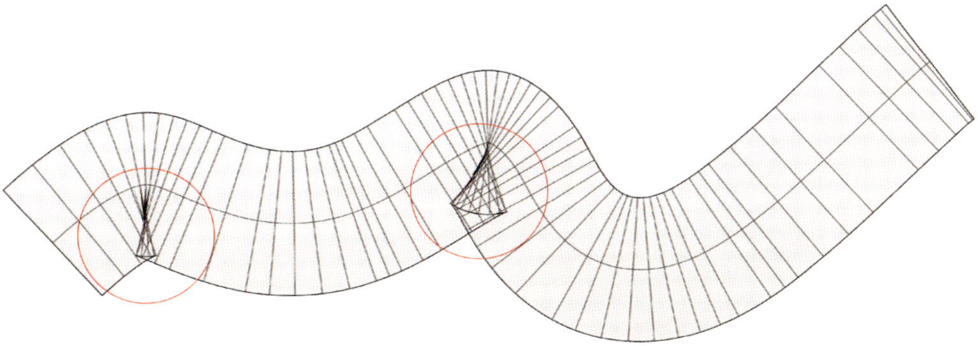

Figura 7.49 – Auto-intersecciones del sweep

- Si no se está construyendo una superficie tubular, *se aconseja utilizar siempre secciones en contacto con el carril* para poder controlar lo mejor posible la superficie final.

7.8.1 Interpolación en el Sweep1

Generalmente el *sweep* realiza una interpolación de grado superior (grado 3, no lineal) entre secciones consecutivas. Lo que significa que la transición de una sección a la sucesiva no ocurre con una deformación constante, sino con una deformación que es lenta en proximidad de las dos secciones y más rápida en la zona central (Figura 7.50).

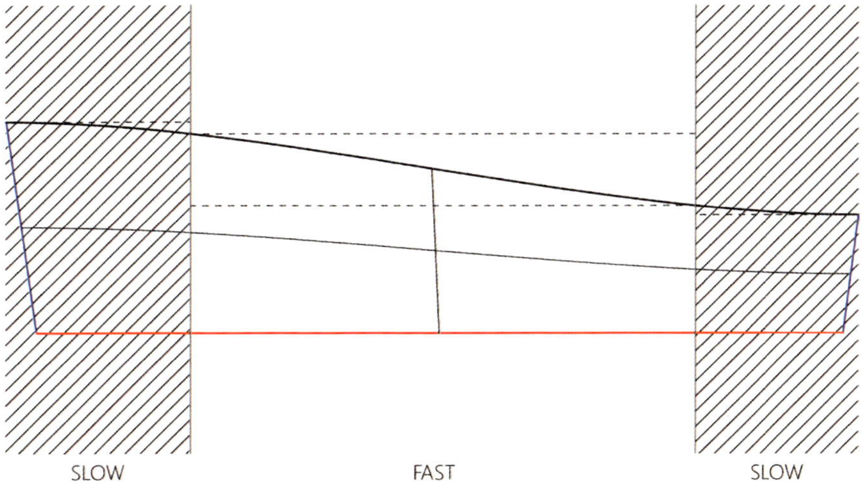

Figura 7.50 – Sweep1, interpolación estándar entre secciones transversales

Activando la opción *Global Shape Blending* esta transición se vuelve uniforme.

En la Figura 7.51 se observa cómo:

- La silueta magenta se reduce constantemente entre la primera y la segunda sección;
- La silueta verde queda aproximadamente del mismo espesor fuera de la líneas segmentadas (zonas de transición lenta) y cambia rápidamente de espesor dentro de las mismas (zona de transición rápida), con mayor velocidad que la silueta magenta.

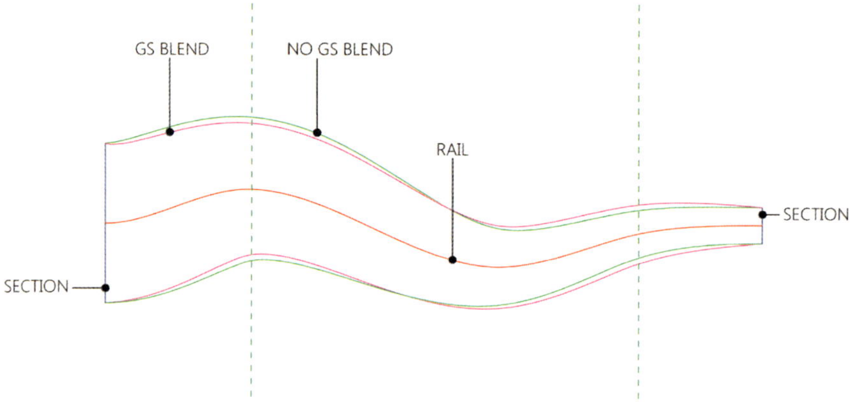

Figura 7.51 – Efecto del Global Shape Blending sobre la transición entre dos secciones

7.8.2 Sweep1 con estilo Freeform

El estilo *freeform* es el más difícil de gestionar con este tipo de comando: como veremos se utiliza en casos específicos, en los que la configuración inicial de las curvas es muy controlada.
Si se intenta ejecutar un *sweep* utilizando como curvas de input un set de curvas *freeform*, fácilmente se obtiene un resultado como el de la Figura 7.52.

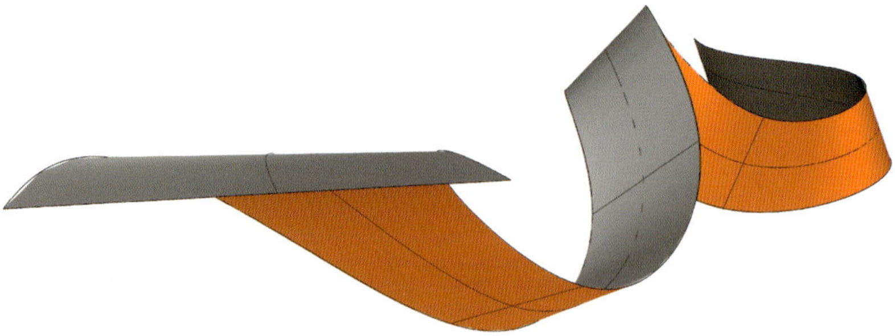

Figura 7.52 – Sweep1 con curvas freeform genéricas

Evidentemente la superficie obtenida no tiene ninguna regla reconocible, pero este ejemplo nos permite analizar el comportamiento del *Sweep1* con estilo *Freeform*.

El *sweep freeform* tiene una característica específica: las curvas de sección se mantienen constantemente con la misma relación geométrica con el carril a lo largo de toda la trayectoria del mismo.
Tomemos un caso plano (Figura 7.53), muy simple.

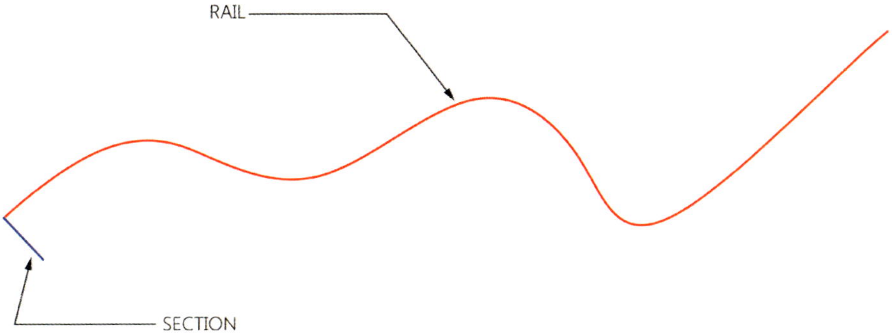

Figura 7.53 – Carril y secciones planas y coplanares

Ejecutando el *_Sweep1* con la opción *Refit rail*, observamos cómo la superficie generada tiene las isocurvas transversales (una por cada nodo del carril con *Refit*) orientadas siempre perpendicularmente a la curva del carril (Figura 7.54).

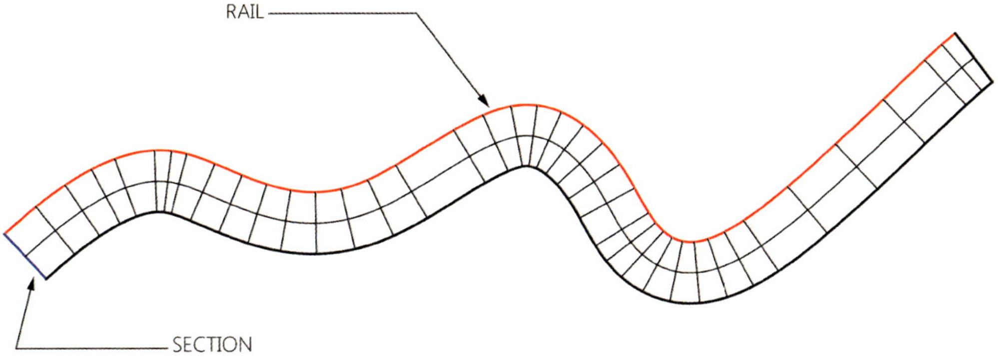

Figura 7.54 – Sweep1, relación isocurvas/carril

Si analizamos la configuración de las curvas en correspondencia con el punto inicial del carril (Figura 7.55), podemos notar cómo la sección:

- Está en contacto con el carril en su punto inicial;
- Es perpendicular al carril en su punto inicial.

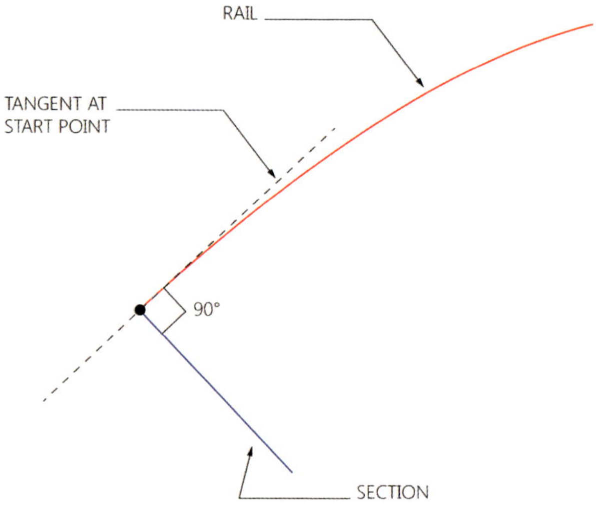

Figura 7.55 – Sweep1, relación sección inicial/carril

Podemos notar cómo la relación geométrica existente entre la sección y el carril se mantiene constante a lo largo del *sweep* (Figura 7.56).

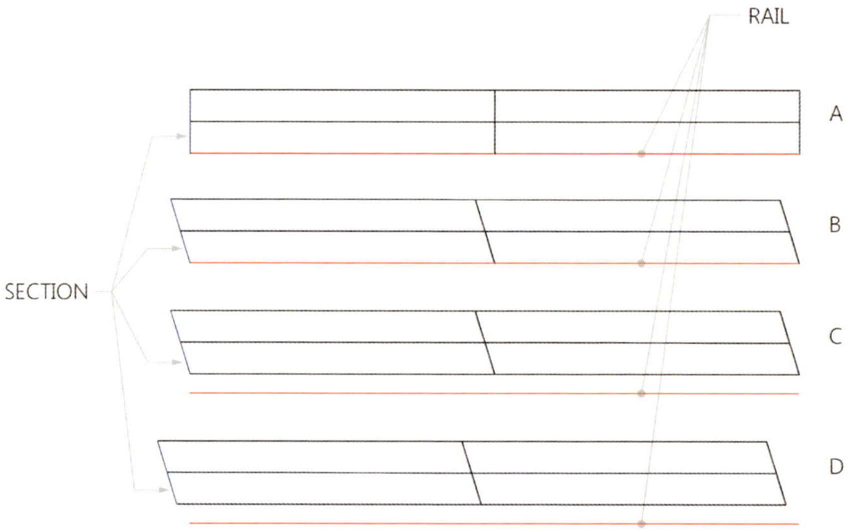

Figura 7.56 – Sweep1, diversas relaciones sección/carril: A) sección en contacto y perpendicular; B) sección en contacto, con inclinación; C) sección que no está en contacto, con inclinación; D) sección que no está en contacto, con inclinación y atrasada respecto al punto inicial

En el caso plano con curva carril *freeform*, la tangente del carril varía continuamente a lo largo de la trayectoria, por tanto varía en consecuencia la orientación de la sección, para mantenerse siempre perpendicular.

En el caso de un carril 3D el comportamiento de la sección depende de las propiedades de orientación de las curvas NURBS (*2.3.7 Orientación de una curva*). Dado que el sistema de referencia dentro de la curva gira alrededor del eje de la misma, la relación sección/carril establecida en el punto inicial del *sweep* se mantiene constante, no sólo relativamente al cambio de dirección de la tangente (eje Z de referencia) sino también al cambio de dirección de los ejes X y Y del plano perpendicular a la curva en el punto.
En la Figura 7.52 observamos cómo la sección inicialmente horizontal cambia de inclinación a lo largo del carril hasta volverse casi vertical.

El estilo Freeform del _Sweep1 hace que la curva de sección siga la orientación del plano XY perpendicular a la curva carril.

7.8.3 Roadlike y rampas helicoidales

El estilo *Roadlike* es definitivamente más simple que el *Freeform* y sirve para hacer que la sección del *sweep* se mantenga perpendicular a una dirección especificada a través del botón *Set axis* en la interfaz del comando.
Roadlike significa "como una calle" y de hecho es una opción muy útil si se quiere crear una superficie *sweep* en la que las secciones transversales se mantengan, por ejemplo, constantemente horizontales.
Para obtener este efecto es necesario seleccionar una dirección vertical del eje: <0.00,0.00,1.00> (Figura 7.57).

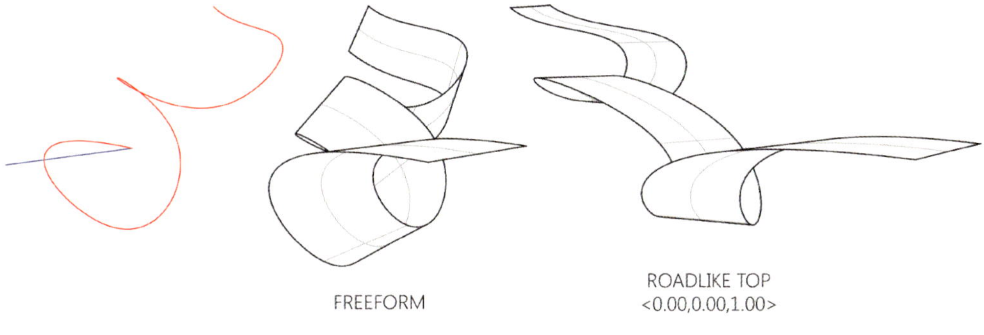

Figura 7.57 – Sweep1 freeform (la sección gira siguiendo la torsión del carril) y con opción Roadlike y eje vertical (la sección se mantiene horizontal

Rampas helicoidales

Para crear una rampa helicoidal, como por ejemplo una conexión vehicular entre dos niveles de un estacionamiento, es suficiente utilizar el comando *_Sweep1*.
El set de curvas iniciales se conforma por una hélice vertical (el carril) que cumple ¾ de giro, y una simple línea (la sección transversal) con el punto medio que coincide con el punto inicial de la hélice (Figura 7.58).

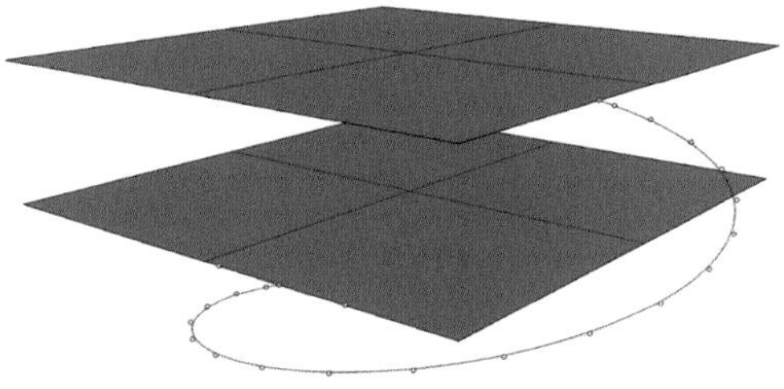

Figura 7.58 – Estructura de curvas para la rampa helicoidal

Ejecutando el comando _*Sweep1* con estilo *Freeform* la sección gira alrededor del eje de la hélice ya que esta realiza una torsión mientras sube de un nivel al otro; con la opción *Roadlike* con eje vertical (por ejemplo el eje de la hélice) se obtiene exactamente la rampa helicoidal deseada (Figura 7.59).

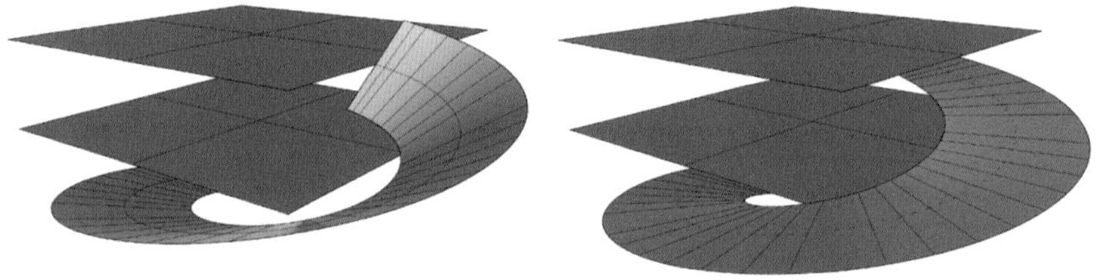

Figura 7.59 – Sweep1 freeform (a la izquierda) y roadlike con eje vertical (a la derecha)

Utilizando varias secciones se pueden obtener resultados interesantes (Figura 7.60).

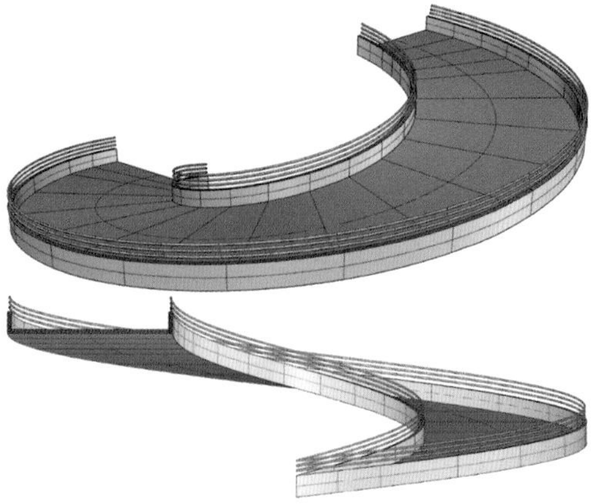

Figura 7.60 – Sweep1 con distintas secciones

En Rhino 6 con la opción *Roadlike* es posible especificar cualquier eje (en la versión 5 se pueden utilizar solo tres ejes del sistema de coordenadas). Esto permite una mayor flexibilidad (Figura 7.61).

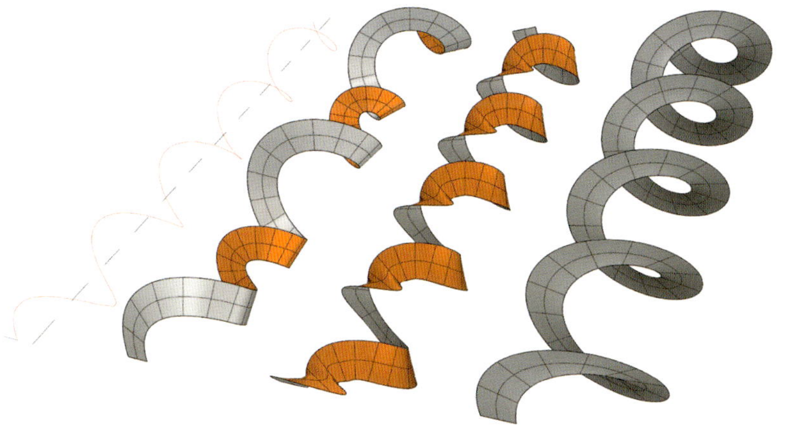

Figura 7.61 – Sweep1 Freeform, Roadlike Top y Roadlike según el eje de la hélice

7.8.4 Estilo alineado con superficie

Este estilo del *_Sweep1*, introducido en Rhino 6, permite crear una superficie *sweep* tangente a una superficie existente.

Cómo carril es necesario seleccionar el borde de una superficie (no una curva libre) y las secciones transversales deben estar en continuidad G1 con la superficie a lo largo del borde/carril (como por ejemplo el arco de la Figura 7.62).

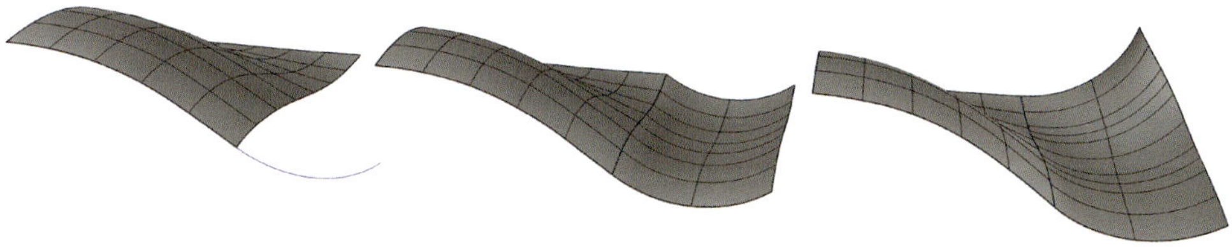

Figura 7.62 – Sweep1 freeform (al centro) e allineato a una superficie (a destra)

Si no se selecciona el estilo *Align with surface* la sección pasa simplemente a lo largo del carril según el estilo *Freeform* o *Roadlike* y por lo tanto *no necesariamente conserva la continuidad de tangencia con la superficie existente* (Figura 7.62, en el centro).

Si se activa este estilo, la sección gira a lo largo del carril para que el *sweep* sea siempre tangente a la superficie inicial (Figura 7.62, a la derecha).

7.8.5 Torsión en el Sweep1

Una de las aplicaciones más interesantes del *_Sweep1* es sin duda la *forma helicoidal libre*. Ya analizamos una herramienta que crea formas helicoidales controladas, el *_Loft*, pero sin la posibilidad de utilizar una trayectoria curva.

Si distribuimos a lo largo de una curva 3D una serie de secciones idénticas (*3.4 Dibujar curvas alrededor de una línea*) y movemos los *seam points* de las secciones para determinar una conexión longitudinal en forma de hélice, el resultado será una superficie helicoidal a lo largo de una trayectoria *freeform* 3D (Figura 7.63).

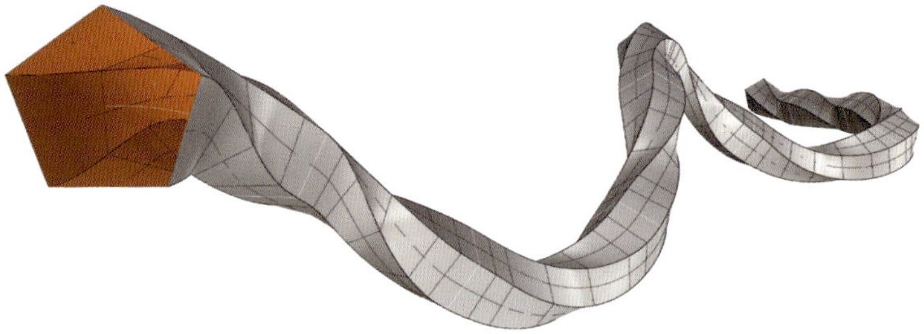

Figura 7.63 – Sweep1 con torsión

Como ya vimos con el *loft* se puede jugar con la posición de los *seam points* para crear torsiones variables a lo largo de la trayectoria del carril.

7.8.6 Formas tubulares complejas

Los comandos que permiten dibujar curvas cerradas alrededor de una curva existente son pocos (círculo, elipse, rectángulo, polígono regular) y si son utilizados con el *sweep* permiten obtener formas tubulares con sección, diámetro y torsión variables.

Es posible utilizar el *sweep* para crear formas tubulares más complejas dibujando secciones transversales *freeform* a lo largo de un carril.

Para dibujar curvas de sección *freeform* a lo largo del carril se pueden utilizar dos técnicas:

1. Cambiar el sistema de coordenadas posicionándolo a lo largo del carril (*3.1.1 Cambio del plano de trabajo (CPlane)*) y:
    a. Utilizar la orientación XY perpendicular a la curva para dibujar la sección con herramientas como *_Curve* (curva por puntos de control);
    b. Dibujar las curvas de sección *freeform* en una vista ortogonal y ejecutar *_RemapToCPlane* para devolverlas al plano de coordenadas perpendicular a la curva carril.
2. Dibujar las curvas de sección *freeform* alrededor de una línea recta y después utilizar herramientas de deformación (como el *_Flow* que veremos más adelante) para alinear tales secciones a la curva del carril.

El segundo método es definitivamente más práctico ya que permite dibujar todas las curvas de sección utilizando la misma orientación. Con el primer método es necesario cambiar el sistema de coordenadas para dibujar o devolver cada sección a lo largo del carril.

Independientemente del método utilizado, el resultado puede ser particularmente interesante desde el punto de vista formal (Figura 7.64).

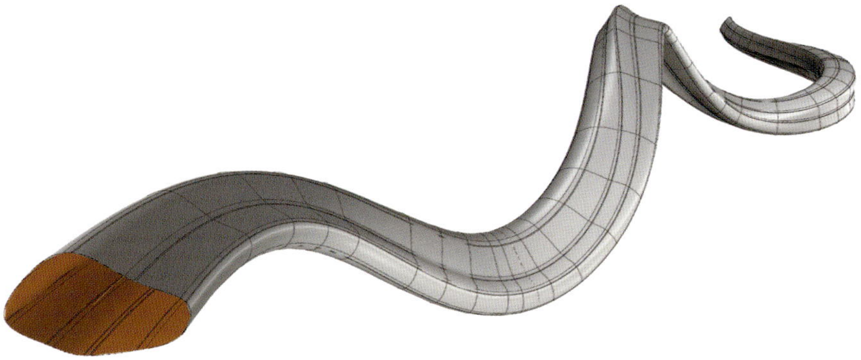

Figura 7.64 – Forma tubular compleja (orgánica) con secciones freeform

Observaciones

- Cuando se utilizan curvas de sección *freeform* cerradas puede ser difícil posicionar y alinear correctamente los *seam points*. Se aconseja activar el snap *Quad* y posicionar los *seam points* en correspondencia con los cuadrantes para poderlos alinear fácilmente, todos del mismo lado del carril, y evitar así torsiones indeseadas del *sweep* (Figura 7.65).

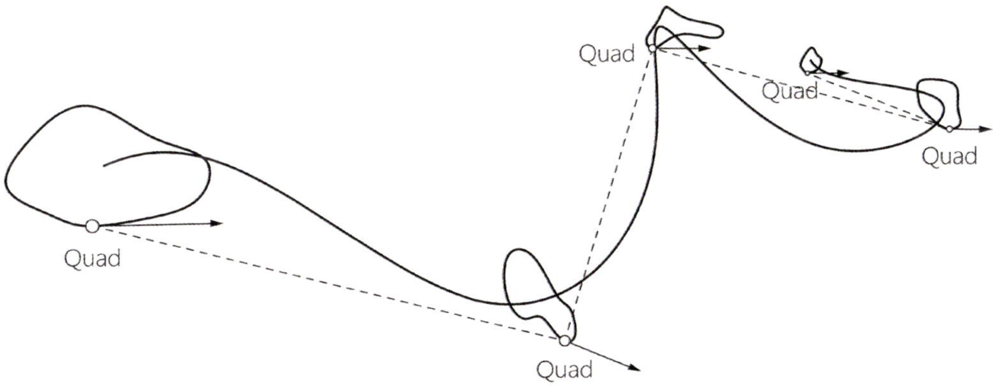

Figura 7.65 – Uso del snap Quad para alinear fácilmente los seam points

- Cuando se trabaja con carriles de forma libre podemos confundirnos al momento de posicionar el *seam point* y regular el sentido positivo de las secciones. Debemos ajustar tanto el posicionamiento del seam point como el sentido de las secciones desde el punto de vista del carril y no según el punto de vista actual. En la Figura 7.66, por ejemplo, aparentemente los sentidos de las secciones son opuestos, pero desde el punto de vista del carril estos tienen el mismo sentido de rotación.

Figura 7.66 – Seam point y sentido positivo acorde pero aparentemente opuesto

7.9 Sweep2

El comando que además de las secciones transversales utiliza dos guías longitudinales, o carriles, se llama *_Sweep2*.

Se trata de un comando simple de ejecutar pero que genera resultados topológicamente muy complejos. Además, no es idóneo para construcción de superficies excesivamente controladas en su interior.

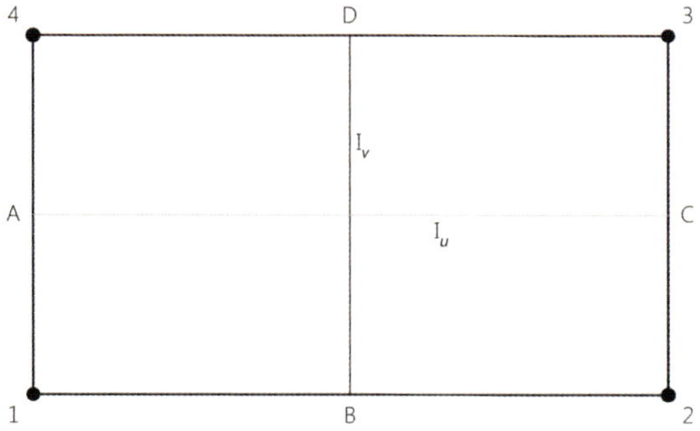

Comando: _Sweep2

Permite crear una superficie a través de una secuencia de curvas (secciones transversales) utilizando dos carriles como guías longitudinales.

Opciones

ChainEdges para la selección de los carriles y *Point* para la selección de las secciones transversales, exactamente como en el *_Sweep1*.

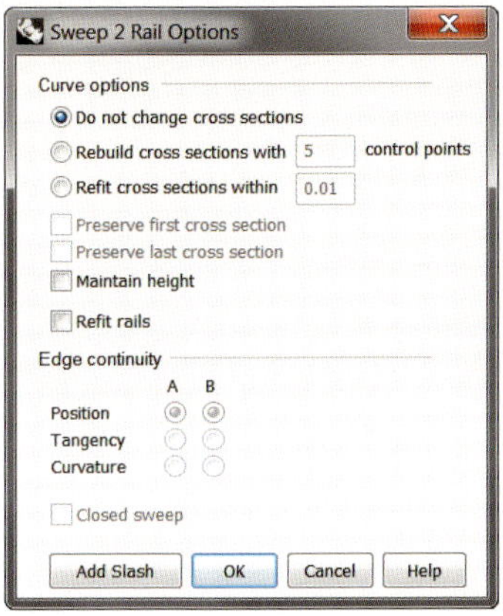

Figura 7.67 – Interfaz del comando Sweep2

Curve options — Contiene las opciones relativas a las curvas de sección transversal, que determinan la forma interna de la superficie.

- *Rebuild/Refit* — Mismo funcionamiento observado en el *_Sweep1*.
- *Preserve cross sections* — Funciona solo cuando los carriles seleccionados son bordes de superficies.

  Sirve para compensar la deformación de la superficie que se genera cuando se selecciona un nivel de continuidad G1 o G2 en los carriles, utilizando curvas de sección terminales que no están en continuidad G1 o G2 con los carriles.
- *Maintain height* — Si se utilizan curvas de sección bidimensionales, la proporción de las mismas no cambia durante el desplazamiento a lo largo de los carriles: si los carriles se separan o se acercan las secciones crecen o se reducen proporcionalmente.

  Si se activa esta opción, la segunda dimensión de las secciones es constante, o bien la altura del *sweep* no cambia proporcionalmente con el ancho.

	Refit rails	Trabaja exactamente como la opción análoga en el comando *Sweep1*.
Edge continuity	Cuando los carriles coinciden con bordes de superficies se puede determinar el grado de continuidad geométrica entre el *sweep* y las superficies existentes.	
	Position	Continuidad G0, el *sweep* usa los bordes de las superficies como carriles.
	Tangency	Continuidad G1, el *sweep* usa los bordes de las superficies como carriles y es tangente a las superficies adyacentes.
	Curvature	Continuidad G2, el *sweep* usa los bordes de las superficies como carriles y además está en continuidad de curvatura con las superficies adyacentes.
Closed sweep	Genera un *sweep* cerrado, es decir después de pasar a través de las curvas de sección la superficie regresa a la primera curva formando un loop cerrado. Se usa cuando los carriles son curvas cerradas y se seleccionan al menos dos secciones transversales.	
Add Slash	Agrega guías transversales para direccionar las isocurvas del *sweep*. Es una función importantísima que analizaremos en detalle.	

Observaciones

- Salvo construcciones extremadamente regulares (ej. carriles paralelos o simétricos), se aconseja utilizar siempre secciones transversales que toquen los dos carriles para evitar interpolaciones y falta de control dimensional sobre la superficie resultante (Figura 7.68).

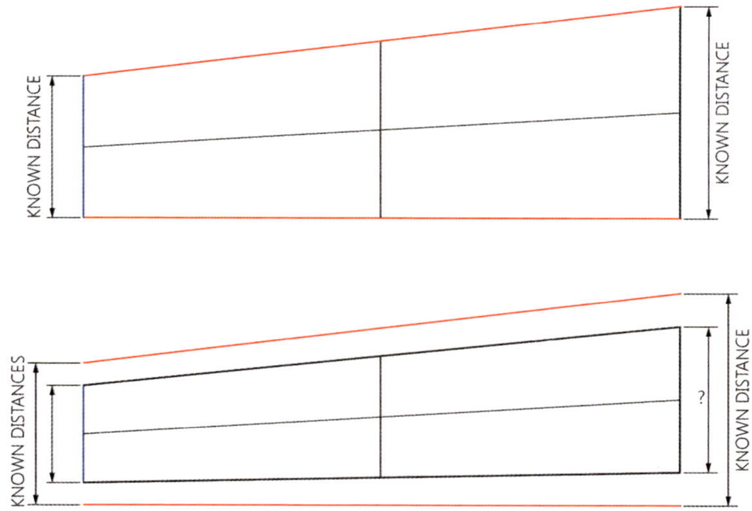

Figura 7.68 – Secciones que no están en contacto con los carriles, interpolación y falta de control dimensional

- Si se utiliza una sola curva de sección la superficie es creada utilizando toda la longitud de los carriles (Figura 7.69, imagen superior).
- Si se utilizan al menos dos curvas de sección, la superficie se crea únicamente entre las secciones seleccionadas, independientemente de si los carriles se extienden hasta más adelante de la primera y/o última sección (Figura 7.69, imagen al centro e inferior)

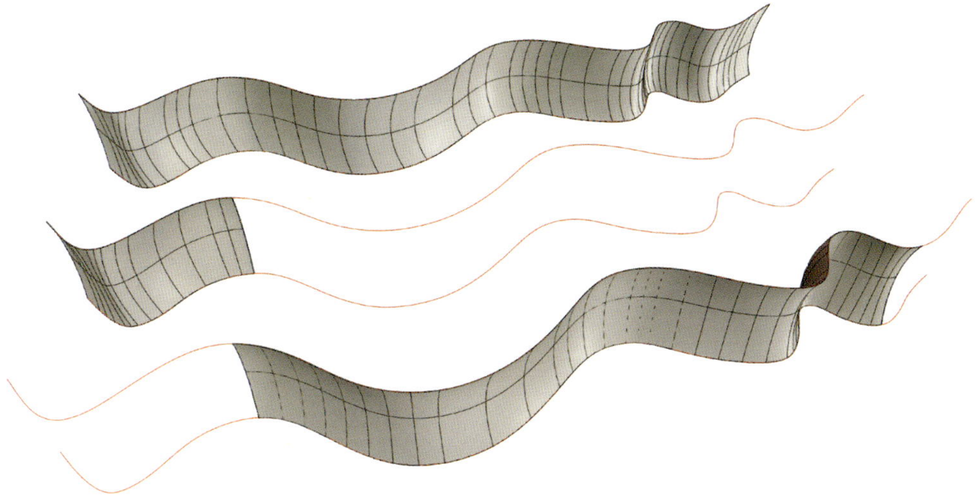

Figura 7.69 – Número de secciones y superficies resultantes

7.9.1 Sweep2 con sección transversal en posición intermedia

En este caso es importante seleccionar correctamente los carriles, o bien hacer clic en las porciones de curvas del mismo lado con respecto a la sección transversal (Figura 7.70).

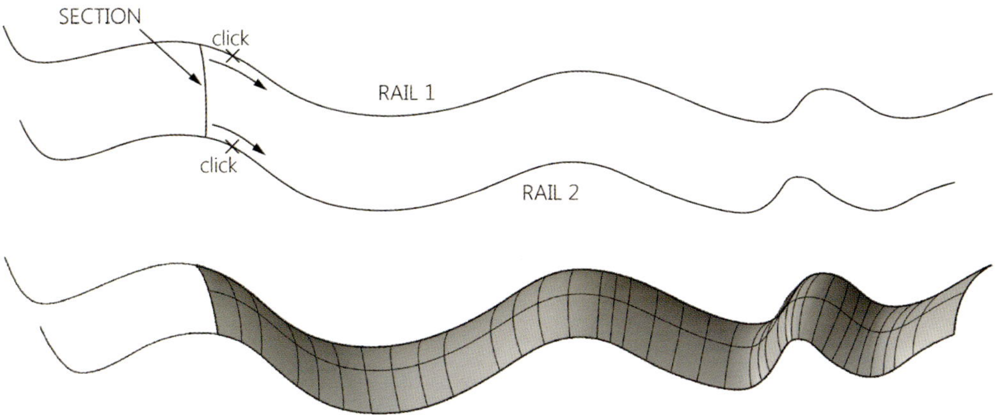

Figura 7.70 – Sección transversal en posición intermedia, direcciones coherentes de los carriles

Si se hace clic sobre las dos curvas de carril en dos puntos antes y después de la curva de sección, un carril se desplegará partiendo de la sección transversal en una dirección y el otro en la dirección opuesta. El resultado será una superficie que parte de la sección desarrollándose en dos direcciones (Figura 7.71).

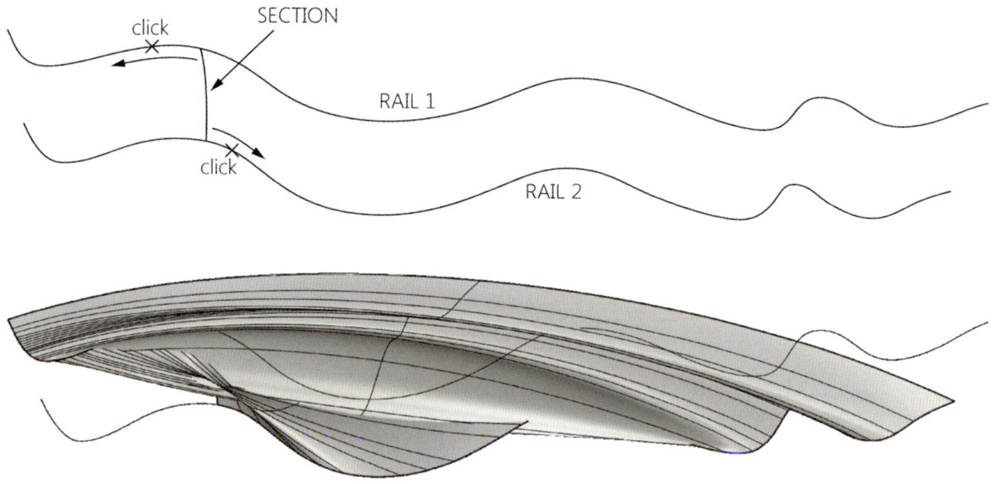

Figura 7.71 – Sección transversal en posición intermedia, direcciones opuestas de los carriles

7.9.2 Sweep2 y topología

El *_Sweep2* es un comando muy complejo debido a que la topología de las curvas iniciales afecta la complejidad de la superficie resultante.

Topología de los carriles y superficie resultante

Tomemos como ejemplo los dos carriles y analicemos dos casos aparentemente idénticos pero que producen resultados diversos (Figura 7.72).

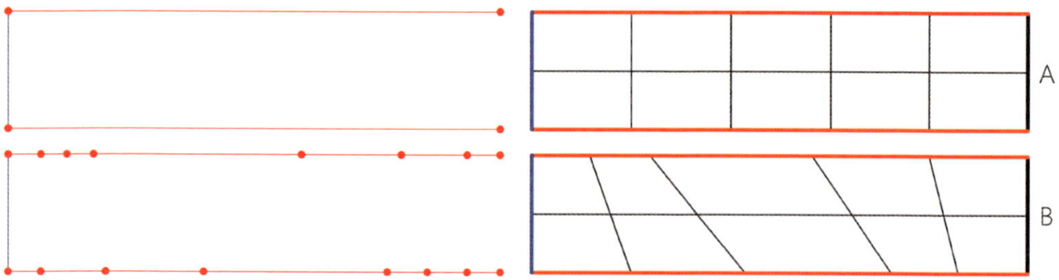

Figura 7.72 – Topología de los carriles y de las superficies resultantes

Aprendamos a "leer" la topología de una superficie a partir de su representación *wireframe*.

La presencia de varias isocurvas dentro de una superficie significa que la superficie está dividida en muchos *knot spans*, o bien existen muchos puntos de control a lo largo de la superficie lo que, generalmente, quiere decir que la superficie es no-lineal.

Sabemos que una curva de grado d con d+1 puntos de control está compuesta por un solo *knot span* (curva de Bézier): la presencia de más *knot spans* nos dice inmediatamente que la curva tiene más de d+1 puntos de control.

Ya vimos cómo la cantidad de isocurvas se relaciona con dos casos precisos (excluyendo un tercero que es el aumento de densidad de las isocurvas en las propiedades de la superficie):

1. presencia de líneas *kink*.
2. presencia de líneas de nodos.

Rhino no crea automáticamente superficies con líneas *kink*, a menos que un *kink* no esté ya presente en las curvas utilizadas como input, por lo tanto si se crea una superficie que resulta tener diversas isocurvas, casi seguramente se trata de una superficie de grado superior con líneas de nodos en correspondencia con las isocurvas.

Incluso cuando un *kink* está presente en una curva input, es necesario que la discontinuidad sea visible para que se traduzca en una línea *kink* de la superficie (Figura 7.73).

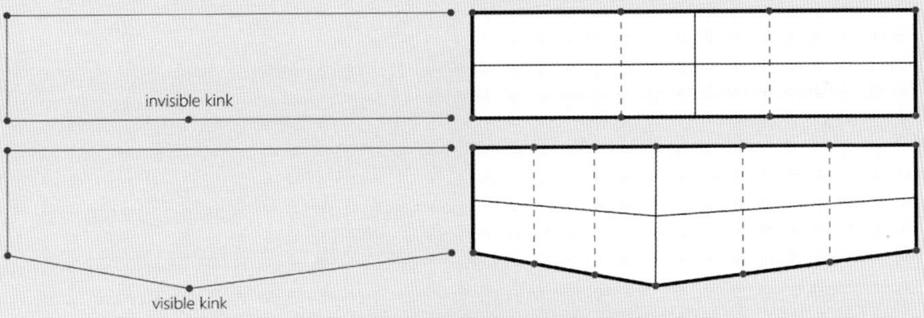

Figura 7.73 – Kink a lo largo de un carril y superficie sweep resultante

Se puede observar como la sola presencia de un punto *kink* a lo largo de uno de los carriles sigue generando una superficie *sweep* de grado 3. Sin embargo, si la discontinuidad del carril se vuelve visible moviendo el punto *kink*, la superficie *sweep* resultante presenta una línea *kink* en correspondencia con tal punto: en las porciones de superficie a la izquierda y a la derecha de la línea *kink* se repite la estructura de cuatro puntos de control y grado 3.

Por lo tanto para determinar si las isocurvas corresponden a una línea *kink* o a una simple línea de nodos se necesita activar los puntos de control de la superficie.

En la Figura 7.74 se puede observar que generalmente los puntos de control no coinciden con las líneas de nodos.

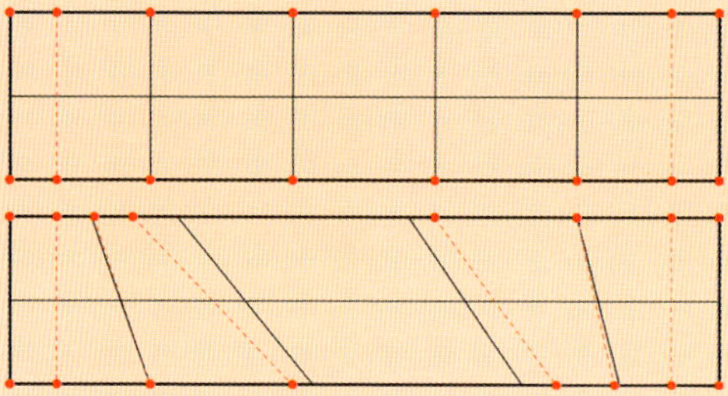

Figura 7.74 – Puntos de control e isocurvas (líneas de nodos) de la superficie

En el segundo caso (Figura 7.74, *Torsión en el loft*), la distribución de los puntos de control a lo largo de los dos carriles no es igual: el primer carril (arriba) tiene puntos de control con mayor densidad en la parte inicial, mientras que el segundo (abajo) en la parte final. Por este motivo las isocurvas transversales se inclinan y no son perpendiculares a los carriles.

En este caso simple (set de curvas planas y coplanares) no existen grandes problemas derivados de la orientación de las isocurvas ya que en ambos casos la superficie resultante es plana y rectangular; sin embargo, este fenómeno tiene una importancia enorme y puede producir comportamientos indeseados del *sweep2* tridimensional, al igual de lo que vimos en *7.7.4 Torsiones en el loft*.

Generalmente *es una buena medida utilizar carriles que tengan topología similar*. Dentro del comando existe la opción *Refit rails* pero el *fit* de dos curvas al mismo tiempo puede generar topologías incluso muy diferentes, por lo tanto con un efecto contrario al deseado.

Por ello es mejor intervenir sobre los dos carriles antes de ejecutar el comando *_Sweep2*, teniendo a disposición todas las herramientas de manipulación de las curvas (*5.7 Manipulación de una curva NURBS*).

Es aconsejable (pero no indispensable), que los puntos finales de las curvas de sección coincidan o con los puntos finales de los carriles o con sus edit points (2.3.5 Edit points). Para generar esta condición necesitamos activar los edit points de los carriles y dibujar las secciones transversales utilizando el snap Point.

Topología de las curvas de sección y superficie resultante

Puede pasar que las curvas de sección que se utilizan dentro del comando tengan topología (grado, puntos de control, nodos) diferente. Como ya lo vimos en otros comandos, también el *_Sweep2* crea la superficie utilizando grado y número de puntos de control de la curva de sección más compleja. Evidentemente esto permite a la superficie tomar la forma tanto de las curvas más simples como de aquellas más complejas.

Si las curvas de sección son muy diferentes, la superficie resultante puede tener una complejidad aún mayor que la de la curva de sección más compleja. Incluso este comando ofrece la posibilidad de realizar un *Rebuild* o un *Fit* de las curvas durante la ejecución del comando.

7.9.3 Opción Add Slash y regularidad del Sweep2

La topología de la superficie depende tanto de la topología de las secciones como de la topología de los carriles. Particularmente (Figura 7.74) hemos visto cómo la diversa topología de los carriles influye sobre la inclinación de las isocurvas transversales de la superficie.

La distinta distribución de los puntos de control corresponde a una diferente distribución de los nodos; estas dos características determinan un aspecto muy particular de las curvas NURBS: la velocidad de la curva.

Si dos carriles tienen velocidades diferentes se genera una superficie en la cual los extremos de la sección transversal avanzan a lo largo de los carriles con distinta velocidad, por lo cual la sección se inclina constantemente a lo largo del desarrollo de la superficie. Esto crea problemas cuando se quieren realizar intervenciones sucesivas sobre la superficie.

Para obtener una superficie con isocurvas más regulares se puede utilizar la opción *Add slash*.

Con esta opción se agregan guías que permiten alinear las isocurvas según una dirección determinada (Figura 7.75).

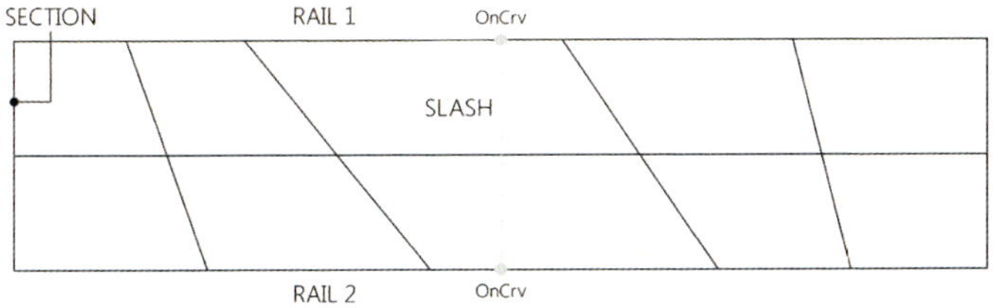

Figura 7.75 – Add slash, adición de una guía para alinear las isocurvas del sweep

La superficie resultante es más regular que la superficie *sweep* normal, ya que su topología no se mantiene fiel a la de los carriles (Figura 7.76).

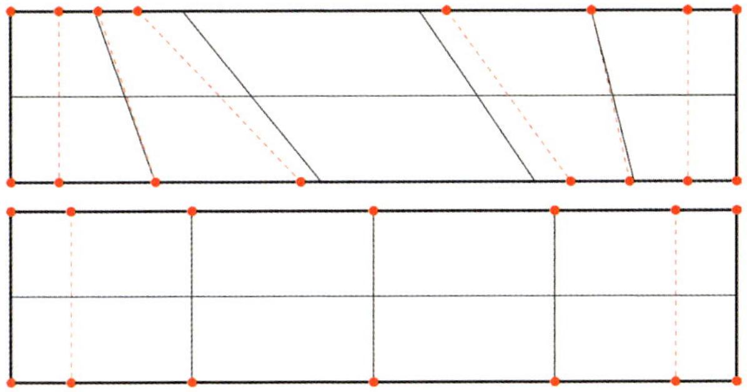

Figura 7.76 – Sweep2 sin Add slash (arriba) y con Add slash (abajo)

Como veremos en el capítulo *10 Interacción entre curvas y superficies*, trabajar con superficies más regulares ofrece una serie de ventajas.

7.9.4 Carriles a partir de bordes de superficies

Cuando se seleccionan los carriles del *sweep* es posible seleccionar tanto curvas libres como bordes de superficies. En este segundo caso el comando permite regular el grado de continuidad geométrica deseado entre el *sweep* y las superficies adyacentes (Figura 7.77).

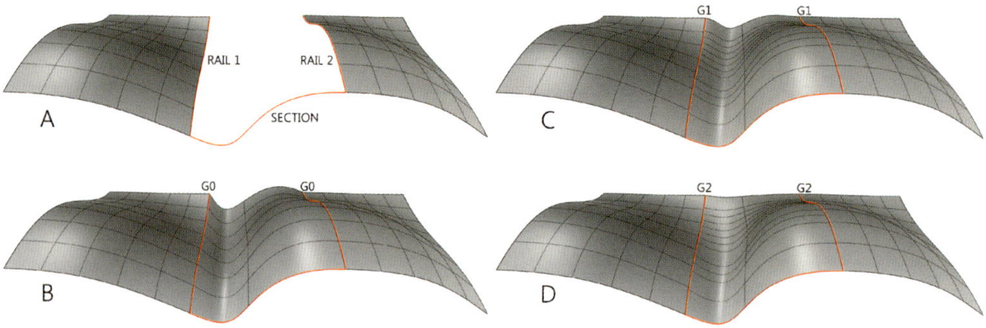

Figura 7.77 – Carriles coincidentes con bordes de superficies y relativa continuidad: A) configuración de las curvas; B) continuidad G0-G0; C) continuidad G1-G1; D) continuidad G2-G2

Cuando se quiere regular la continuidad del *sweep* a lo largo de los carriles se pueden evidenciar dos tipos de problemas:

- Se requiere una continuidad que no es permitida por las curvas de sección;
- Se requiere una continuidad que no es respetada por las curvas de sección.

Del primer caso hablaremos en el punto *11.5.1 Sweep2*.

¿Pero qué sucede cuando se requiere una continuidad que no es respetada por las curvas de sección utilizadas? En el caso de dos superficies contrapuestas y una línea recta que conecta los bordes (Figura 7.78), podemos observar como el hecho de que la curva de sección sea recta y lineal (o bien con solo dos puntos de control) no permite inicialmente al *sweep* tener un nivel de continuidad superior a G0.

Sin embargo, si en *Curve options* se reconstruye la curva con (al menos) 6 puntos de control, en *Edge continuity* se pueden seleccionar niveles de continuidad superiores, hasta G2-G2: los primeros 3 puntos de control de la sección reconstruida (que se vuelven 3 líneas de puntos de control en el *sweep*) permiten al *sweep* tener una continuidad de curvatura con la superficie adyacente; y así también sucede con los últimos 3 puntos de control a lo largo del carril opuesto. El problema es que la superficie generada no está respetando posición y forma de la curva de sección original (Figura 7.78, imagen C): en este caso se puede activar la opción *Preserve first cross section* para que la superficie vuelva a pasar por la sección inicial.

Ya que esta última no está en continuidad G2 con ninguno de los dos bordes, la superficie sufre un cambio de curvatura repentino en proximidad de la curva de sección, resultando en un aspecto poco continuo y no muy agradable.

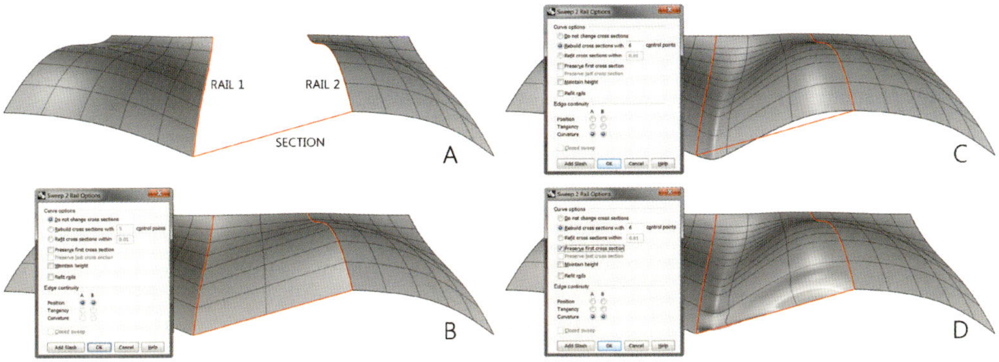

Figura 7.78 – Selección de un nivel de continuidad no permitido por la curva de sección: A) curva de sección recta con continuidad G0 respeto a los bordes de dos superficies; B) Imposibilidad de seleccionar niveles de continuidad superiores a G0; C) Reconstrucción dinámica de la curva para seleccionar una continuidad G2-G2; D) Problema en la recuperación de la forma de la sección

Por lo tanto se recomienda utilizar lo más posible secciones que tengan:

- complejidad suficiente (número de puntos de control) para garantizar el nivel de continuidad deseado con las superficies adyacentes, sin tener que efectuar una reconstrucción dentro del comando;
- relación de continuidad correcta con las superficies adyacentes, de modo que el *sweep* pueda pasar naturalmente a través de las secciones sin tener que utilizar las opciones *Preserve*.

7.9.5 Superficies notables con Sweep2

Experimentar con los comandos de Rhino es un buen ejercicio para descubrir métodos y procedimientos únicos, sobre todo si los comandos tienen comportamientos complejos y muchos parámetros.
Un caso particular puede ser el de las columnas salomónicas (Figura 7.79).

Figura 7.79 – Baldaquino de S. Pedro, Roma. Columnas salomónicas

Ya hablamos de la creación de formas helicoidales con los comandos *_Loft* y *_Sweep1*, pero en ambos casos es muy difícil (sino imposible) obtener una forma particular como la columna salomónica.
El *_Sweep2* permite lograr esto tipo de forma utilizando una particular configuración de las curvas.
En una columna salomónica, la sección gira alrededor del eje de la columna con una *excentricidad*, es decir el centro de la sección nunca se encuentra sobre el eje (Figura 7.80).

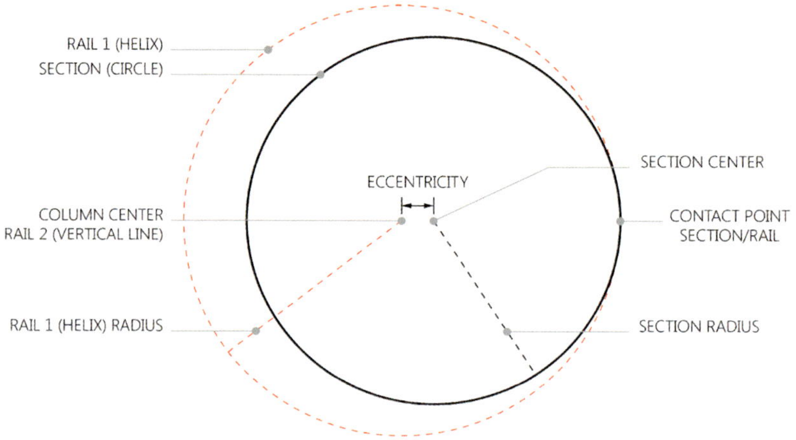

Figura 7.80 – Excentricidad de la sección en la columna salomónica

Cambiando la forma de la curva de sección y su excentricidad respecto al eje de la columna, se pueden obtener varios tipos de columnas salomónicas (Figura 7.81).

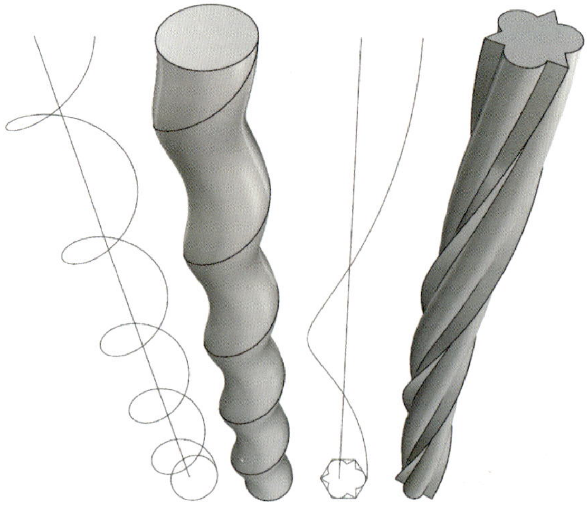

Figura 7.81 – Columnas salomónicas con Sweep2

7.9.6 Gestión de la complejidad del Sweep2

Cuando se trabaja con el comando *Sweep2* utilizando curvas *free-form* normalmente se crean superficies bastante complejas.

La complejidad del *sweep* deriva de la complejidad de las curvas iniciales (carriles y curvas de sección) pero es importante comprender que con esta herramienta, a diferencia de otras, podemos tomar decisiones que nos pueden llevar a un resultado más o menos complejo y manejable. Analicemos un caso con cuatro curvas *free-form* de diferentes complejidades (Figura 7.82).

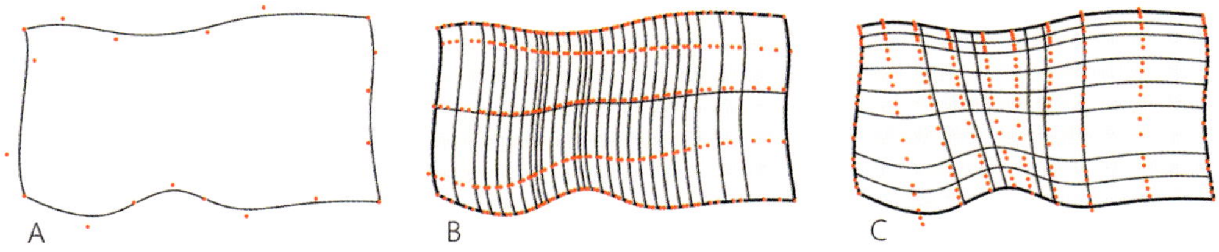

Figura 7.82 – Selección de las curvas iniciales (carriles y secciones) y complejidad resultante: A) curvas iniciales y puntos de control; B) ejecución del comando _Sweep2 con carriles complejos y secciones simples; C) ejecución del comando _Sweep2 con carriles simples y secciones complejas

Las cuatro curvas del ejemplo son planas, por lo tanto para obtener una superficie se pueden utilizar otros comandos como *_PlanarSrf* o *_EdgeSrf*. En el caso de *_EdgeSrf* no existe ninguna opción que permita ajustar la complejidad del resultado. Pero con *_Sweep2* existen dos opciones: se pueden elegir las curvas horizontales como carriles y las verticales como secciones, o viceversa. El resultado, como se puede ver, cambia.

Figura 7.82, caso B	Se utilizan como carriles las curvas horizontales más complejas y como secciones transversales las más simples. La superficie resultante tiene 56 puntos de control en la dirección U y 5 en la dirección V. En total la superficie resultante tiene 280 puntos de control.
Figura 7.82, caso C	Se utilizan como carriles las curvas verticales más simples y como secciones transversales las más complejas. La superficie resultante tiene 18 puntos de control en la dirección U y 10 en la dirección V. En total la superficie resultante tiene 180 puntos de control.

El análisis del número de puntos de control de la superficie proporciona una idea general de la complejidad de la misma. Sin embargo, otro método para decidir cuáles curvas utilizar como carriles y cuáles como secciones viene a partir de la observación de la regularidad de la superficie resultante.

Obtener una superficie regular es casi siempre más importante que obtener una superficie simple.

Generalmente conviene seleccionar como carriles las curvas más complejas, ya que son principalmente las secciones las que determinan la forma interna y por lo tanto la complejidad de la superficie sweep.

Así que: secciones simples → superficie simple.

Obviamente en el caso real de curvas *free-form* 3D, la diversa selección de carriles y secciones puede implicar variaciones en la forma de la superficie resultante, por lo tanto es necesario considerar también el aspecto formal del resultado, no solo la topología.

Como observamos en *7.9.2 Sweep2 y topología*, es oportuno utilizar carriles con topología similar. Esto implica una operación preliminar a la ejecución del comando *_Sweep2*.

Si por ejemplo, en los dos casos C y D del ejemplo anterior, se reconstruyeran las curvas de carril ambas con 16 puntos de control, se obtendria (Figura 7.83):

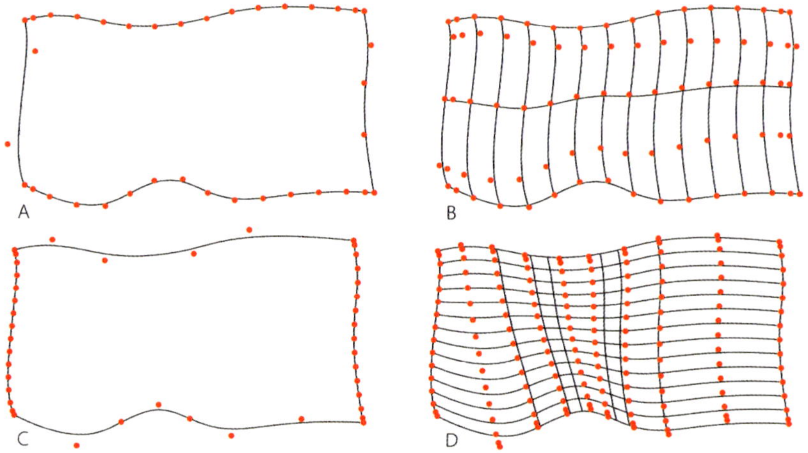

Figura 7.83 – Sweep2 con carriles con topología uniforme

Figura 7.83, caso B	La superficie resultante tiene 16 puntos de control en la dirección U y 5 en la dirección V. En total la superficie resultante tiene 80 puntos de control.
Figura 7.83, caso D	La superficie resultante tiene 16 puntos de control en la dirección U y 10 en la dirección V. En total la superficie resultante tiene 160 puntos de control.

Es evidente cómo trabajar con carriles homogéneos permite un mayor control de la complejidad del resultado.

En el caso B, la reconstrucción de los carriles y su topología homogénea redujo el número de puntos de control final de 280 a 80. Obviamente la reconstrucción implica una deformación de las curvas de carril originales, por lo cual es necesario siempre realizar estas simplificaciones controlando la tolerancia absoluta y encontrando un balance entre forma deseada y simplicidad.

Observaciones

- Notar cómo en los casos B y D del ejemplo, las direcciones U y V de las superficies resultantes dependen de la elección de los carriles y de las secciones: los carriles determinan la dirección U de la superficie resultante mientras las secciones determinan la V.

7.9.7 Límites del Sweep2

Ya que con este comando se puede controlar al mismo tiempo el contorno de la superficie y sus secciones transversales, podríamos pensar en utilizar siempre el *sweep* para obtener superficies controladas incluso en la parte interior.

En realidad el _*Sweep2* tiene un límite que lo vuelve inadecuado para realizar superficies muy controladas, o bien con muchas curvas de sección, y este límite es la interpolación.

Analicemos un caso práctico relativamente simple, el de una superficie rectangular que tenga una protuberancia en el centro (Figura 7.84): se observa cómo con dos carriles y tres secciones se puede obtener un primer resultado bastante simple (los carriles son rectos y lineales y la sección intermedia tiene pocos puntos de control).

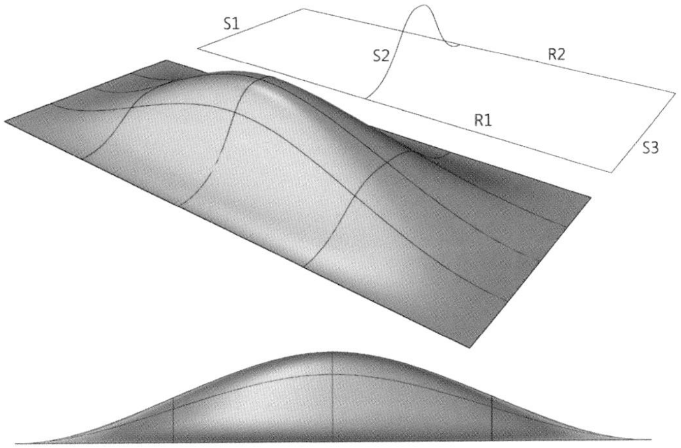

Figura 7.84 – Sweep con 3 secciones para generar una protuberancia en el centro

Si quisiéramos que la protuberancia estuviera limitada a la parte central de la superficie, podríamos intentar agregar dos secciones rectas en los lados de la sección curva central (Figura 7.85).

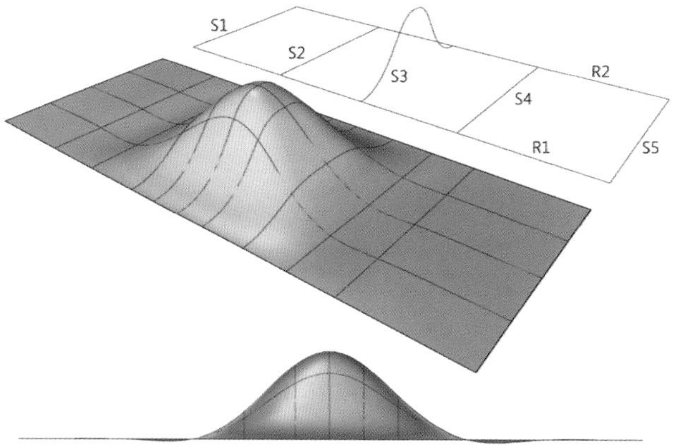

Figura 7.85 – Sweep con 5 secciones para que la protuberancia se limite al centro de la superficie

Como se puede observar, añadiendo las dos secciones rectas en los lados de la sección central se produce el efecto deseado ya que la protuberancia está limitada al centro de la superficie; al mismo tiempo esto provoca que la superficie se ubique más abajo del plano en proximidad de las secciones introducidas, generando una depresión a los lados de la protuberancia central.

Si buscamos eliminar este problema cambiando la forma de las secciones introducidas, obtenemos el resultado en la Figura 7.86.

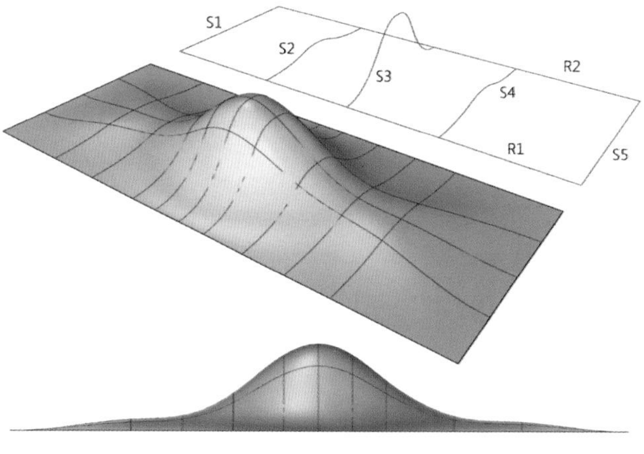

Figura 7.86 – Deformación de la segunda y cuarta sección para evitar la depresión de la superficie

Notamos inmediatamente que en vez de resolver el problema la complejidad va aumentando sin podernos acercar al resultado deseado.

Esto depende del hecho de que el *sweep* genera una interpolación de grado superior entre las secciones transversales. Para que tal interpolación sea *smooth* sin generar ondulaciones se puede solo reducir al mínimo la cantidad de secciones transversales. Es imposible determinar la forma de las secciones de tal modo que éstas acompañen naturalmente la interpolación realizada por el *sweep*.

7.10 Superficie desde red de curvas

Con el comando _*NetworkSrf*, se obtiene el máximo control sobre la forma general de una superficie, tanto a lo largo del contorno como en la parte interna.

Es posible seleccionar un set de curvas que comprende:

- las dos, tres o cuatro curvas necesarias para definir el contorno;
- las isocurvas longitudinales y transversales para determinar la forma interna de la superficie.

Como veremos, se trata de un control relativamente eficaz.

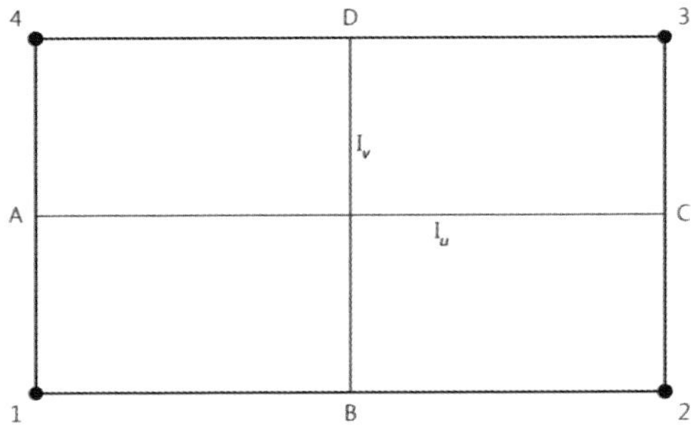

Comando: _NetworkSrf

Permite crear una superficie utilizando una red (*network*) de curvas con las siguientes características:

- La red de curvas está compuesta por dos sets de curvas en dos direcciones transversales.
- Las curvas de un set intersectan las curvas del otro set.
- Dos curvas del mismo set no se pueden intersectar.

Las direcciones de los dos set de curvas determinan las direcciones paramétricas u,v de la superficie resultante.

Generalmente es suficiente seleccionar todas las curvas que forman la red; el comando se encarga de ordenarlas según las dos direcciones cuando estas son reconocibles.

Cuando tales direcciones no pueden ser determinadas automáticamente por el comando, se necesita repetir la selección con un orden preciso: primero las curvas en una dirección y después las curvas en la otra dirección.

Opciones

NoAutoSort	Si no se quiere que el comando intente ordenar automáticamente las curvas seleccionadas, se puede activar esta opción y seleccionar primero las curvas en una dirección y después las curvas en la otra dirección.

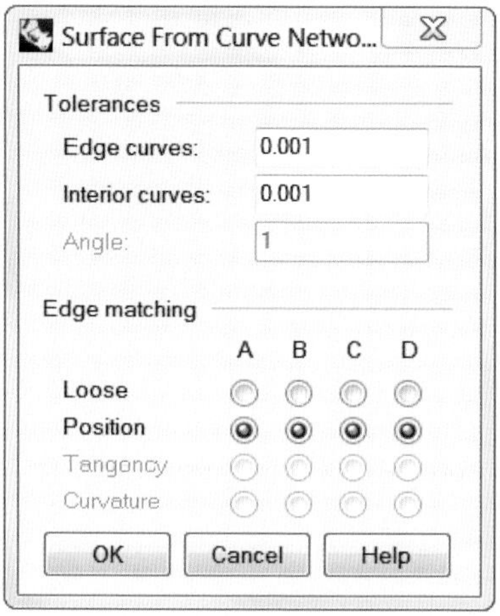

Figura 7.87 – Interfaz del comando _NetworkSrf

Opciones de la interfaz

Tolerances Es la parte del comando que muestra su funcionamiento real. El que las curvas seleccionadas se utilicen con una tolerancia significa que la superficie no pasa *exactamente* a través de las curvas de la red.

Edge curves	Tolerancia con la que la superficie pasa por las curvas de la red que determinan el contorno.
Interior curves	Tolerancia con la que la superficie pasa por las curvas de la red que corresponden a las isocurvas.
Angle	Si seleccionan bordes de superficies que actúan como curvas de contorno y se impone una continuidad al menos G1 a lo largo de tales bordes, este parámetro configura la tolerancia con la cual la normal de la superficie creada corresponde a la normal de la superficie adyacente a lo largo del borde/contorno. Permite determinar con cuánta precisión la superficie creada será G1 (o G2) con las superficies adyacentes.

Edge matching	Si seleccionan bordes de superficies que actúan como curvas de contorno, es posible determinar el grado de continuidad de la nueva superficie con las superficies adyacentes.	
	Loose	Crea la superficie realizando las curvas de contorno con poca precisión relativamente al (a los) borde(s) de la(s) superficie(s) adyacente(s). Aparentemente un *nonsense*, sirve para crear superficies con una forma generalmente similar a una superficie precisa, pero menos compleja.

Observaciones

- La superficie desde red de curvas produce siempre un resultado más complejo que los otros comandos de creación de superficie. Un set de 4 curvas *free-form* consecutivas que forman un loop cerrado permite crear una superficie utilizando tanto el comando *_NetworkSrf* como, por ejemplo, el comando *_EdgeSrf*.
  Se recomienda utilizar comandos que generan un resultado más simple (Figura 7.88).

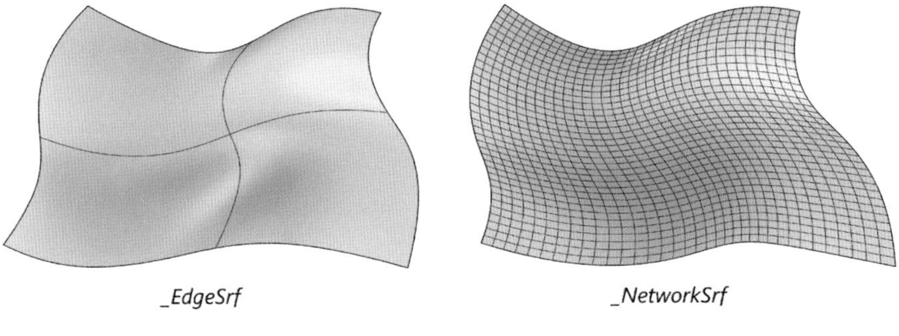

Figura 7.88 – Complejidad generada por los comandos _EdgeSrf (a la izquierda) y _NetworkSrf (a la derecha)

7.10.1 NetworkSrf: tolerancia y complejidad

En la interfaz del comando es posible determinar la tolerancia con la que se requiere que la superficie pase a través de las curvas input, ya sean estas bordes o curvas internas.

Ya conocemos un comando que permite intervenir sobre una curva según una tolerancia preestablecida: el comando *_FitCrv*. El comportamiento de los valores del grupo *Tolerances* tiene un efecto parecido al del *fit* de curvas: puede aumentar o reducir drásticamente la complejidad de la superficie (Figura 7.89).

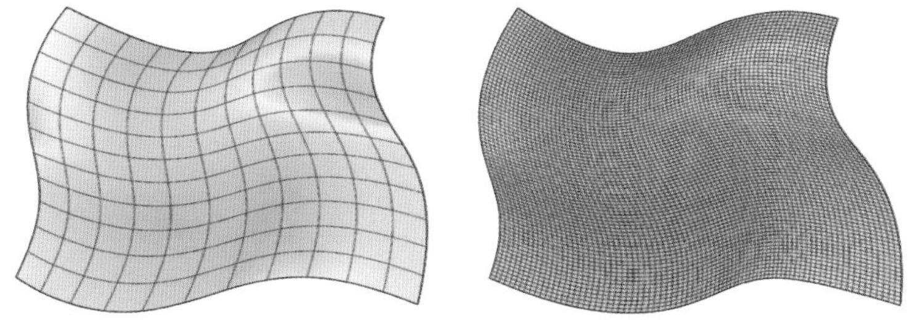

Figura 7.89 – Edge curve tolerance y complejidad resultante

Es suficiente utilizar como valores de las tolerancias *Edge curves* e *Interior curves* el valor de la tolerancia absoluta configurado en el documento. Como ya vimos (*3.2 Unidad de medida y tolerancia*) todo lo que tenga un detalle más pequeño que la tolerancia absoluta no será considerado durante la ejecución de los comandos, por lo tanto no tiene sentido trabajar con valores excesivamente bajos de la tolerancia y generar superficies extremadamente complejas.

7.10.2 NetworkSrf: construcción de la red de curvas

En este punto comprenderemos por qué el *_NetworkSrf* es poco práctico para dibujar superficies híper-controladas internamente.

Retomemos el ejemplo del párrafo *7.9.7 Límites del Sweep2*, en el cual se intenta crear una superficie con una protuberancia en el centro. Ahora veamos cómo resulta difícil construir una red de curvas bien hecha y crear una superficie sin problemas de interpolación.

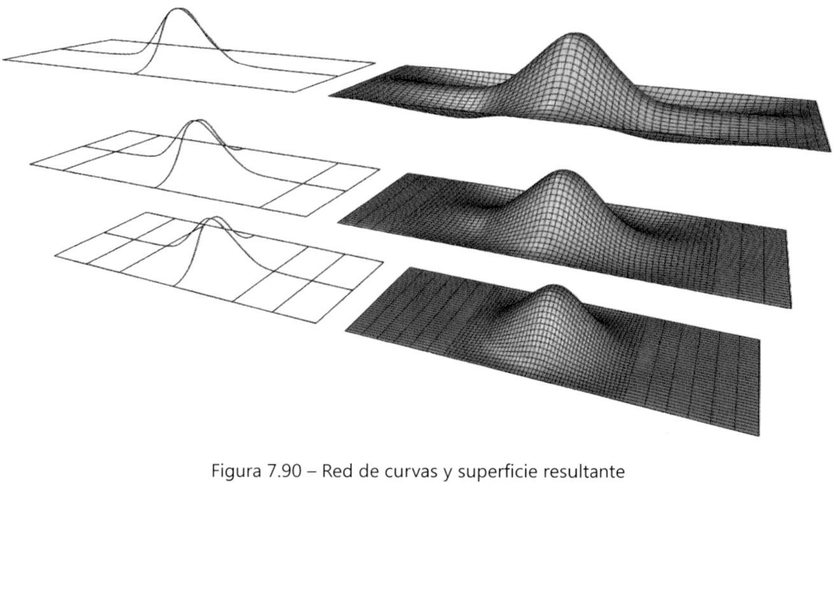

Figura 7.90 – Red de curvas y superficie resultante

En la Figura 7.90 a ninguna de las redes de curva dibujadas a la izquierda le corresponde una superficie aceptable. También en el tercer caso, que parece la solución perfecta, el análisis de curvatura (del cual hablaremos más adelante) revela que la superficie sigue deformandose por debajo del plano base (Figura 7.91, imagen inferior, se pueden ver 4 manchas cyan en los ángulos de la zona verde central).

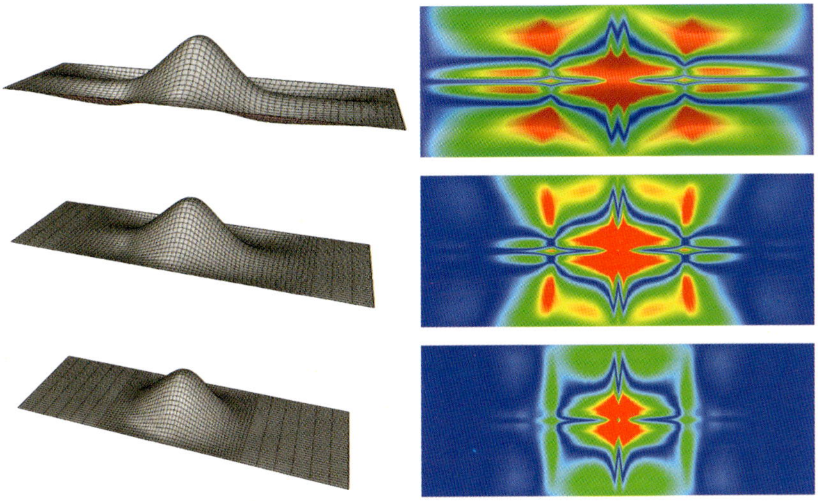

Figura 7.91 – _NetworkSrf y curvatura: el análisis de la tercera superficie revela la presencia de curvatura incluso en las áreas en las que la superficie parece plana

Intuitivamente se puede pensar en incrementar el control interior agregando más curvas para guiar la forma de la superficie, de modo tal que no se siga deformando. Veamos cuáles complejidades implica esta estrategia.
Si analizamos cualquier superficie de Rhino podemos notar cómo las isocurvas se intersectan siempre dentro de la superficie (Figura 7.92).

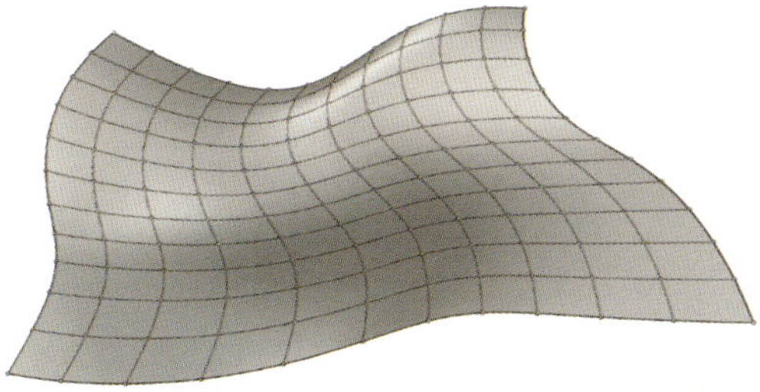

Figura 7.92 – Intersección de las isocurvas de una superficie en puntos precisos

Por lo tanto para crear las curvas internas de la red, debemos asegurarnos de que las curvas en una dirección intersecten las curvas en la otra dirección (en ausencia de esta intersección el comando continúa funcionando pero la superficie pasa por un punto interpolado entre las dos curvas).

No es práctico dibujar estas curvas a mano. De cualquier manera si se quisiera intentar hacerlo, se debería construir una curva con:

- 2 puntos de control para la tangencia inicial;
- 3 puntos de control para la intersección con cada curva de la dirección opuesta;
- 2 puntos de control para la tangencia final;
- adicionales puntos de control para determinar la forma de la curva a lo largo de su trayectoria.

Es evidente que esta técnica es bastante complicada, porque para una red de curvas formada por solo 4x4 curvas (muy pocas) es necesario construir una curva con al menos 10 puntos de control y posicionar correctamente cada uno de estos. Conviene en cambio utilizar el comando *_CSec*.

Comando: _CSec

A partir de un set de curvas seleccionadas en secuencia, crea curvas que pasan a través de las curvas seleccionadas según una orientación precisa.

Tales curvas de intersección pueden ser abiertas o cerradas: este último caso sólo si las curvas seleccionadas no son todas coplanares.

Con este comando es fácil agregar curvas intermedias que intersecten la red ya existente: sin embargo, se puede observar cómo la técnica de agregar curvas internas para intentar eliminar la ondulación de la superficie no nos lleva a un resultado aceptable (Figura 7.93).

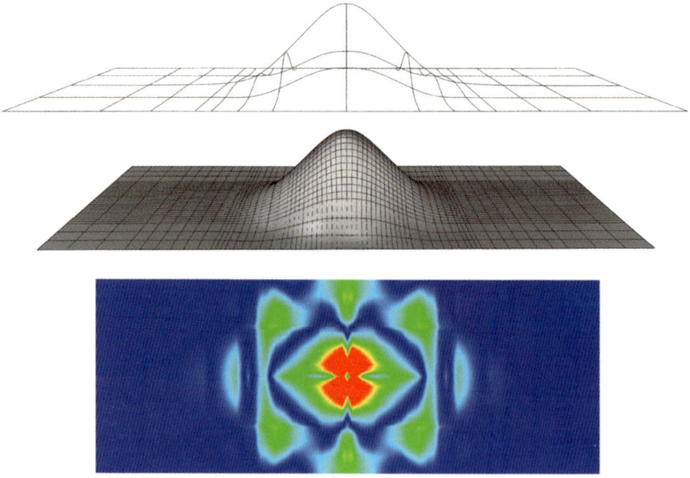

Figura 7.93 – Red de curvas compleja y persistencia del problema de curvatura

En fin, más adelante veremos que para elevar una superficie en una zona interna conviene utilizar técnicas de deformación y no de modelado directo.

7.10.3 NetworkSrf y continuidad

La posibilidad de ajustar la continuidad de la superficie a lo largo del contorno es la característica que a menudo nos obliga a utilizar el comando *_NetworkSrf*, a pesar de la complejidad del resultado.

Ningún otro comando permite configurar una continuidad G2 a lo largo de todo el contorno de la superficie. Obviamente es posible ajustar dicha continuidad solo en correspondencia de las líneas de contorno coincidentes con bordes de superficies adyacentes (Figura 7.94).

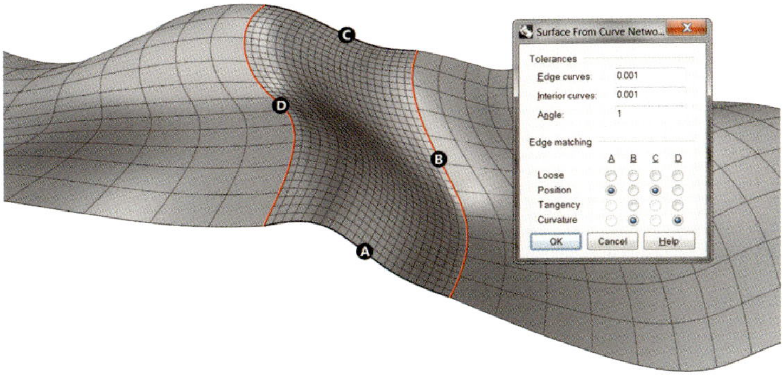

Figura 7.94 – Curvas libres, bordes de superficies y continuidad del _NetworkSrf

Nota: nos ocuparemos de la calidad de la superficie resultante de este ejemplo específico en el capítulo 11.5 Enlaces complejos entre superficies.

El problema que se presenta en este caso es exactamente la gestión contemporánea de los cuatro niveles de continuidad. Es prácticamente imposible que cuatro superficies que se tocan dos a dos en un vértice, garanticen en los puntos de contacto direcciones y/o curvaturas compatibles, lo suficiente como para permitir una perfecta continuidad de la superficie network en los ángulos (Figura 7.95).

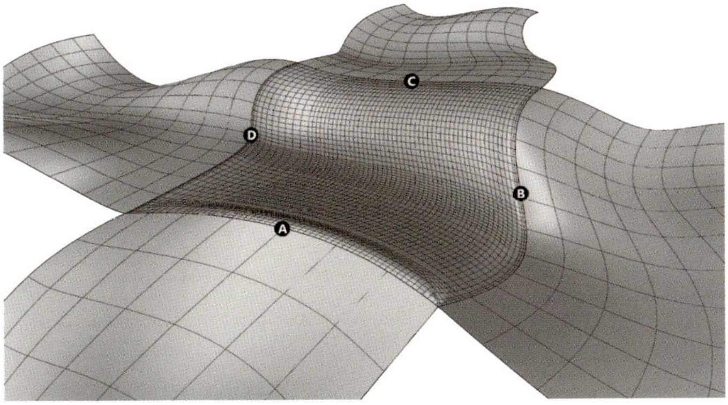

Figura 7.95 – Direcciones y curvaturas diferentes en correspondencia del vértice entre los bordes A y B

Observemos el vértice entre los bordes A y B: la superficie inferior a la izquierda tiene dirección y curvatura no compatibles con las de la superficie a la derecha.

El problema de continuidad provoca una deformación local de la superficie network, que repercute a lo largo de los lados de la misma.

Hasta ahora aparentemente el comando *_NetworkSrf* genera más problemas que soluciones. Sin embargo no es así: presentamos dos casos en los que es la única opción posible y produce un resultado útil.

Conexión con continuidad geométrica de grado superior entre dos superficies

El grado de continuidad en correspondencia de la conexión entre superficies es un tema relevante en algunas áreas en las cuales la fluidodinámica es importante: automotriz, aeronáutica, naval y similar. Una discontinuidad, incluso si es de grado superior, en la superficie del objeto implica una reducción de la aerodinámica, por lo tanto generalmente menor eficiencia, mayor consumo y costos de uso.

Ya que el *_NetworkSrf* permite crear superficies con continuidad G2, constituye una opción básica para dibujar con niveles de continuidades aceptables.

Se aconseja, sin embargo, utilizar este comando cuando las superficies a conectar son relativamente distantes y/o tienen una orientación muy similar. Esto porque la continuidad configurada dentro del comando se resuelve generalmente en proximidad de los bordes, por lo tanto se pueden observar cambios de curvatura repentinos en estas áreas (Figura 7.96).

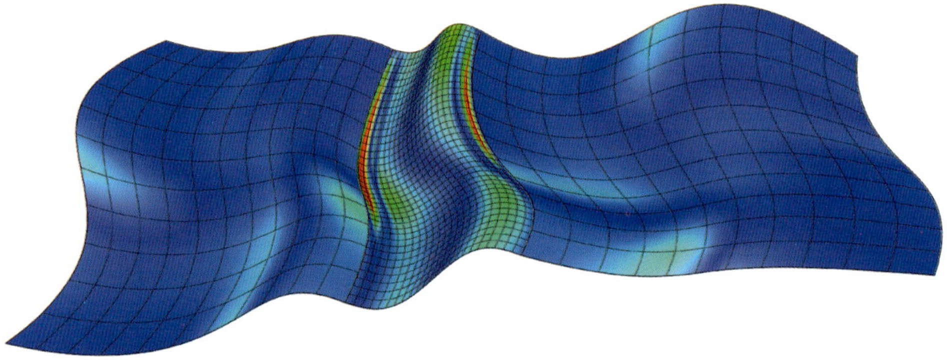

Figura 7.96 – Conexión con continuidad G2-G2 y cambios de curvatura repentinos

Parche con control de forma

Consideremos una superficie con un agujero. El contorno del agujero se puede utilizar como contorno de un network de curvas. Para disponer de las curvas internas de la red, se puede utilizar el comando *_BlendCrv* con continuidad G3 o G4: esto permite tener bastantes puntos de control, suficientes para configurar dos continuidades G2 en los extremos manteniendo la posibilidad de deformar la curva internamente (Figura 7.97).

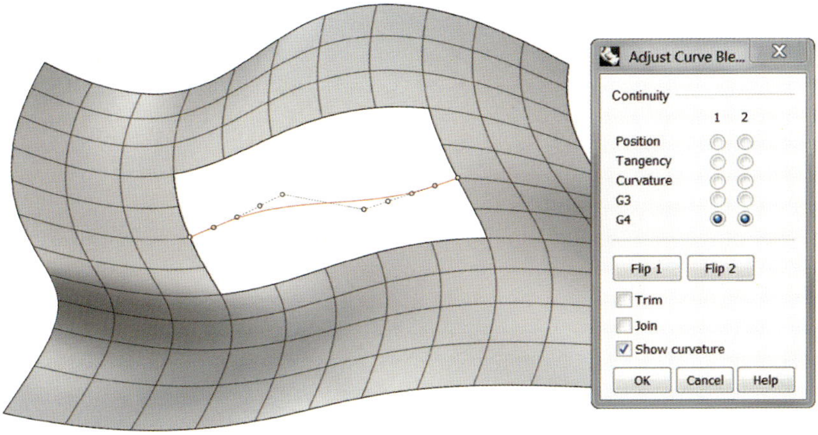

Figura 7.97 – Enlace blend con continuidad G4-G4: 4 puntos de control disponibles para deformar la curva sin afectar la continuidad G2 con los bordes

Una vez dibujadas las curvas internas, es posible deformarlas según las exigencias proyectuales (Figura 7.98).

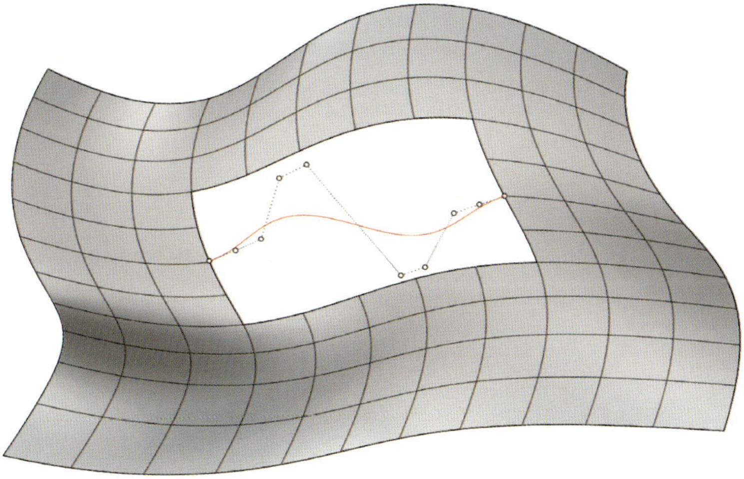

Figura 7.98 – Preparación de la red de curvas. Deformación de las curvas internas

Finalmente se crea la superficie desde curvas utilizando los bordes internos del agujero y las curvas apenas dibujadas (Figura 7.99).

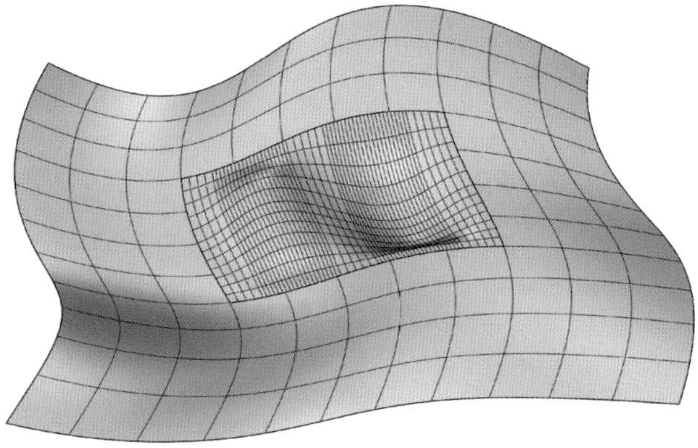

Figura 7.99 – Creación de la superficie desde red de curvas con continuidad G2 en los bordes

En este caso, el problema que se observaba en la Figura 7.95 ya no se presenta: la continuidad en los 4 vértices está garantizada ya que en el contorno se tiene una sola superficie y no 4 diferentes.

Nota: cuando se construye una curva blend con continuidades altas como la G4, la curva resultante tiene grado superior a 3 (en el caso de estudio tiene grado 9) por lo tanto no obedece a las reglas descritas en el párrafo 4.3.2 Tres reglas prácticas para dibujar una curva free-form.
Además, la curva blend creada a partir de los bordes de la superficie no sigue la orientación de las isocurvas de la misma sino es perpendicular a los bordes en los puntos inicial y final: por lo tanto la superficie resultante no es perfectamente continua con la superficie circundante a lo largo de los bordes conectados por el blend.

7.11 Patch

La superficie _*Patch* es una de las más insólitas de utilizar, ya que para determinar la forma de la superficie se hace uso de parámetros nunca vistos hasta ahora.

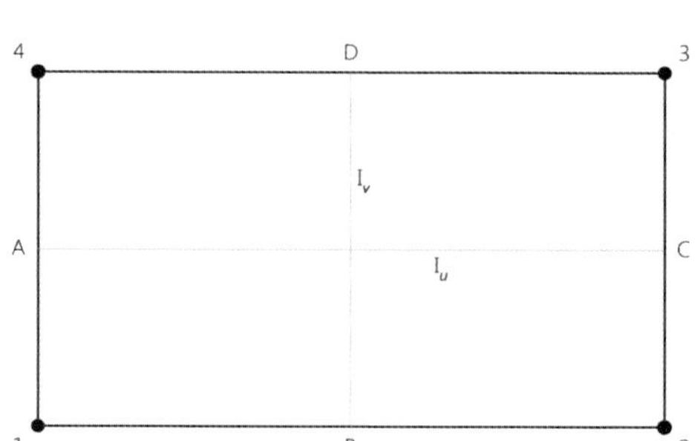

Comando: _Patch

Permite crear, o mejor, *adaptar* una superficie a través de las entidades seleccionadas como input.

El input puede estar constituido por puntos, nubes de puntos, curvas, bordes de superficies y mesh.

El funcionamiento del comando es bastante inusual en comparación con lo que se ha visto hasta ahora:

- Primero se construye el plano que mejor se adapta a las geometrías de input;
- Después se deforma el plano para que se adapte a los inputs.

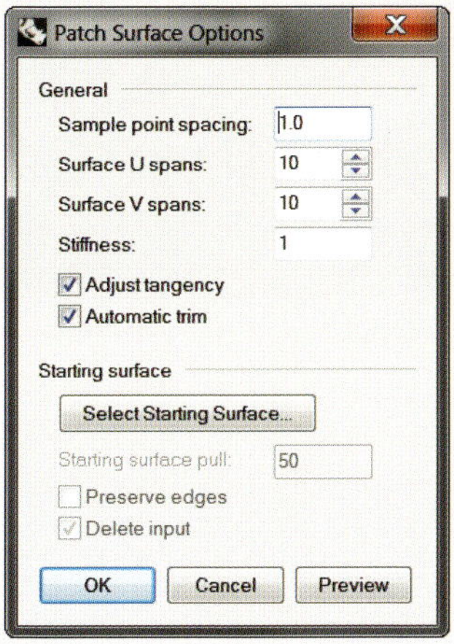

Figura 7.100 – Interfaz del comando _Patch

Opciones

General	Contiene las configuraciones de la superficie que será generada por el comando.	
	Sample point spacing	Distancia entre los puntos interpolados sobre las geometrías de input. Independientemente del valor especificado, son interpolados al menos 8 puntos por cada curva de input.
	Surface U spans	Número de *knot spans* de la superficie en la dirección paramétrica U.
	Surface V spans	Número de *knot spans* de la superficie en la dirección paramétrica V.
	Stiffness	Regula la deformación del plano creado inicialmente por el comando. A valores bajos mayor deformación de la superficie. A valores altos (o muy altos) menor deformación.
	Adjust tangency	Si se seleccionan bordes de superficies, la opción permite ajustar la tangencia del patch con las superficies adyacentes.
	Automatic trim	Si el input incluye un *loop* cerrado de curvas como límite exterior, la opción recorta el patch manteniendo solo la parte de superficie interna al *loop* cerrado.

Comprendamos a fondo el funcionamiento del comando utilizando el mismo ejemplo apenas tratado con el comando *_NetworkSrf* (Figura 7.101).

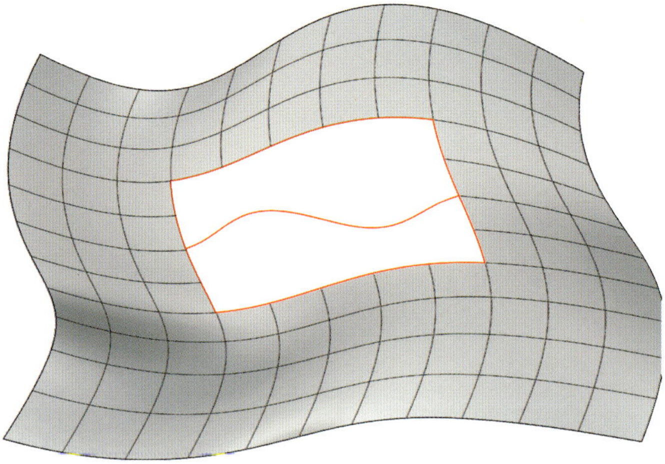

Figura 7.101 – Construcción del _Patch – Set de curvas input

El *_Patch* realiza inicialmente una interpolación de puntos (muestras o *sampling*) sobre las curvas seleccionadas como input (Figura 7.102).

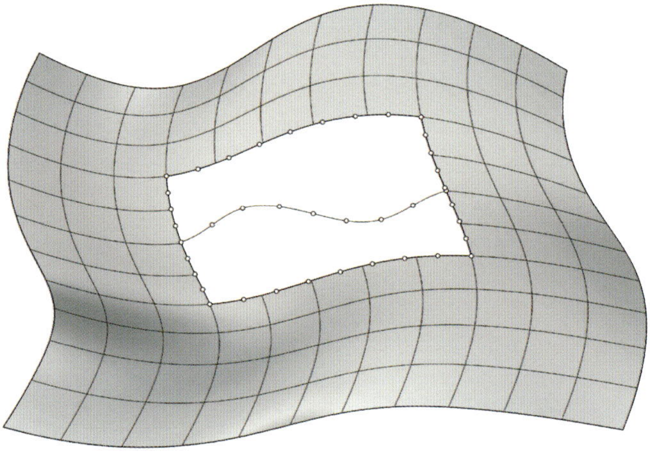

Figura 7.102 – Construcción del _Patch – Interpolación de puntos sobre las curvas seleccionadas

Una vez obtenidos los puntos de muestra, el comando crea un plano a través de los puntos (*best fitting plane*) que sirve como superficie inicial (Figura 7.103).

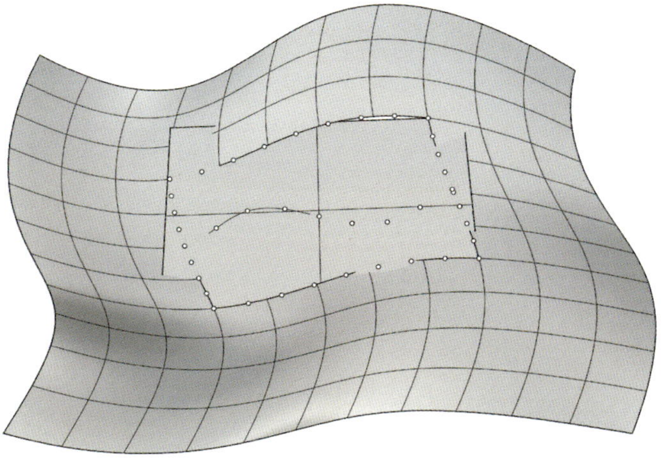

Figura 7.103 – Construcción del _Patch – Plano a través de los puntos de muestra

El plano se convierte en deformable para adaptarse a la geometría del input: el grado y el número de *knot spans* (líneas de nodos y puntos de control) es determinado por los valores especificados en la interfaz del comando (Figura 7.104).

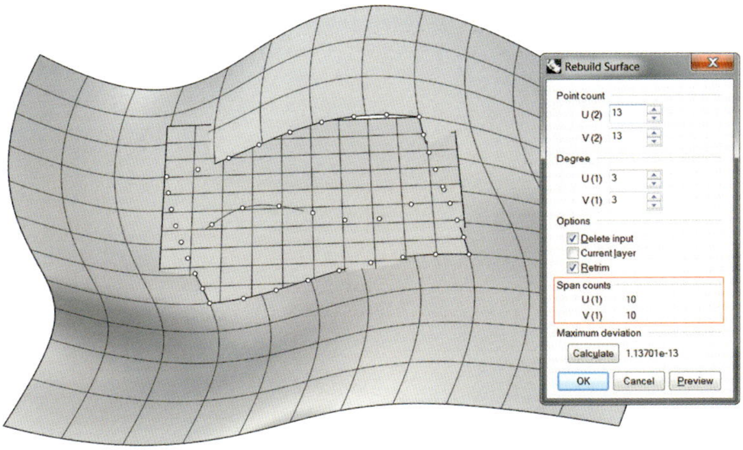

Figura 7.104 – Construcción del _Patch – El plano es complejizado para ser deformable

El número de *spans* determina cuánto será deformable la superficie: pocos *spans* generan pocos puntos de control, por lo tanto la superficie tendrá poca posibilidad de adaptarse a un input muy denso (deformabilidad global); muchos *spans* generan muchos puntos de control y por lo tanto mayor posibilidad de que la superficie se adapte a un input muy denso (deformabilidad local).

Nota: los pasos precedentes no son visibles durante la ejecución del comando, se utilizaron otros comandos para visualizar las fases de creación de la superficie.

Una vez determinada la orientación y la complejidad de la superficie plana inicial, inicia la deformación para adaptar el *patch* a la geometría input (Figura 7.105).

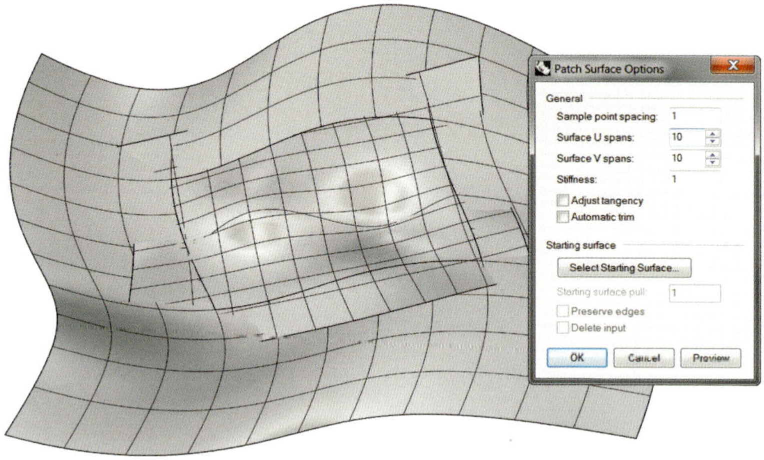

Figura 7.105 – Patch con 10x10 spans deformado con stiffness 1

Dado que el *_Patch* sirve en este ejemplo para cerrar el agujero de una superficie, tiene sentido activar la opción que lo vuelve tangente a lo largo de los bordes a la superficie existente (Figura 7.106).

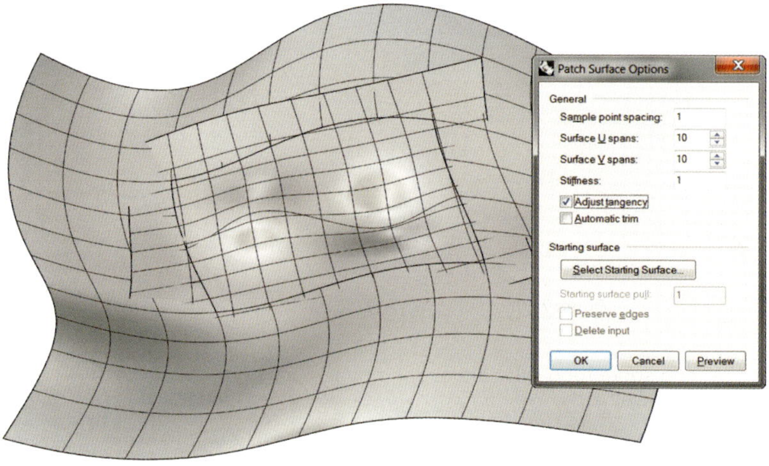

Figura 7.106 – Patch tangente a la superficie original con Adjust tangency

Además, es oportuno recortar la parte de superficie fuera de las curvas seleccionadas, para obtener solo la parte de *patch* que tapa el agujero de la superficie original (Figura 7.107).

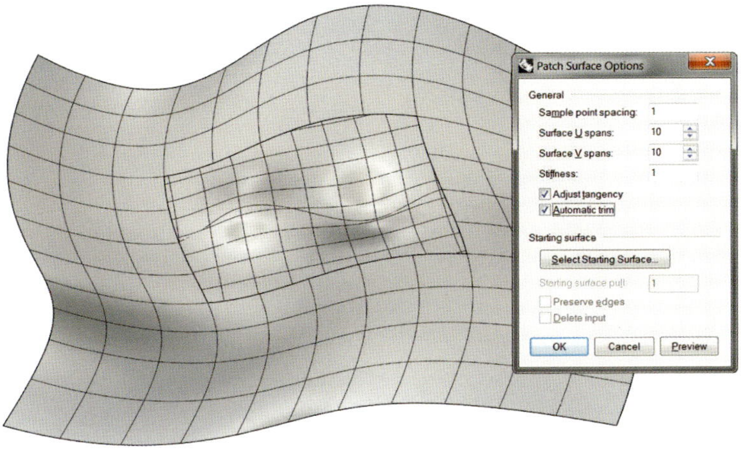

Figura 7.107 – Patch recortado en el contorno con la opción Automatic trim

Se puede cambiar el número de spans para aumentar la deformabilidad de la superficie, para que sea más adaptable a los cambios de altura de las curvas input (Figura 7.108).

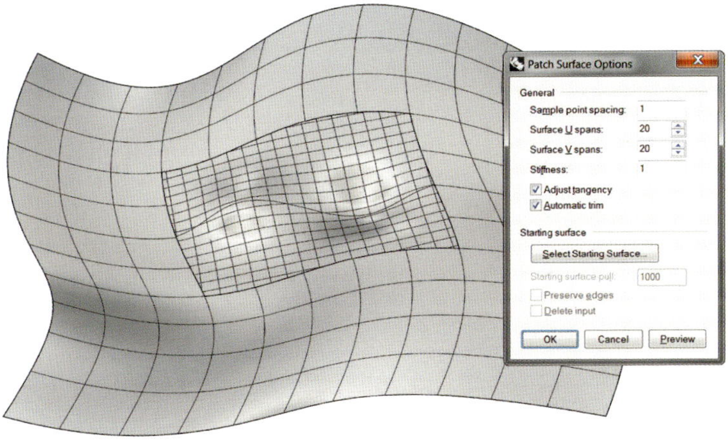

Figura 7.108 – Aumento del número de spans a 20x20

Este paso tiene sentido sobre todo si las entidades de input están muy cerca y/o realizan saltos de nivel en un marco estrecho.

Se puede jugar con el parámetro *stiffness* para determinar cuál es el nivel de adaptación de la superficie al input.

Lo que implica un cambio en la superficie final por lo cual su curvatura es inversamente proporcional al valor de *stiffness* (Figura 7.109). Claramente si la superficie es más rígida y se puede encorvar menos, se corre un riesgo mayor de que la superficie no pase a través del input y no sea tangente a lo largo de los bordes de las superficies adyacentes.

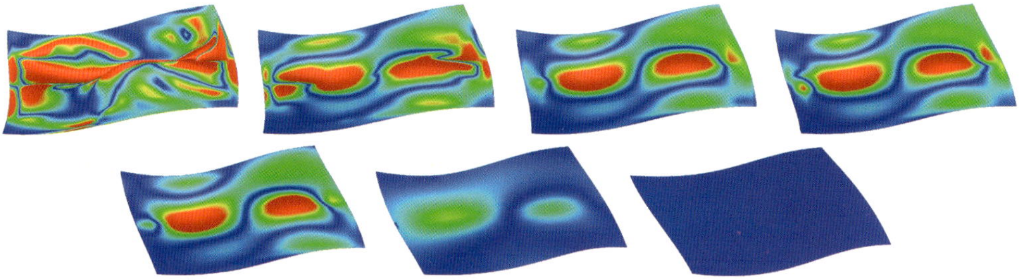

Figura 7.109 – Efecto del parámetro stiffness sobre la deformación del patch

En este ejemplo se quiere construir el *patch* para adaptarlo lo más posible a la superficie circundante. Para hacer esto se puede utilizar la opción *Select starting surface*. Es automáticamente desactivada la opción que permite decidir el número de *spans* U y V, ya que estos se heredan de la superficie base. El número de *spans* se reduce considerablemente lo que implica una menor deformabilidad de la superficie (Figura 7.110).

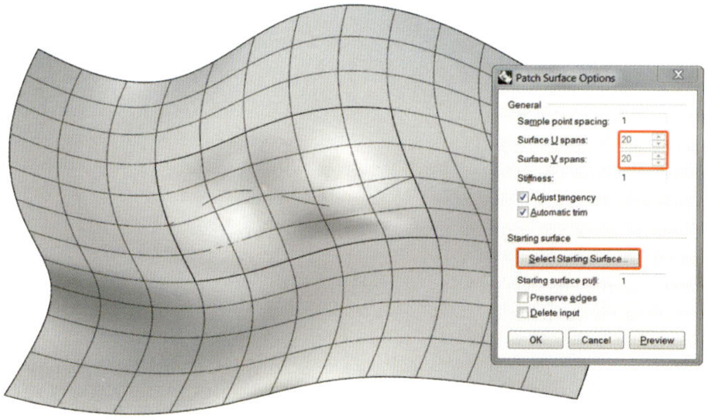

Figura 7.110 – Ajuste del patch (spans) determinado por la superficie base circundante

Una vez activada esta opción, el *patch* busca reconstruir la superficie base pero tiene una curva intermedia que tiende a deformarlo. La opción *Starting surface pull* determina cuánto la forma de la superficie base "pesa" en la construcción del patch. El efecto de esta opción es similar al parámetro *Stiffness*: un valor bajo comporta una posibilidad de curvatura mayor; un valor alto comporta una posibilidad de curvatura menor (el *patch* es más similar a la superficie base) (Figura 7.111).

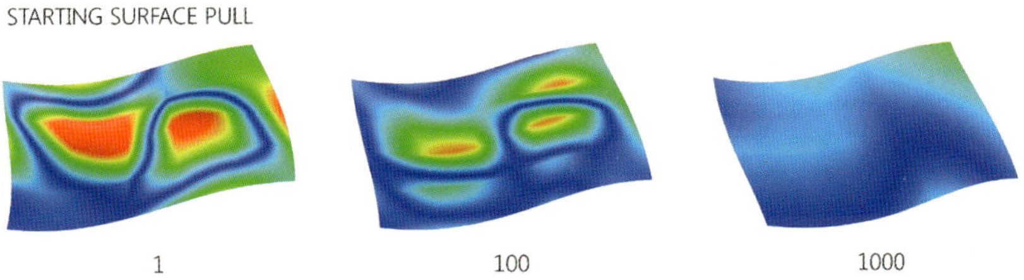

Figura 7.111 – Peso de la superficie base en la creación del patch

Observaciones

- El *patch* es una superficie extremadamente práctica en situaciones difíciles, pero absolutamente imprecisa. La superficie se genera por interpolación a partir de la geometría de input y a través de un parámetro totalmente desconectado de la geometría que es *Stiffness*. Por lo tanto *la superficie patch nunca pasa exactamente a través de la geometría inicial.*
- *El grado de aproximación con el que la superficie patch pasa a través de la geometría de input no es medible*, o bien no existe un parámetro que permite medir con cuál tolerancia la superficie pasa a través de la geometría de input. Lo que vuelve el *patch* inadecuado si se pretende crear una superficie perfectamente controlada desde el punto de vista dimensional.
- Casi siempre se crea el *patch* con la opción *Automatic trim* para lograr una superficie determinada por las curvas exteriores; pero no se debe olvidar que se trata de una superficie con topología rectangular recortada por el *loop* cerrado que forma el contorno visible. Es suficiente activar los puntos de control del *patch* para darse cuenta de cuál es su forma real y su topología.

7.11.1 Puntos atractores

Una aplicación interesante del _*Patch* es su uso en combinación con la opción *Record History*.
Analicemos un caso muy simple pero emblemático y que puede abrir camino a numerosas aplicaciones.
Utilicemos la misma superficie del último ejemplo pero esta vez más que una curva intermedia utilizaremos un simple punto (Figura 7.112).

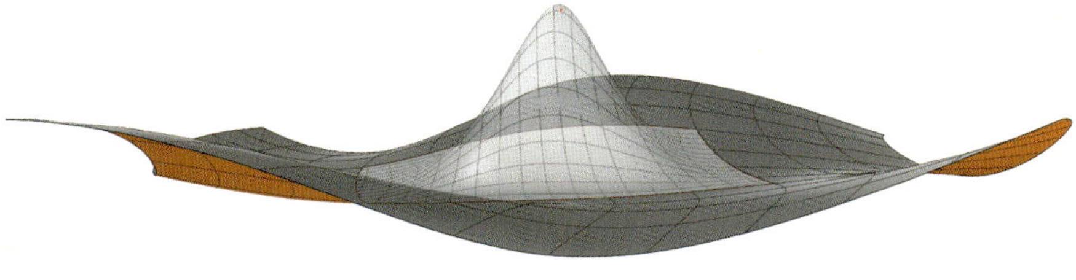

Figura 7.112 – Patch con 4 curvas (bordes de la superficie) y un punto, spans 20x20

Cambiando la posición del punto (atractor) se cambia la forma de la superficie (Figura 7.113).

Figura 7.113 – Deformación de la superficie inducida por el desplazamiento de un solo punto atractor

7.11.2 Digital Terrain Modeling

Un uso natural del _*Patch* es la reconstrucción de terrenos.

Para reconstruir un terreno se pueden utilizar también otros comandos que permiten la creación de un resultado más preciso pero (mucho) más complejo, casi siempre constituido por polisuperficies en vez de una sola superficie.

Con una sola aplicación del comando _*Patch* se pueden restituir terrenos incluso muy articulados.

La condición más importante en este tipo de aplicación es disponer de una buena representación altimétrica general del terreno, con curvas de nivel a 1m o 5m dependiendo de la extensión o de la orografía del mismo, y eventualmente de un levantamiento detallado. Lo ideal es disponer de las dos cosas: el _*Patch* puede utilizar tanto las curvas de nivel como los puntos del levantamiento como input.

Antes de ejecutar el comando, es oportuno reconstruir un contorno cerrado 3D del terreno, utilizando los puntos finales de las curvas de nivel (si las curvas de nivel son muchas se pueden dibujar todos los puntos finales de las curvas y utilizarlos con el comando _*CurveThroughPt*) (Figura 7.114).

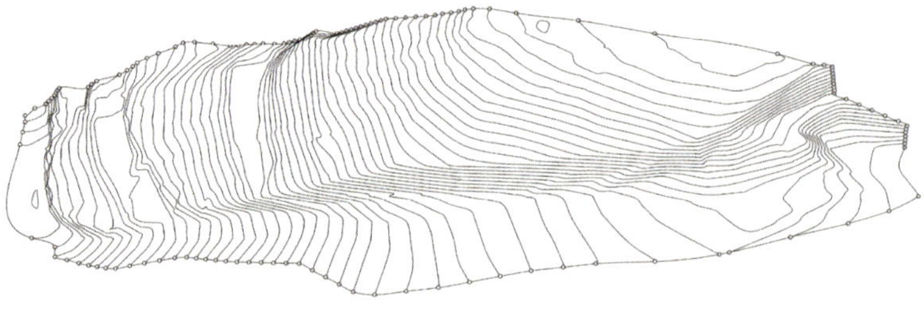

Figura 7.114 – Reconstrucción del contorno 3D del terreno por interpolación a través de los puntos finales de las curvas de nivel

Tener a disposición un loop cerrado permitirá recortar la superficie del patch exactamente con la forma del lote (Figura 7.115).

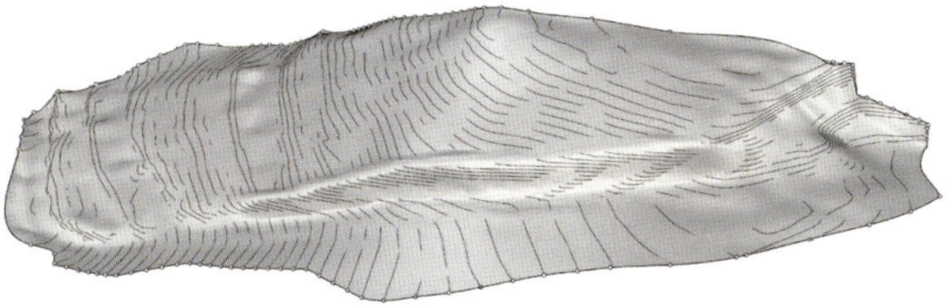

Figura 7.115 – Superficie patch resultante

El hecho de que las curvas de nivel sean aparentemente discontinuas es una consecuencia de que el *patch* no pasa exactamente a través de la geometría de input: las curvas de nivel tienen tramos arriba de la superficie y tramos que están por debajo de la misma.

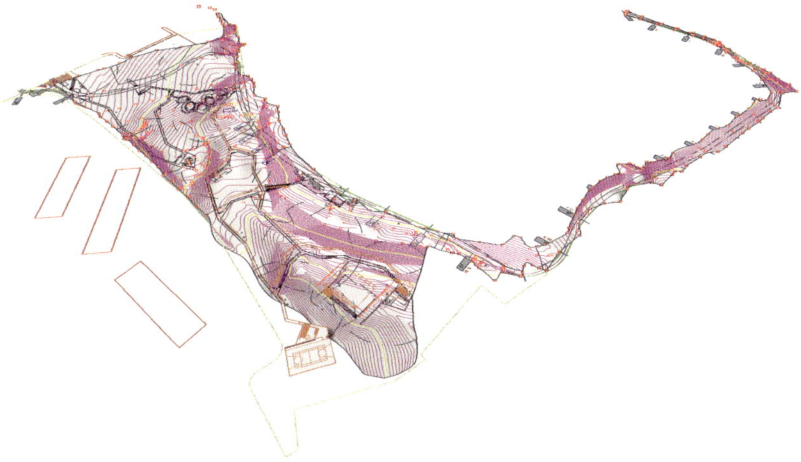

Figura 7.116 – Digital Terrain Modeling con curvas de nivel y levantamiento

7.12 Superficie a partir de mapa de alturas

Modelar geometrías orgánicas o extremadamente articuladas no es fácil en Rhino. No existen herramientas de modelado escultórico como en otros programas que trabajan con geometrías poligonales (Blender™ y similares).

Una técnica que permite resolver este problema es el modelado basado en imágenes. En particular, se trata de imágenes denominadas *heightmap* o *heightfield*.

Todos aquellos que se ocupan de modelado 3D y CG conocen este tipo de imágenes con un nombre más común: *bump/displacement textures*, por el tipo de efecto que producen.

7.12.1 Mapa de alturas

Una *heightfield image*, o mapa de alturas, es una imagen ráster (o bien compuesta por píxeles, no por objetos vectoriales) que contiene información de distancia y no de luz.

Una fotografía normal no contiene información sobre distancia, al menos no analíticamente (la profundidad de campo con efecto desenfocado proporciona una indicación general sobre la distancia de los objetos enmarcados pero no proporciona valores exactos).

La fotografía per sé almacena información de luz: un píxel tiene más o menos brillo (*luma*) y un color (*chrome*) únicamente por efecto de la luz. Lo que no significa que en una fotografía un píxel más oscuro esté más lejos que un píxel más claro, o viceversa.

En una foto los píxeles más oscuros corresponden o a colores más oscuros o a zonas de sombra, y rara vez están relacionados con una efectiva variación de profundidad (Figura 7.117 y Figura 7.118).

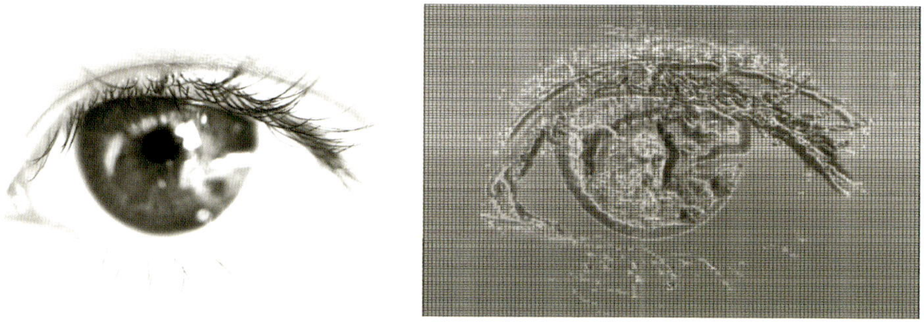

Figura 7.117 – Fotografía y correspondiente superficie a partir de un mapa de altura: se lee la forma del ojo en vista cenital

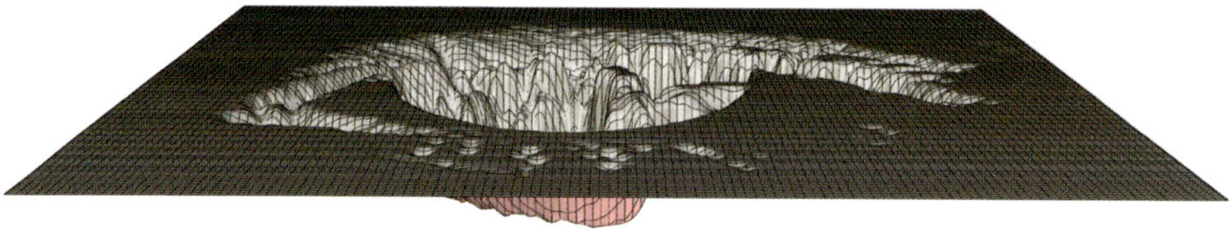

Figura 7.118 – Aspecto real de la superficie: las áreas elevadas corresponden a los píxeles con mayor brillo.
La forma de la superficie no corresponde en absoluto a la forma real del ojo.

El mapa de alturas en cambio no almacena información de luz sino exclusivamente de distancia, o justamente de altura respecto a un plano de referencia. La imagen se presenta como una imagen en escala de grises (*luma*) donde el píxel negro corresponde a la altura del plano de referencia (la cota cero) y el píxel blanco a la altura máxima respecto al plano de referencia. Si dos píxeles tienen el mismo tono de gris quiere decir que los puntos correspondientes se encuentran a la misma altura del plano de referencia (Figura 7.119).

Figura 7.119 – Mapas de alturas

Las primeras dos imágenes en la Figura 7.119 se usan generalmente como textura *bump* o *displacement* en la creación de materiales para el render y no como *heightfield*: de hecho es prácticamente imposible utilizar la técnica de las superficies de mapa de alturas para modelar objetos con geometrías muy *rígidas*, debido al modo en el que es determinada la altura de la superficie. El resultado es casi siempre una superficie tendencialmente suave y sin bordes concretos.

La tercera imagen representa en cambio un terreno montañoso, por lo tanto *orgánico*, y es más adecuada para modelar una superficie de mapa de alturas (Figura 7.120).

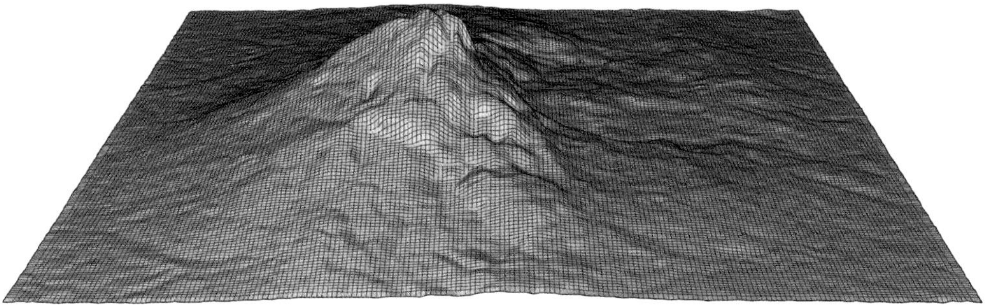

Figura 7.120 – Terreno montañoso con superficie de un mapa de alturas

No es fácil producir una imagen *heightfield*, seguramente no es posible hacerlo con una máquina fotográfica normal. Generalmente este tipo de imágenes se producen con instrumentos láser muy costosos.

Las imágenes en la Figura 7.119 fueron obtenidas renderizando el canal ZDepth en una vista cenital de un modelo 3D (Figura 7.121).

Rhino 6 incluye el motor de render Cycles: se puede renderizar el canal ZDepth utilizando el botón  *Show distance channel* en la ventana del render.

Figura 7.121 – Modelo 3D para la generación de una imagen heightfield utilizando el canal de rendering ZDepth

El resultado del uso de las primeras dos imágenes como textura *bump* en un material es el siguiente (los dos objetos representados son en realidad dos superficies perfectamentes lisas):

Figura 7.122 – Uso de un mapa de alturas como textura bump

Observaciones

- Una imagen *heightfield* está acompañada normalmente por las siguientes informaciones dimensionales:
  - Dimensiones reales del área representada en la imagen (base x altura);
  - Altura real correspondiente al color negro (plano de referencia);
  - Altura real correspondiente al color blanco (elevación máxima respecto al plano de referencia).

7.12.2 Funcionamiento del comando

Así como el *_Patch*, también el comando *_Heightfield* utiliza unas configuraciones que evaden la lógica de bordes, isocurvas, etc..

Comando: _Heightfield

Permite crear, o mejor, *adaptar* una superficie o un objeto mesh a un escaneado de puntos de muestra obtenidos de una imagen *heightfield*.

El funcionamiento es bastante inusual respecto a los comandos vistos anteriormente:

- Se genera una cuadrícula de puntos a partir de una imagen *heightfield*; la altura de los puntos es proporcional al *brillo* del píxel muestra;
- Se construye una superficie que utiliza la malla de puntos como estructura de control, o una superficie interpolada a través de tales puntos, o un objeto mesh que tiene los vértices en tales puntos.

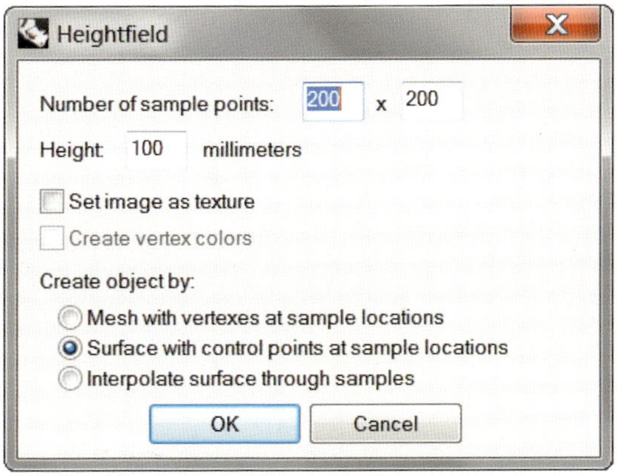

Figura 7.123 – Interfaz del comando _Heightfield

Opciones

Number of sample points	Número de puntos de muestra a lo largo de la imagen *heightfield* en las dos direcciones horizontal y vertical.	
Height	Altura máxima correspondiente a los píxeles de color blanco. Se utiliza la unidad de medida del documento.	
Create object by	*Mesh with vertexes at sample locations*	Construye un objeto mesh con los vértices en correspondencia a los puntos de muestra.

Surface with control points at sample locations	Construye una superficie NURBS con los puntos de control en correspondencia a los puntos de muestra.
Interpolate surface through samples	Construye una superficie NURBS interpolada a través de los puntos de muestra.

Es una buena opción trabajar con imágenes *heightfield* de alta resolución y dimensiones grandes, sobre todo si se quiere obtener una superficie con un buen nivel de detalle.

Puntos de muestra y detalle

Los dos parámetros *Number of sample points* determinan la densidad de puntos en la cuadrícula que se sobrepone a la imagen (Figura 7.124).

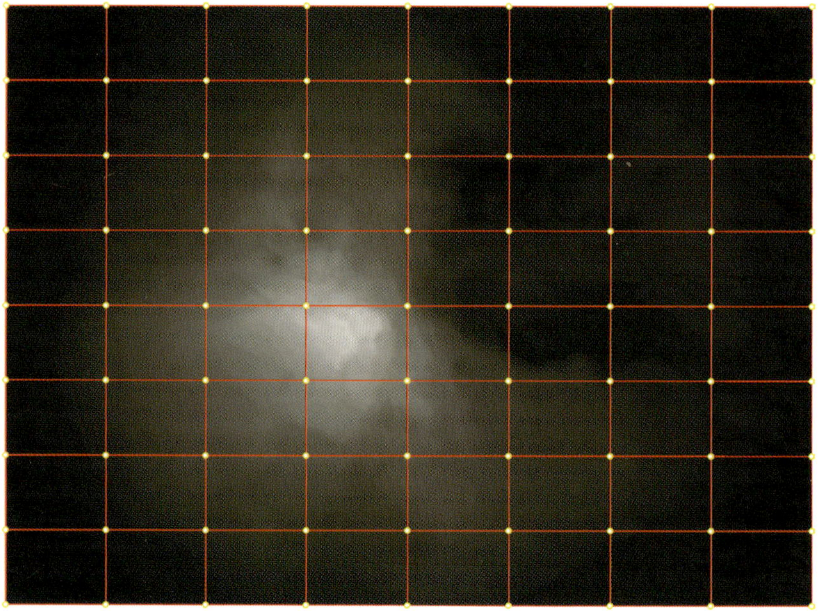

Figura 7.124 – Muestra de la imagen de 9x9 sample points

A cada uno de los puntos de muestra corresponde un píxel de la imagen: el comando lee el *brillo* del píxel entre 0 (negro) y 255 (blanco).

Si se analiza una sola línea de puntos se puede visualizar fácilmente el funcionamiento de la fase de toma de la muestra (Figura 7.125).

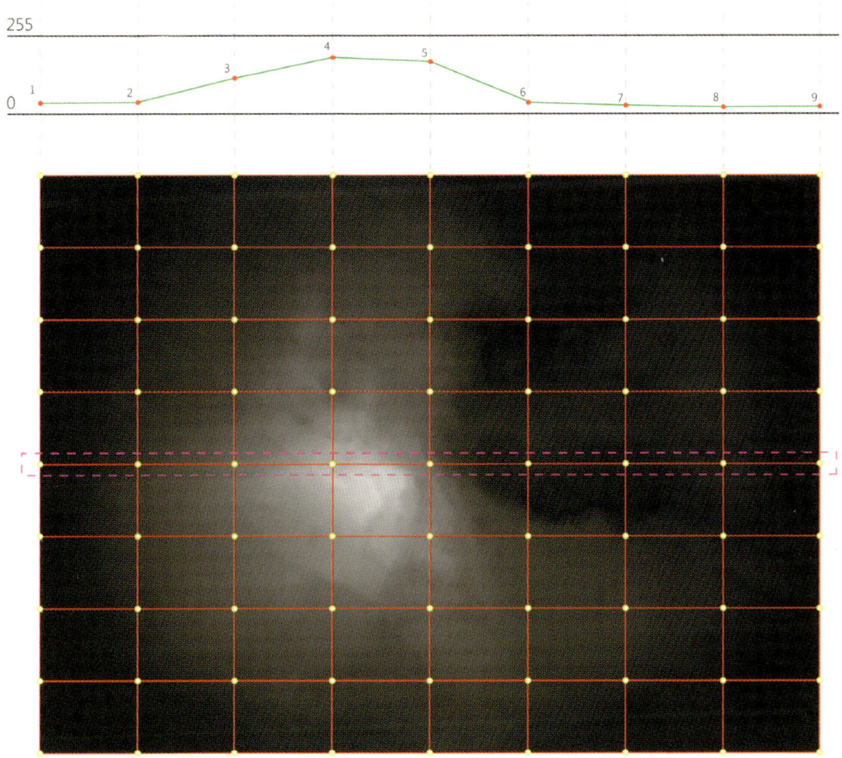

Figura 7.125 – Correspondencia entre brillo del píxel y altura

Es fácil intuir que a una mayor densidad de la cuadrícula de puntos le corresponde un mayor detalle de la superficie resultante. Por ejemplo los puntos 4 y 5 tienen más o menos la misma altura, pero si se observa la imagen entre los dos puntos, existe una zona de píxeles más claros que representan un pico de la superficie. Debido a la baja resolución de la muestra realizada, este pico no aparece en la interpolación y por lo tanto la superficie habrá perdido este detalle: si se aumenta la resolución de la muestra se podrán interceptar variaciones de luminosidad más próximas y por lo tanto la superficie resultante tendrá un detalle más alto (Figura 7.126).

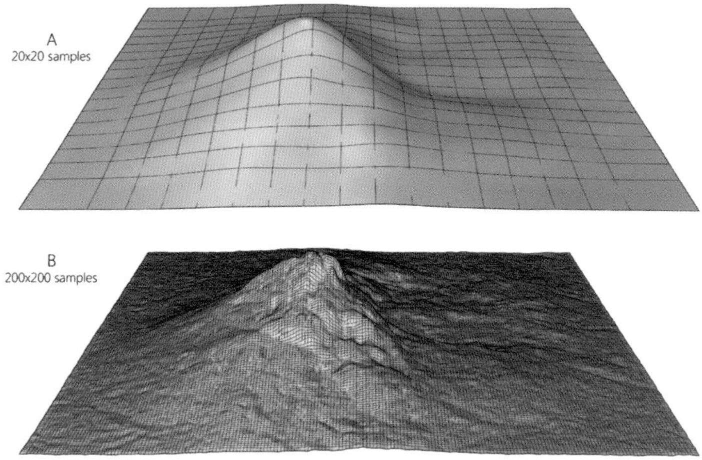

Figura 7.126 – Resolución de la muestra y nivel de detalle

Nota: si se intenta hacer una muestra de la imagen con más de 100x100 (10.000) sample points el programa avisa que por la cantidad de puntos el resultado de la operación podría ser tan complejo que provocaría el colapso del programa.

Altura de la superficie

El brillo de un píxel de una imagen en escala de grises se mide con los valores desde 0 (negro) a 255 (blanco). Como ya dijimos, una imagen *heightfield* está acompañada por algunos datos dimensionales, entre ellos están la altura que corresponde al píxel negro y la altura que corresponde al píxel blanco, es decir el rango de alturas. Estos datos son fundamentales para construir una superficie correctamente proporcionada.

El comando pide dibujar un rectángulo a partir del lado horizontal. El aspecto del rectángulo es proporcional al aspecto de la imagen: si la imagen tiene un aspecto 4:3 el rectángulo tendrá la misma proporción.

En Rhino se diseña utilizando una unidad de medida especifica: si se conoce la medida real de la imagen *heightfield* se puede dibujar un rectángulo a escala. Por ejemplo si la imagen representa un área de 20x20km y se dibuja un rectángulo de 20x20 (independientemente de la unidad de medida), el factor de escala será 1 unidad = 1 km.

Conociendo la altura del pico más alto contenido en la imagen (píxel blanco), se puede configurar correctamente el valor del parámetro *Height* en la interfaz del comando: si el pico más alto está a 2500 m el valor correcto de la altura será 2.5 unidades.

Si no se conocen las dimensiones reales de la imagen *heightfield* y/o se dibuja el rectángulo inicial sin considerar las dimensiones reales de la imagen, es imposible crear una superficie que se mantenga fiel al objeto real (Figura 7.127).

De cualquier manera, el comando restituye una variación de altura siempre proporcional, por lo tanto si se obtiene una superficie demasiado aplanada o exageradamente áspera, se puede escalar en la dirección vertical para ajustar la altura.

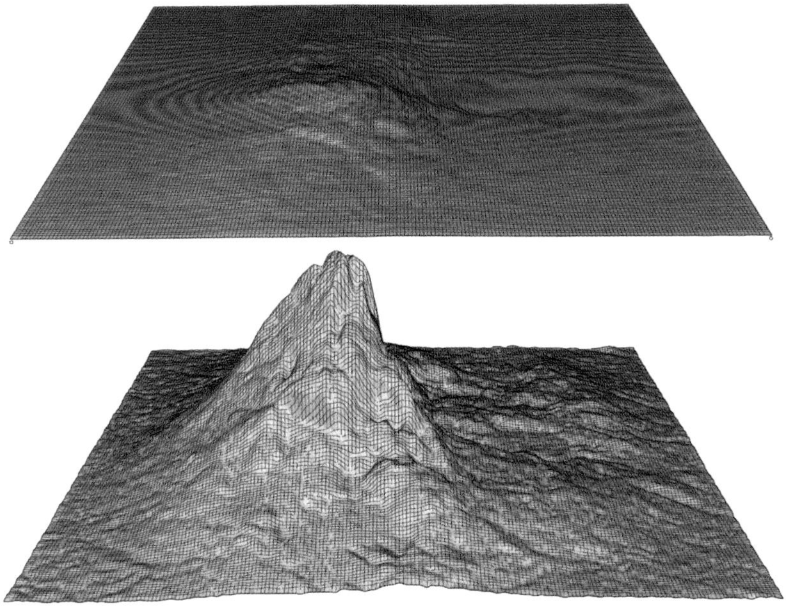

Figura 7.127 – La misma imagen heightfield restituye superficies diversas con valores aleatorios de la altura

Elección del tipo de output

Configuramos los puntos de muestra y conocemos la altura: ¿qué tipo de objeto conviene crear?

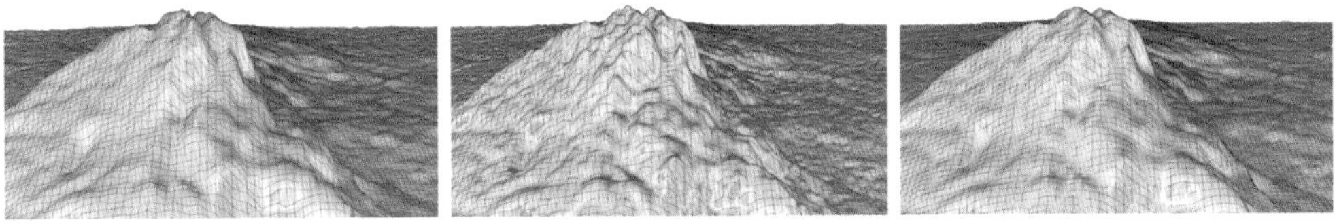

Figura 7.128 – Mesh (a la izquierda), superficie por puntos de control (en el centro), superficie interpolada (a la derecha)

Si se utilizan pocos puntos de muestra, se obtiene un resultado aceptable incluso con una superficie NURBS interpolada; sin embargo, es el único caso en el que es posible utilizar esta opción sin obtener resultados distorsionados.

La interpolación a través de una malla de puntos densa puede implicar excesivas ondulaciones en la superficie, debido a cómo se genera dicha interpolación (Figura 7.129).

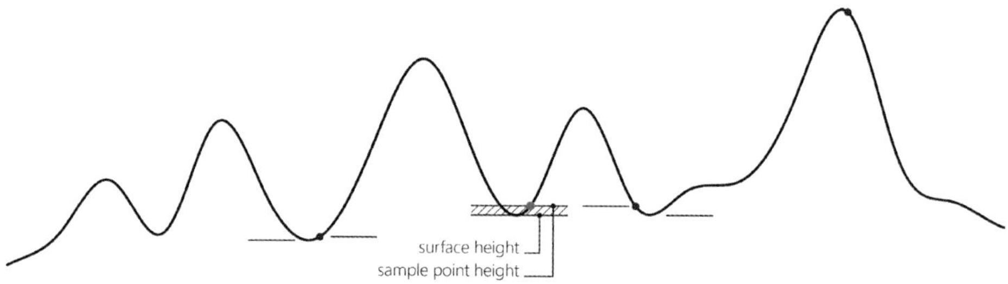

Figura 7.129 – La curva interpolada supera la altura de los puntos

O, como se puede ver en la Figura 7.128, la interpolación entre puntos cercanos puede "suavizar" excesivamente la superficie con respecto a la superficie creada por puntos de control.

Si se utiliza una superficie con los puntos de control en correspondencia con los puntos muestra, se obtiene el efecto opuesto: para una red de puntos poco densa la superficie pasa lejos de los mismos; pero si la densidad de los puntos es suficientemente alta entonces la distancia entre la superficie y sus puntos de control se vuelve insignificante.

Ambas superficies por lo tanto, tanto la interpolada como la superficie por puntos de control, no respetan perfectamente las cotas de los puntos muestra, pero esto no es importante en este tipo de superficie.

Puesto que, generalmente, se trabaja con cantidades altas de puntos interpolados, es recomendable utilizar la superficie por puntos de control.

Es posible también generar un objeto mesh con los vértices en correspondencia con los puntos interpolados. Este método es muy útil si se quiere modelar directamente para la producción o si se pretende utilizar el resultado del *_Heightfield* para elaboraciones sucesivas basadas en mesh.

Observaciones

- Se pueden crear imágenes *heightfield* utilizando cualquier editor de imágenes para obtener superficies personalizadas.

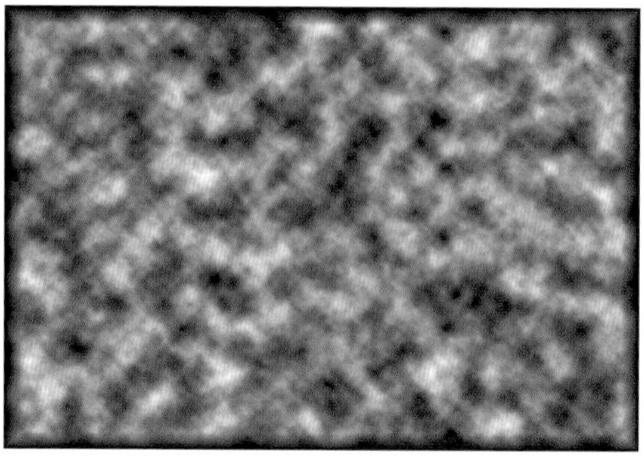

Figura 7.130 – Imagen con textura "clouds" y borde negro difuminado

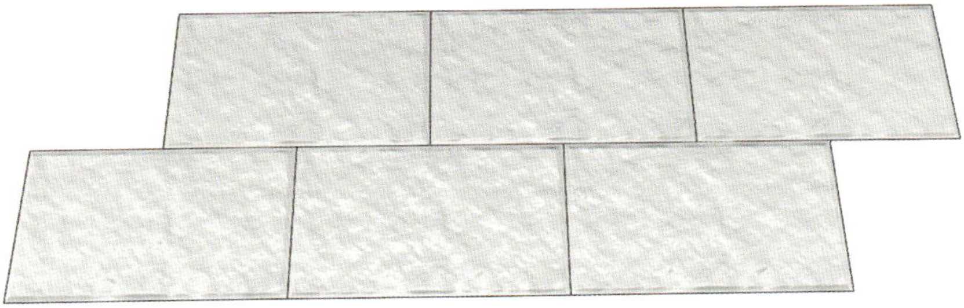

Figura 7.131 – Superficies obtenidas con la textura anterior

Las superficies obtenidas con este comando, sobre todo si la malla de puntos interpolados es muy densa, son muy complejas y por lo tanto las dimensiones del documento aumentan muchísimo.

7.13 Tutorial – Modelo del neumático

El modelo 3D del neumático es seguramente la parte más fácil del tutorial y se puede obtener a través del modelado directo de superficies.

No disponemos de todos los elementos para determinar exactamente la geometría del neumático: por ejemplo falta un corte transversal que muestre cuáles son las profundidades de las diversas partes. Por esto algunas partes del modelo son obtenidas observando atentamente las fotografías y recurriendo a la propia capacidad de proporcionar correctamente las partes.

Las ruedas de este auto están llenas de detalles, cómo se puede observar en el dibujo 2D (Figura 7.132).

Figura 7.132 – Vista frontal de la rueda en 2D

La rueda está compuesta por 4 partes fundamentales: el cubo, la llanta, el tapacubo, el neumático de caucho.

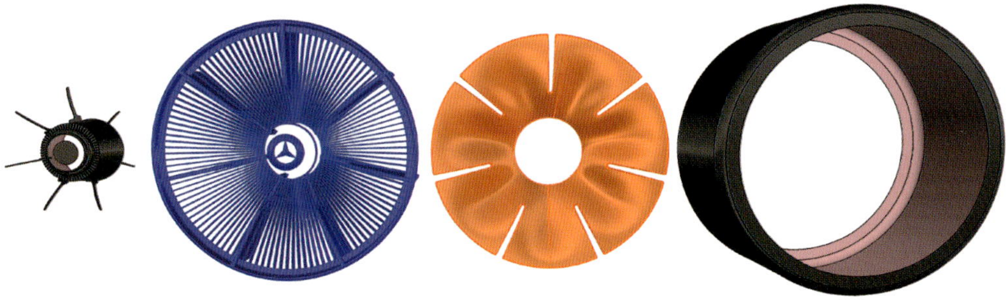

Figura 7.133 – Partes de la rueda

El cubo es sustancialmente una geometría cilíndrica obtenible por extrusión o revolución de un único perfil. La única complejidad está constituida por las alas pegadas al cuerpo del cubo y por los soportes de los rayos: sin embargo, se trata de simples extrusiones sólidas.

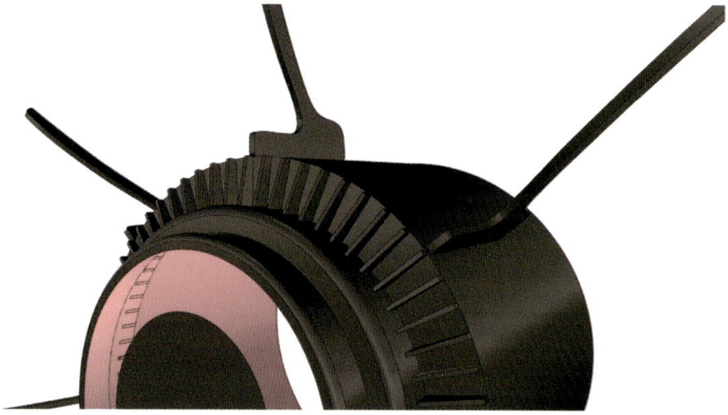

Figura 7.134 – Detalles del cubo

La llanta está compuesta por dos tipos de rayos: los más delgados y densos, que se repiten a lo largo de toda la circunferencia de la rueda, y los más grandes que dividen la rueda en siete sectores.
Dado que existe una simetría radial y la rueda está subdividida en sectores, conviene modelar un solo sector y utilizar una serie polar (*_ArrayPolar*).
Para modelar los rayos es necesario dividir la circunferencia en partes iguales, por lo tanto es necesario contar el número de rayos. Los diversos elementos de los rayos, tanto los delgados como los grandes, se obtienen simplemente por extrusión sólida de una curva de perfil.

Figura 7.135 – Rayos y otras partes metálicas del soporte de la rueda)

Los rayos más grandes fueron modelados con una profundidad mayor (Figura 7.135) para que desaparecieran dentro de la rueda: en realidad no es posible obtener esta información de las fotografías, por lo tanto lo importante es que visualmente el resultado sea aceptable.

El tapacubo es la superficie más compleja de la rueda, y se obtiene creando una superficie de revolución que será sucesivamente deformada y recortada. Veremos cómo modelar este elemento en los siguientes capítulos.

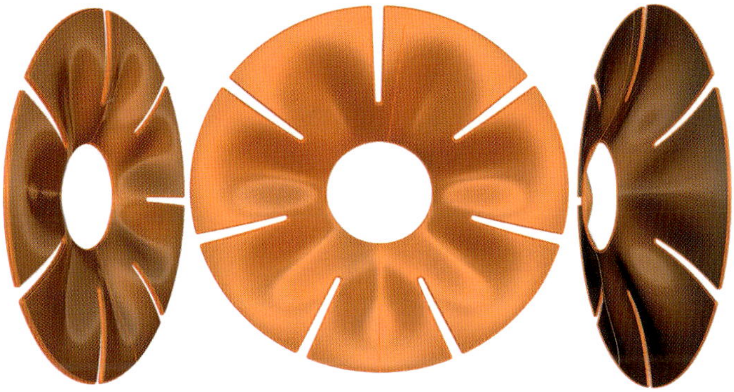

Figura 7.136 – Tapacubo

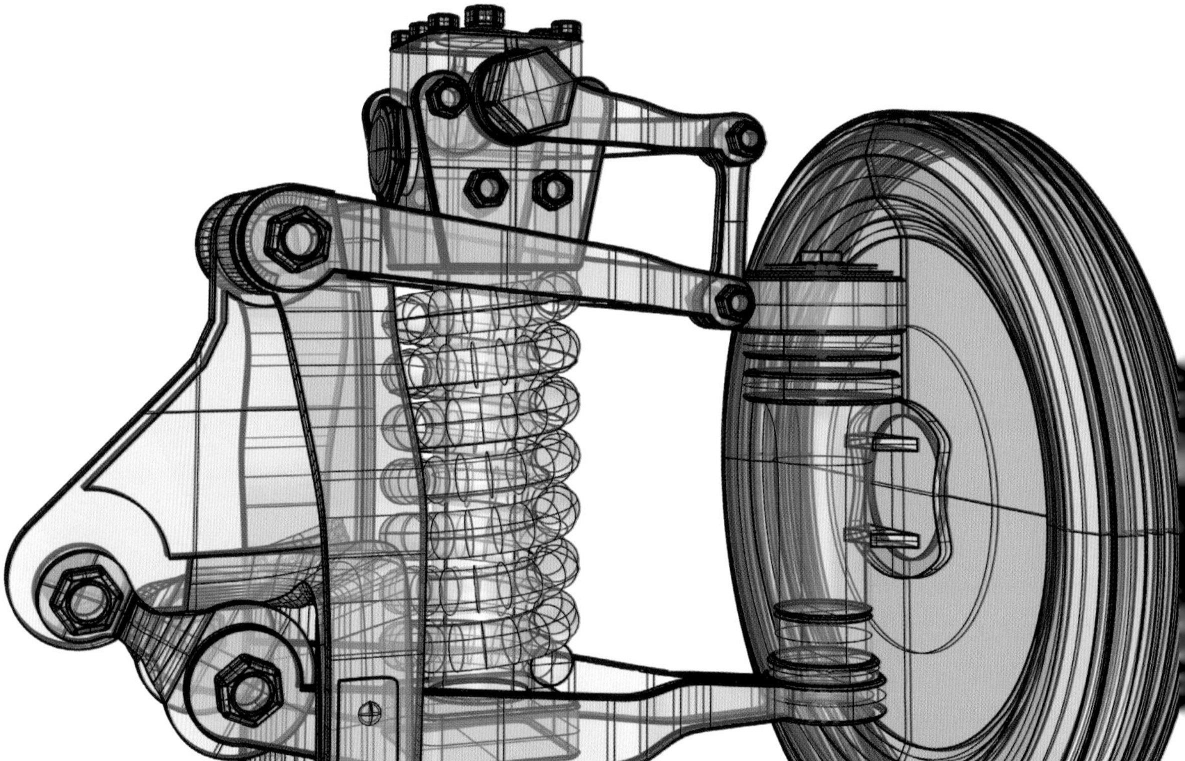

8_Trabajar con los puntos de control

Conoce a fondo el software
y no necesitarás de plugins.

Trabajar con los puntos de control es probablemente el aspecto más fascinante y complejo del modelado NURBS con Rhino.
Los mejores resultados, los más controlados y los estéticamente más valiosos se obtienen con las técnicas descritas en este capítulo.

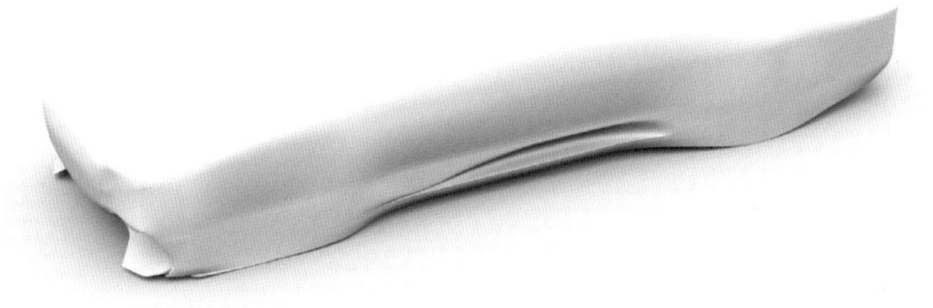

Figura 8.1 – Carrozzeria di un'auto ottenuta da una sola superficie NURBS per manipolazione dei punti di controllo

8.1 Manipulación de una superficie NURBS

Antes de iniciar a modelar con los puntos de control veamos cómo preparar una superficie para lograr este objetivo.
Muchas veces es posible iniciar un modelo complejo de la misma manera como se hace con los software de modelado poligonal: dibujando una superficie base que será sucesivamente editada y manipulada.
En Rhino se puede crear un plano rectangular deformable, como ya vimos en el punto *7.1 Superficie plana rectangular deformable*. Esta superficie constituye la base para un modelado basado en deformaciones controladas.
Sin embargo, a veces no conviene iniciar desde una superficie plana rectangular, y por tanto son necesarias las herramientas que analizaremos en este punto.

8.1.1 Esfera deformable

La reconstrucción es la herramienta principal para modificar la estructura de una superficie NURBS globalmente. Su funcionamiento es exactamente el mismo de la reconstrucción de una curva, de hecho el comando es el mismo *_Rebuild*: cuando es aplicado a una superficie, el *_Rebuild* funciona de manera diferente.

Comando: _Rebuild

El comando permite reconstruir una superficie ajustando el grado y el número de puntos de control en las dos direcciones u y v.

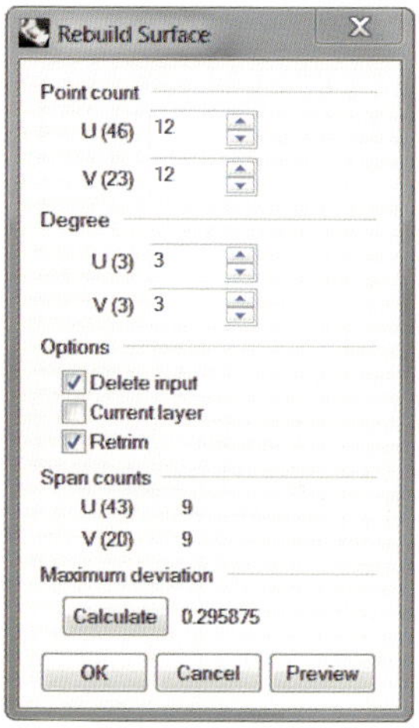

Figura 8.2 – Interfaz del _Rebuild aplicado a una superficie

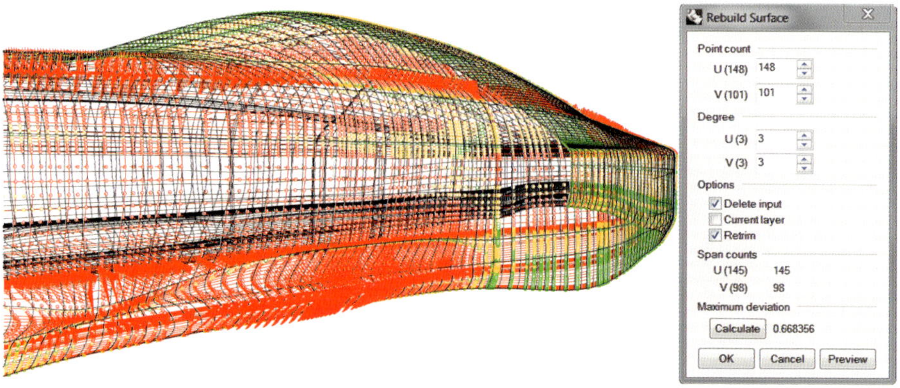

Figura 8.3 – Visualización de la desviación máxima en la reconstrucción de una superficie

Con la reconstrucción es posible aumentar el número de puntos de control disponibles dentro de una superficie y a lo largo de los bordes para poderla deformar sucesivamente.

Gracias a este comando se puede, por ejemplo, utilizar la esfera, otra superficie base muy común en el modelado poligonal.

Creando una esfera NURBS en Rhino se obtiene una superficie extremadamente rígida y controlada, tanto que activando los puntos de control se observa una estructura cúbica en la que no es posible mover ningún punto sin que en la superficie aparezca una cresta (Figura 8.4) (la única operación que no altera la continuidad de la superficie es mover todo un plano de puntos de control perpendicularmente al mismo plano, pero se crean únicamente ovoides o elipses más o menos achatados).

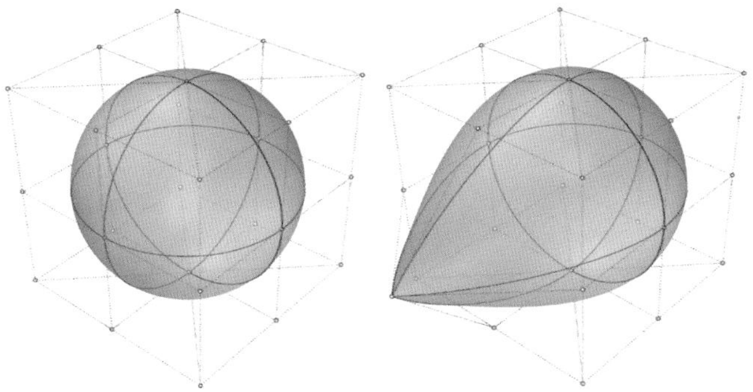

Figura 8.4 – Estructura de control de una esfera y deformación con discontinuidad resultante

Reconstruyendo la esfera, transformándola en una superficie de grado 3x3 con una cantidad suficiente de puntos de control, se obtiene una superficie completamente diferente: incluso si inicialmente puede parecer de forma esférica se trata de una superficie *free-form* deformable sobre la cual no aparecen crestas con el desplazamiento de los puntos de control.

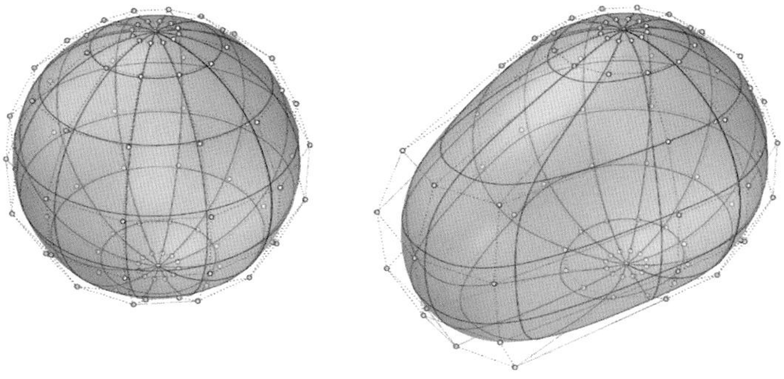

Figura 8.5 – Superficie esférica de grado 3 y su deformación sin discontinuidades

Con la técnica de la esfera deformable es posible modelar en 3D cualquier objeto que sea homeomorfo con la esfera, es decir, que no presenta agujeros (no es posible obtener una superficie en forma de toro desde una esfera desplazando los puntos de control). Al contrario, es posible obtener la superficie de la carrocería del auto en la Figura 8.1 a partir de una esfera deformable.

Observaciones

- La esfera NURBS deformable presenta un problema: los polos son una singularidad de la superficie (una esfera poligonal se puede construir como una cúpula geodésica, donde no existen polos sino sólo la repetición uniforme de caras poligonales). Esto implica una dificultad irresoluble para la deformación en la proximidad de los polos, donde los puntos de control se concentran.
  Una solución (parcial) a este problema es recortar la esfera con un plano que no atraviese ni los polos ni el borde de la esfera y entonces contraer la superficie para eliminar la parte de estructura de control en la que los puntos se concentran alrededor de los polos (Figura 8.6).

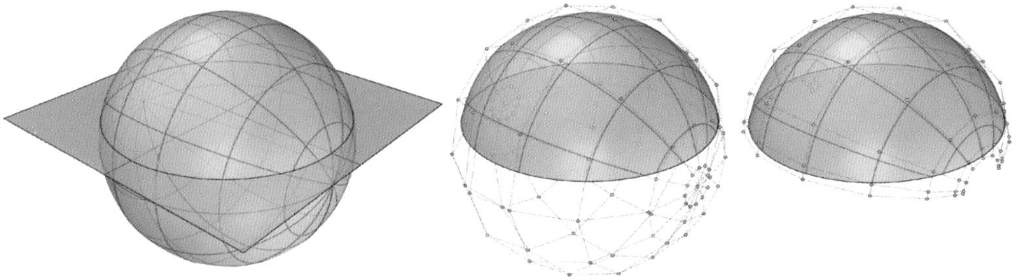

Figura 8.6 – Eliminación de las singularidades (polos) de la esfera mediante corte y contracción

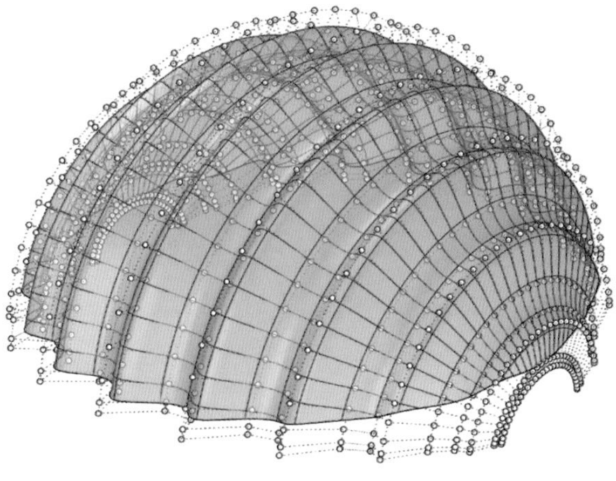

Figura 8.7 – Deformación de la cúpula esférica con _Rebuild y _Scale2D

8.1.2 Inserción de puntos de control, nodos y *kink*

La reconstrucción con *_Rebuild* es útil cuando se quiere deformar globalmente una superficie o cuando se quiere producir deformaciones de una superficie según un patrón repetido sobre toda su extensión.
Pero esto no siempre es necesario, en la mayor parte de los casos se quiere deformar la superficie solo localmente. Por esto se trabaja exactamente como ya se hizo con las curvas, introduciendo puntos de control, nodos y *kink*.
Los comandos son los mismos utilizados para las curvas, pero dado que la superficie es un dominio bidimensional es posible trabajar en cada una de las direcciones u y v.

Comando: _InsertControlPoint

Permite introducir líneas de puntos de control en una superficie existente.
La opción *Midpoint* bloquea la posición de las nuevas líneas de puntos de control en el punto medio entre dos líneas de puntos existentes.

Comando: _InsertKnot

Permite introducir nuevas líneas de nodos sobre la superficie.
Agregar una línea de nodos implica también agregar una línea de puntos de control y la redistribución de las líneas de puntos de control ya existentes.

Opciones

- *Automatic*, agrega un nodo en la mitad de cada *knot span*, manteniendo la estructura de control de la superficie lo más uniforme posible en modo de garantizar una deformabilidad más suave (*smooth*);
- *Midpoints*, evidencia los puntos medios de cada *knot span* en las dos direcciones, para poderlos utilizar como referencia y posicionar los nuevos nodos;
- *Symmetrical*, agrega dos líneas de nodos simétricos respecto a la mitad de la superficie.

Comando: _InsertKink

Permite introducir una línea *kink* dentro de una superficie. La inserción de la línea *kink* aumenta el número de puntos de control y, si se observa la nueva estructura de puntos, es evidente que la línea introducida es una línea de nodos con multiplicidad llena.

Inicialmente la línea *kink* no presenta una discontinuidad evidente porque, tratándose de una línea de nodos, esta no cambia la forma de la superficie: pero si se mueven los puntos de control correspondientes a la línea se nota cómo la superficie se deforma formando una cresta a lo largo de la línea *kink*.

En una dinámica de trabajo normal y optimizada, se inicia a trabajar con la superficie más simple posible, eventualmente reconstruyéndola con un número mínimo de puntos de control para producir inicialmente las deformaciones más amplias (Figura 8.8).

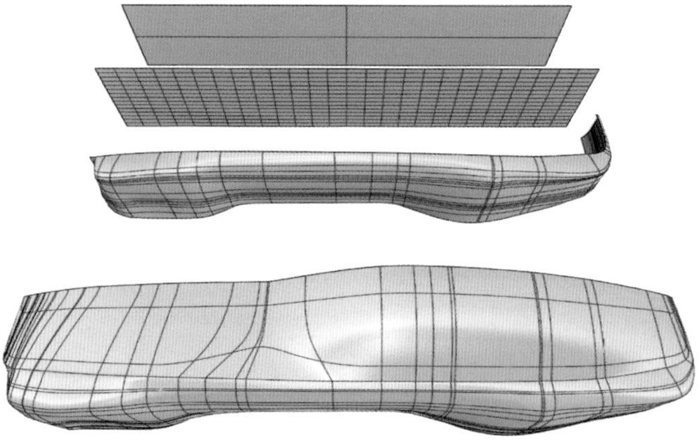

Figura 8.8 – Deformaciones amplias en zonas con pocos puntos de control

Después se pasa a intensificar las líneas de puntos (o de nodos) sólo donde es necesario producir deformaciones más localizadas (Figura 8.9).

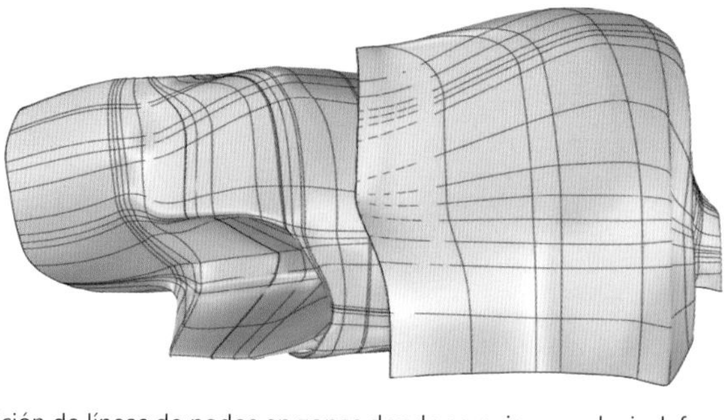

Figura 8.9 – Adición de líneas de nodos en zonas donde se quiere producir deformaciones locales

Por ejemplo, para deformar una superficie solo en algunas zonas o según algunas líneas en particular, no es necesario volver más compleja toda la superficie (Figura 8.10). En la Figura 8.11 se añadieron líneas *kink* para producir la deformación de la superficie al centro y líneas de puntos de control para la deformación a la derecha.

Figura 8.10 – Deformación de un plano según líneas específicas

Observaciones

- Cuando se agrega una línea de nodos/de puntos/*kink* es necesario considerar que dado que se trabaja con geometría NURBS (y no con T-Splines) tales líneas atraviesan toda la superficie. Agregar puntos en un área de la superficie quiere decir necesariamente agregar puntos a lo largo de toda la superficie.
  A pesar de esto, agregar líneas de puntos contribuye a mantener la superficie más simple respecto a una reconstrucción general de la misma.
- Como se puede ver (Figura 8.10), una superficie puede tener un nivel de continuidad geométrica interno incluso muy bajo, con crestas internas, sin convertirse en una polisuperficie.
  Una cresta interna por lo tanto se puede generar de dos modos (Figura 8.11):
  - con una línea *kink*, que da lugar a una cresta concreta, puntiaguda, y por tanto irreal;
  - con una líneade puntos de control aumentando el peso de estos últimos, en modo de crear una cresta redondeada, sin romper la continuidad *smooth* de la superficie a lo largo de la cresta, cosa que sucede en la realidad (pensemos en los pliegues de la carrocería de un auto, son siempre pliegues redondeados y no puntiagudos).

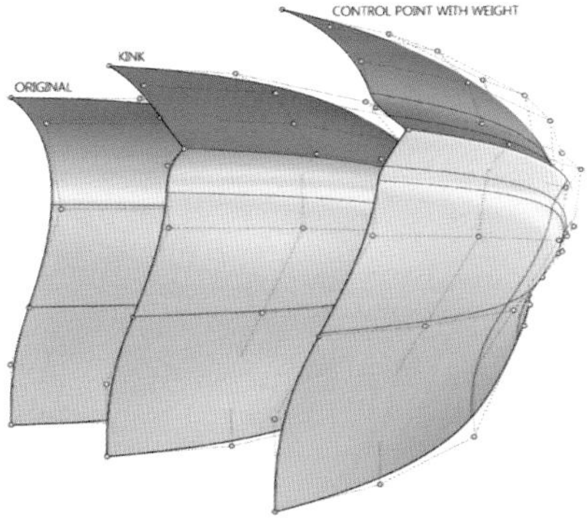

Figura 8.11 – Creación de una cresta puntiaguda y de una cresta suave

8.2 Selección de puntos

Una superficie muy compleja puede estar determinada por cientos de puntos de control: poder seleccionar estos puntos rápidamente y de manera eficaz es muy importante.

Existe una barra de herramientas extremadamente útil que ofrece diferentes herramientas de selección de puntos de control: la barra *Select Points*.

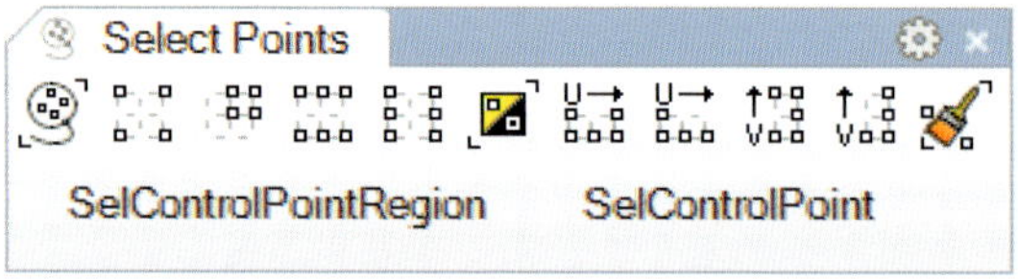

Figura 8.12 – Barra de herramientas "Select Points"

Conociendo a fondo la topología NURBS de una superficie, estos comandos resultan faciles e intuitivos.

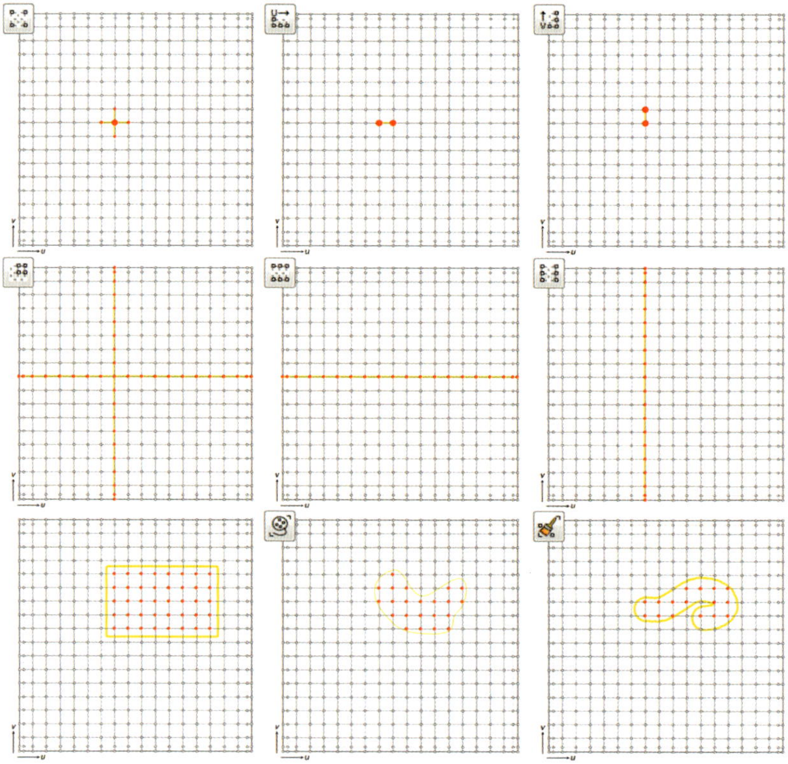

Figura 8.13 – Herramientas de selección de los puntos de control

Con referencia a la Figura 8.13:

- Seleccionado un punto de control es posible agregar un punto a su derecha/izquierda (dirección u) o por debajo/arriba (dirección v); o incluso los puntos a él directamente conectados;
- Es posible seleccionar una línea de puntos de control de una superficie en las direcciones u/v;
- Es posible seleccionar una región (rectangular) de puntos de control de una superficie;
- Es posible seleccionar puntos de control utilizando un *lazo* o un pincel.

8.3 Configurar las coordenadas

Existen en Rhino varias formas de ajustar las coordenadas de las entidades diseñadas, por ejemplo los comandos para alinear objetos. Pero en el caso de puntos (de control) la herramienta más eficaz es el comando *_SetPt*.

Comando: _SetPt

Permite configurar las coordenadas de un punto relativamente al sistema de referencia global o al *CPlane* activo (propio de una vista ortogonal o configurado manualmente por el usuario).

Alinear puntos de control mediante la configuración de las coordenadas es una manera muy práctica de hacer que una curva o una superficie respeten las reglas para el dibujo de una geometría NURBS (*4.3.2 Tres reglas prácticas para dibujar una curva free-form*).

Si, por ejemplo, se quiere que una superficie pase por un punto o alcance una altura precisa (Figura 8.14), es posible alinear algunos puntos (3x3 si la superficie tiene grado 3 en ambas direcciones u,v) sobre un plano, para que la superficie pase a través del punto central de la estructura (si esta es simétrica), o simplemente sea tangente al plano determinado por los 9 puntos.

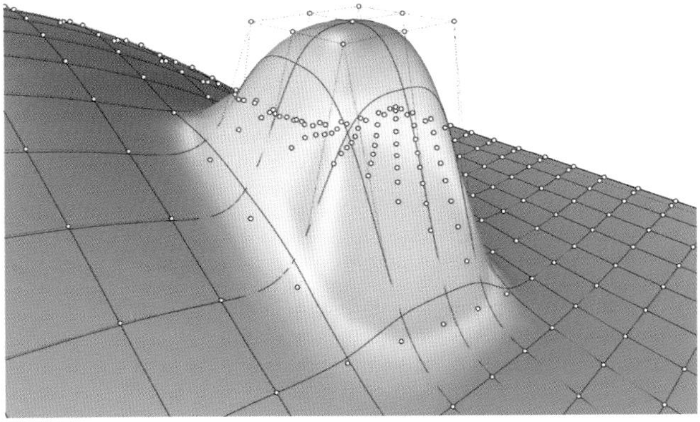

Figura 8.14 – Determinación de la altura de un punto de la superficie utilizando _SetPt

8.4 Deformaciones suaves

Ya durante el análisis del comando _*Sweep2* nos encontramos con la dificultad de configurar la posición y la forma de las curvas de sección para que la superficie resultante fuera suficientemente suave (*smooth*). Existe el mismo problema con los puntos de control: es difícil (si no imposible) ajustar individualmente la posición de todos los punto de control de una superficie y lograr un aspecto suave de la misma.

Si una superficie tiene pocos puntos de control es muy fácil producir una deformación suave ya que un punto de control afecta una porción amplia de superficie (Figura 8.15).

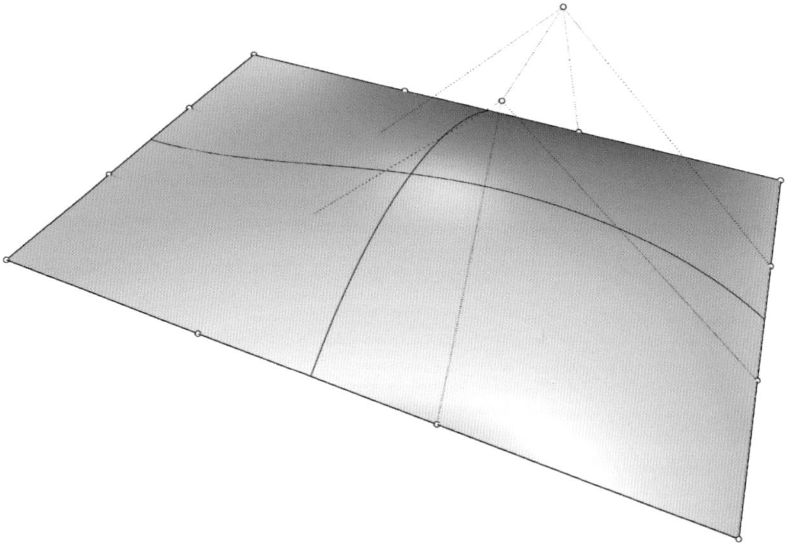

Figura 8.15 – Deformación suave de una superficie con pocos puntos de control

Pero cuando los puntos de control son muchos, no es tan fácil posicionarlos a todos coherentemente y así generar una deformación similar a la que acabamos de ver.

En este caso se puede recurrir al comando _*SoftMove*.

Comando: _SoftMove

Permite mover un set de objetos de manera coordinada. El punto central es el punto en el que el desplazamiento es igual a la distancia especificada: todos los objetos dentro del radio de acción se mueven con una magnitud inversamente proporcional a la distancia desde el centro.

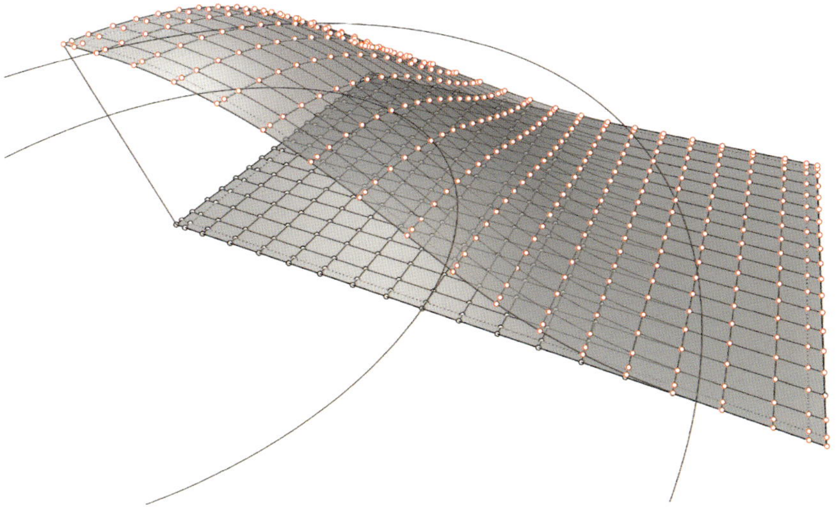

Figura 8.16 – Desplazamiento decreciente de los puntos con el _SoftMove

Observaciones

- Estamos analizando el comando *_SoftMove* en el ámbito de la manipulación de los puntos de control de una superficie, pero con este comando es posible producir un desplazamiento coordinado de cualquier set de objetos (Figura 8.17).

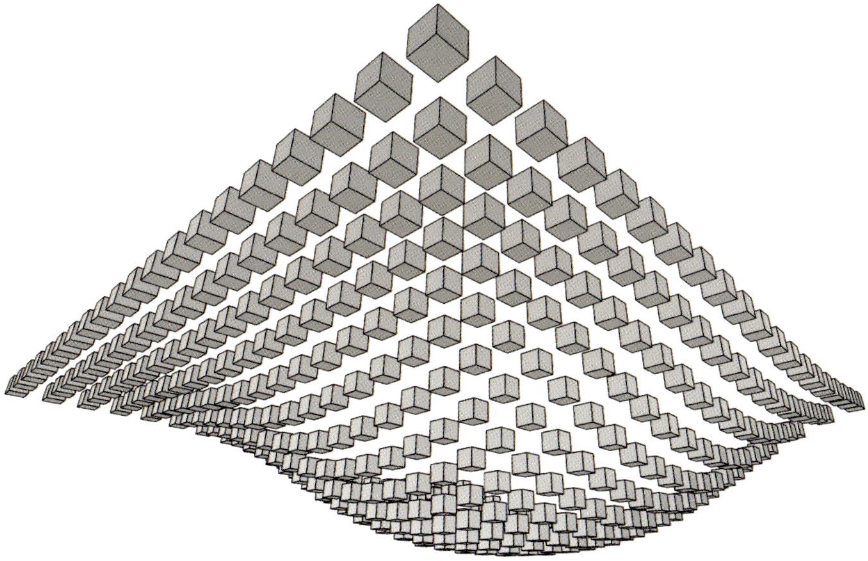

Figura 8.17 – __SoftMove aplicado a un array de cubos

8.5 Deformaciones libres

Una vez adquirida familiaridad con la manipulación de los puntos de control es posible producir deformaciones libres de las superficies utilizando todas las herramientas vistas en este capítulo: reconstrucción, introducción de líneas de nodos/de puntos/*kink*, selección y transformación de puntos.
Se recomienda trabajar lo más posible con geometrías NURBS de grado 3, tanto porque es posible gestionar la forma y las propiedades geométricas generales utilizando las tres reglas prácticas muchas veces ya recordadas, como por problemas de interoperabilidad con otros software no aptos para manejar NURBS de grado superior a 3.

Observaciones

- Se aconseja iniciar el proceso de modelado de una superficie con una topología relativamente simple para producir la deformación general del objeto, y sucesivamente proceder con la adición de complejidad local para las deformaciones más refinadas y los detalles.
- Se aconseja no iniciar el modelado por deformación con herramientas como *_Cage*, dado que la complejidad de la topología aumentaría ya desde las primeras deformaciones, por más leves que estas sean. Si para las deformaciones sucesivas son necesarios muchos puntos de control, el *_Cage* puede ser una opción (Figura 8.18).

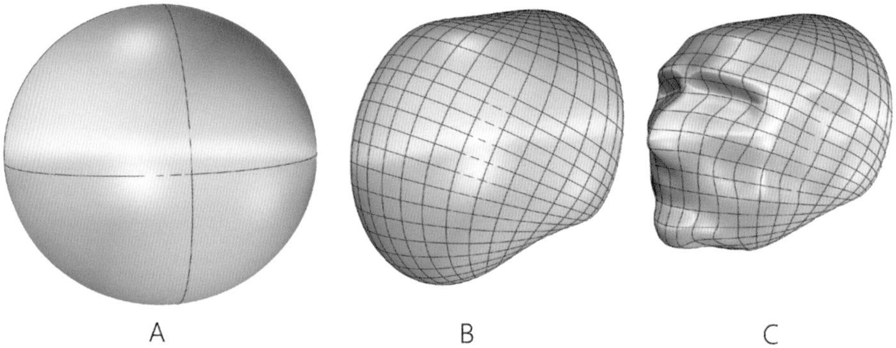

Figura 8.18 – A) Esfera original; B) Cage con línea; C) Manipulación de los puntos de control

8.6 Tutorial – Modelado de la carrocería

Como ya mencionamos al inicio del tutorial, para modelar la carrocería del auto utilizaremos una sola superficie NURBS para evitar problemas de discontinuidad entre las partes.
Analizando la forma del auto, se nota que tanto en la parte frontal (en correspondencia de la parrilla) como en la posterior (debajo de la cajuela, en correspondencia del grupo de calaveras) la superficie general de la carrocería se interrumpe.
Se podría entonces pensar en iniciar el modelo con una superficie cilíndrica abierta en correspondencia con el frente y con la parte trasera del auto, pero esto implicaría mayor dificultad al seleccionar contemporáneamente los puntos de control de un lado y del otro de la superficie, para producir deformaciones simétricas. Las mismas consideraciones valen en el caso de una superficie esférica deformable.
Conviene en cambio iniciar el modelo con una superficie lateral y utilizar el comando *_Simmetry*.

Comando: _Simmetry

Permite crear una copia simétrica de un objeto. Las opciones del comando se refieren al tipo de continuidad que se desea a lo largo del borde de contacto entre original y copia.
La verdadera utilidad del comando está en el utilizar el *_RecordHistory*: de este modo la copia queda vinculada al objeto original, por lo que transformando o deformando el original los cambios se reflejan en la copia.
Por lo tanto, por extensión, el comando permite obtener geometrías simétricas y trabajar con simetrías.

La estrategia de modelado de la carrocería es la siguiente:

1. Iniciamos con una superficie plana rectangular deformable en la vista lateral, con dimensiones iguales a la longitud y la altura del auto; la superficie tendrá un número relativamente reducido de puntos de control, para deformarla globalmente de acuerdo con los *blueprints*;
2. Plegamos la superficie para que su contorno alcance el eje de simetría longitudinal del auto;
3. Creamos la copia simétrica de la superficie;
4. Deformamos la superficie original para representar la forma exacta del auto y sus detalles.

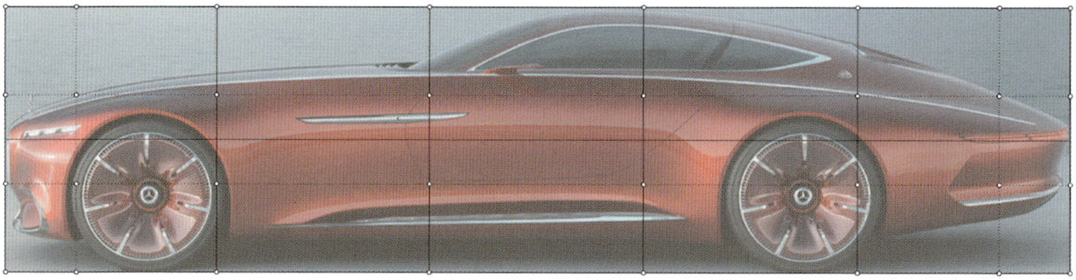

Figura 8.19 – Superficie rectangular deformable con 8x4 puntos de control

Se puede iniciar el modelado con una superficie rectangular deformable de grado 3x3 y con 8x4 puntos de control (Figura 8.19), adaptándola inmediatamente a la silueta del auto en la vista lateral (Figura 8.20).

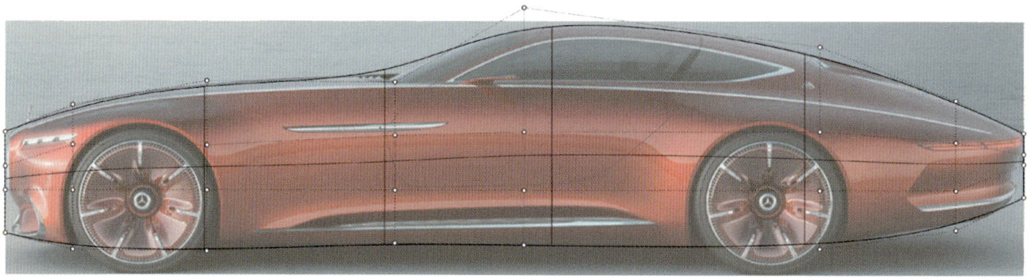

Figura 8.20 – Superficie adaptada a la silueta del auto

Para crear el volumen general del auto, procedemos a agregar una línea de nodos (muy) cercana a cada uno de los cuatro bordes de la superficie (Figura 8.21).

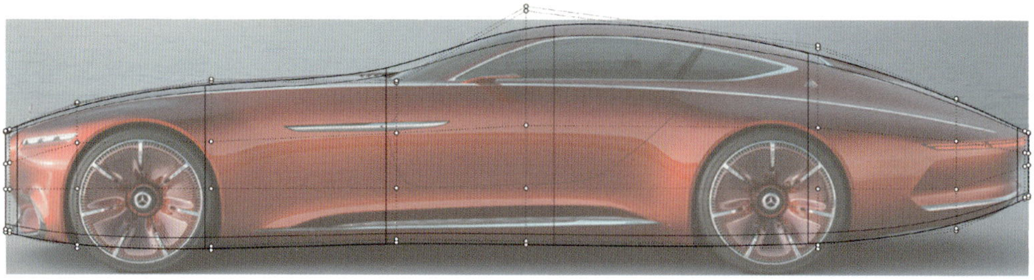

Figura 8.21 – Adición de líneas de nodos cercanas a los cuatro bordes

Pasamos a la vista frontal. Cuidando de posicionar la superficie en correspondencia con el costado del auto, ajustamos las coordenadas de todos los puntos de control en el contorno de la superficie, para posicionarlos en correspondencia del plano de simetría del auto.

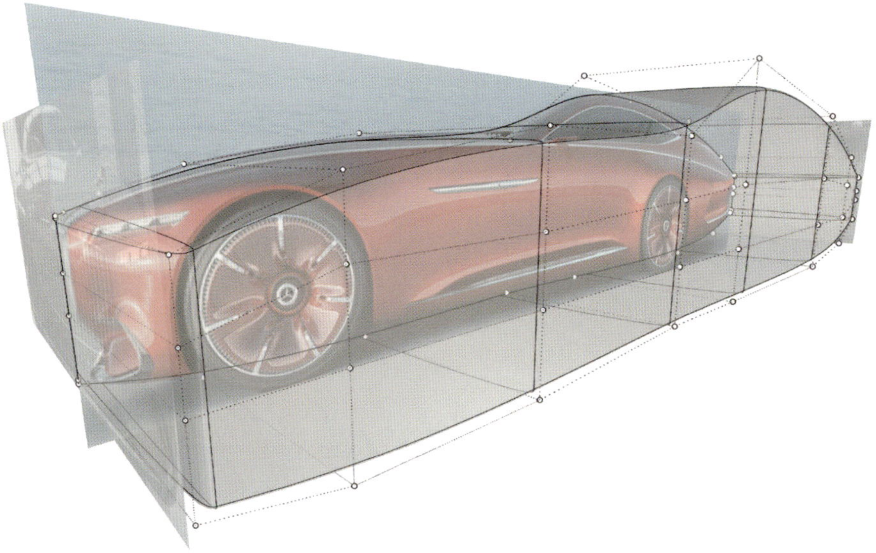

Figura 8.22 – Desplazamiento de los puntos de control en el contorno sobre el plano de simetría del auto

Ahora, antes de iniciar a deformar aún más la superficie, configuramos la simetría con continuidad *smooth* a lo largo del borde superior del auto (Figura 8.23).

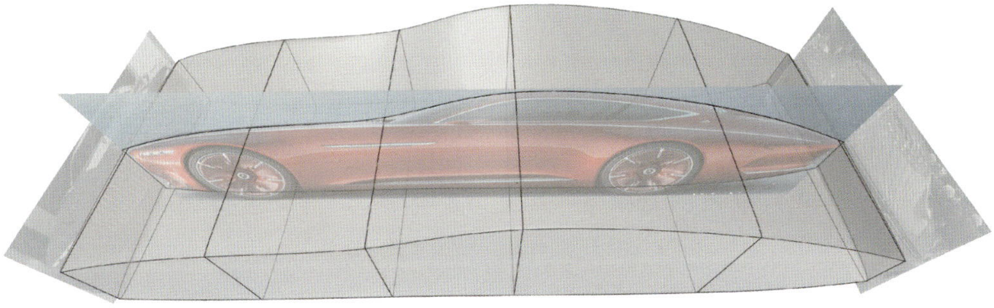

Figura 8.23 – Superficies simétricas antes de la deformación

A partir de este momento se procederá agregando líneas de nodos y deformando la superficie moviendo los puntos de control (Figura 8.24).

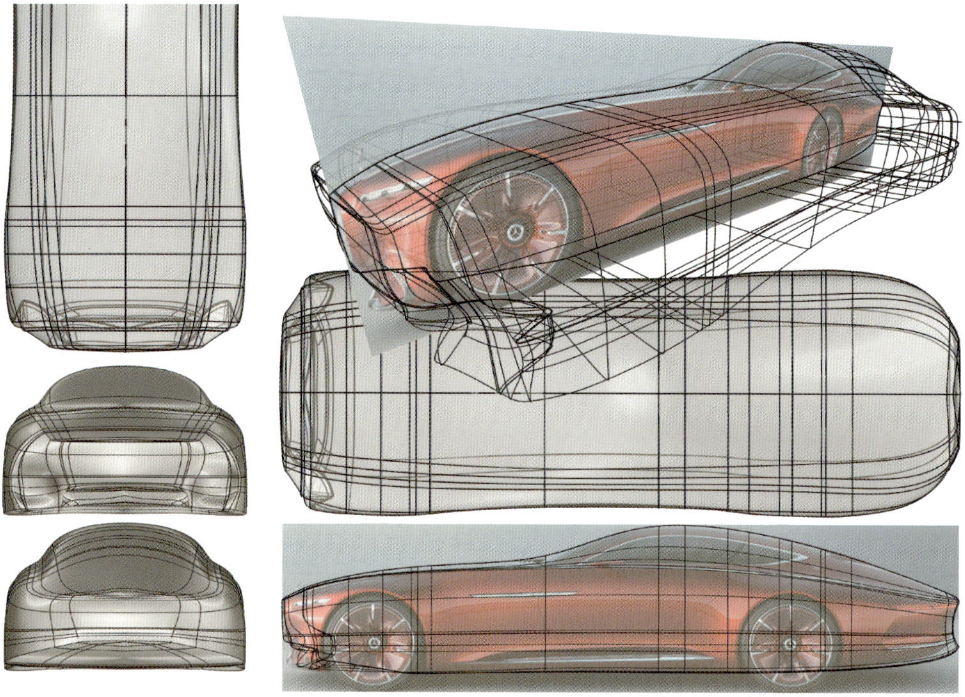

Figura 8.24 – Superficie general de la carrocería del auto

La parte más difícil de modelar es sin duda el frente del auto: es necesario agregar muchas líneas de nodos y realizar deformaciones muy articuladas para obtener las tomas de aire y los alerones aerodinámicos que se encuentran debajo y a los lados de la parrilla del radiador (Figura 8.25).

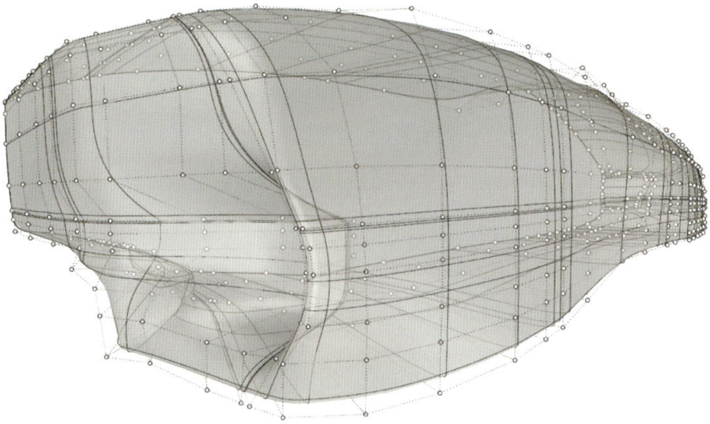

Figura 8.25 – Modelado de los alerones y de las tomas de aire anteriores

No hay forma de detallar los pasos de esta fase de modelado de la carrocería, dado que la cantidad de puntos de control y la magnitud del desplazamiento de cada uno es el resultado de muchas pruebas.

Se puede decir que el resultado final depende de dos factores:

1. La observación del objeto real, que es la guía para producir la deformación correcta;
2. Entender que la superficie NURBS está siempre determinada por líneas de puntos en dos direcciones (U y V) y que por lo tanto siempre trabajamos con una malla "rectangular" de puntos: lo que implica varias dificultades cuando se deben producir deformaciones "diagonales" respecto a la malla.

Nota: una vez obtenida la superficie simétrica de la carrocería, puesto que durante las fases sucesivas inevitablemente se romperá la relación entre las dos partes simétricas, se aconseja crear una copia de la superficie y ocultarla, en modo de conservar la forma original.

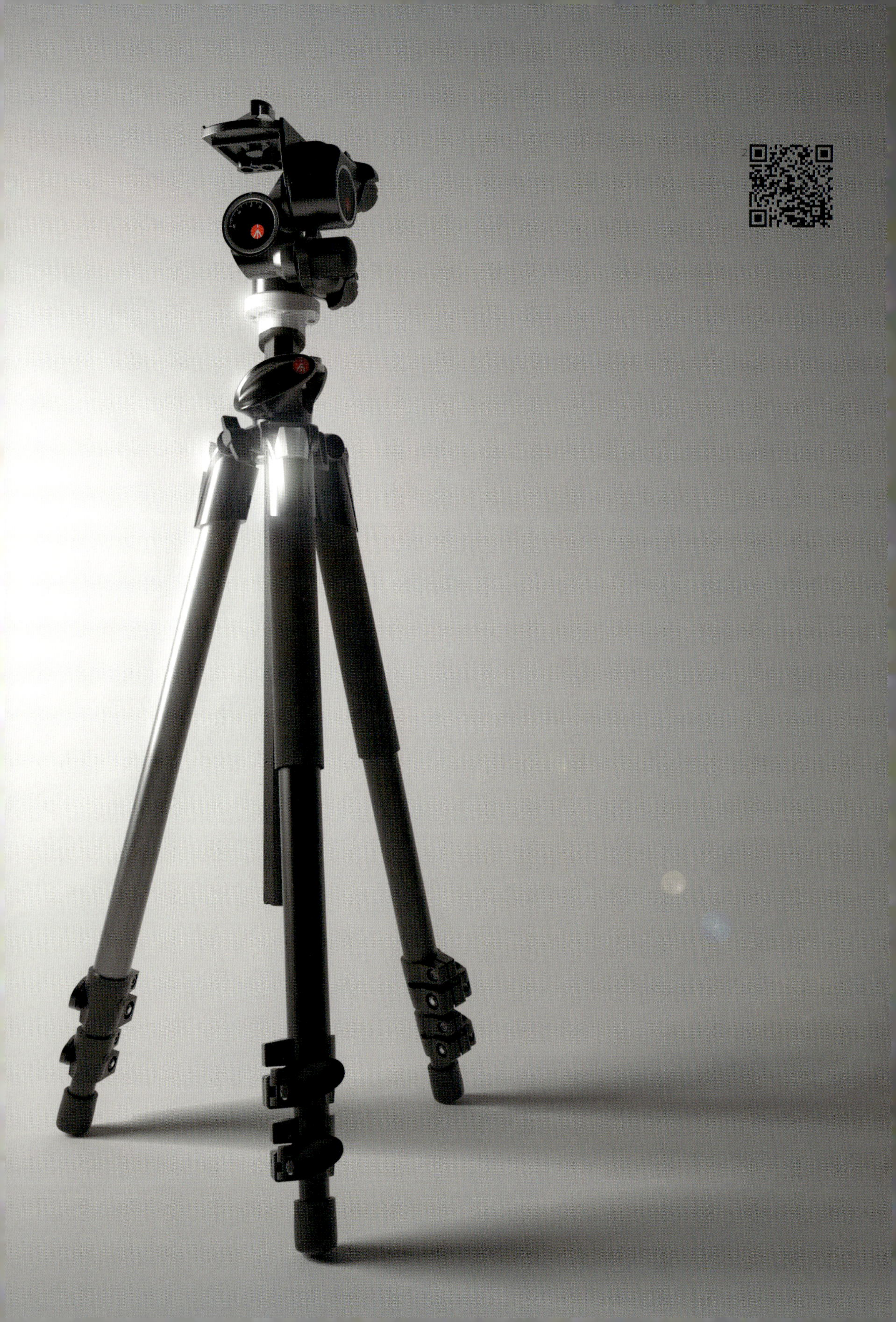

2

9_Análisis de superficies

Crear superficies es fácil.
Crear buenas superficies es difícil.
Poder trabajar con ellas es arduo.

El análisis de superficies es lo que ayuda a gestionar la complejidad de la geometría NURBS optimizándola hasta niveles de precisión muy refinados.
Las herramientas de análisis más comunes y fáciles de utilizar son las que permiten evaluar la curvatura o la continuidad geométrica entre superficies adyacentes. Sin embargo, el análisis de las direcciones de una superficie es la herramienta más útil, ya que tiene consecuencias prácticas relevantes en operaciones tales como el dibujo sobre superficies o la aplicación de patrones 2D y 3D.

9.1 Direcciones UVW

Como ya vimos en el punto *6.2 Orientación de una superficie*, las superficies tienen un sistema de coordenadas paramétricas interno.
u,v son las dos direcciones paramétricas que ya conocemos, que determinan la orientación del plano tangente a la superficie; w es la dirección perpendicular a la superficie, o mejor dicho la *normal* a la superficie (Figura 9.1).
En determinados contextos, cuando se modela en 3D, es muy útil tener una idea inmediata de la orientación de una superficie, sobre todo de la dirección w, ya que esta determina cuál de las dos caras de una superficie es la cara positiva (o superior). Muchas herramientas de modelado 3D utilizan la dirección de la normal positiva (o saliente) para generar los respectivos resultados.

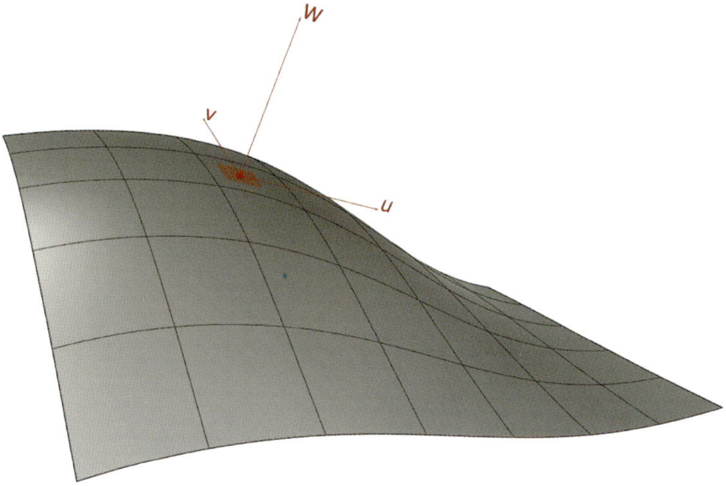

Figura 9.1 – Direcciones u, v, w de una superficie

Nota: En Rhino, aparte del análisis explícito de las direcciones que tratamos en este capítulo, existe la posibilidad de asignar un color a la cara negativa de las superficies; esto es útil sobre todo cuando se trabaja en la modalidad "shaded". Se aconseja utilizar un color que jamás se utiliza como color de visualización de los objetos, así que cuando vemos una superficie con este color inmediatamente podemos reconocer su cara negativa (Figura 9.2).

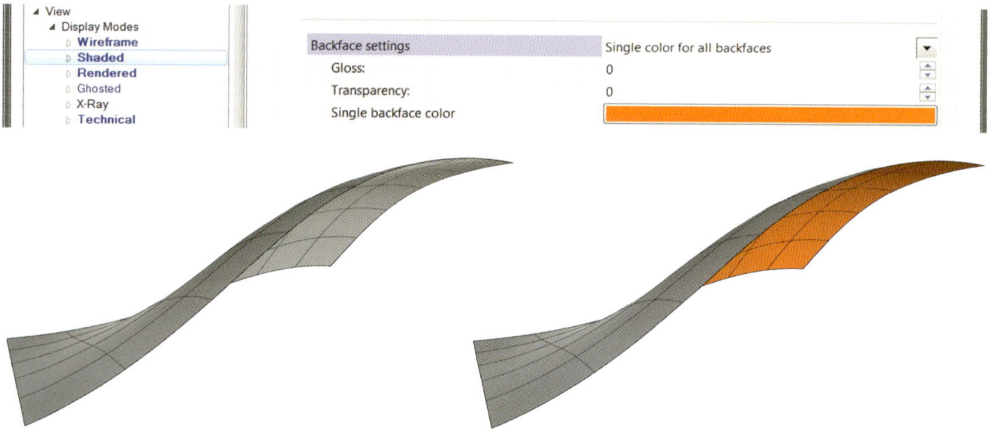

Figura 9.2 – Backface color settings en las opciones de Rhino

9.1.1 Comando _*Dir*

En general, la dirección de los ejes u,v no está relacionada con la dirección de los ejes x,y del sistema de referencia de Rhino.
Dependiendo de cómo es creada, una superficie puede tener diversas direcciones del sistema paramétrico interno:

- El _*Loft* genera una superficie cuya dirección u corresponde a la dirección longitudinal y la dirección v a la dirección de las curvas de sección transversales.
- La extrusión tiene como dirección u la de la curva que se extruye y como v la dirección de la extrusión.

Esto implica que dos superficies geométricamente idénticas pueden tener diferentes topologías (Figura 9.3).

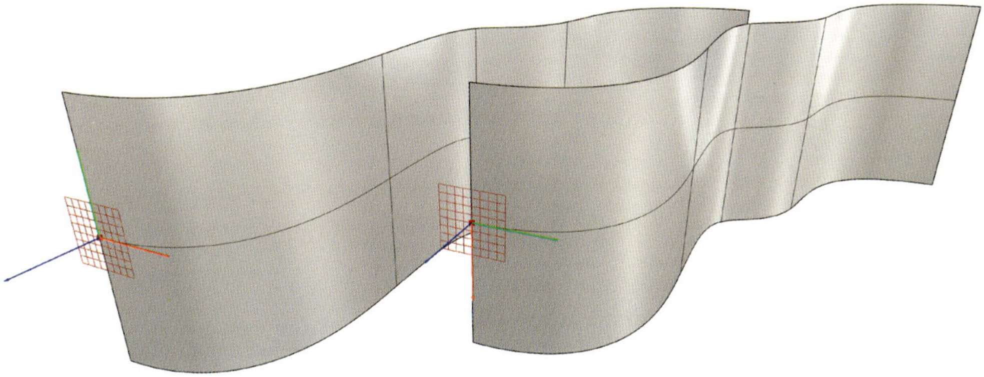

Figura 9.3 – Diversas direcciones u,v en una extrusión (a la izquierda) y en un loft (a la derecha)

El comando que permite analizar las direcciones es _*Dir* y funciona tanto con las curvas como con las superficies.
Para las superficies en particular es muy útil conocer cuáles son las direcciones paramétricas: a continuación veremos que la orientación interna de una superficie determina directamente los resultados de aplicaciones tales como incisiones y relieves, pattern 2D/3D sobre superficies, etc..

Comando: _Dir

El comando permite analizar una superficie visualizando las direcciones paramétricas tangentes u,v y la normale *w* (Figura 9.4).

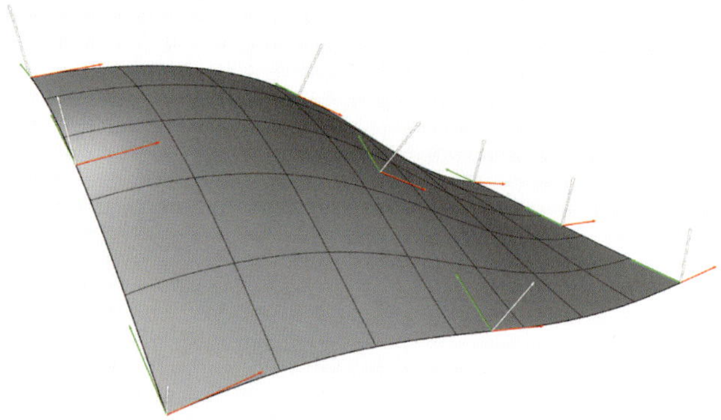

Figura 9.4 – Análisis de las direcciones de una superficie

Sobre la superficie aparecen las ternas de ejes que muestran:

- Flecha roja, dirección u;
- Flecha verde, dirección v;
- Flecha blanca, dirección normal w.

Las opciones del comando permiten invertir la dirección de las flechas e intercambiar la dirección u con la dirección v. Además se puede invertir (*flip*) el sentido positivo de la normal.

Comúnmente, para que el comportamiento de la superficie respecto a la ejecución de cualquier comando sea regular, la terna de ejes debe ser un terna cartesiana (Figura 9.5).

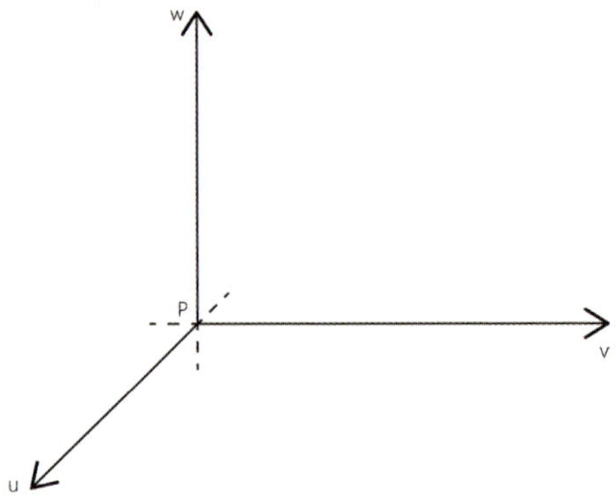

Figura 9.5 – Orientación de los ejes en una terna cartesiana

Nota: en Rhino 6 existe el comando _ShowDir que permite visualizar las direcciones paramétricas de los objetos sin tener que ejecutar el comando _Dir.

9.2 Curvatura de una superficie

El análisis de la curvatura de una superficie es una operación fundamental tanto para el diseño como para el prototipado y la producción en diferentes campos.

El análisis de la curvatura, al cual se recurrió muchas veces en el capítulo *7 Creación de superficies NURBS*, permite efectuar un análisis cualitativo y cuantitativo de la curvatura.

Comando: _CurvatureAnalysis

El comando permite analizar una superficie representando gráficamente su curvatura según una escala de colores (Figura 9.6).

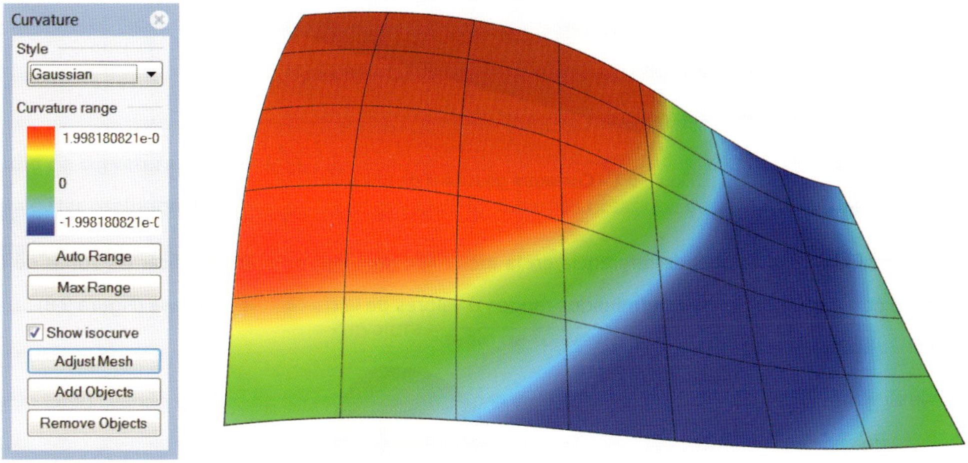

Figura 9.6 – Análisis de la curvatura de una superficie

Style	Permite elegir el tipo de curvatura a analizar: gaussiana, media, radio de curvatura mínimo, radio de curvatura máximo.
Curvature range	Variando los valores en los dos campos (colores rojo y azul), es posible analizar la curvatura de la superficie en un rango específico. Con los botones se ajusta automáticamente el rango utilizando los valores máximo y mínimo de la curvatura de la superficie.

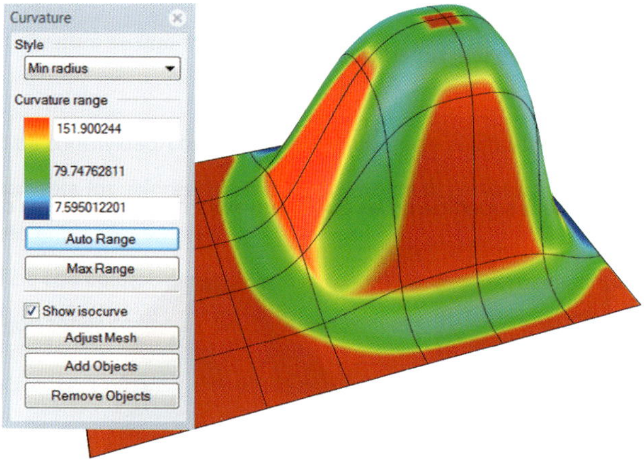

Figura 9.10 – Radio de curvatura principal mínima de una superficie

El radio de curvatura mínimo es el radio correspondiente a la curvatura principal mínima k_2 de la superficie (Figura 9.10).

Radio de curvatura máximo ($\frac{1}{k_1}$)

Al igual que en el del radio de curvatura mínimo, este análisis muestra el radio de curvatura y no la curvatura.

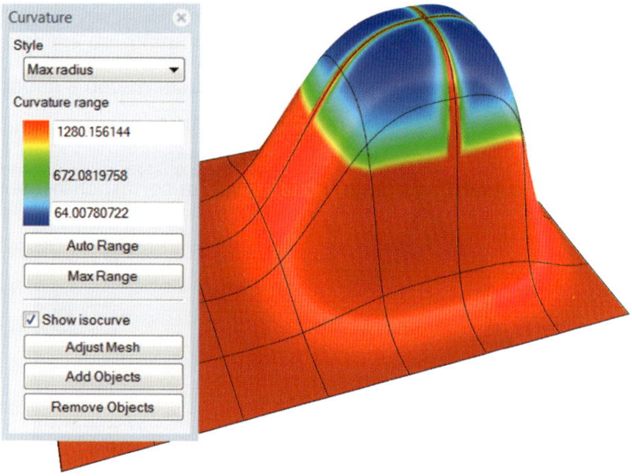

Figura 9.11 – Radio de curvatura principal máxima de una superficie

El radio de curvatura máximo es el radio correspondiente a la curvatura principal máxima k_1 de la superficie (Figura 9.11).

Lectura sinóptica de los análisis de curvatura de una superficie

Para una correcta interpretación de los gráficos se presenta un cuadro sinóptico de los diferentes análisis de curvatura de una misma superficie (Figura 9.12).

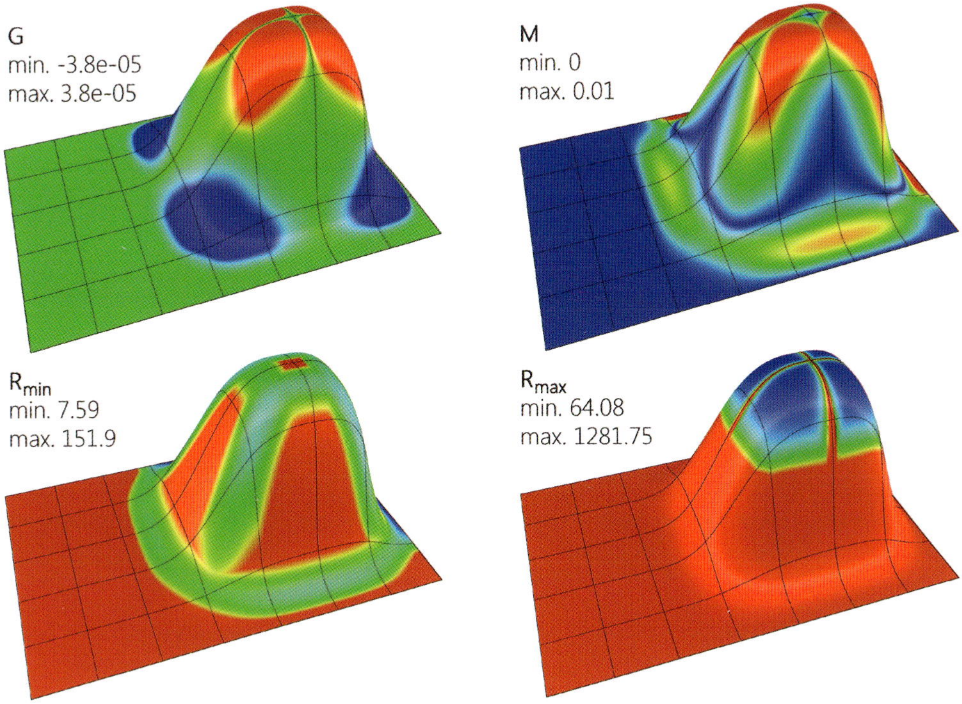

Figura 9.12 – Análisis de curvatura de una superficie - Cuadro sinóptico

Se puede observar que:

- En las zonas de la superficie que corresponden a valores máximos de los radios de curvatura máxima y mínima (zonas rojas con valores respectivamente de 1281.75 y 151.9) las correspondientes curvaturas principales k_1 y k_2 son mínimas.
- La curvatura gaussiana en las zonas con radios de curvatura principales máximos es nula o tiende a ser nula.
- La curvatura media en las zonas con radios de curvatura principales máximos es mínima o tiende a ser mínima.

9.3 Continuidad geométrica

Las herramientas de Rhino que permiten analizar la continuidad geométrica entre superficies adyacentes, están basadas en un análisis visual y por lo tanto cualitativo: lo cual significa que la evaluación del grado de continuidad geométrica depende de la capacidad de observación del diseñador.

9.3.1 Análisis Zebra

Considerando (al menos) dos superficies adyacentes, se puede evaluar el grado de continuidad geométrica entre las dos utilizando el comando _*Zebra*.

Comando: _Zebra

El comando permite analizar la continuidad geométrica entre superficies mediante la aplicación de una textura con franjas blancas y de color (*zebra*).

El grado de continuidad entre las superficies está determinado por la manera en como las franjas se unen a lo largo de los bordes compartidos.

Continuidad G0 – Posición

Las superficies se tocan a lo largo de los bordes compartidos formando una cresta. Las franjas de una superficie no coinciden con las franjas de la otra (Figura 9.13).

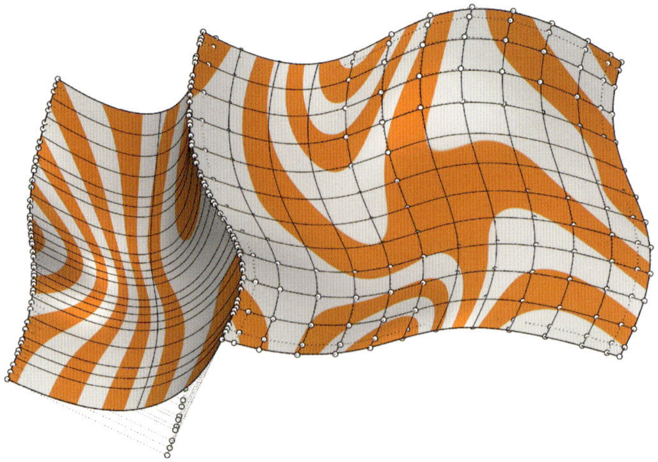

Figura 9.13 – Zebra con continuidad G0

Continuidad G1 – Tangencia

Las superficies se tocan y son tangentes a lo largo de los bordes compartidos. Las franjas de una superficie coinciden con las franjas de la otra y se unen formando un ángulo (Figura 9.14).

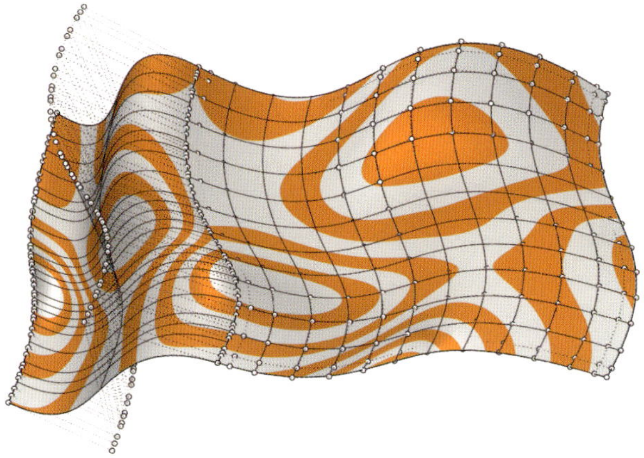

Figura 9.14 – Zebra con continuidad G1

Continuidad G2 – Curvatura

Las superficies se tocan, son tangentes y tienen la misma curvatura a lo largo de los bordes compartidos. Las franjas son perfectamente continuas a lo largo de las dos superficies, sin formar ángulos en el borde compartido (Figura 9.15).

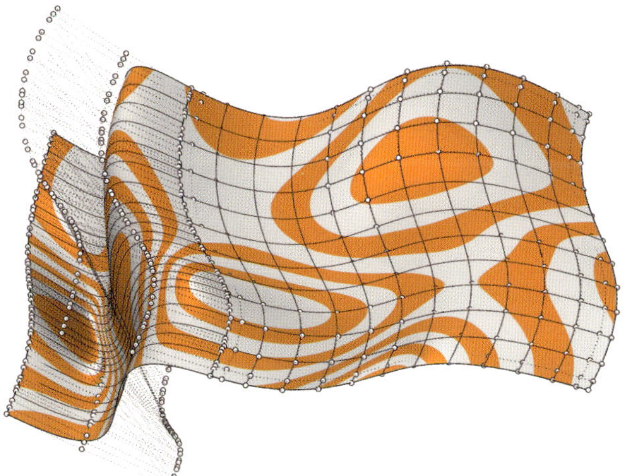

Figura 9.15 – Zebra con continuidad G2

Algunos comandos (_*BlendSrf*) permiten lograr una continuidad G3 y G4 entre superficies: el análisis zebra no es capaz de detectar y representar estos niveles de continuidad, limitándose al máximo a la continuidad G2.

Observaciones

- Ya que el ángulo formado por dos superficies adyacentes puede variar a lo largo del borde compartido (lo cual normalmente sucede cuando se trabaja con superficies *free-form*), observando a las superficies desde un particular punto de vista el análisis zebra puede mostrar franjas alineadas y continuas dando la ilusión de una continuidad G1 o G2.

  Se recomienda por lo tanto:
  - Utilizar franjas bastante densas;
  - Cambiar punto de vista y/o orientación de las franjas para tener mayor seguridad de que una condición de continuidad sea visible desde cualquier ángulo.

9.3.2 Análisis del reflejo

Dado que una de las propiedades de las superficies continuas es la de generar un reflejo que no se fracciona, el comando _*EMap* utiliza este efecto visual para determinar si dos superficies son continuas o no. Este análisis es aún menos preciso que el análisis zebra, ya que para determinar si dos superficies son continuas se considera solamente si el reflejo se fracciona o no a lo largo de los bordes de unión.

Comando: _EMap

El comando permite ejecutar un análisis visual de las superficies mediante la aplicación de un material reflejante que muestra el reflejo de una textura ambiente (*environment*).

Figura 9.16 – Análisis de la continuidad del reflejo

Es evidente que, aparte de la continuidad G0 que presenta un reflejo fraccionado, no es posible distinguir el grado de continuidad G1 del G2 porque en ambos casos el reflejo es (al menos localmente) continuo.

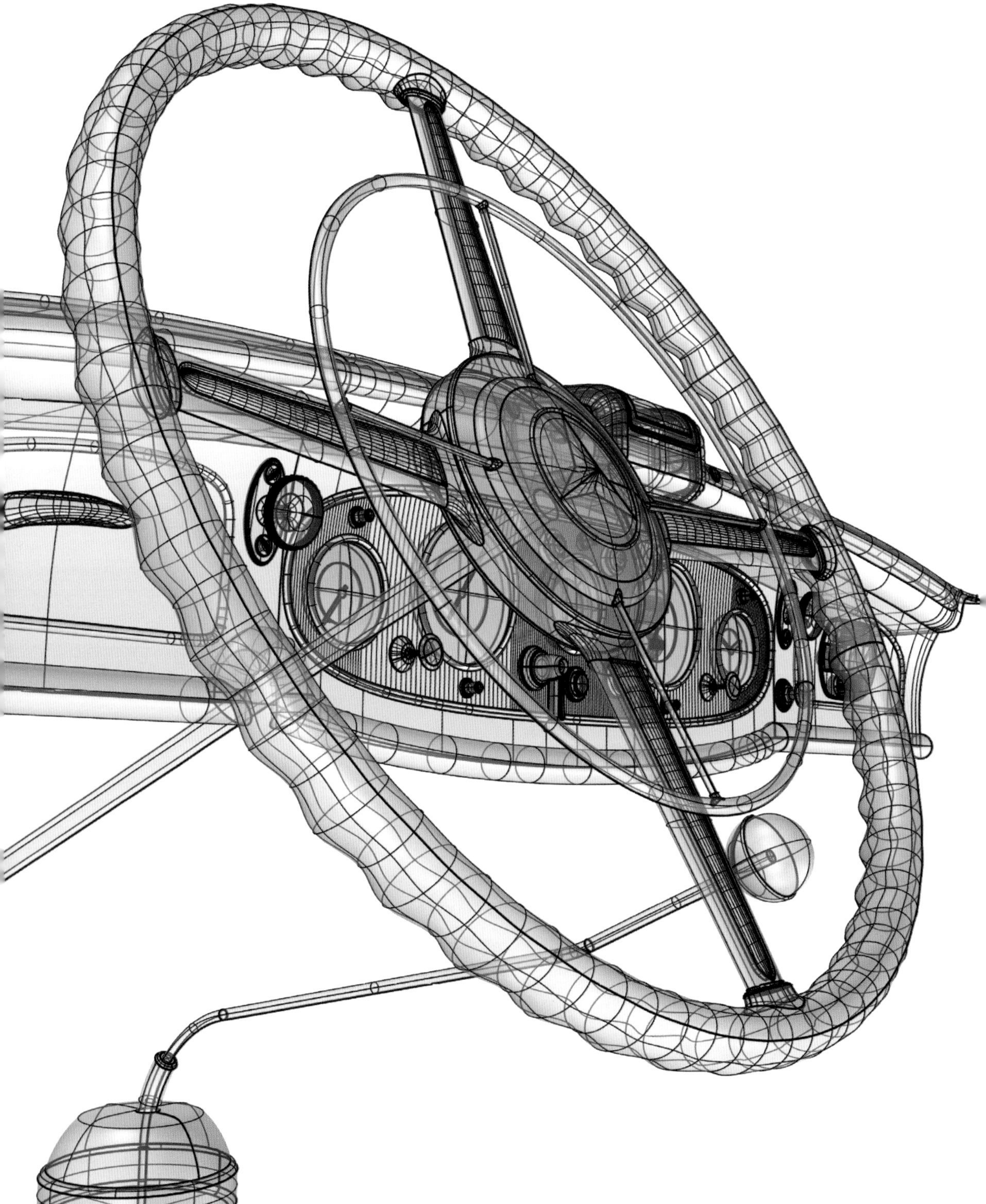

10_Interacción entre curvas y superficies

Conocer y saber utilizar la barra de herramientas *Curve From Object* (Figura 10.1) es esencial para poder utilizar todo el potencial del modelado que ofrece el programa.

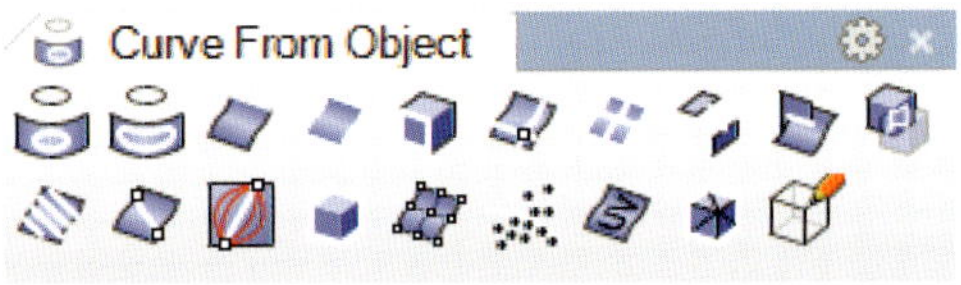

Figura 10.1 – Barra de herramientas "Curve From Object"

En esta barra se pueden distinguir cuatro tipos de operaciones:

- extracción de curvas desde superficies;
- proyecciones de curvas sobre superficies;
- intersecciones entre puntos, curvas y superficies;
- transformaciones (deformaciones) de curvas basadas en superficies.

Observaciones

- Cuando se extrae una curva desde una superficie, la topología de la curva es determinada por la topología de la superficie de la que fue extraída.
- Cuando se proyecta una curva sobre una superficie, la topología de la curva resultante es (mucho) más compleja que la de la curva original.
- Las intersecciones son calculadas en los límites de la tolerancia absoluta.
- Las transformaciones que veremos en este punto son en realidad deformaciones: por lo tanto no será posible mantener un control dimensional preciso sobre los resultados.

10.1 Borde, contorno y isocurva

Iniciemos desde las operaciones más simples y más utilizadas: las extracciones de curvas desde superficies. Dada una superficie es posible duplicar sus bordes y su contorno, así como convertir sus isocurvas en curvas libres (Figura 10.2).

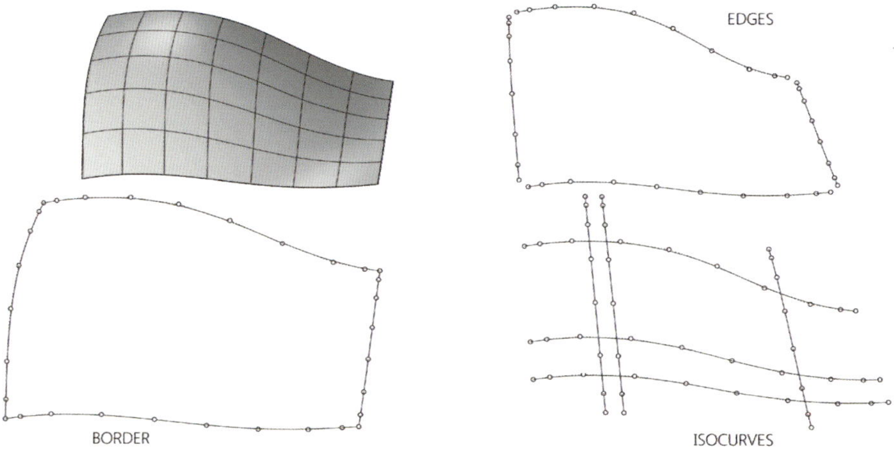

Figura 10.2 – Extracción de bordes, contorno e isocurvas desde una superficie

Se puede observar cómo la topología de las curvas corresponde a la de la superficie original.
Los respectivos comandos (todos extremadamente simples) son:

Comando: _DupEdge

Comando: _DupBorder

Comando: _ExtractIsocurve

Observaciones

- No siempre es indispensable extraer las curvas desde una superficie para poderlas utilizar con otros comandos. Tomemos, por ejemplo, el comando *_ExtrudeCrv*: como curva a extruir se puede seleccionar directamente el borde de una superficie, sin tener que duplicarlo o transformarlo en una curva libre. Como la extrusión, otros comandos (entre ellos las herramientas de creación de superficies) permiten seleccionar directamente bordes de las superficies en lugar de curvas libres.

10.1.1 Operaciones con los bordes

Ejecutar comandos a partir de bordes de superficies implica conocer la forma y la estructura de estos bordes. Tomemos, por ejemplo, una superficie plana rectangular y ejecutemos dos veces el comando *_Trim* para recortarla: la primera vez recortamos una parte y salimos del comando; la segunda vez recortamos la otra parte (Figura 10.3).

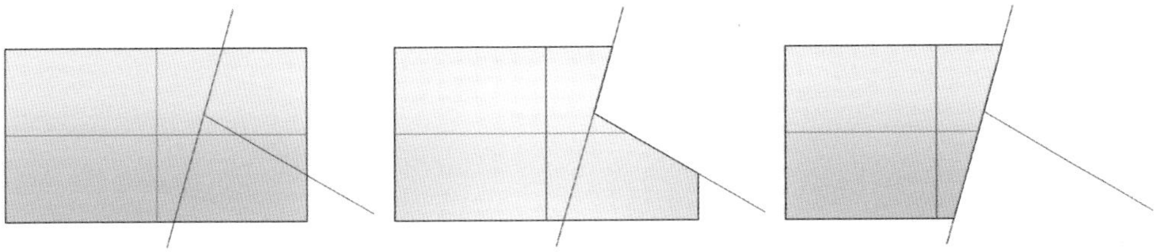

Figura 10.3 – Recorte de una superficie en dos operaciones distintas

Si se intenta extruir el lado recortado, seleccionando el borde de la superficie se nota cómo la selección está limitada a una porción del borde (Figura 10.4).

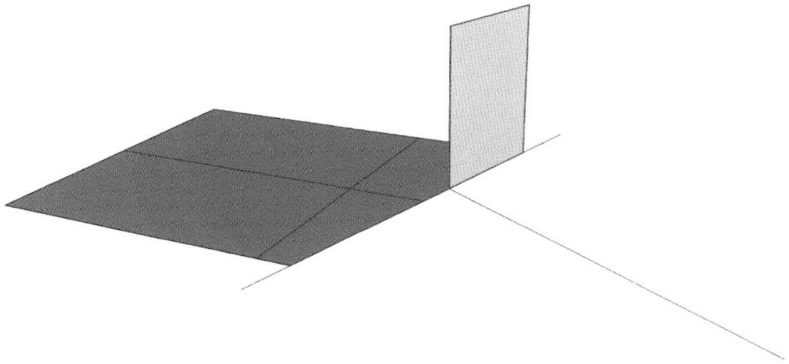

Figura 10.4 – Extrusión del borde fragmentado

Si se quiere extruir todo el borde fragmentado, se necesita seleccionar los dos tramos del borde: sin embargo, el resultado serán dos superficies adyacentes y coplanares. Este resultado es relativamente más complejo de la superficie rectangular única que se podría generar a partir del lado no recortado.

En otros casos, la presencia de un borde fragmentado puede provocar consecuencias más importantes: si, por ejemplo, se quisiera utilizar dicho borde como carril de un *_Sweep2*, sería necesario utilizar la opción *ChainEdges* para poder seleccionar los dos tramos como partes de un solo carril.

Todo esto se puede evitar ejecutando una operación sobre el borde fragmentado: *_MergeEdge*.

Comando: _MergeEdge

El comando permite fusionar los tramos de un borde fragmentado. Haciendo clic sobre un borde fragmentado, automáticamente se propone la unión de sus tramos: se puede elegir si aceptar la sugerencia del comando o no.

Una vez efectuada la fusión de los tramos del borde fragmentado, es posible utilizar el borde como si fuera un único borde continuo (Figura 10.5).

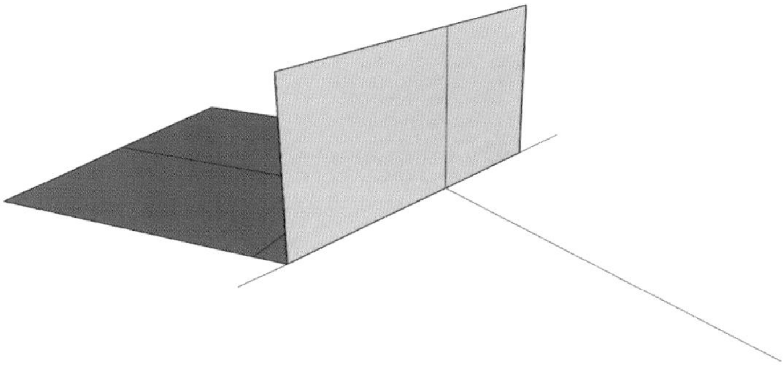

Figura 10.5 – Extrusión del borde unido (_MergeEdge) de la superficie recortada

Se observa cómo en correspondencia con el punto de unión de los dos tramos aparece una línea vertical durante la extrusión. Esta línea vertical es una línea de nodos: nos hace entender inmediatamente que existe algún tipo de discontinuidad de la superficie en correspondencia de dicha línea.

Si se explota la extrusión para acceder a los puntos de control de la superficie extruida, y se intenta mover los puntos de control de la línea de nodos, se nota cómo en correspondencia la superficie tiene una línea *kink* (Figura 10.6).

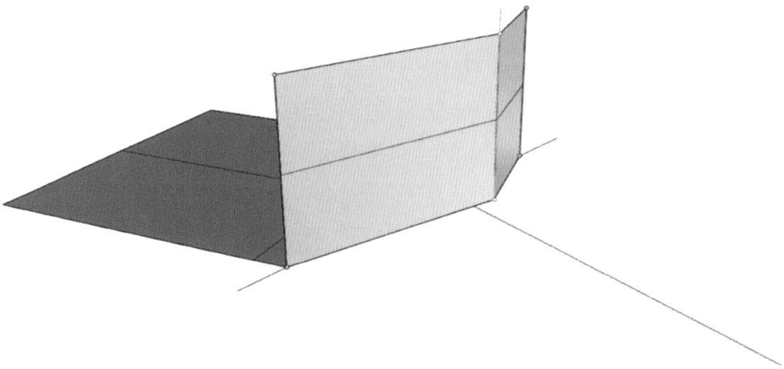

Figura 10.6 – La extrusión del borde fusionado genera una línea kink en la superficie resultante

Observaciones

- No solamente las operaciones de recorte pueden generar divisiones de los bordes a lo largo del mismo lado. Incluso extrusiones consecutivas en la misma dirección generan el mismo efecto.

10.2 Intersecciones y secciones

Rhino permite crear geometrías a partir de la intersección entre geometrías existentes.

Las interacciones posibles son:

Interacción	Resultado
Curva – Curva	Punto – Curva
Curva – Superficie	Punto – Curva
Superficie – Superficie	Curva

Observaciones

- Las intersecciones son detectadas por Rhino solo si se producen en los límites de la tolerancia absoluta.

Los comandos que generan intersecciones son los siguientes.

Comando: _Intersect

Crea nuevos objetos en la intersección entre los objetos seleccionados.

Comando: _Section

Crea la intersección entre un objeto y un plano vertical al sistema de coordenadas activo.

El resultado por lo tanto depende de la vista en la que se está trabajando o, de manera generalizada, del sistema de coordenadas configurado en la vista.

Comando: _Contour

Crea las intersecciones entre un objeto y una serie de planos paralelos con distancia constante, cuya orientación depende de la vista en la que se está trabajando o, de manera generalizada, del sistema de coordenadas configurado en la vista.

En realidad todos estos comandos trabajan del mismo modo, generando intersecciones entre objetos. La única diferencia está en el hecho de que *_Section* y *_Contour* no utilizan planos verticales existentes, sino que los crean dinámicamente solo para obtener las intersecciones con los objetos seleccionados.

Cuando se realizan (inter) secciones de superficies, la complejidad de las curvas resultantes depende de las superficies seccionadas (Figura 10.7).

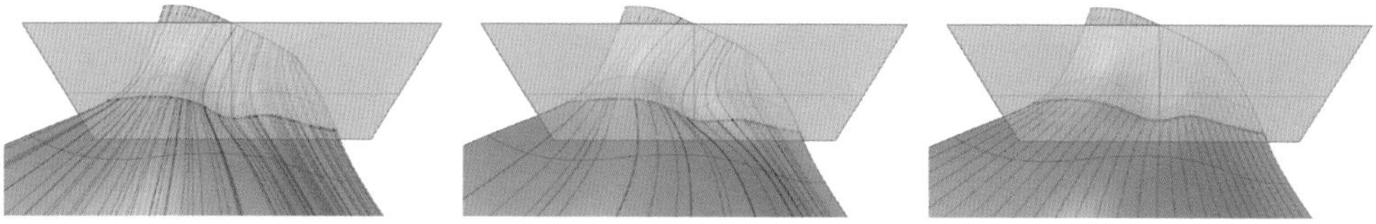

Figura 10.7 – Complejidad de la sección derivada de la complejidad de la superficie seccionada

Acerca del uso de cortes y planos seriados (*_Contour*) para la producción de láminas 2D hablaremos en el punto *10.7.3 Secciones*.

10.3 Proyecciones

Entre las operaciones que permiten la interacción curvas/superficies, las proyecciones son probablemente las más útiles pero también las que generan la mayor complejidad y dificultad de gestión.

Conceptualmente, proyectar una curva sobre una superficie no es una operación compleja. Ni siquiera un offset es conceptualmente complejo, aunque ya observamos cómo aumenta la complejidad de la curva offset respecto a la curva original.

En el caso del offset la condición que el comando debe respetar es que todos los puntos de la curva offset deben encontrarse a la misma distancia de la curva original.

En el caso de una proyección, la condición que el comando tendrá que verificar es que la curva proyectada se posicione perfectamente sobre la superficie target.

Evidentemente para respetar esta condición, la complejidad de la curva proyectada será mucho mayor que la de la curva original, lo que como veremos tiene varias consecuencias.

10.3.1 Project

En Rhino existen dos tipos de proyecciones: *_Project* y *_Pull*. Ambas permiten proyectar una curva sobre una superficie pero funcionan siguiendo dos lógicas diferentes.

Comando: _Project

El comando permite proyectar una curva sobre una superficie utilizando como dirección de la proyección la vertical al plano de coordenadas activo (Figura 10.8).

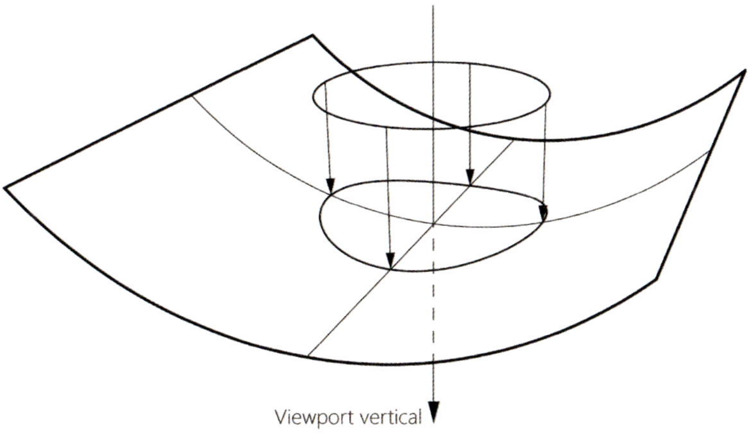

Figura 10.8 – Proyección según la vertical con el comando _Project

Proyectar curvas sobre una superficie es un modo muy útil de crear curvas de construcción desde formas complejas para elaboraciones sucesivas.
Sin embargo, como ya vimos en otras ocasiones (comando _*Crv2View* en *5.5 Curva 3D a partir de proyecciones ortogonales*), el resultado de las proyecciones es una curva (mucho) más compleja que la original: por esto su uso comporta algunos problemas (Figura 10.9).

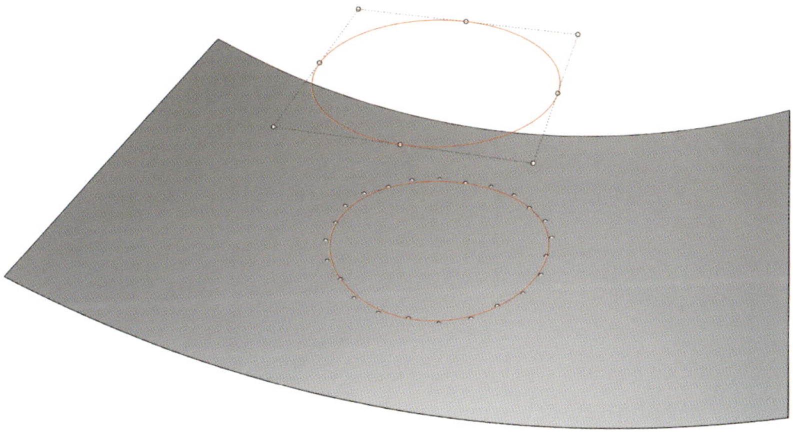

Figura 10.9 – Complejidad mayor de la curva proyectada respecto a la original

En el caso que sigue, una curva plana y cerrada con 51 puntos de control es proyectada sobre una superficie de doble curvatura, generando una curva 3D cerrada con 297 puntos de control (¡casi 6 veces más compleja que la original!) (Figura 10.10).

Se quiere utilizar las dos curvas (la original y la proyección) para generar una superficie.

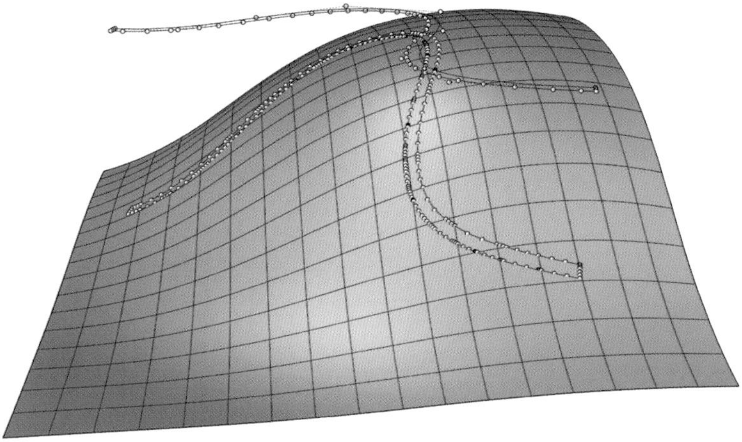

Figura 10.10 – Curva original y proyección

Se pueden ver las dos curvas como secciones consecutivas para ejecutar un _*Loft*. Sin embargo, si se intenta realizar una superficie *loft* el resultado es insatisfactorio (Figura 10.11).

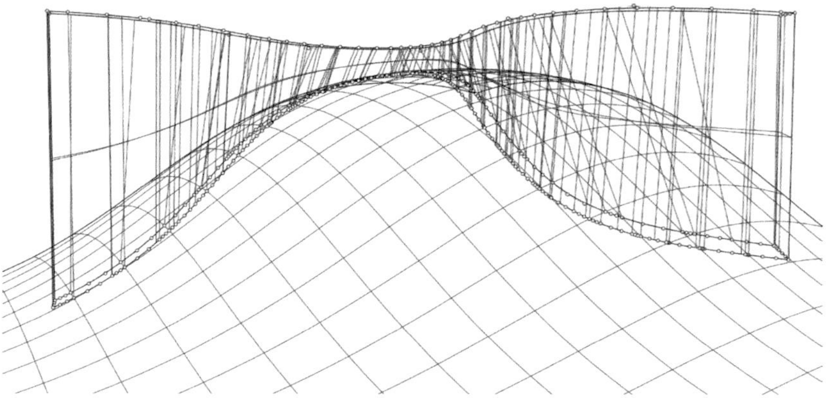

Figura 10.11 – Superficie loft entre las dos curvas

El problema está en las isocurvas verticales, que se inclinan "hacia adelante" o "hacia atrás" en los diversos tramos de superficie, creando un movimiento que además de un desorden visual genera problemas topológicos que crean dificultades en el caso de elaboraciones adicionales sucesivas.

Lo que se quiere obtener es, en cambio, una superficie más regular, donde las isocurvas se mantengan verticales entre las dos curvas de sección.

Para obtener este resultado existen, generalmente, dos opciones:

1. Reconstruir o ejecutar un *fit* de las curvas de sección del *loft*, lo que no es factible si las curvas en cuestión presentan vértices (los vértices desaparecen en las operaciones de reconstrucción);
2. Optar por otro comando.

En este tipo de operación de modelado, cuando las dos curvas en juego tienen complejidad muy diferente, conviene cambiar estrategia y utilizar otro comando: el *_Sweep2*.

Con el *_Sweep2* las dos curvas existentes son utilizadas como carriles, mientras la sección que falta es dibujada como una simple línea entre vértices correspondientes de los dos carriles (Figura 10.12).

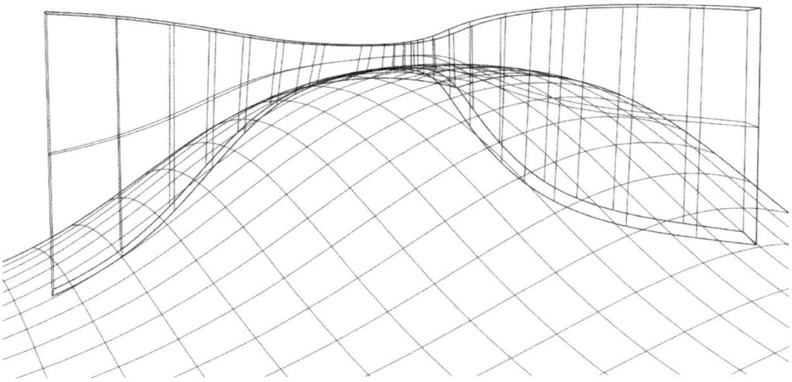

Figura 10.12 – Resultado del _Sweep2

Es evidente que la solución encontrada con el *sweep* es definitivamente mejor que la superficie *loft*. Recordemos que para el funcionamiento del *_Sweep2* utilizar curvas extremadamente complejas como carriles no implica una complejidad interna de la superficie, que es determinada principalmente por las curvas de sección (*7.9.6 Gestión de la complejidad del Sweep2*).

Observaciones

Si las curvas en cuestión son abiertas, o si son cerradas pero sin vértices, se puede recurrir al comando *_Loft* con reconstrucción/*refit* de las curvas de sección. Lo que nos lleva a dos consecuencias, una positiva y la otra con la que tenemos que tener mucha cautela.

- La reconstrucción (atención: no el *refit*) de las curvas de sección dentro del comando *loft* uniforma la topología de las secciones y por lo tanto permite generar una superficie sin las fastidiosas y contraproducentes inclinaciones de las isocurvas en la dirección del *loft*.
- La reconstrucción o el *refit* de las curvas de sección altera la forma de las secciones mismas. Si una de las secciones se posiciona sobre una superficie, la reconstrucción o el *refit* la deforma y por lo tanto se pierde adherencia entre la curva y la superficie (sin embargo, recordemos que operando dentro

del comando, la reconstrucción y el *refit* no alteran la curva original pero crean una nueva versión que es utilizada solo durante la ejecución del comando).

Si se utiliza un *refit* es posible configurar el valor de la tolerancia dentro del comando, por lo tanto se puede mantener tal valor por debajo del límite de tolerancia absoluto del documento, de modo que para Rhino la superficie *loft* resultante sea perfectamente adherente a la superficie.

Si se utiliza una reconstrucción dentro del comando, no se tiene la referencia de la desviación máxima y por lo tanto no se sabe cuánto se apartará la superficie *loft* resultante de la superficie sobre la cual se posiciona la sección. La distancia entre las dos superficies podría ser (al menos en algún punto) superior a la tolerancia absoluta: lo que implicaría problemas en la ejecución de operaciones sucesivas como intersecciones, recortes, etc..

10.3.2 Pull

Comando: _Pull

El comando permite proyectar una curva sobre una superficie utilizando como dirección de la proyección la normal a la superficie target.

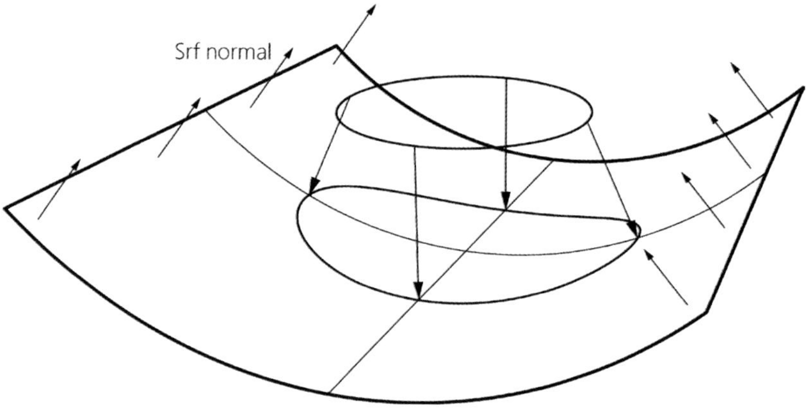

Figura 10.13 – Proyección según la normal a la superficie con el comando _Pull

En caso de que la superficie target sea una superficie de doble curvatura, el *_Pull* puede generar una curva bastante deformada respecto a la original.

Al igual que en el caso del *_Project*, la curva resultante es generalmente (mucho) más compleja que la original. Valen por lo tanto las mismas consideraciones apenas hechas para el *_Project*.

10.4 Perforaciones en objetos con espesor

Con el comando *_Pull* es posible crear perforaciones en objetos sólidos de espesor constante con cualquier forma (Figura 10.14).

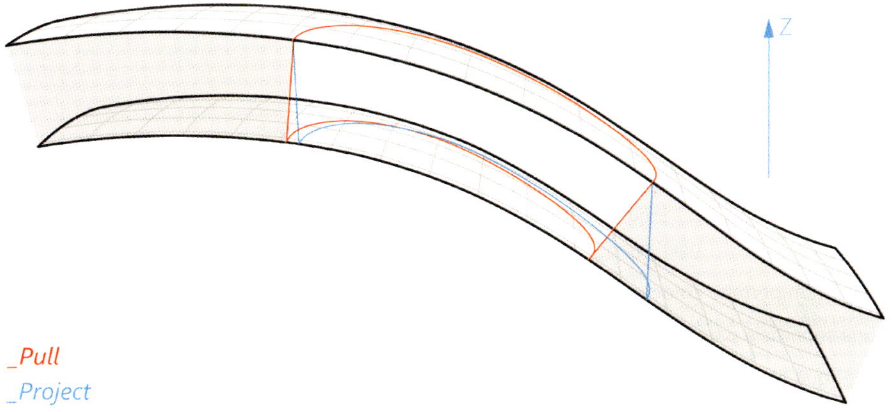

Figura 10.14 – Perforación de un objeto de espesor constante mediante el comando _Pull

Ya que las paredes de un objeto con espesor constante son paralelas, el *_Pull* de una curva que yace sobre una de las dos paredes hacia la pared opuesta, ocurre según una dirección perpendicular a las dos paredes del objeto.

La perforación que se produce mediante esta operación es por lo tanto perpendicular al objeto.

Nota: esta técnica produce buenos resultados cuando la superficie del objeto es suficientemente suave (smooth), o bien no presenta valores grandes de la curvatura.

10.5 Proyecciones con deformación mínima

La proyección de una curva sobre una superficie, además de generar una curva más compleja produce también una deformación que depende de la forma de la superficie target.

Si la superficie target es plana o tiene una curvatura medianamente reducida, la proyección se deforma poco. Si al contrario la superficie tiene una curvatura mayor, incluso solo localmente, la proyección produce una deformación importante (Figura 10.15).

Figura 10.19 – Proyección del logo con deformación mínima

Observaciones

- Se utiliza el centro (baricentro) del logo y no un punto cualquiera porque de este modo el logo será posicionado simétricamente alrededor del origen del plano tangente: lo que optimiza la deformación distribuyéndola alrededor del origen en lugar de tener toda la deformación desplazada hacia un lado (Figura 10.20).

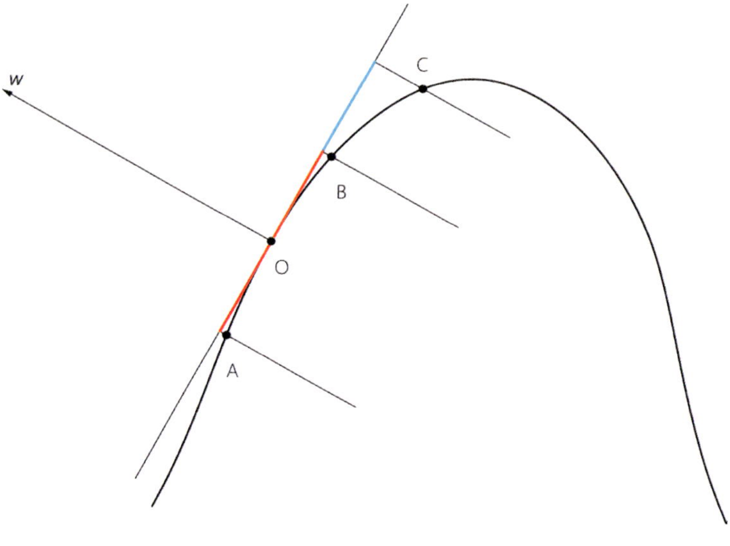

Figura 10.20 – Segmento AB: logo centrado, deformación mínima. Segmento OC: logo descentralizado, deformación mayor

10.6 Gestión de la complejidad de las curvas

Ya vimos cómo las curvas resultantes de las intersecciones y de las proyecciones resultan ser siempre mucho más complejas que las curvas o superficies originales. Ya que tales curvas se utilizan a menudo para elaboraciones sucesivas, o bien se convierten en el input de otros comandos de modelado, es necesario analizar en detalle esta complejidad para aprender a gestionarla y (si es posible) reducirla.
En la Figura 10.21 a la izquierda es posible observar la cantidad de puntos de control que caracterizan una curva proyectada así como su distribución absolutamente irregular, con zonas de concentración de puntos. Si se utiliza la curva proyectada para crear una superficie de extrusión, la topología de la curva se refleja exactamente en la topología de la superficie resultante (Figura 10.21). Se puede observar cómo las isocurvas de la superficie se concentran en correspondencia con la concentración de los puntos de control de la curva.

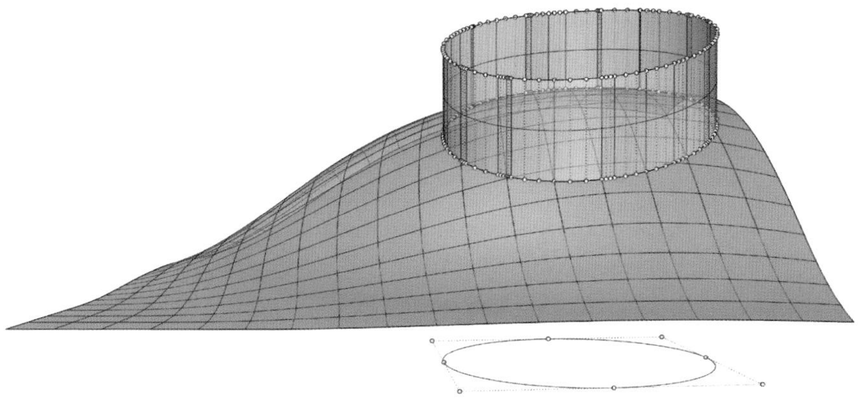

Figura 10.21 – Complessità della curva e topologia dell'estrusione

Nota: recordemos que la topología de las superficies creadas a partir de curvas, es derivada de la topología de las curvas de input; además recordemos que las isocurvas de una superficie están relacionadas con los nodos; estos a su vez identifican los knot spans, dentro de los cuales trabajan sets de puntos de control para determinar la forma de la curva/superficie. Por lo tanto es normal que a las zonas con alta densidad de puntos de control correspondan zonas con alta densidad de nodos e isocurvas.

La extrusión no permite la reconstrucción dinámica de las curvas input, por lo que si se quiere regularizar o simplificar la superficie es necesario intervenir previamente sobre las curvas (*5.7 Manipulación de una curva NURBS*).

10.6.1 Curva yacente sobre superficie y reconstrucción

La reconstrucción y el *refit* de una curva generan siempre deformaciones de la misma. Hasta cuando se trabaja con curvas libres no vinculadas por relaciones geométricas precisas, la única limitación en el uso de la reconstrucción/*refit* es la de controlar la complejidad o la precisión del resultado.
Sin embargo, cuando una curva se somete a relaciones geométricas muy fuertes, no se puede reconstruir o *ajustar* libremente.
En el caso de curvas de intersección o proyección, la relación geométrica es evidente: la curva se encuentra sobre al menos una superficie. La complejidad de la curva, es decir la cantidad y distribución de puntos de control, es lo que permite a la curva posicionarse perfectamente sobre la superficie. Un pequeño cambio en la posición o la eliminación directa incluso de un solo punto de control determina una deformación de la curva que puede, en virtud de este cambio, no encontrarse sobre la superficie, al menos localmente. El riesgo entonces es que la curva reconstruida o *ajustada* no yace (al menos localmente) sobre la superficie.

Nota: un método muy simple para verificar si una curva reconstruida yace sobre una superficie es generar una intersección entre la curva y la superficie: si el resultado es una curva única significa que la curva yace sobre la superficie dentro del límite de tolerancia absoluta. Si la curva se aparta de la superficie por una distancia inferior a la tolerancia absoluta, Rhino no puede detectarlo.

Con el *refit* es posible controlar la precisión con la que se reconstruye la curva, por lo tanto cambiando el valor de la tolerancia a un valor inferior o igual a la tolerancia absoluta configurada en el archivo, se obtiene una reconstrucción que no aleja significativamente la curva de la superficie.
Pero lamentablemente, el *refit* normalmente no resuelve los problemas de topología de la curva, al contrario, a menudo los complica.
La única alternativa válida es reconstruir la curva, utilizando un número de puntos de control que determina una *Maximum Deviation* inferior al valor de la tolerancia absoluta. Normalmente, dado el alto número de puntos de control de las curvas de intersección y proyección, no es necesario aumentar significativamente el número de puntos de control para respetar esta condición de *Maximum Deviation* (Figura 10.22).

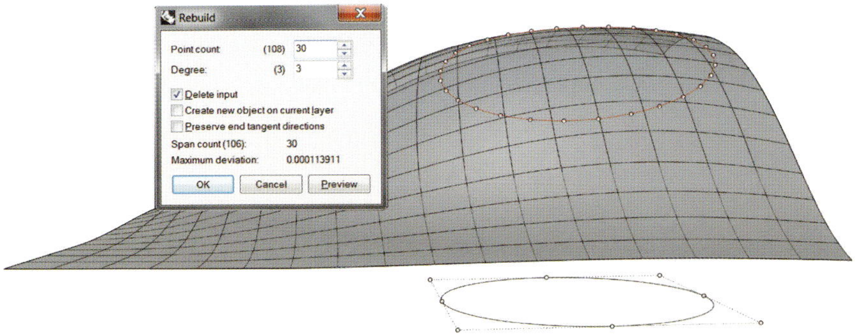

Figura 10.22 – Reconstrucción con desviación máxima inferior a la tolerancia absoluta (0.01 en el ejemplo)

El efecto principal del *_Rebuild* en este caso es la redistribución uniforme de los puntos a lo largo de la trayectoria de la curva (reconstrucción uniforme, Figura 10.23): por lo tanto se logra una curva no más simple sino más regular, lo que permite obtener mejores resultados en elaboraciones sucesivas.

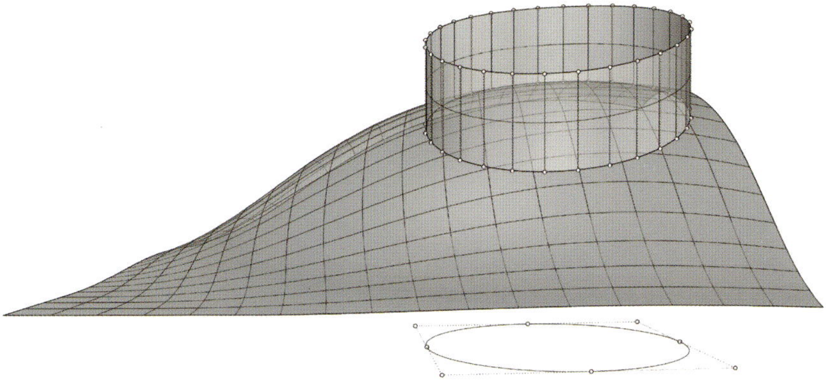

Figura 10.23 – Curva reconstruida con puntos de control regularmente distribuidos y extrusión resultante

10.6.2 Reconstrucción dinámica

Algunos comandos ofrecen la posibilidad de reconstruir las curvas input durante la ejecución del mismo comando. El *_Loft* por ejemplo tiene un grupo de opciones que se refieren a las curvas de sección, permitiendo *a)* dejarlas inalteradas, *b)* reconstruirlas con un cierto número de puntos de control y *c)* realizar un *refit* con una cierta tolerancia.

Al momento de utilizar estas opciones es necesario considerar que:

- La reconstrucción dinámica dentro de un comando no visualiza el parámetro (fundamental) *Maximum Deviation*, por lo tanto no es posible saber si un cierto número de puntos de control está determinando un desplazamiento excesivo de la curva desde su forma original. Lo que puede constituir un problema en el caso apenas visto de curvas que yacen sobre superficies.

- Il *refit* permite controlar la precisión pero no la complejidad, y produce como resultado una concentración de puntos en las zonas de mayor curvatura. Dado que la opción efectúa un *refit* sobre todas las curvas de sección, y cada una tiene una forma diversa, el resultado serán curvas de sección con cantidades y distribuciones distintas de puntos de control. Por tanto el *refit* no asegura una mejoría de la superficie resultante.

Si se ejecuta un *_Loft* utilizando curvas resultantes desde proyecciones, la complejidad y la diferente estructura de control de las secciones generan normalmente una superficie bastante poblada de isocurvas y no uniforme.

Si se realiza un *refit* dinámico, se nota cómo en función de la tolerancia configurada la superficie *loft* puede resultar más o menos compleja, pero la distribución de las isocurvas no será jamás uniforme.

Si en cambio, se realiza un *rebuild*, dado que cada sección es reconstruida dinámicamente con el mismo número de puntos de control, la superficie resultante es más regular (Figura 10.24).

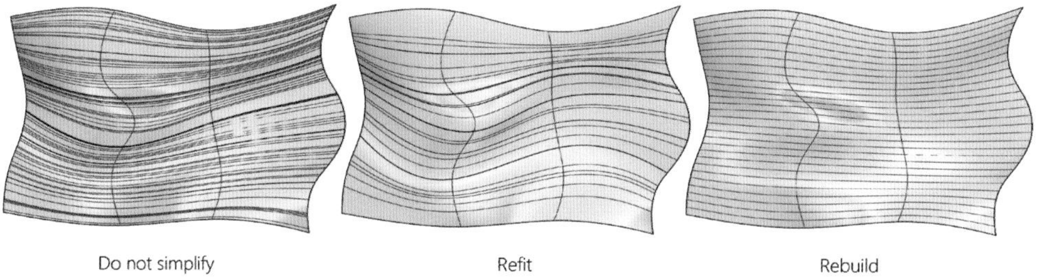

Figura 10.24 – Reconstrucciones dinámicas en el comando _Loft

Por lo tanto cuando se realiza una reconstrucción dinámica dentro del comando (en el *Loft* y también en el *_Sweep2*) no es tan importante si la superficie resultante será más o menos compleja, sino más bien si será más o menos regular.

Esto de hecho podrá facilitar elaboraciones sucesivas basadas, por ejemplo, en extracciones de isocurvas de la superficie (*10.1 Borde, contorno e isocurva*).

10.7 Representación 2D

Un diseño que no se realiza

es solo un ejercicio de estilo.

Una vez completado el modelo 3D, siempre es necesario producir planos técnicos 2D para comunicar el proyecto o para poderlo realizar. Para hacer esto, Rhino tiene a disposición una serie de herramientas que permiten automatizar y acelerar el proceso.

Nota: a veces es necesario intervenir sucesivamente sobre las geometrías 2D obtenidas para "limpiar" el dibujo, pero dada la complejidad del modelo 3D es sin duda una enorme ventaja la de poder tener proyecciones y representaciones 2D en perspectiva automáticamente.

10.7.1 Make2D

Para crear de manera automática las proyecciones ortogonales y las vistas 2D de un objeto se puede utilizar el comando _*Make2D*.

Comando: _Make2D

El comando permite crear automáticamente vistas 2D a partir de un modelo 3D.

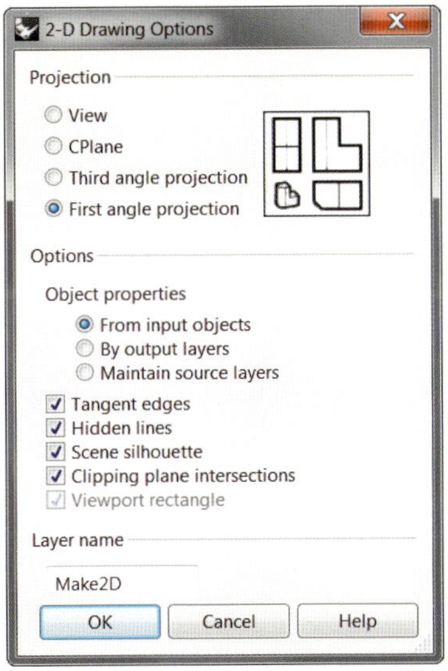

Figura 10.25 – Interfaz del comando _Make2D

Opciones		
Projection	Establece qué dirección se utiliza para crear la proyección.	
	View	Dibuja la proyección según el eje Z de la vista activa.
	CPlane	Dibuja la proyección según la vertical al plano de referencia activo.
	Third angle projection e First angle projection	Crea las tres proyecciones ortogonales estándar más la proyección de la vista 3D, esta última según el encuadre y el tipo de proyección activa (axonometría o perspectiva).
Options	*Object properties*	Configura las propiedades de los objetos 2D creados.
	Tangent edges	Proyecta los bordes que unen superficies continuas G1.
	Hidden lines	Proyecta los bordes que se encuentran en zonas no visibles directamente.
	Scene silhouette	Proyecta la silueta del objeto.
	Clipping plane	Proyecta las intersecciones de los objetos con el *Clipping plane.*

Observaciones

- Dos objetos que se compenetran no generan líneas de intersección: para que estas líneas aparezcan en las proyecciones del *_Make2D* es necesario que existan en el momento en el que se ejecuta el comando. Para lograrlo se puede utilizar el comando *_Intersect* o *_BooleanUnion*.

Este comando permite ahorrar muchísimo tiempo y resuelve problemas prácticamente irresolubles de otra manera, cómo dibujar curvas 2D *free-form* que corresponden a los contornos de un objeto 3D *free-form*. Sin embargo, el resultado es casi siempre muy "sucio" y necesita algunas correcciones y un poco de preparación antes de convertirse en una representación 2D bien hecha.
Una vez preparado el dibujo 2D se pueden introducir anotaciones, cotas y retículas para enriquecerlo.

Fragmentación de las líneas proyectadas

En Rhino 6 este fenómeno fue reducido, pero no eliminado del todo. En función de la orientación de las curvas o de la superposición de varias curvas respecto a la dirección de proyección, el comando puede generar proyecciones fragmentadas (Figura 10.26).

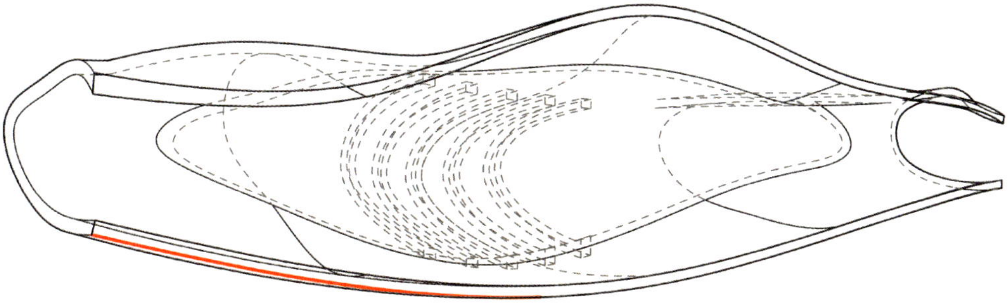

Figura 10.26 – División de un borde en el _Make2D

A veces, puede suceder que tramos consecutivos de un único borde, además de no estar unidos en una sola curva proyectada, estén físicamente separados, o bien con un *gap* entre las respectivas extremidades. En estos casos se recomienda no forzar la unión entre las porciones de curvas, para evitar deformaciones (así sean pequeñas); mejor optar por un enlace *_BlendCrv* y construir la porción de curva que falta con un grado de continuidad geométrica suficiente; finalmente unir los diferentes tramos de curva.

10.7.2 Proyecciones inclinadas

Cuando se utiliza el comando *_Pull* la dirección de la proyección depende de la orientación de la superficie y no del sistema de referencia, por lo tanto se genera el mismo resultado independientemente de la vista o del sistema de referencia que se esté utilizando.

Una aplicación que aprovecha esta propiedad del *_Pull* es la creación de proyecciones inclinadas.

Para obtener una proyección inclinada, o bien no alineada con los planos del sistema de referencia, se puede proceder de la siguiente manera:

1. Crear un plano con la orientación deseada – un método muy simple es el de utilizar un plano de sección (*_CutPlane*) externo a la geometría a proyectar y con una orientación que no sea paralela al sistema de referencia;
2. Generar las curvas a proyectar – ya que el comando funciona solo con curvas y puntos, no es posible proyectar directamente las superficies y polisuperficies; por lo tanto es necesario primero crear las curvas a proyectar utilizando los comandos ya vistos en el punto *10.1 Borde, contorno e isocurva*);
3. Proyectar con el *_Pull* – se proyectan las curvas apenas creadas sobre el plano de sección dibujado anteriormente obteniendo la proyección inclinada (Figura 10.27).

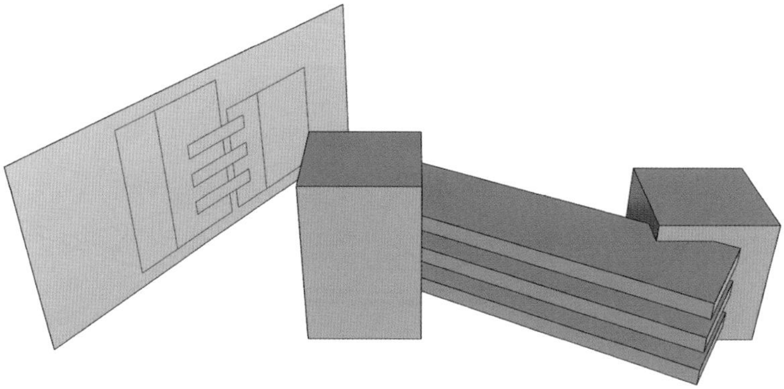

Figura 10.27 – Proyección inclinada con el comando _Pull

10.7.3 Secciones y cortes

Para generar cortes se pueden utilizar los comandos de intersección y sección (*10.2 Intersecciones y secciones*).

El *_Contour* es muy útil para generar secciones múltiples consecutivas de objetos de geometría complicada, para poderlos analizar y describir en detalle (Figura 10.28).

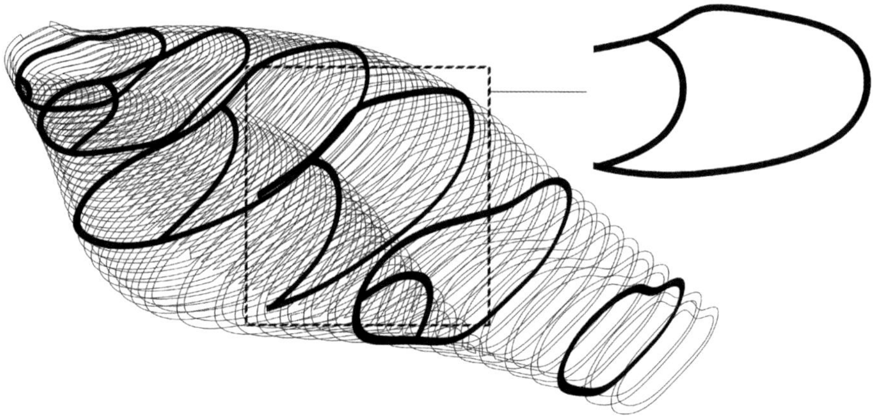

Figura 10.28 – Secciones múltiples de objetos complejos con _Contour

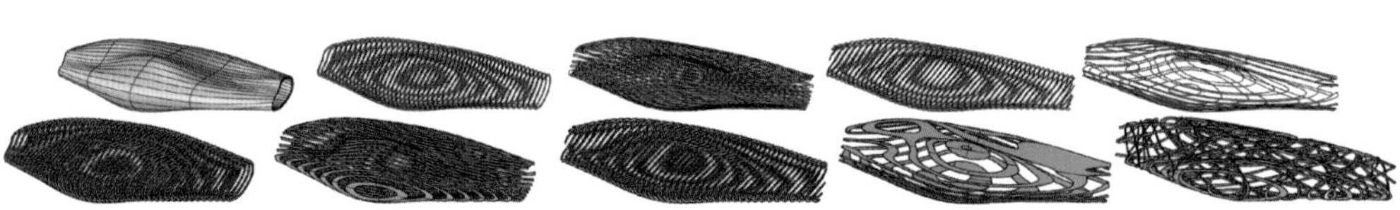

Figura 10.29 – Aplicaciones de los comandos de sección (_Section y _Contour)

Una vez obtenidas las secciones, estas se encuentran sobre el plano de sección correspondiente. Para crear la elaboración 2D generalmente es necesario colocar todos los dibujos en el plano (normalmente el plano XY). Para hacer esto se puede utilizar el comando _*RemapCPlane*.

Comando: _RemapCPlane

El comando permite reorientar objetos desde el plano de construcción de la vista activa hacia un plano de construcción diferente (de otra vista).

Los objetos son orientados de acuerdo con el nuevo plano manteniendo las mismas relaciones (posición y rotación) que tenían respecto al plano original.

Es posible orientar una copia de los objetos originales.

10.7.4 Secciones 3D y cortes en perspectiva

Para generar secciones en perspectiva muy complejas se pueden utilizar las intersecciones y, si es necesario, los cortes (Figura 10.30).

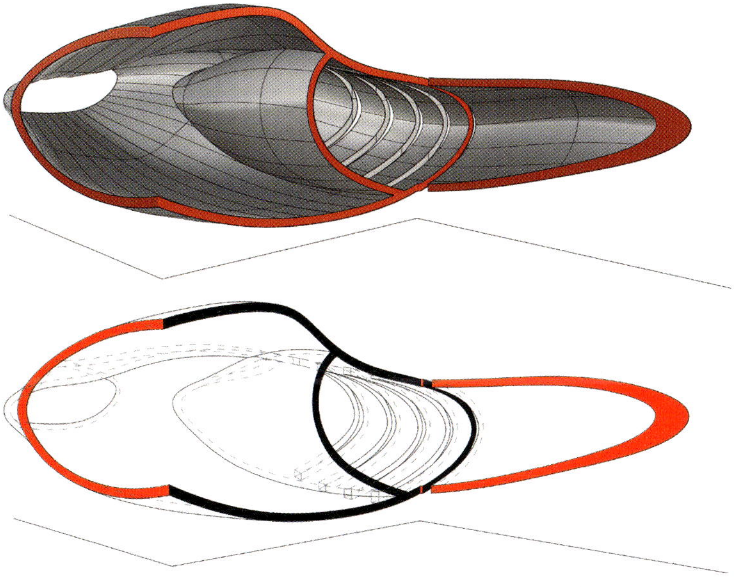

Figura 10.30 – Corte en perspectiva obtenido con secciones y _Make2D

Ya que para producir las representaciones 2D es necesario recortar el modelo 3D, conviene trabajar sobre una copia del mismo en modo de no comprometer su integridad y conservarlo para otras elaboraciones.

11_Operaciones con superficies

Las operaciones entre superficies *free-form* son tan complejas que a menudo es difícil obtener el resultado esperado. Casos típicos son: el fillet, el chamfer, el offset y la extensión, de los cuales hablaremos solo para evidenciar sus limitaciones.

También la unión entre superficies resulta a veces problemática, pero por razones diversas que ilustraremos en este capítulo.

11.1 Recortar y partir

Recortar y dividir la geometría es una operación útil también cuando se trabaja con curvas: pero en el caso de las superficies se presentan características definitivamente interesantes.

Más allá de la ejecución de los comandos *_Trim* y *_Split* que son muy simples, es importante comprender qué sucede durante estas operaciones.

Los comandos de recorte funcionan aún cuando las intersecciones son aparentes, es decir que en una determinada visualización los objetos se perciben empalmados.

La opción *ApparentIntersections* permite considerar esta circunstancia; sin embargo, cuando se trabaja en una vista tridimensional no resulta útil, ya que las intersecciones aparentes son realizadas en función del punto de vista y normalmente no son intersecciones interesantes o notables entre los objetos.

Por el contrario, cuando trabajamos en vistas ortogonales, dicha opción puede producir resultados útiles. En Rhino es posible recortar o dividir una superficie si, en proyección ortogonal, el objeto de corte visualmente divide la superficie en dos porciones definidas (Figura 11.1).

Dado que en la proyección ortogonal superior la curva pasa a través de la superficie "dividiéndola" en dos porciones definidas, es posible ejecutar las operaciones de recorte en tal proyección.

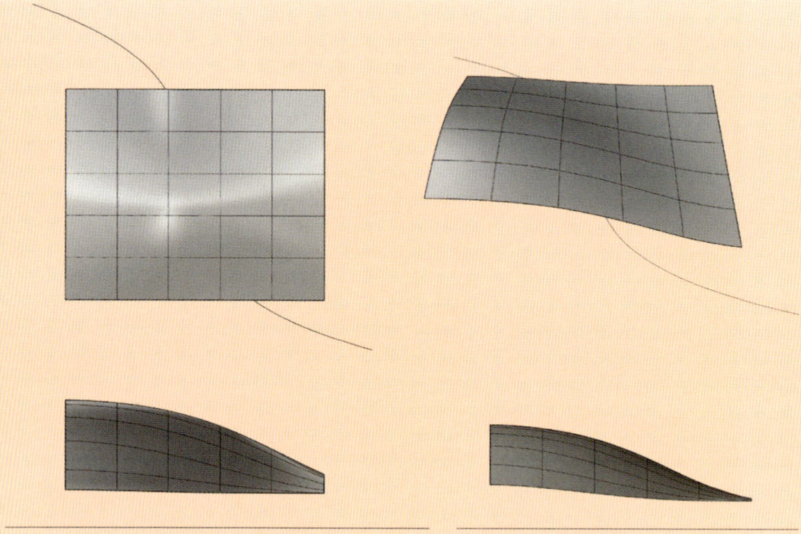

Figura 11.1 – La superficie a recortar y la curva de corte no se intersectan

11.1.1 Memoria de la estructura de control

Cuando se realiza la sección de una superficie, tanto con _*Trim* como con _*Split*, se secciona la superficie eliminando o no una parte (Figura 11.2).

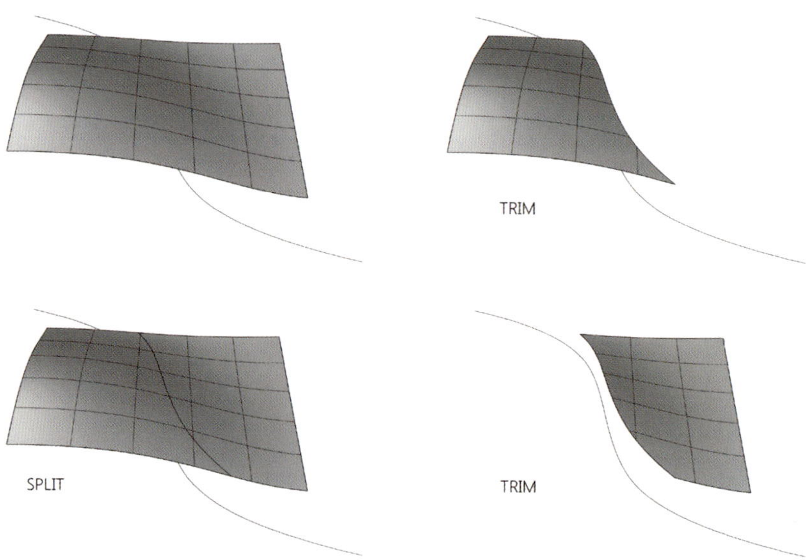

Figura 11.2 – Resultados de _Trim y _Split

En Rhino, recortar es casi una operación de visualización. El programa conserva la información que se refiere a la topología original de la superficie recortada: es suficiente activar los puntos de control de la superficie recortada para observar cómo la estructura de control aún corresponde a la de la superficie original (Figura 11.3).

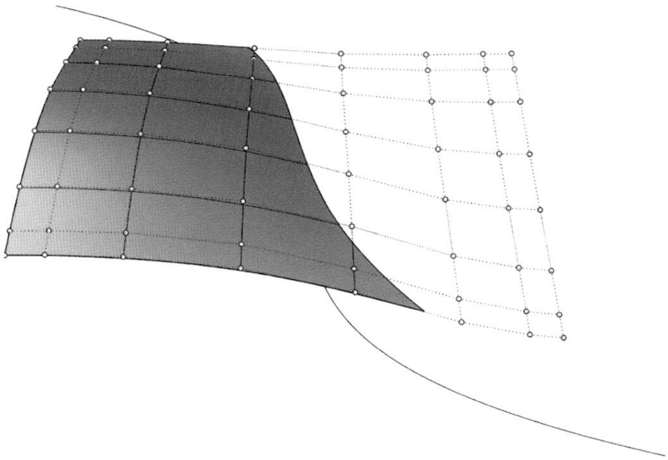

Figura 11.3 – Conservación de la estructura de control en las operaciones de recorte

Este fenómeno no debería de sorprendernos, considerando lo que hemos observado en los capítulos anteriores con referencia a cantidad, posición y peso de los puntos de control.

Para que una superficie recortada mantenga la forma de la superficie original, ningún cambio debe ocurrir en su estructura de control: eliminando o simplemente desplazando aún cuando sea un sólo punto de control, la superficie recortada perdería la forma original.

La importancia de la memoria de la estructura de control es grande, y tenerla en consideración permite optimizar el flujo del trabajo.

Dado que la superficie recortada conserva la misma estructura de control, es posible anular la operación de recorte y volver a la superficie original gracias al comando *_Untrim*.

Comando: _Untrim

El comando permite anular las operaciones de recorte efectuadas sobre una superficie. Es suficiente seleccionar los bordes recortados.

La línea de comando presenta solo dos opciones:

KeepTrimmedObjects	Permite conservar los bordes de las superficies recortadas una vez que los cortes son anulados. Útil si se quiere hacer diversas pruebas de recorte de la misma superficie.
AllSimilar	Permite anular contemporáneamente todos los recortes ejecutados sobre una superficie sin tener que seleccionar los diversos bordes uno por uno.

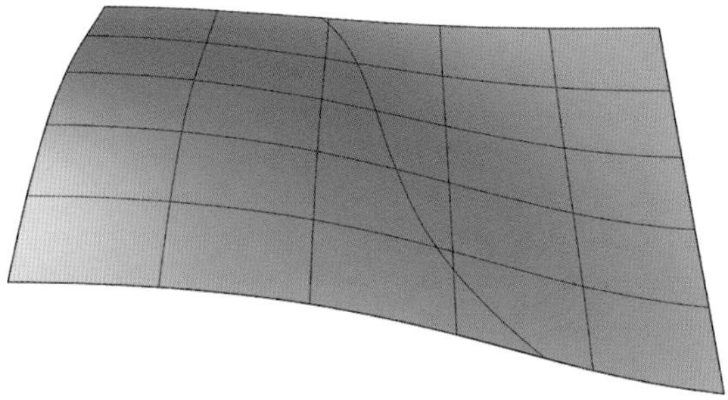

Figura 11.4 – Superficie después de la anulación del recorte conservando el borde recortado

Observaciones

- La memoria de la estructura de control es una propiedad de las superficies que no desaparece con las elaboraciones sucesivas. Si se une una superficie seccionada con otra superficie, se puede sucesivamente explotar la polisuperficie o extraer la superficie recortada y observar como esta conserva siempre la estructura de control íntegra.

11.1.2 Recortar o partir una superficie cerrada

Analicemos el caso de la sección de una superficie cerrada, ya que presenta un problema topológico interesante. Normalmente un sólido está constituido por diversas superficies soldadas a lo largo de los bordes: todas juntas forman un volumen cerrado y definido.
La superficie cerrada es un caso particular de sólido, ya que por sí sola conforma un volumen cerrado y definido, auto-soldándose a lo largo de sus propios bordes.
Tomemos el caso de una esfera (*6.1.1 Topología de la esfera*). Ya vimos que es posible recortar una superficie si, en proyección ortogonal, está dividida en dos partes definidas (Figura 11.5).

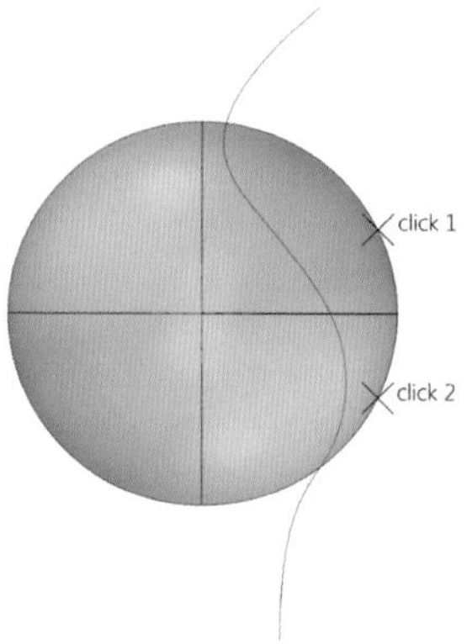

Figura 11.5 – Intersección aparente de una esfera con una curva en proyección ortogonal superior

En este caso es necesario prestar atención a que la curva de sección atraviesa el borde de la esfera. Como sabemos el borde de la esfera es en realidad la línea que corresponde a los dos bordes opuestos A y C de la topología rectangular original. Por lo tanto, el corte que se está realizando sucede en dos porciones de la superficie esférica que se colocan en los extremos opuestos de la superficie extendida (Figura 11.6).

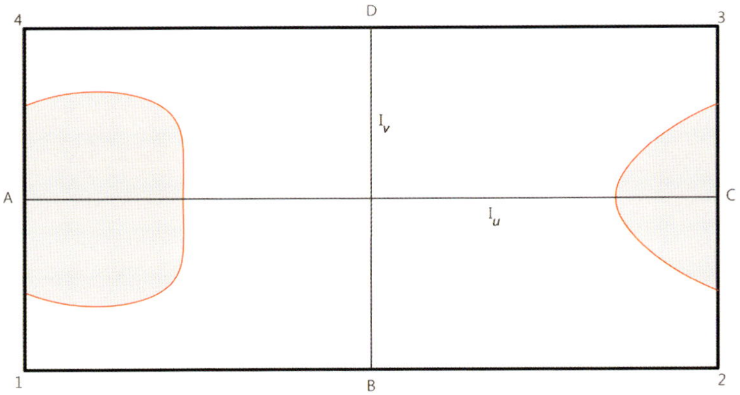

Figura 11.6 – Porciones de superficie determinadas por la intersección con la curva de corte

Como consecuencia, si se intenta recortar la esfera con la curva en el área cerca del borde, es necesario hacer clic sobre las dos porciones para eliminar toda la parte de superficie dentro de la intersección con la curva de sección (Figura 11.5).

Para simplificar la operación, dado que la esfera es simétrica respecto a su centro, es suficiente rotar la esfera evitando que la curva de sección atraviese el borde: de tal modo la región de superficie determinada por la intersección estará toda dentro de la topología rectangular (Figura 11.7).

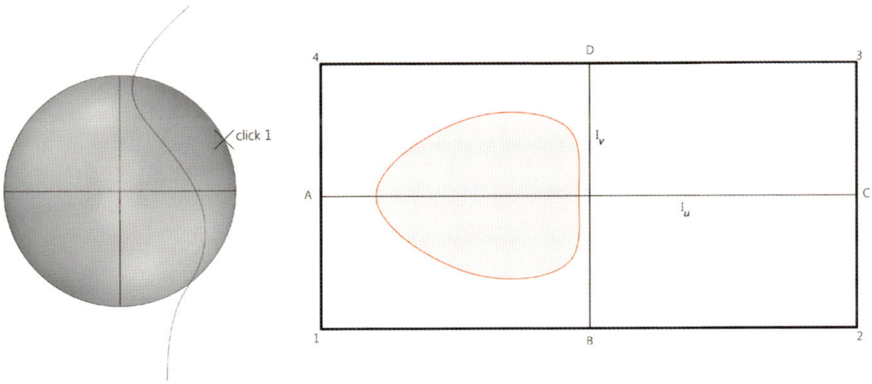

Figura 11.7 – Si la curva de corte no pasa a través del borde se obtiene un corte único

11.2 Fillet y chamfer de superficies

Como ya mencionamos al inicio del capítulo, el fillet y el chamfer son dos operaciones que debido a la complejidad de las superficies (sobre todo si son *free-form*) difícilmente producen un buen resultado.
Es fácil intuir lo problemático que es, por ejemplo, crear un fillet de radio constante entre dos superficies *free-form* convergentes. Un resultado satisfactorio de la operación depende de muchos factores: la dirección de aproximación de las dos superficies, la regularidad de los bordes contrapuestos, la correlativa distancia entre los puntos de los bordes, etc..
Las únicas configuraciones de superficies gestionables con (relativa) seguridad son aquellas que se refieren a superficies simétricas y convergentes: es probable que el fillet y el chamfer de superficies produzcan un resultado.
En los otros casos se recomienda *cambiar el proceso de modelado*, sustituyendo el fillet y el chamfer entre superficies con enlaces complejos (*_BlendSrf*) entre las mismas o con el empalme de aristas internas de una polisuperficie. Esta última operación, aparentemente idéntica, prevé una aproximación completamente distinta ya que utiliza el modelado sólido (*14 Modelar para la producción*).

11.3 Offset de superficies

El offset de una superficie crea una nueva superficie equidistante a la original. El comando es absolutamente equivalente al offset de una curva, en el sentido de que incluso sus opciones son la transposición al 3D de la modalidad 2D.

Comando: _OffsetSrf

El comando permite crear una superficie equidistante a la superficie original (dentro de una cierta tolerancia).

Opciones importantes

Tolerance	Mismo funcionamiento de la opción del comando para las curvas, permite crear una superficie cuya distancia desde la original es definida por: *distancia de offset ± valor de la tolerancia* Valores bajos de la tolerancia generan una superficie tendencialmente equidistante a la original pero con muchos puntos de control. Viceversa, valores altos de la tolerancia generan una superficie más simple pero cuya distancia desde la original no es constante.

Observaciones

- En el offset de una curva, si la distancia de offset es mayor que el radio de curvatura mínimo de la curva, aparecen unos vértices. En el offset de superficies esto no sucede y cuando la distancia de offset es muy grande la superficie se auto-intersecta en su interior. Esta circunstancia se debe evitar

¡Porque es totalmente irreal! Además genera problemas en la fase de producción. Es oportuno conocer el radio de curvatura mínimo de la superficie antes de efectuar el offset de la misma. Se puede realizar un análisis de la curvatura con la opción *Min radius* (radio de curvatura principal mínima) para conocer tal valor y evitar problemas de auto-intersección del offset (Figura 11.8).

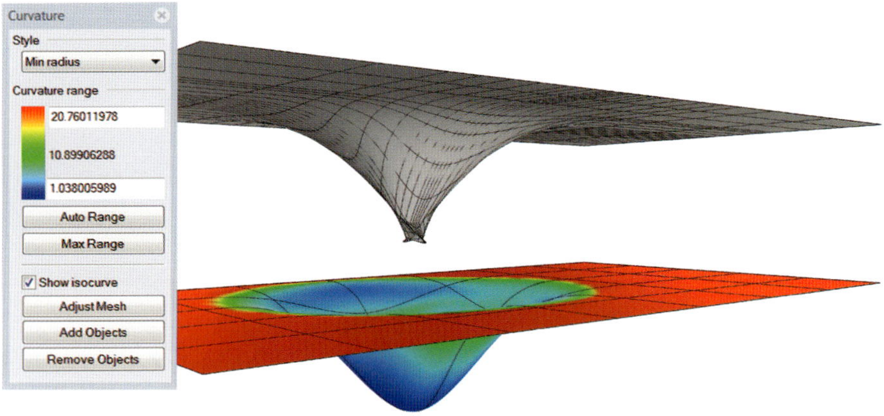

Figura 11.8 – Análisis del radio de curvatura mínimo de la superficie y offset con valor más grande

11.4 Extensión de superficies

Como ya mencionamos, la extensión de una superficie no es un comando fácil de utilizar con superficies *free-form*. Sus aplicaciones "útiles" se limitan a casos de superficies muy regulares.

Sin embargo, también en estos casos es necesario prestar atención a algunos aspectos ya vistos. Tomemos por ejemplo una superficie plana con un borde que tiene tramos cóncavos. Si la distancia de la extensión supera el valor del radio de curvatura mínimo en la zona cóncava se obtiene el mismo efecto analizado con el offset: el borde de la extensión se auto-intersecta pero esta vez no se genera un vértice y la superficie resultante es degenerada (Figura 11.9).

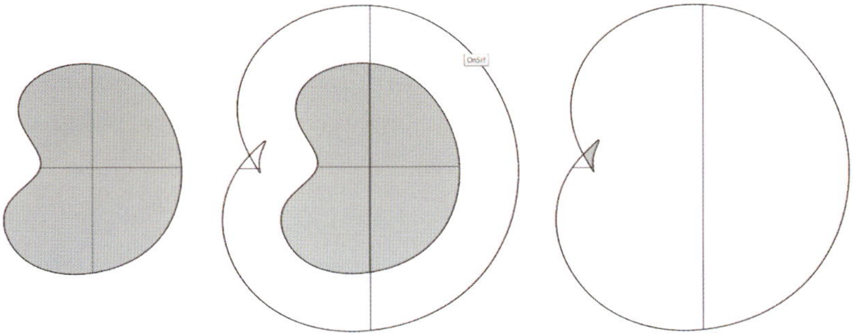

Figura 11.9 – Extensión de una superficie plana con borde cóncavo

Por lo tanto incluso los casos más simples de extensión pueden dar lugar a situaciones problemáticas.
En Rhino 6 es posible ver una previsualización de la extensión simplemente moviendo el mouse después de haber seleccionado el borde a extender. Esto ayuda a comprender cómo se comporta la extensión con la variación de la distancia y de esta manera anticipar problemas como los que acabamos de analizar.
Sin embargo, por lo general los problemas de la extensión de superficies *free-form* se presentan con valores de distancia relativamente grandes: cuando la distancia crece la extensión comienza a distorsionarse hasta crear ondulaciones muy amplias (Figura 11.10).

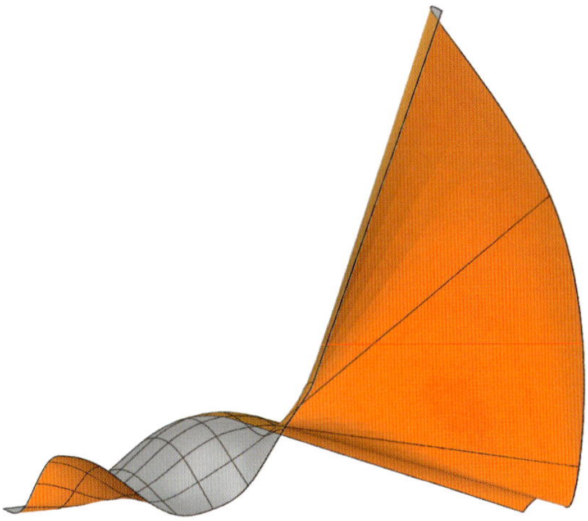

Figura 11.10 – Extensión de una superficie free-form con distancia muy grande

11.5 Enlaces complejos entre superficies

Muchos usuarios de Rhino utilizan una aproximación directa al dibujo, buscando las soluciones más creativas con las herramientas de modelado de superficies: *loft, sweep, network*, etc.. A veces esta no es la mejor estrategia y conviene utilizar una aproximación, por así decir, indirecta: imaginar la superficie que se desea dibujar como la consecuencia de algo que està en el entorno y de esta manera dibujar la superficie final como un enlace entre superficies ya existentes. La ventaja en este caso es que generalmente se pueden crear superficies iniciales relativamente simples y gestionando la complejidad de la superficie final al realizar el enlace.
Esta estrategia es altamente eficaz, ya que las herramientas para crear los enlaces entre superficies son potentes y versátiles y permiten un mayor control sobre las superficies respecto a cualquier comando de creación directa.
Enlazar quiere decir, geométricamente, conectar según una regla determinada. Un enlace simple entre dos

superficies con dos bordes contrapuestos puede ser un *_Loft* o un *_EdgeSrf*, seleccionando solamente los dos bordes como curvas de input. Obviamente la única regla posible en estos dos casos es que el enlace sea G0 a lo largo de los bordes de las superficies (Figura 11.11).

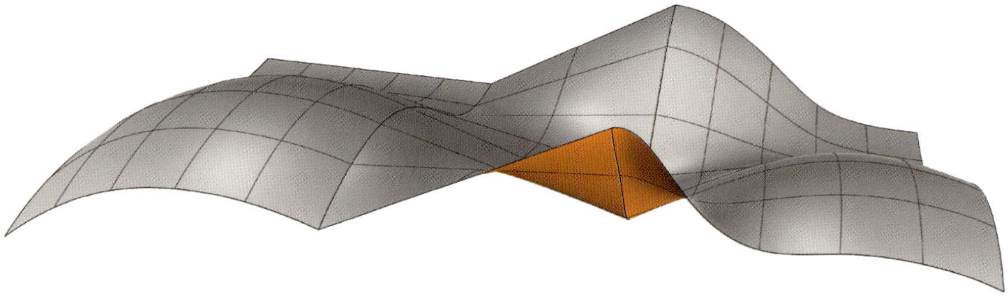

Figura 11.11 – _Loft y _EdgeSrf

11.5.1 Sweep2

Ya hablamos del comando *_Sweep2* (*7.9 Sweep2*) de manera general: ahora lo analizaremos principalmente como herramienta para la creación de enlaces entre dos superficies existentes.

La ventaja de utilizar el sweep es que a lo largo de los carriles se puede configurar la continuidad geométrica hasta G2 – curvatura y por lo tanto se pueden crear enlaces en continuidad G2 con superficies existentes.

Lo que determina la posibilidad o la imposibilidad de imponer una continuidad geométrica al menos G1 a lo largo de los carriles es la topología de las curvas de sección.

Si tomamos en consideración la curva de sección recta, esta tiene solo dos puntos de control que el comando puede utilizar para establecer la continuidad a lo largo de los carriles; por lo tanto, la única condición posible es G0 a lo largo de un carril (primer punto de control) y G0 a lo largo del otro carril (segundo punto de control).

Si se quisiera imponer una continuidad G1 a lo largo de un carril y G0 a lo largo del otro, sería necesario una curva de sección con tres puntos de control: dos serían utilizados para la continuidad G1 y el tercero para la continuidad G0.

Es por eso que es importante tener las secciones correctas para poder crear el *sweep* de enlace con la continuidad deseada.

Una técnica muy eficaz para hacerlo es utilizar el comando *_BlendCrv* con la opción *Edges* para crear una curva que enlace un borde con el borde opuesto con la continuidad geométrica deseada (Figura 11.12).

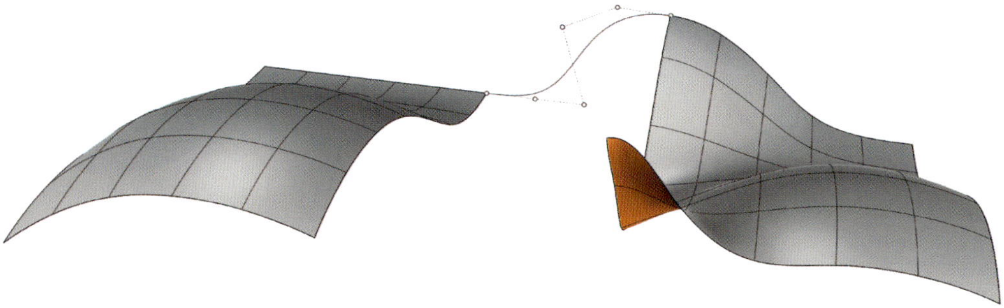

Figura 11.12 – Curva de sección con enlace _BlendCrv ajustable

El nivel de continuidad geométrica que se selecciona en el *_BlendCrv* será el mismo nivel obtenible con el *sweep* (obviamente hasta el G2). Seleccionando continuidad G3 o G4 se obtendrán puntos de control adicionales. Estos podrán ser utilizados para deformar las secciones antes de ejecutar el *sweep*, poniendo atención a no modificar la disposición de los primeros puntos de control en las extremidades, ya que servirán para garantizar la continuidad geométrica a lo largo de los bordes de las superficies.
Creando las curvas *blend* necesarias, con la continuidad geométrica y la forma deseadas, se puede ejecutar el comando *_Sweep2* configurando las continuidades geométricas a lo largo de los carriles (Figura 11.13).

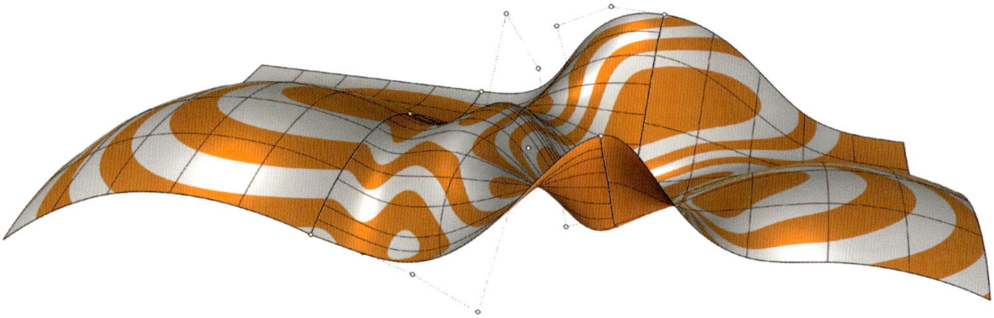

Figura 11.13 – Superficie de enlace _Sweep2 con continuidad G2-G2 a lo largo de los carriles

Nota: dado que las secciones inicial y final son generadas con el _BlendCrv configurando la continuidad geométrica, misma utilizada sucesivamente en el _Sweep2, no hay necesidad de utilizar las opciones "Preserve first/last cross section".

Observaciones

- Si a lo largo del borde de una superficie se sobrepone una curva perfectamente coincidente, Rhino pregunta cuál objeto se quiere seleccionar: el borde o la curva. Para poder regular la continuidad a lo largo de un carril es necesario seleccionar el borde y no la curva.

11.5.2 Superficie a partir de red de curvas

Utilizar una *_NetworkSrf* para enlazar dos superficies existentes implica las mismas problemáticas y observaciones que para el *_Sweep2*.

Es necesario construir siempre curvas transversales entre las dos superficies con los niveles de continuidad deseados.

Teóricamente es posible enlazar más de dos superficies ya que la superficie de red de curvas puede gestionar la continuidad geométrica a lo largo de las cuatro curvas de contorno: sin embargo, ya vimos que esto es extremadamente difícil: aún más, un enlace con continuidad entre cuatro bordes es posible únicamente en el caso de realización de un "parche" para tapar un agujero en una superficie.

11.5.3 Blend de superficies

La mejor técnica para construir un enlace entre superficies es utilizar el comando *_BlendSrf*.

Comando: _BlendSrf

El comando permite crear una superficie de enlace entre dos superficies existentes utilizando los bordes y controlando la continuidad geométrica a lo largo de los mismos.

Opciones importantes

Add/Remove Shapes	Permite agregar/eliminar una sección para controlar el enlace. En correspondencia con cada sección se puede determinar la forma del enlace manipulando los puntos de control de la sección.
Planar sections	Busca mantener planas las curvas de enlace. Por un lado permite obtener curvas de enlace más simples y mantener la superficie más regular, por otro lado puede alterar las condiciones de continuidad geométrica significativamente
Maintain height	Si la distancia entre los bordes varía, la superficie crece con la distancia entre los bordes. La opción anula este efecto.

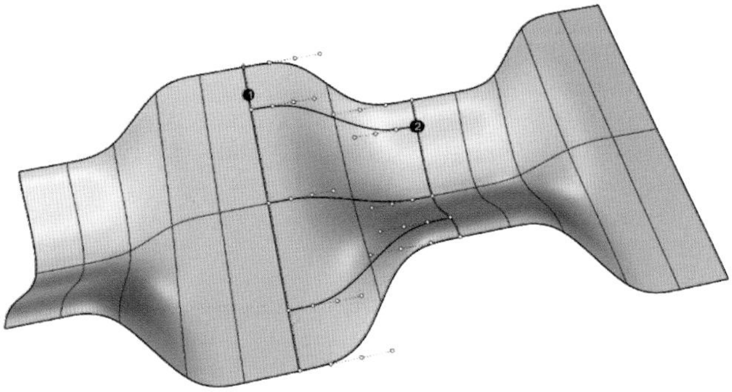

Figura 11.14 – Curvas de enlace intermedias

La ventaja de utilizar este comando es que permite crear, modificar y utilizar las curvas de enlace de manera dinámica mientras se está creando la superficie, permitiendo además agregar curvas de enlace donde sea necesario (Figura 11.14).

Por lo tanto, mientras los otros comandos utilizan curvas ya diseñadas y en base a la continuidad geométrica permiten obtener un solo resultado, el *_BlendSrf* genera toda una categoría de superficies de enlace por cada continuidad configurada.

La desventaja de utilizar el *blend* está en la complejidad de la superficie resultante. Cuando se utiliza el *blend* es posible seleccionar los niveles de continuidad geométrica a lo largo de los bordes, desde G0 a G4. A estas continuidades corresponden diferentes estructuras de puntos de control y grado de la superficie (Tabla 4, pág. 115). Si se configura un grado de continuidad geométrica superior a G1-G1 (4 puntos de control y grado 3) se obtiene una superficie que no sigue las reglas prácticas del dibujo con puntos de control (Figura 11.15).

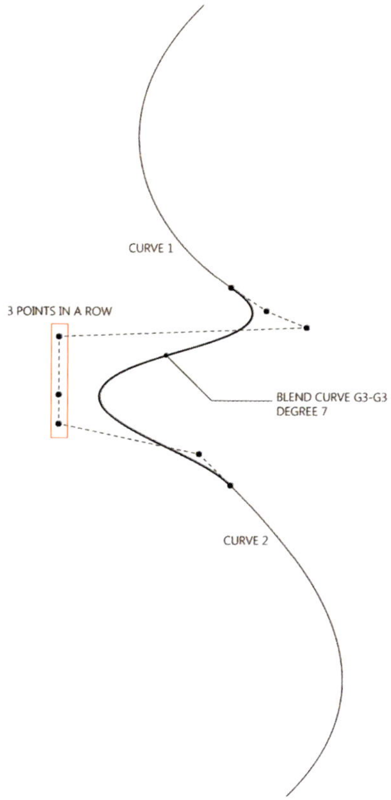

Figura 11.15 – Alineando tres puntos de la curva blend G3-G3 no se obtiene una condición de tangencia

Ya que es recomendable trabajar con superficies de grado 3 es necesario seleccionar inicialmente un nivel de continuidad G1-G1 y sucesivamente manipular la estructura de la superficie según las técnicas ilustradas en el *capítulo 8 Trabajar con los puntos de control.*

En *BlendSrf – Continuidad y grado* (pág. 361) veremos un procedimiento para utilizar el *blend* y controlar el grado de la superficie.

11.6 Tutorial – Configurar líneas de recorte y proyección

Desde ahora se recomienda trabajar sobre una copia de la superficie original de la carrocería. Es el momento de iniciar a configurar las líneas que separan las diversas partes de la misma: cofre, puertas, parabrisas, etc..

11.6.1 Líneas de separación

Las líneas de separación son visibles en los *blueprints*; algunas fueron ya trazadas en las primeras fases del tutorial. Es necesario trazar todas las líneas que servirán para recortar las diversas partes de la carrocería y proyectarlas sobre la superficie.

Tomemos como ejemplo las puertas: el proceso es idéntico para las otras partes (Figura 11.16).

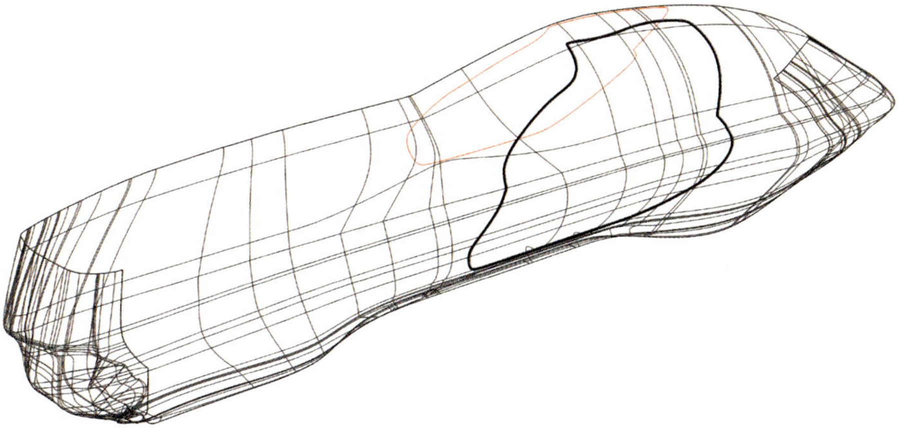

Figura 11.16 – Proyección de la curva de la puerta sobre la superficie

Desde la vista lateral, proyectamos la curva de separación de la puerta sobre la superficie de la carrocería. Se puede observar cómo la forma de la proyección es regular en la parte lateral de la puerta, mientras la parte superior presenta una forma definitivamente irregular. Esto se debe a que la proyección es casi perpendicular a la superficie del auto en la parte lateral, mientras es casi paralela a la parte superior.

Para resolver este problema es suficiente trazar una línea en la vista superior, proyectarla sobre la superficie del auto y utilizar la línea resultante para regularizar el tramo superior de la puerta (Figura 11.17).

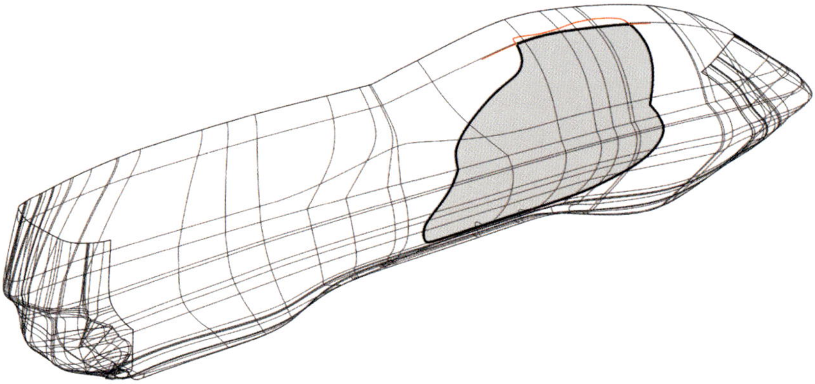

Figura 11.17 – Regularización de la curva de la puerta

Se puede utilizar esta técnica para separar las diversas porciones de carrocería, incluidos los faros y las calaveras (Figura 11.18 e Figura 11.19).

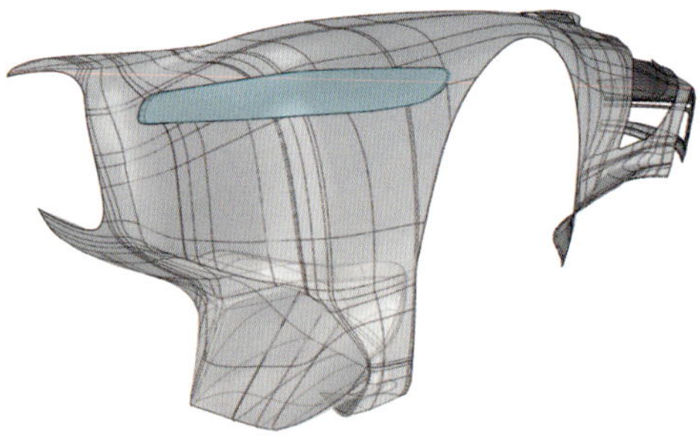

Figura 11.18 – Separación del faro

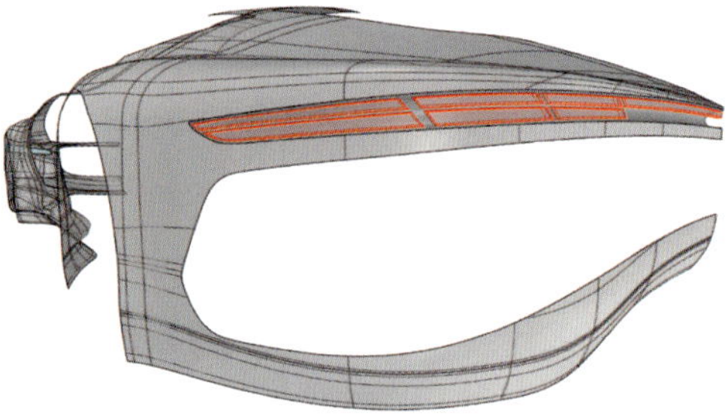

Figura 11.19 – Separación de las calaveras

Es necesario recordar que las partes recortadas de la superficie original conservan la estructura de control de la superficie completa. Por lo tanto ejecutando un *_Untrim* es siempre posible regresar a la superficie completa a partir de cualquier porción obtenida.

11.6.2 Detalles

Una vez obtenidas las curvas de división, es necesario considerar que estas representan la separación entre diversas partes de la carrocería, y que en la realidad se acercan sin tocarse. Por lo tanto es posible recurrir al comando *_OffsetCrvOnSrf* para generar un offset de la curva a lo largo de la superficie: se ejecuta esta operación de ambos lados de la curva base, para después recortar la parte de superficie comprendida entre los dos offsets (Figura 11.20).

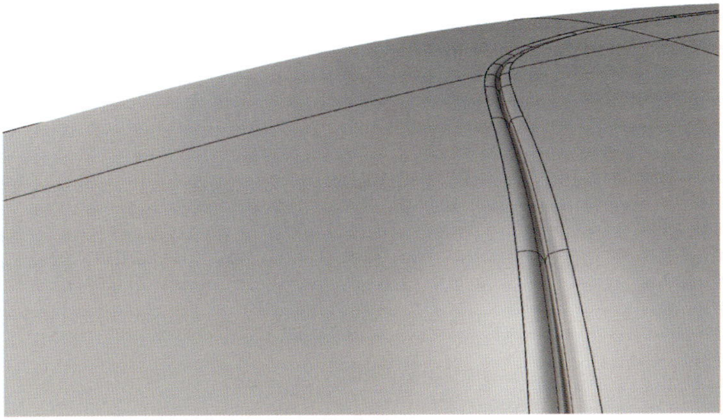

Figura 11.20 – Superficie recortada entre los dos offsets y enlaces fillet

Como alternativa es posible utilizar el mismo *_OffsetCrvOnSrf* para recortar el contorno de las superficies adyacentes y sucesivamente darles un espesor a través de un *_OffsetSrf*. Sin embargo, esto no elimina el espacio entre las superficies, y se vuelve necesario crear una nueva superficie que impida ver a través de este espacio (Figura 11.21).

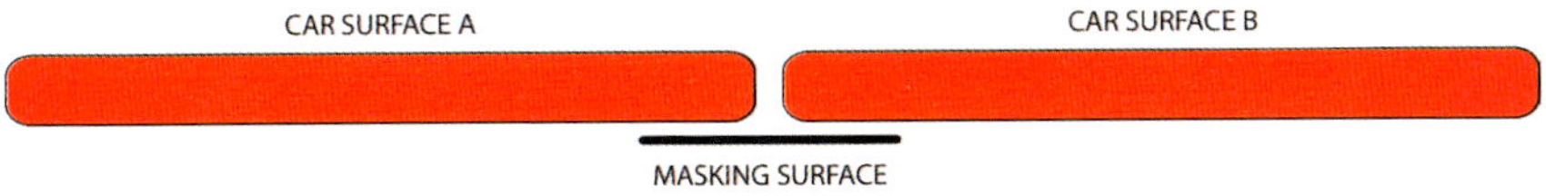

Figura 11.21 – Superficies de la carrocería con espesor y uso de una superficie posterior

La segunda técnica requiere más trabajo: sin embargo, el resultado se apega a la realidad (la superficie posterior simula la presencia de las juntas).

Con la primera técnica se obtiene un efecto suficientemente realista.

Ambos métodos llevan el software al límite, ya que tanto los enlaces *fillet* (en áreas muy estrechas y a partir de superficies muy complejas), como el *offset* de superficies complejas, implican enormes problemas de cálculo que a menudo producen resultados imprecisos.

11.6.3 Interiores

El modelado de los espacios internos del auto es probablemente la parte más difícil de realizar, sobre todo porque en este concept car el interior es futurista: no existe ¡Ni una línea recta! (Figura 11.22)

Por otra parte no existen dibujos o fotos en detalle del interior, por lo tanto la calidad del modelado de cualquier detalle depende de la capacidad de observación del diseñador.

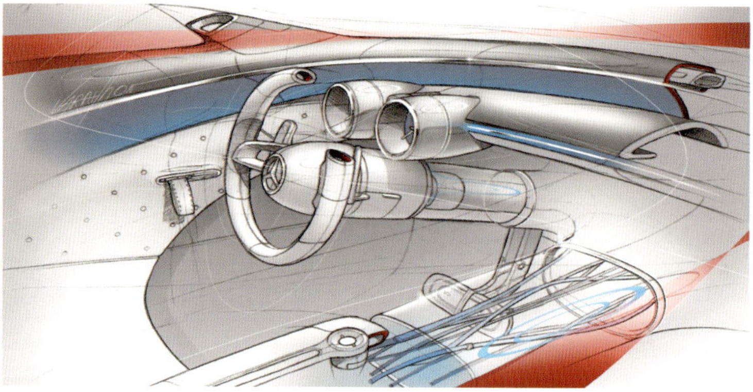

Figura 11.22 – Diseño del interior

La forma general de la cabina es bastante simple de realizar: una semiesfera deformable (*8.1.1 Esfera deformable*) puede servir para el modelado del piso y de la parte inferior: las superficies anulares que conectan la base de la cabina a la carrocería (a lo largo de los bordes inferiores de las ventanas) se pueden obtener con diversas herramientas de modelado directo (*sweep*, *loft*, etc.) o indirecto (*blend*).

Sin duda el verdadero reto son las superficies de los asientos, que además de tener formas onduladas se incorporan a la teoría de superficies anulares de la cabina (superficies en rojo en la Figura 11.23).

Figura 11.23 – Asientos integrados en las superficies de la cabina

Estas superficies no se pueden obtener fácilmente por deformación, conviene dibujar las curvas de base para después utilizar una herramienta de creación directa: en este caso se utilizó el *_Sweep2* para la superficie del asiento que se integra con el tablero (Figura 11.24). Dado que la superficie deseada es simétrica respecto al eje longitudinal del auto, fueron creadas las mitades de los carriles R1 y R2 para después reflejarlas y unirlas en dos curvas cerradas. La curva de sección S está ligeramente doblada en las extremidades para obtener la superficie base del tapizado.

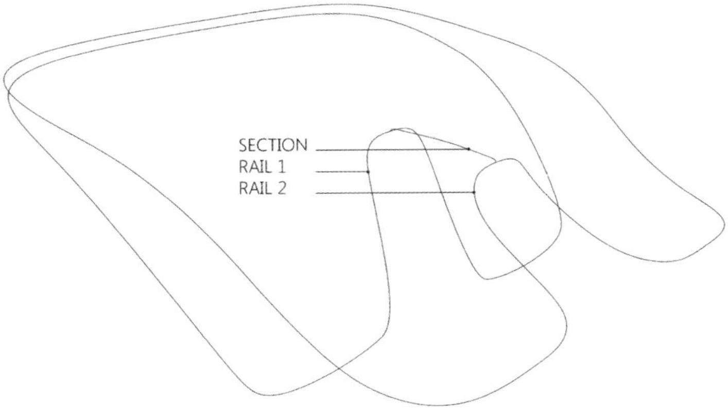

Figura 11.24 – Curvas free-form para el modelado de los asientos-tablero con _Sweep2

Para la superficie del respaldo se utilizó un *_NetworkSrf* y sucesivamente un *_OffsetSrf* para dar un espesor, mientras que el acolchado del respaldo fue realizado con un *_Patch* (Figura 11.25 y Figura 11.26).

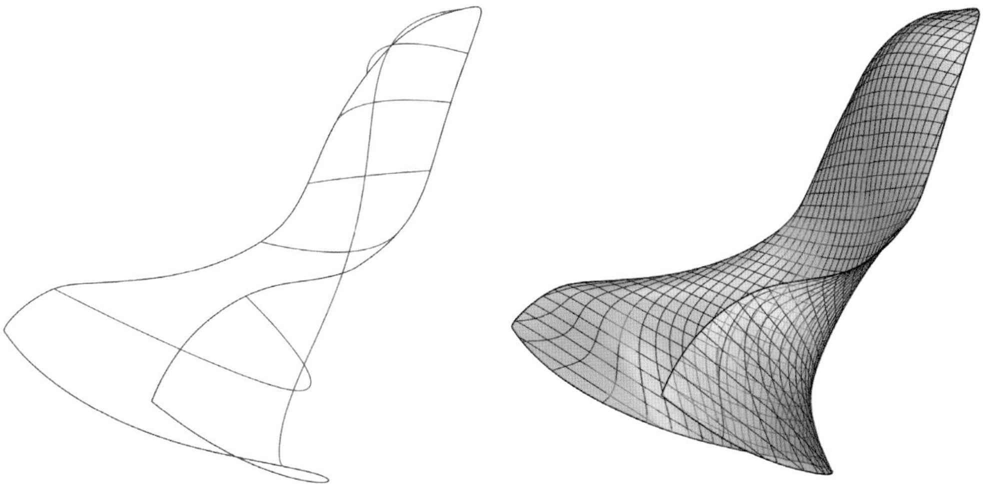

Figura 11.25 – Acolchado del respaldo con superficie _Patch

Figura 11.26 – Extensión real del _Patch (estructura del control)

Para la superficie de los asientos, la dificultad está en el crear las curvas 3D *free-form*.

La complejidad de la superficies resultante es relativamente alta: esto se debe a que los dos carriles no pueden ser simplificados, ya que la forma deseada es irregular y una reconstrucción de las curvas podría suavizarlas excesivamente.

Figura 11.27 – Superficies de los asientos

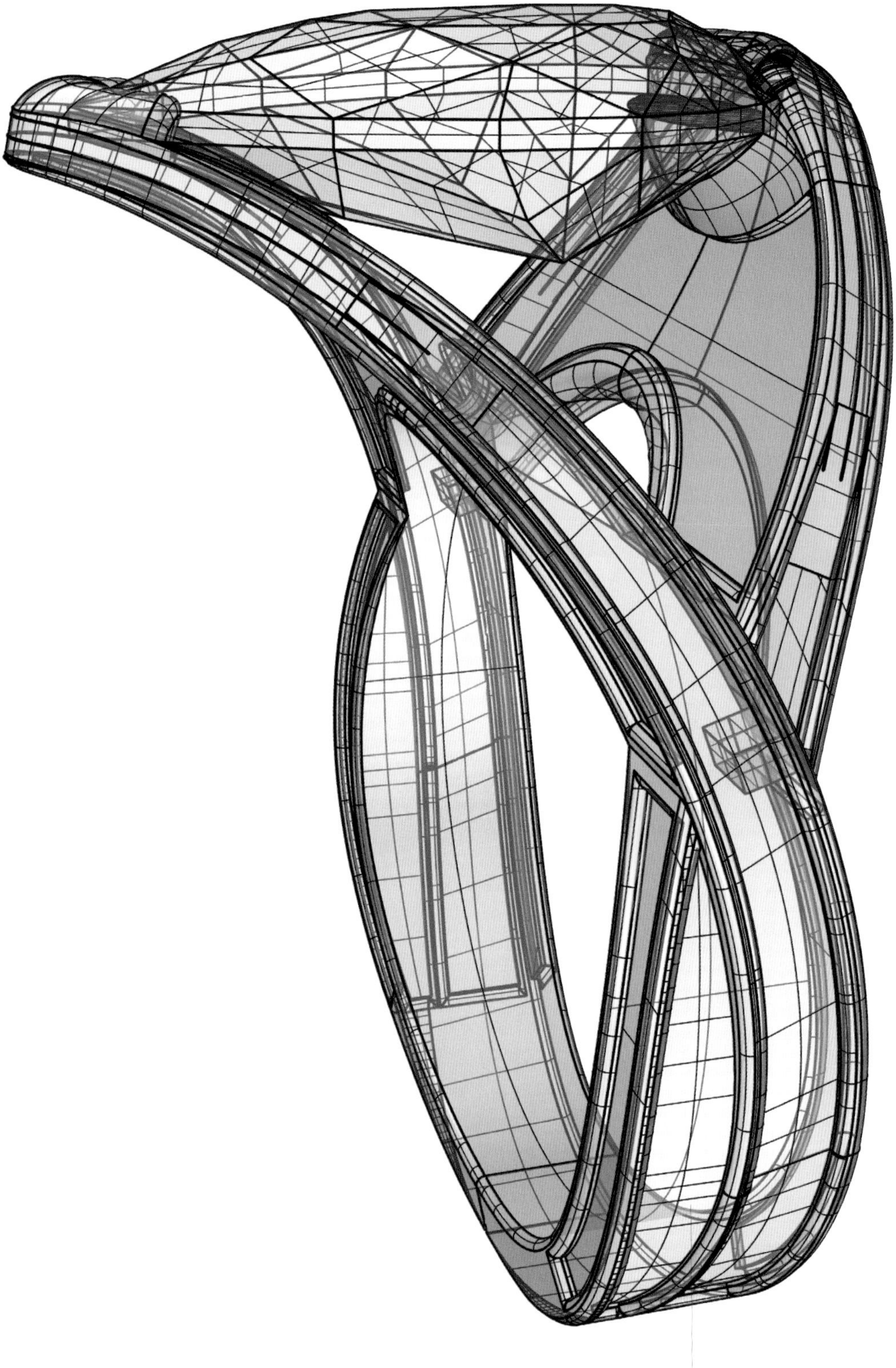

12_Deformaciones

Existe otro tipo de modelado 3D, con un enfoque completamente diferente: el modelado basado en deformaciones.

La deformación es el cambio de forma de un objeto sometido a acciones externas. Es un fenómeno medible, ya que a una acción externa conocida siempre corresponde la misma deformación.

En Rhino no existe un motor de simulación física (este se puede agregar fácil y gratuitamente a través de Grasshopper y Kangaroo): por lo tanto la deformación tiene un significado exclusivamente geométrico.

Una deformación se obtiene utilizando:

- herramientas de deformación global, de las cuales se hablará en este capítulo;
- herramientas de manipulación directa, que trataremos en el próximo capítulo.

12.1 Deformaciones notables

Entre las herramientas de deformación global, existen las "deformaciones notables": estirar, retorcer, curvar, remolino, ahusar. Se trata de operaciones simples desde el punto de vista de la ejecución de los respectivos comandos, por lo tanto no las trataremos a detalle.

Sin embargo, todas presentan un comportamiento en común, que se refiere a las consecuencias topológicas que provocan sobre un objeto.

Busquemos entender cuáles son estas consecuencias con un caso simple: el _Stretch (no hablaremos de las otras deformaciones notables *_Twist*, *_Bend*, y *_Taper*).

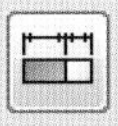

Comando: _Stretch

El comando permite estirar un objeto en una dirección

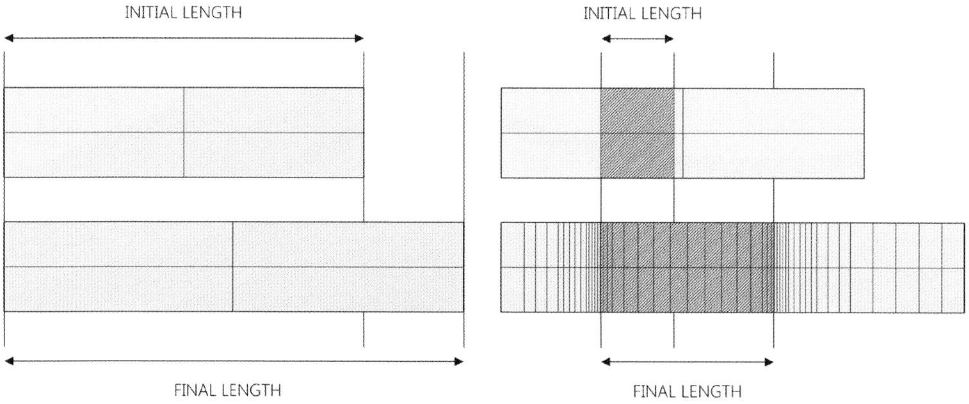

Figura 12.1 – _Stretch de todo el objeto (a la izquierda) o de una porción (a la derecha)

Como se puede observar (Figura 12.1), la aplicación del *_Stretch* a una simple caja (caras planas y lineales) genera una extensión en la dirección del eje deseado, lo que puede dar origen a dos casos:

1. La extensión afecta todo el objeto (Figura 12.1, izquierda) – no se obtiene una variación topológica evidente, pero si se explota la caja estirada se puede observar como todas las superficies que la componen son superficies planas deformables (con mayor grado y número de puntos de control respecto al objeto original) (Figura 12.2);

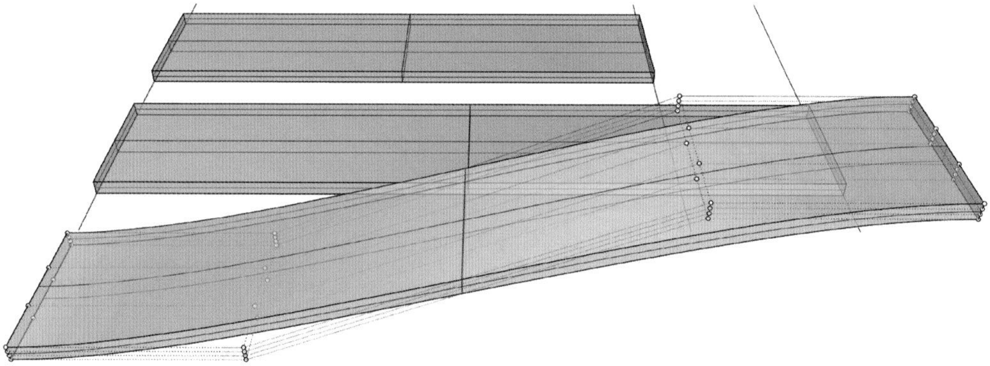

Figura 12.2 – Caja estirada y superficies deformables resultantes

2. La extensión afecta una porción del objeto (Figura 12.1, a la derecha) – la topología del objeto estirado es definitivamente más compleja que la original.

A pesar de si la deformación afecta el objeto parcialmente o totalmente, se produce siempre un aumento de complejidad en el objeto deformado. Por lo tanto, es oportuno evaluar si existen otros comandos que permiten obtener el mismo efecto de la deformación, controlando la complejidad resultante.

En el primer caso del ejemplo anterior (Figura 12.1, izquierda), el comando *_Scale1D* permite obtener el mismo resultado geométrico de la deformación *_Stretch*: con la diferencia que la topología del objeto transformado (y no deformado) es idéntica a la del objeto inicial.

Como alternativa se puede utilizar el comando *_MoveFace* que también produce el mismo resultado geométrico y no afecta la topología lineal de la caja.

Por lo general, las deformaciones notables de objetos simples se pueden obtener utilizando herramientas directas de modelado:

- la deformación *_Twist* se puede producir con un comando que puede generar superficies con torsión, por ejemplo los dos *sweep*;

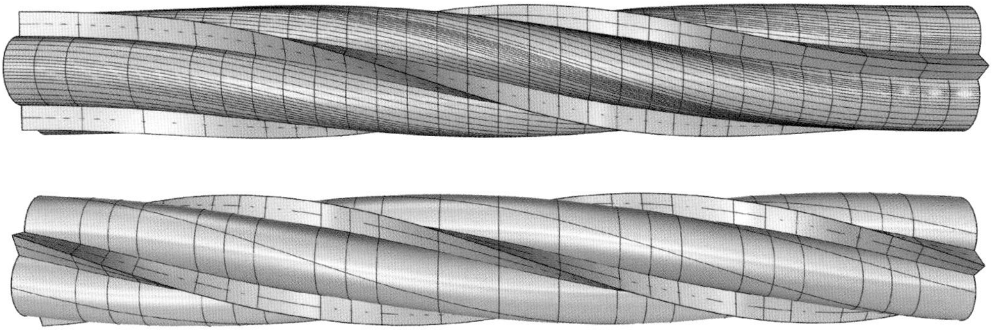

Figura 12.3 – Forma retorcida obtenida con flow (imagen superior) y con sweep (imagen inferior)

- la deformación *_Bend* se puede producir con cualquier comando de creación de superficies simples;
- la deformación *_Taper* se puede producir con extrusión, *loft*, *sweep*, ...

Un ejemplo de la diferencia entre deformación global y deformación local es la deformación de la esfera. Ya vimos (*8.1.1 Esfera deformable*) que es posible modelar cualquier forma que sea homeomorfa con la esfera manipulando la topología de una esfera deformable (puntos de control, nodos, *kink*) en un proceso de deformación local relativamente controlado y analítico.

Ahora trabajamos para ajustar la forma sin preocuparnos de la topología a través de operaciones de deformación global. Desde el punto de vista práctico, este método es más simple: sin embargo, la complejidad final del objeto puede ser desconcertante (Figura 12.4).

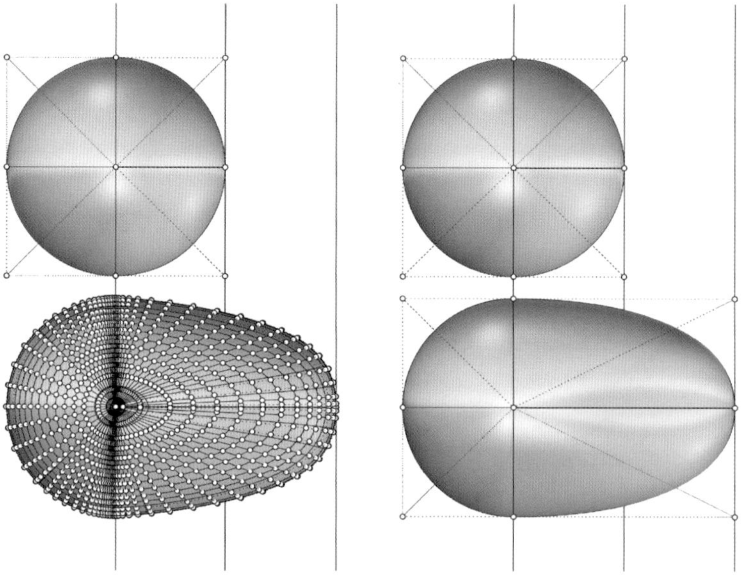

Figura 12.4 – Esfera deformada con _Stretch (a la izquierda) y manipulación topológica de la esfera (a la derecha)

A veces las deformaciones son insustituibles, es decir que no existen herramientas de creación directa de superficies y/o transformaciones simples, ni procesos de manipulación topológica que permitan obtener el mismo resultado de una deformación.

Por ejemplo, el modelado de un motivo ornamental orgánico aplicado sobre una superficie de doble curvatura necesitaría muchos pasos y una gran cantidad de tiempo: como alternativa se puede modelar el motivo ornamental con herramientas de modelado simple (normalmente extrusiones) y sucesivamente deformarlo (Figura 12.5).

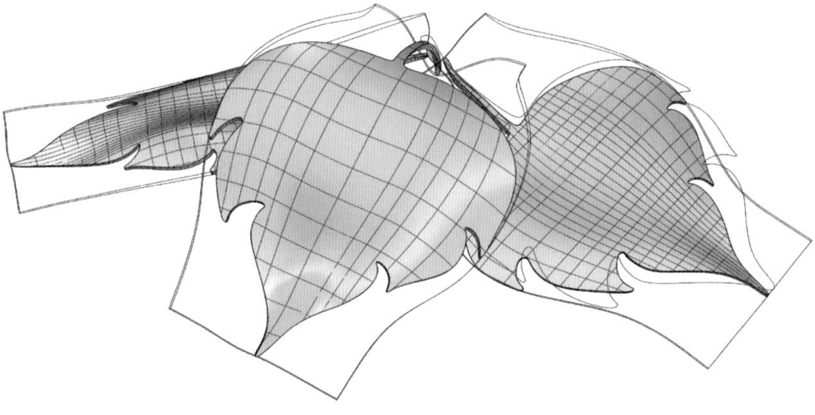

Figura 12.5 – Motivo ornamental obtenido con deformaciones

Las herramientas de deformación prácticamente insustituibles son *_Flow* y *_Cage*. Su potencial de modelado es tan alto que vale la pena analizarlas a detalle.

12.2 Flow

El *flow* è es una herramienta de deformación muy potente que permite adaptar un objeto a una curva o superficie existente, haciendo que fluya.
Existen dos tipos de *flow* que permiten utilizar como guías de la deformación una curva (*_Flow*) o una superficie (*_FlowAlongSrf*).
En ambos casos es necesario preparar la ejecución del comando con:

- Objeto a deformar;
- Curva base y curva target para el *_Flow*;
- Superficie base y superficie target para el *_FlowAlongSrf*.

12.2.1 Flow por curva

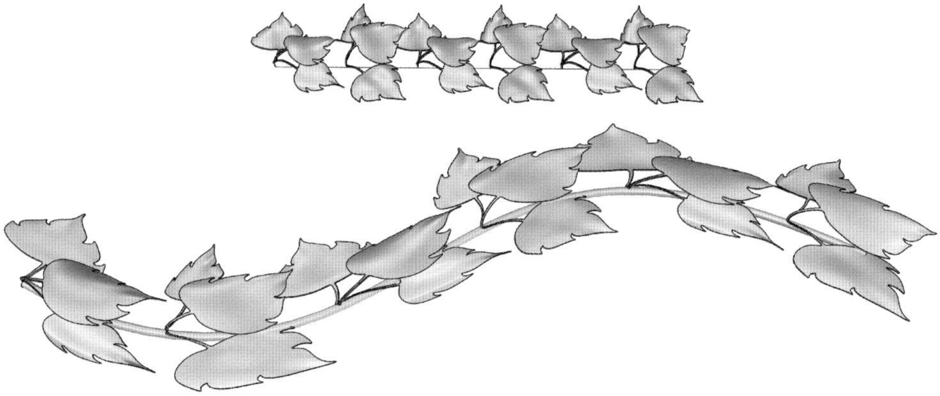

 ***Comando: _Flow***

El comando permite fluir una selección de objetos a lo largo de una curva. Se usan una curva base y una curva target: la misma deformación necesaria para transformar la curva base en la curva target es aplicada a los objetos seleccionados.
Cuenta con algunas opciones que permiten gestionar cualitativamente la deformación, causando diversos ajustes de la topología.

Opciones

Rigid

Los objetos son transformados y no deformados; los objetos seleccionados se distribuyen a lo largo de la curva target desplazándose y rotando rígidamente, sin sufrir deformaciones (Figura 12.6).

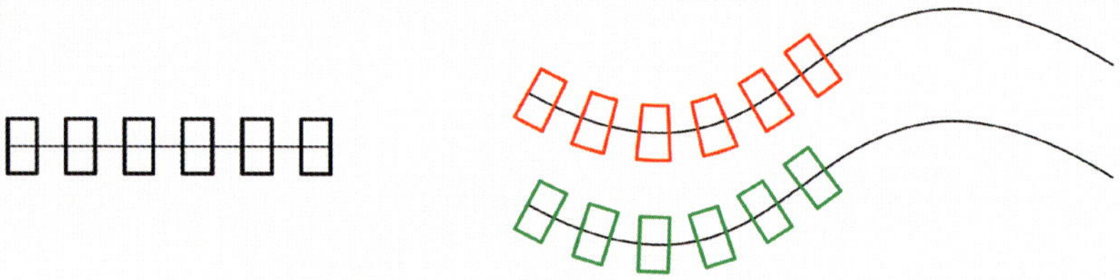

Figura 12.6 – Rigid OFF (rojo) y ON (verde)

Local

Define una franja tubular alrededor de la curva base: los objetos o las porciones de los mismos que se encuentran dentro de la franja serán deformados; todo lo que se encuentra al exterior de la franja no será deformado. La deformación es máxima en correspondencia de la curva base y nula en correspondencia con el límite de la franja (Figura 12.7).

Figura 12.7 – Deformación parcial con la opción Local

Stretch

Si las dos curvas (base y target) tienen longitud diferente, los objetos deformados se distribuirán únicamente a lo largo de un tramo de la curva target. La opción *stretch* usa toda la longitud de la curva target para distribuir los objetos deformados (Figura 12.8).

Figura 12.8 – Stretch OFF (rojo) e ON (verde)

PreserveStructure	Funciona solo cuando se deforman curvas y superficies (no funciona con polisuperficies, ya que estas no tienen una estructura de puntos de control única) y sirve para aplicar la misma estructura de control de los objetos originales a los objetos deformados (Figura 12.9).

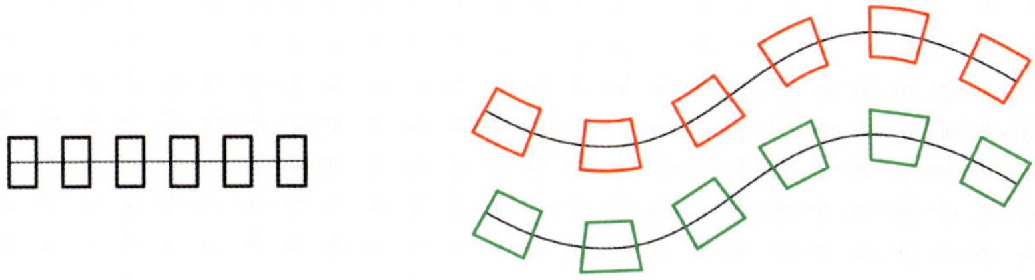

Figura 12.9 – Stretch ON - PreserveStructure OFF (rojo) e ON (verde)

Observaciones

- Así como existen transformaciones o herramientas de modelado directo de superficies que permiten lograr resultados equivalentes a los de las deformaciones notables, también en el caso del *_Flow* se puede recurrir al comando *_ArrayCrv* para crear una serie de copias de un objeto a lo largo de una curva, sin producir deformaciones y por ende aumento de complejidad topológica (Figura 12.10).

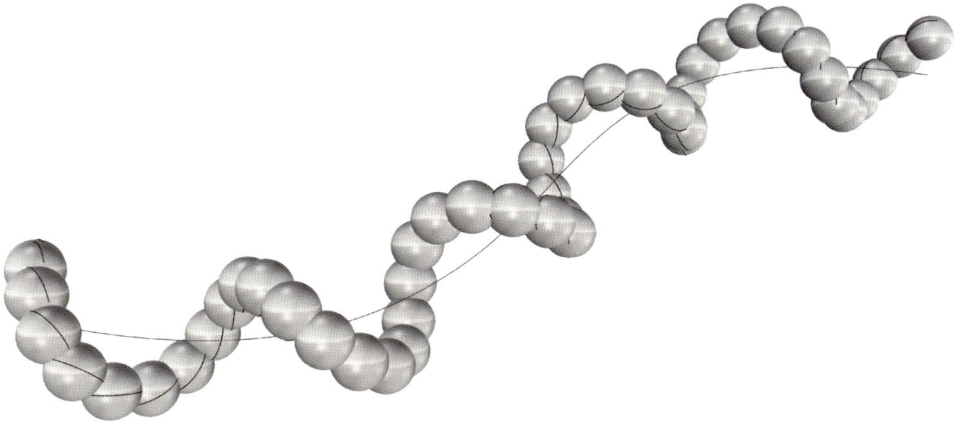

Figura 12.10 – Array de una esfera a lo largo de una hélice alrededor de una curva

12.2.2 Flow por superficie

Como el *_Flow* permite fluir objetos a lo largo de una curva, así el *_FlowAlongSrf* permite fluir objetos sobre una superficie.

La operación en este caso es más compleja porque la superficie es un dominio bidimensional: por lo tanto se producen dos deformaciones en las dos direcciones paramétricas u y v.

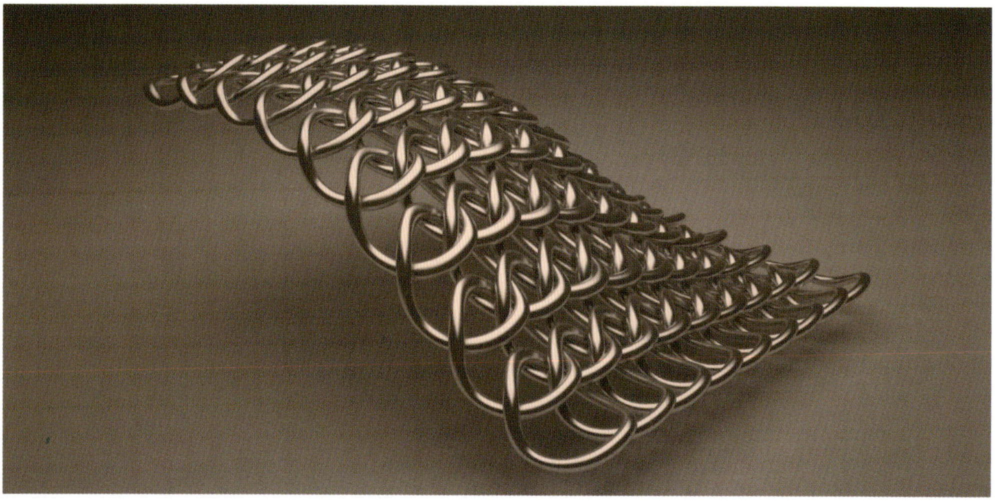

 ***Comando: _FlowAlongSrf***

El comando permite fluir una selección de objetos sobre una superficie. La misma deformación que convierte a la superficie base en la superficie target es aplicada a los objetos seleccionados.

Cuenta con algunas opciones que permiten gestionar cualitativamente la deformación, causando diversos ajustes de la topología.

Opciones

ConstrainNormal	Utiliza como dirección normal la dirección del plano de trabajo de la vista actual (eje Z en la vista en perspectiva) en lugar de utilizar la normal positiva de la superficie target.

Se recomienda analizar las direcciones tanto de la superficie base como de la superficie target, ya que la dirección de las superficies determina la manera en que los objetos seleccionados fluyen sobre la superficie target. Los sistemas paramétricos de las dos superficies deben ser coherentes.

En Rhino 6 fue introducida la opción *ConstrainNormal* que permite utilizar la vertical al plano de coordenadas activo en lugar de la normal a la superficie target para determinar la dirección vertical de los objetos.

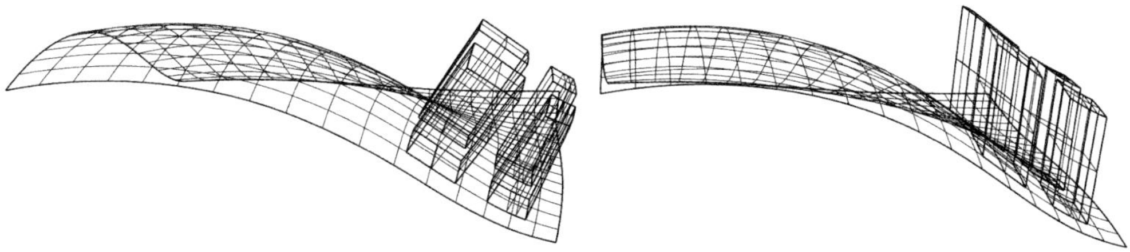

Figura 12.11 – Opción ConstrainNormal desactivada (a la izquierda) y activada (a la derecha)

Conviene utilizar el *flow* en combinación con la técnica de las curvas UV (*13.1.3 Método de las curvas UV*). El procedimiento será ilustrado más adelante (*13.2.5 Relieves Flow*).

Observaciones

- El *_FlowAlongSrf* puede fluir también curvas. Se pueden dibujar curvas sobre una superficie target utilizando también otro comando, *_ApplyCrv*, pero únicamente con curvas planas (*13.1.3 Método de las curvas UV*). Deformar curvas para adaptarlas a una superficie target puede tener diversas aplicaciones: si las curvas deformadas sirven como input para comandos de creación de superficies, por ejemplo, la posibilidad de dibujarlas en un plano y deformarlas automáticamente permite ahorrar tiempo y esfuerzo.
- A veces conviene fluir las curvas de construcción de las superficies en lugar de las superficies (o polisuperficies) y crear estas últimas utilizando las curvas ya deformadas. Los dos procedimientos generan topologías diferentes en los objetos 3D. Si consideramos el ejemplo en la Figura 12.12 existen dos modos de utilizar el *flow* para obtener los cilindros normales a la superficie target:
  - Aplicar el *flow* a las líneas verticales y entonces ejecutar el *_Pipe* de las líneas normales a la superficie target;
  - Ejecutar el *_Pipe* de las líneas verticales y después aplicar flow a los cilindros obtenidos.

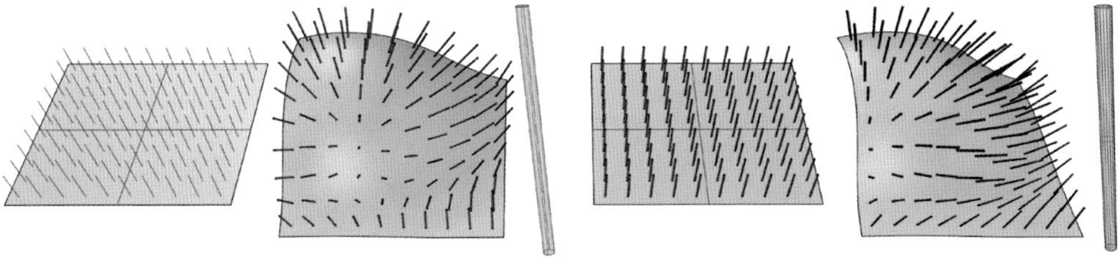

Figura 12.12 – Flow de las curvas y Pipe (a la izquierda); Pipe y Flow del pipe (a la derecha)

Aparentemente el resultado es idéntico, pero no es así. En el primer caso, se obtienen primero las líneas normales a la superficie y después se ejecuta el *_Pipe* de las líneas. El pipe genera superficies cilíndricas cuya base circular es tangente a la superficie en el punto inicial del eje del cilindro. Para valores pequeños del radio se podría decir con gran aproximación que la base del cilindro y la superficie coinciden: pero al aumentar el radio se puede observar que esto no es así (Figura 12.13).

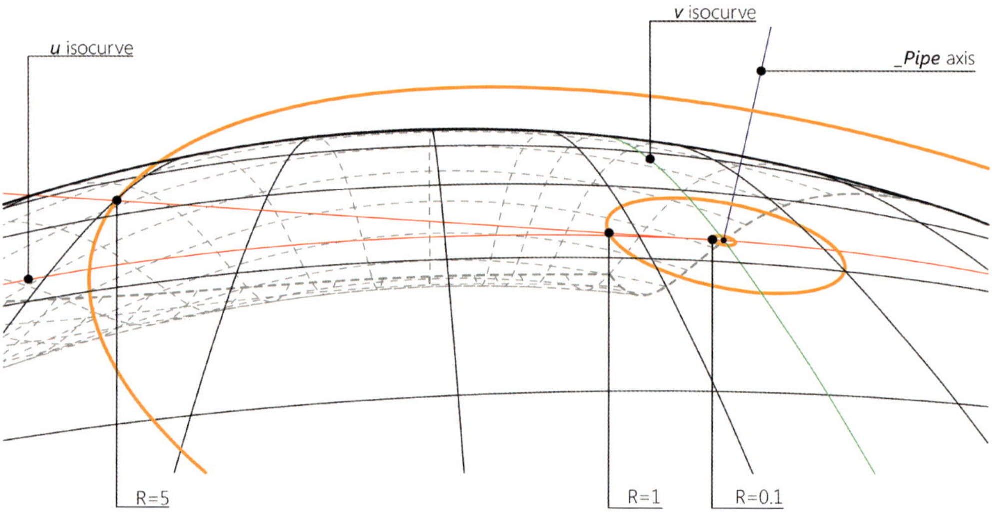

Figura 12.13 – La base del cilindro generado por el _Pipe es tangente a la superficie

Cuando en cambio se ejecuta primero el *_Pipe*, lo que se deforma es el cilindro, por lo tanto la base del cilindro se deforma tomando la curvatura de la superficie target: las superficies deformadas por lo tanto ya no son cilindros con base circular y su topología es mucho más compleja.

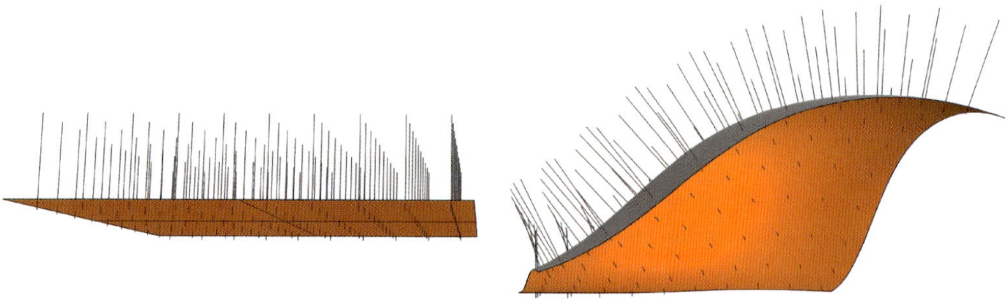

Figura 12.14 – Flow de curvas que atraviesan la superficie base

Si se quiere trabajar con superficies cilíndricas simples, conviene ejecutar el *_Pipe* de curvas deformadas. En este caso (Figura 12.14), si se quiere cuidar la intersección cilindro-superficie target, simplemente es necesario hacer que las curvas verticales iniciales pasen a través de la superficie base: en este modo el *flow* producirá curvas normales a la superficie target que la atravesarán; creando el *_Pipe* con estas curvas será posible sucesivamente recortar el exceso utilizando la superficie target como objeto de corte.

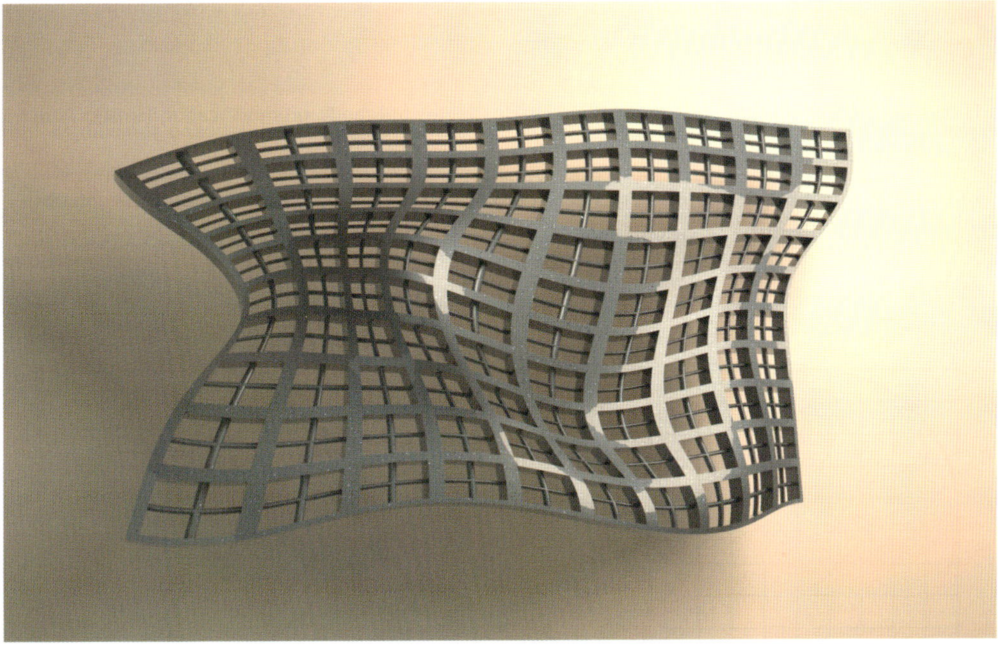

12.4 Tutorial – Ajustes varios

Imaginemos un escenario real, en el que se realizó el modelo de un objeto y nos damos cuenta que algo en las proporciones y en la forma general resulta considerablemente fuera de lugar.

En este caso las alternativas son solo dos: identificar las partes que generan el error, eliminarlas y redibujarlas o utilizar una deformación.

Aparentemente sería más fácil elegir la deformación, sin embargo, no es así de simple. Veamos qué sucede en el caso de nuestro auto aplicando una leve deformación.

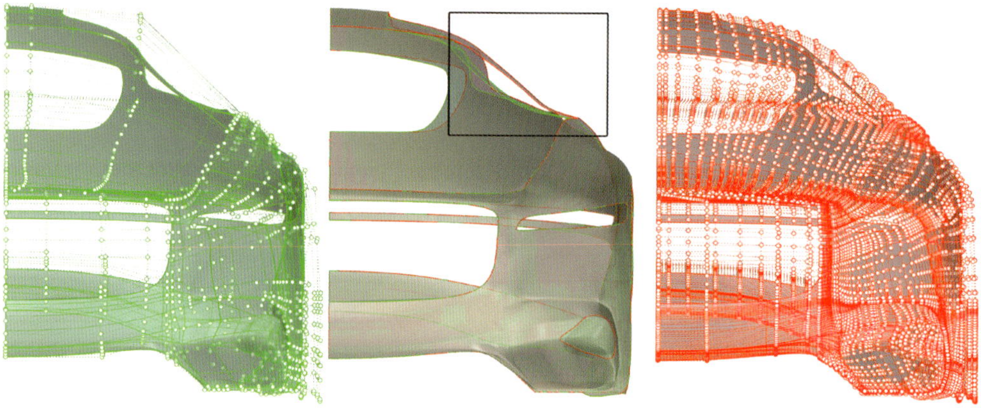

Figura 12.21 – Superficie original (a la izquierda) y superficie después de la deformación (a la derecha)

En la Figura 12.21 se deformó ligeramente la superficie de la carrocería en correspondencia con la parte delantera del marco de la puerta, que resultaba ligeramente deprimida (recuadro rojo). Como se puede ver, con un ligero desplazamiento de un solo punto de control de la jaula se produjo una deformación global que complejizó toda la superficie convirtiéndola en algo inmanejable para eventuales elaboraciones sucesivas.

Son necesarias algunas observaciones.

¿Por qué no se utilizó una deformación local?

a. Trabajando con NURBS (o bien B-Splines, y no T-SPlines), si se aumenta la complejidad en un tramo de superficie esta complejidad se propaga a lo largo de toda la superficie.
b. La deformación local utilizaría una distancia de *falloff* que produciría una discontinuidad visual (no topológica) a lo largo de la superficie continua del auto.

La deformación fue ejecutada con una jaula de 20x6x8 puntos de control (Figura 12.22). El número elevado de puntos de control en la dirección longitudinal, es debido a la necesidad de deformar únicamente la zona problemática (en presencia de muchos puntos de control, se reduce el área de influencia de cada uno de ellos.

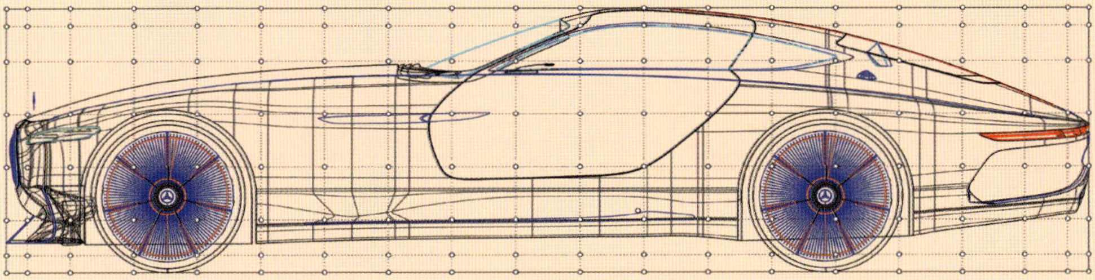

Figura 12.22 – Manipulador cage con 20x6x8 puntos de control

La superficie resultante de la deformación es muy compleja. Esto no constituye per sé un problema si el modelo obtenido de la deformación es el modelo definitivo.

Si la finalidad del modelo fuera la producción, sería oportuno cuidar su complejidad.

Si la finalidad del modelo fuera la visualización (render), la complejidad de la superficie NURBS no produce consecuencias directas en términos de velocidad del render (el render no usa los objetos NURBS).

Si el modelo obtenido por deformación necesitara intervenciones sucesivas, esto podría ser un factor discriminante que podría llevar a optar por el re-dibujo de las superficies si estas resultaran excesivamente problemáticas a causa de la complejidad.

Redibujar un modelo complejo como este no es para nada agradable, sobre todo si se llegó a una fase casi final. Sin embargo, es la única solución para obtener un modelo más controlado desde el punto de vista de la complejidad.

13_Incisiones y relieves

En este capítulo tratamos un tema basado en muchas de las herramientas y de las técnicas analizadas en los capítulos anteriores: intervenciones sobre superficies, o bien la creación de incisiones y relieves o cualquier detalle que altere la forma original de una superficie.

13.1 Dibujar sobre las superficies

Para poder realizar cortes, incisiones y relieves sobre una superficie, es necesario, en primer lugar conocer las técnicas y herramientas que permiten dibujar sobre las superficies.

13.1.1 Curvas yacentes sobre superficies

La manera más rápida de dibujar sobre una superficie es... ¡Dibujar sobre una superficie!

Existe una herramienta que permite interpolar una curva directamente sobre una superficie.

Comando: _InterpcrvOnSrf

El comando permite dibujar una curva interpolada a través de puntos y yacente sobre una superficie.

Ya vimos que una curva interpolada se dibuja haciendo clic sobre los puntos de paso de la curva, y que sus puntos de control no coinciden con los puntos seleccionados. Además una curva que está sobre una superficie tiene normalmente una complejidad elevada. Por lo tanto la curva interpolada sobre una superficie tiene una topología necesariamente compleja.

Mientras se dibuja la curva sobre la superficie, se puede notar cómo el comportamiento de la curva es extremadamente caprichoso al mover el cursor: este comportamiento depende de que la forma de la curva es el resultado de dos interpolaciones, una que hace que la curva pase a través de los puntos en los que hicimos clic, la otra para que se adhiera a la superficie.

Curva sobre superficie con vértices

Dibujando una curva interpolada sobre una superficie nos damos cuenta que no es posible crear directamente vértices a lo largo de la curva. Para poder crear vértices es necesario ejecutar varias veces el comando, cada vez iniciando la nueva curva desde el punto final de la anterior. Sucesivamente se unen las diversas curvas para obtener una sola curva interpolada sobre la superficie pero con vértices internos (Figura 13.1).

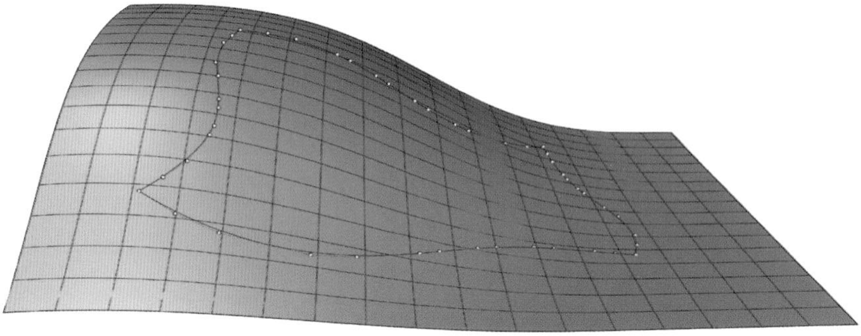

Figura 13.1 – Curva con vértices interpolada sobre superficie y su complejidad

13.1.2 Proyecciones

De las proyecciones se ha hablado ampliamente en el punto *10.3 Proyecciones*, donde incluso hemos analizado el problema de las proyecciones con deformación mínima.

En este punto nos limitaremos a considerar que cuando se quiere proyectar una curva sobre una superficie, no siempre es necesario preocuparse por la deformación que sucede, al contrario, conociendo el problema se le puede sacar ventaja.

Tomemos como ejemplo el dibujo de un auto a partir de los blueprints, así como lo hemos hecho en el tutorial.

A partir de la foto lateral hemos dibujado la curva del contorno de la puerta. Una vez modelada la superficie del auto, hemos proyectado dicha curva sobre el costado de la carrocería: la deformación obtenida proyectando la curva, corresponde exactamente a la silueta de la puerta en 3D (Figura 13.2).

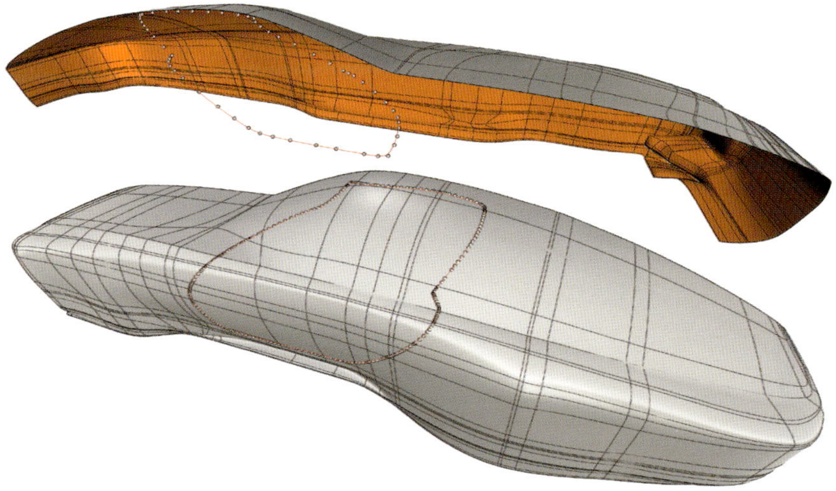

Figura 13.2 – Curva contorno de la puerta y proyección sobre la superficie del auto

13.1.3 Método de las curvas UV

La técnica probablemente más interesante para dibujar sobre una superficie es la que utiliza las curvas UV. Se trata de una técnica basada en diversos conceptos que ya conocemos.

Curvas UV

¿A qué nos referimos con curvas UV? No debería ser difícil entender que el nombre de estas curvas se refiere a la topología de una superficie, específicamente a las dos direcciones paramétricas internas u y v.

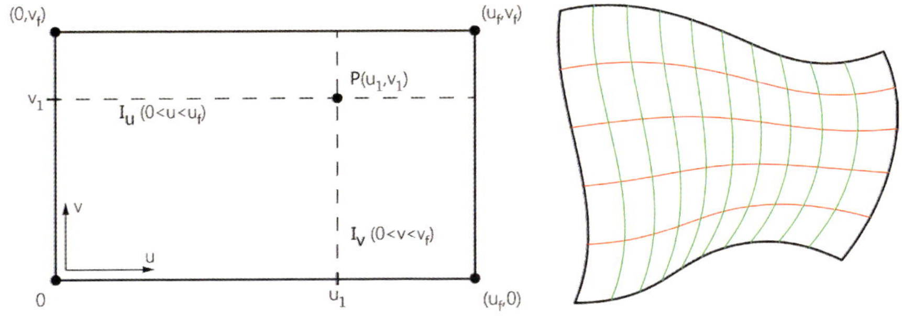

Figura 13.3 – Representación paramétrica de una superficie

Ya vimos (Figura 13.3) cómo se estructura el sistema paramétrico interno a una superficie. En esta representación recordemos que existen dos direcciones u y v que determinan un dominio bidimensional en el que los parámetros varían en un rango [0, u_f] y [0, v_f] respectivamente.

Desde el punto de vista paramétrico, cualquier superficie de Rhino tiene siempre una topología rectangular, independientemente de la forma. Recordemos además que los valores u_f y v_f no se deben confundir con las dimensiones de la superficie.

Crear las curvas UV

La técnica de las curvas UV prevé la posibilidad de trabajar directamente utilizando el sistema paramétrico de la superficie. Obviamente es impensable dibujar con tal sistema cuando este se encuentra en su configuración deformada según la geometría de la superficie. Antes que nada debemos desarrollar el sistema paramétrico de la superficie en el plano, con el comando *_CreateUVCurve*.

Comando: _CreateUVCurve

El comando permite representar el sistema UV paramétrico de una superficie en el plano de coordenadas actual.

Figura 13.4 – Dominio UV de una esfera representado en el plano XY

Nota: la representación del dominio UV de una superficie aparece siempre en el primer cuadrante del sistema de coordenadas, por lo tanto se recomienda mantener esta área libre durante la ejecución del comando.

Seleccionando la superficie de la que se quiere representar el dominio UV, Rhino crea un rectángulo cuyas dimensiones son precisamente los valores paramétricos u_f y v_f de la superficie (Figura 13.4). Este rectángulo es una representación no deformada de la superficie, o bien de su topología.

Aplicar las curvas UV

Un uso muy común de la técnica de las curvas UV es el dibujo de pattern sobre una superficie.

Un área rectangular se divide fácilmente en una cuadrícula. Dibujando un diseño geométrico dentro de una de las mallas de la cuadrícula y repitiendolo en todas las celdas (*_Array*) se puede fácilmente generar un pattern: todo el pattern se encontrará dentro del rectángulo UV. Seleccionando el pattern y el rectángulo se puede utilizar el comando *_ApplyCrv* para aplicar el pattern sobre la superficie.

Comando: _ApplyCrv

El comando permite aplicar sobre la superficie un set de curvas compuesto por el rectángulo UV y por todas las curvas deseadas, siempre que sean planas y pertenezcan al plano XY.

Nota: siempre se debe seleccionar también el rectángulo UV dado que este constituye la representación en el plano del contorno de la superficie original: si no se usa el rectángulo, las curvas seleccionadas serán estiradas para recubrir toda la superficie.

Dado que esta técnica se basa en el sistema paramétrico u,v interno a la superficie y el rectángulo obtenido a través del *_CreateUVCurve* representa la superficie en el plano, las curvas que se desean aplicar sobre la superficie deben hallarse en el plano XY en el que se encuentra el rectángulo. Curvas dibujadas, incluso parcialmente, a alturas diversas no podrán ser aplicadas sobre la superficie.

Analizemos la variedad de casos que ocurren durante la creación y aplicación de las curvas UV.

Tomemos una superficie sobre la cual se quiere crear una serie de agujeros equidistantes dentro de una franja horizontal específica. Utilicemos el comando *_ExtractIsoCurve* para crear dos curvas sobre la superficie que determinan la amplitud de la franja y las utilizamos como curvas UV durante la ejecución del comando *_CreateUVCurve* (Figura 13.5).

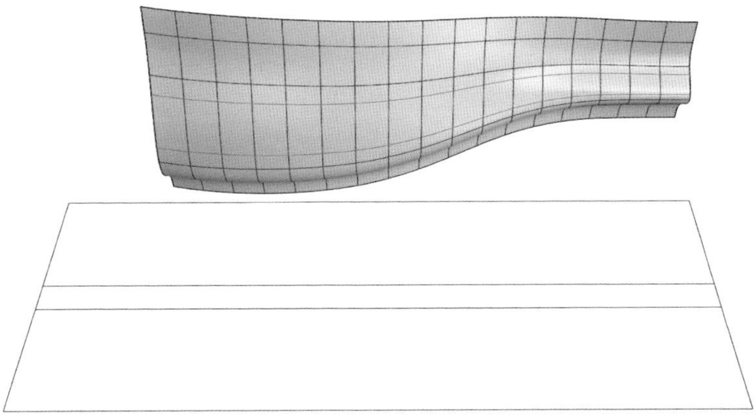

Figura 13.5 – Creación del rectángulo UV con dos isocurvas utilizadas como curvas UV

Como se puede observar el comando crea el rectángulo UV de la superficie y dos curvas adicionales. Estas curvas son la representación UV de las dos isocurvas extraídas. Las isocurvas originales son curvilíneas, pero dado que paramétricamente representan la zona de puntos donde un parámetro tiene valor constante, en la representación UV estas son rectas.

Una vez obtenido el rectángulo UV con las líneas que delimitan la franja, basta crear los contornos de los agujeros dentro de esta. En este caso es suficiente dividir la franja en regiones iguales, dibujar las curvas dentro de la primera región y ejecutar un *_Array* de las curvas a lo largo de la franja.

Entonces utilizando el comando *_ApplyCrv* se aplica la serie de curvas y el rectángulo UV sobre la superficie. La serie de curvas se posicionará, deformandose, correctamente dentro de la franja delimitada por las isocurvas. Sucesivamente se procede a recortar la superficie (Figura 13.6).

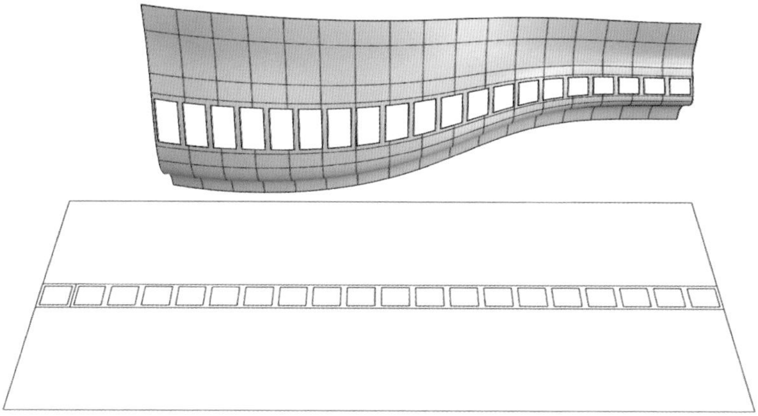

Figura 13.6 – Agujeros obtenidos a partir de la aplicación de las curvas UV

Dibujo en áreas específicas de una superficie

Ya vimos que posicionar un dibujo en un área específica de una superficie es simple cuando el área en cuestión está delimitada por isocurvas, debido a que esta se traduce en un rectángulo en el plano.

Si el área sobre la que se va a intervenir no está definida por isocurvas todo se vuelve más complicado.

En la Figura 13.7 se pueden observar las curvas UV correspondientes a dos curvas proyectadas sobre la superficie: en la vista frontal, las dos curvas aparecen como rectas paralelas, por lo tanto la franja determinada es, en 3D, bastante regular; sin embargo, la representación de las dos curvas en el sistema UV plano resulta completamente distorsionada.

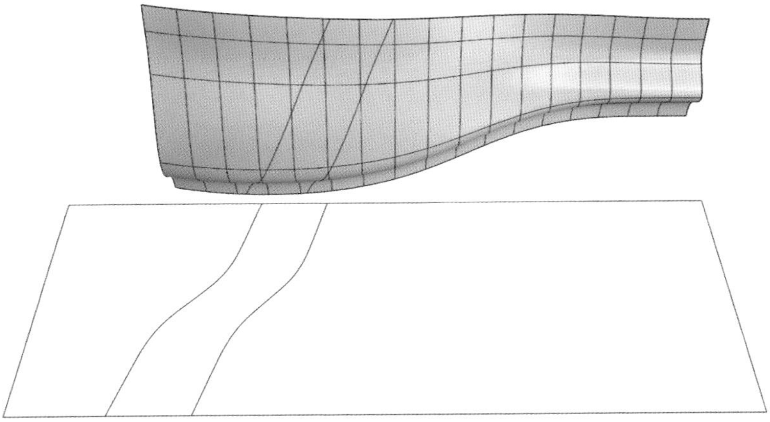

Figura 13.7 – Curvas UV no correspondientes a isocurvas

Esta circunstancia genera dos problemas:

- hace más difícil dibujar en 2D un diseño que se repita dentro de la franja distorsionada;
- si las curvas dibujadas no siguen una orientación horizontal-vertical sufrirán una deformación imposible de controlar cuando sean llevadas a la superficie.

Imaginemos querer posicionar una escrita dentro de la franja. No se puede dibujar simplemente el texto, es necesario manipularlo para adaptarlo a la forma distorsionada.

La técnica utilizada en este ejemplo es la siguiente (Figura 13.8):

1. Se dibuja el texto con el comando *_TextObject*;
2. Con el comando *_TweenCurve*, se crea la curva intermedia dentro de la franja representada en el plano;
3. Se ejecuta un *_Flow* del texto a lo largo de la curva intermedia apenas creada;
4. Se aplica el texto (y el rectángulo UV) sobre la superficie.

Figura 13.8 – Creación del texto deformado

A pesar de haber utilizado un ejemplo bastante simple, ya enfrentamos un problema al aplicar directamente las curvas UV sobre una superficie.
Observando el resultado final, podemos darnos cuenta de un segundo problema, el de la deformación del texto (Figura 13.9).

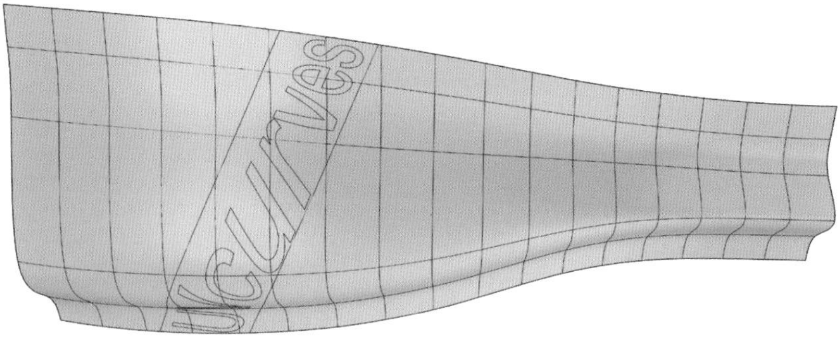

Figura 13.9 – Deformación del texto aplicado sobre la superficie

Para comprender de dónde viene esta deformación, analicemos la superficie activando los puntos de control: se observa como en la parte central de la superficie los puntos de control son más distantes, y es justo en esta área que el texto se dilata con las letras c-u-r.
Para resolver este problema es necesario eliminar la discrepancia en la distribución de los puntos de control en la dirección v de la superficie.
Para hacer esto es suficiente reconstruir la superficie (controlando la *Maximum Deviation*). Dado que, como sabemos, la reconstrucción realiza una redistribución uniforme de los puntos de control, la superficie ya no tendrá este problema.
Repitiendo todo el proceso con la superficie reconstruida, se obtiene un resultado más aceptable (Figura 13.10).

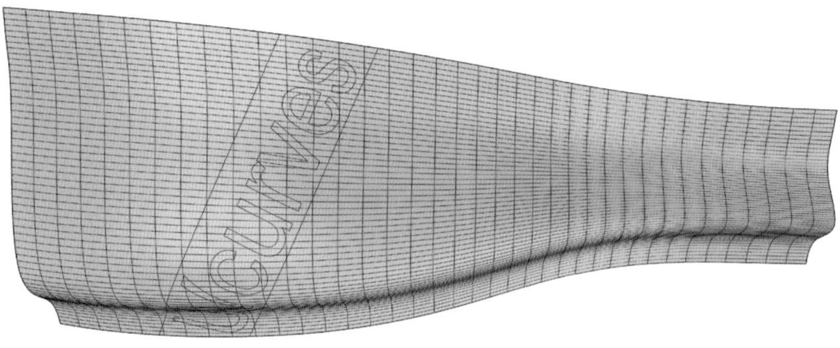

Figura 13.10 – Aplicación del texto sobre la superficie reconstruida

13.2 Creación de incisiones y relieves

Ahora que conocemos todos los métodos para dibujar sobre una superficie podemos concentrarnos en la creación de incisiones y relieves. A ambos nos referiremos con el término "relieves".

13.2.1 Relieve con altura constante

La técnica más rápida y que, en caso de relieves particularmente articulados, genera el resultado topológicamente más simple, es la del *offset* de la superficie.

Se utilizan las curvas dibujadas sobre la superficie para recortarla con el comando _*Split*, separando las partes que generan el relieve del resto de la superficie. Después se ejecuta el offset de las superficies que representan relieve (_*OffsetSrf* con opción *Solid=Yes*) (Figura 13.11).

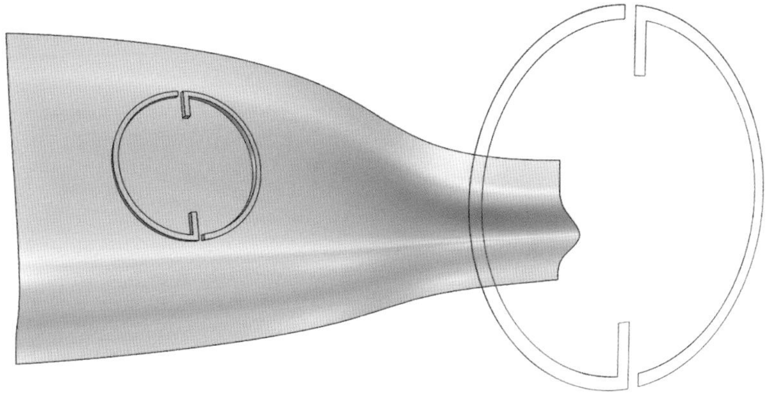

Figura 13.11 – Curva proyectada sobre la superficie y offset de las porciones de superficies correspondientes

Observaciones

- Dado que esta técnica está basada en el offset de una superficie, valen las consideraciones hechas en el punto *11.3 Offset de superficies*.

13.2.2 Relieve con altura variable

Es posible realizar un relieve con altura/profundidad no constante con un offset variable (_*VariableOffsetSrf*), pero es necesario hacer algunas especificaciones:

1. El offset variable es realizado sobre la superficie entera y no solo sobre las porciones del relieve: es necesario sucesivamente proyectar el dibujo sobre la superficie offset, lo cual conlleva problemas de deformación;

2. No es posible controlar de manera precisa el valor de la altura/profundidad del relieve;
3. No es posible realizar un offset variable con opción sólida: una vez obtenidas las superficies offset es necesario construir las paredes laterales del relieve, una por una.

Dado que el offset variable crea una superficie cuya forma puede o no tener relación con la forma de la superficie original, no existe una regla o un procedimiento óptimo para aplicar las curvas yacentes en la superficie original sobre la nueva offset.

En la Figura 13.12 se utilizó el método de la deformación mínima, orientando el plano de construcción al centro del dibujo sobre la superficie original y proyectando el dibujo sobre la superficie offset.

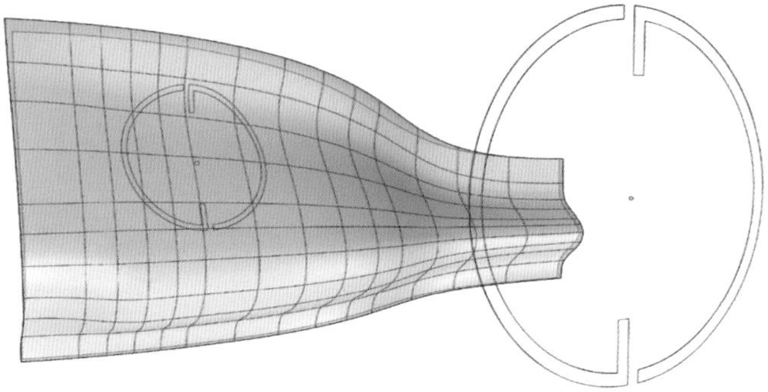

Figura 13.12 – Proyección con deformación mínima sobre la superficie offset variable

Con las curvas proyectadas se recorta la superficie offset para obtener la superficie superior del relieve. Para reconstruir las superficies laterales se podría pensar en el *_Loft* pero no se aconseja utilizarlo ya que la complejidad de las curvas utilizadas es muy grande (son todas proyecciones) y seguramente muy diversa (*7.7.3 Opciones de las curvas de sección*).

Es mejor utilizar un *_Sweep2* dibujando por cada porción del relieve una línea recta como sección transversal, utilizando como carriles las dos curvas proyectadas sobre las respectivas superficies (Figura 13.13).

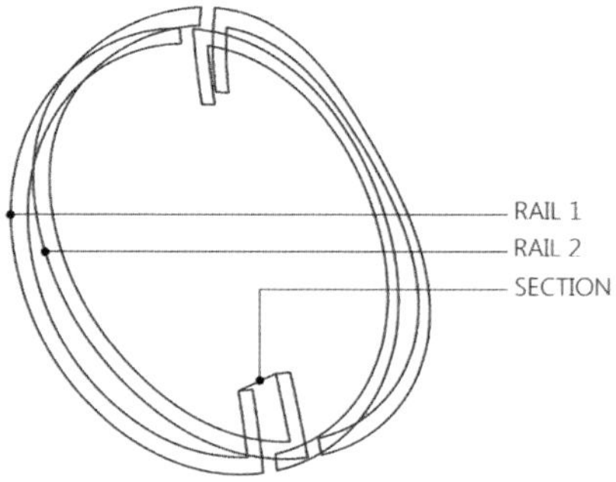

Figura 13.13 – Construcción de las superficies laterales del relieve

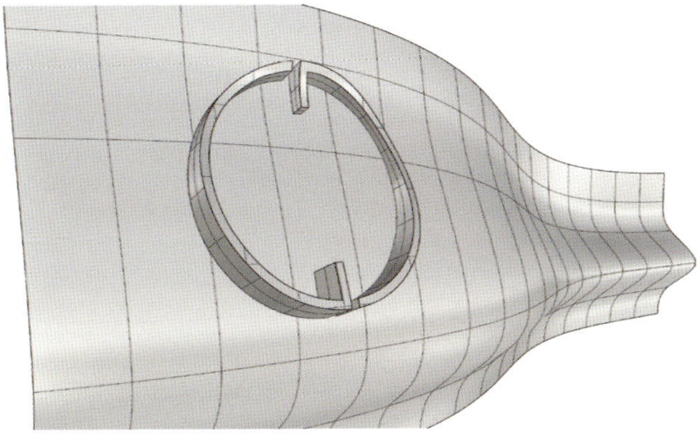

Figura 13.14 – Relieve con altura variable

13.2.3 Relieves tubulares

Para crear relieves con un desarrollo lineal y de forma genéricamente tubular se pueden utilizar dos técnicas: el relieve con *_Pipe* y el relieve con *sweep*. En el caso del *_Pipe* y del *_Sweep1* se dibujan sobre la superficie las curvas que constituyen el eje del relieve, mientras que para el *_Sweep2* se dibujan las curvas que representan los dos carriles.

Figura 13.15 – Relieves sobre la superficie de la empuñadura de los cubiertos

Relieves con Pipe y Sweep1

En el caso de relieve con sección circular es suficiente utilizar el comando *_Pipe*, especificando el radio de la forma tubular y cambiando el radio a lo largo de la trayectoria, siempre que sea necesario.
Del mismo modo se puede utilizar el *Sweep1*. Sin embargo, ya que el *_Pipe* permite agregar dinámicamente secciones circulares a lo largo de la trayectoria, se aconseja utilizar este último comando.

En ambos casos, si se utiliza como eje del *_Pipe* o como carril del *_Sweep1* una curva proyectada, la complejidad de la superficie resultante puede resultar muy alta en consecuencia de la complejidad de la curva utilizada. Dado que el relieve generado tiene un espesor simétrico respecto a la superficie (se encuentra mitad arriba y mitad por debajo de la superficie, Figura 13.16) no hay por lo general contraindicaciones para simplificar la curva con una reconstrucción: de este modo la superficie será muy simple y/o muy regular.

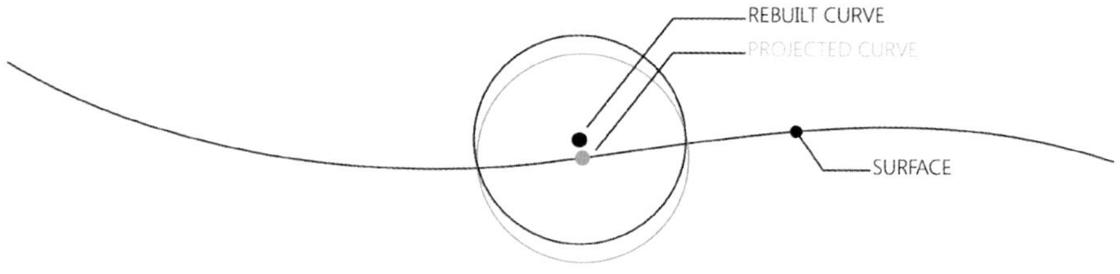

Figura 13.16 – Desplazamiento del relieve debido a la deformación generada por la reconstrucción de la curva

La única razón para utilizar el *_Sweep1* en lugar del *_Pipe* es si se quiere generar un relieve con sección variable no circular (Figura 13.17).

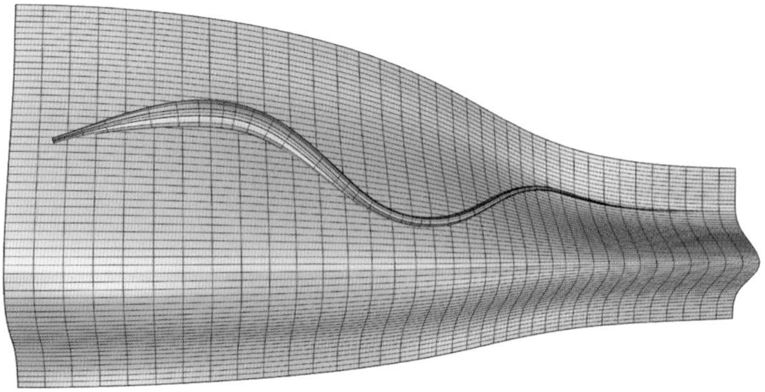

Figura 13.17 – Relieve con _Sweep1 de forma circular-elíptica terminando en un punto

Relieves con Sweep2 y continuidad

Cuando el relieve tiene una forma compleja o cuando son importantes las relaciones geométricas entre relieve y superficie base, el comando *_Sweep2* es la solución más indicada.

A lo largo de los bordes del relieve se pueden verificar tres condiciones geométricas específicas (Figura 13.18):

A) Inclinación controlada entre la superficie del relieve y la superficie base;

B) Superficie del relieve con una cierta continuidad geométrica respecto a la superficie base;

C) Superficie del relieve perpendicular a la superficie base.

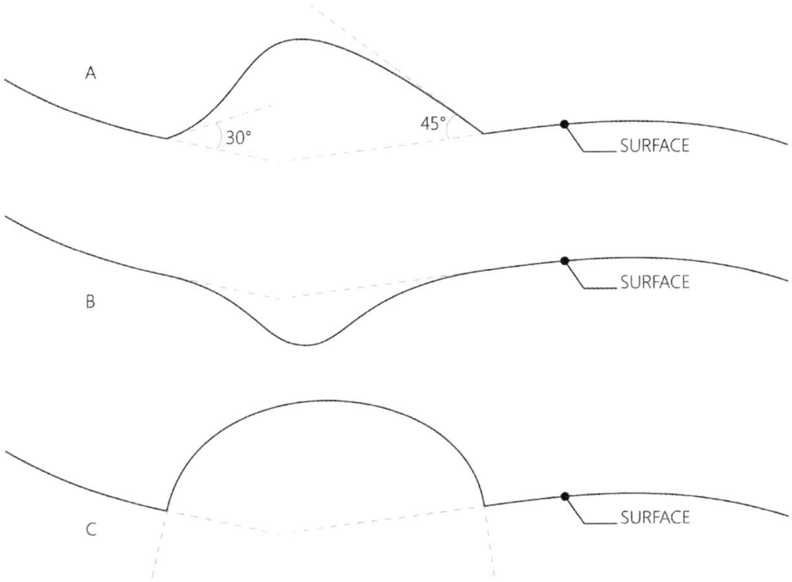

Figura 13.18 – Condiciones geométricas del relieve respecto a la superficie base: A) inclinación controlada; B) tangencia (u otra continuidad geométrica); C) perpendicularidad

En el caso A), ya que se quiere controlar la inclinación del relieve respecto a la superficie base, es necesario verificar la tangente inicial y final de las curvas de sección del *sweep*.

Para conseguirlo se puede:

1. Orientar (*_OrientCrvToEdge*) una línea a lo largo del borde de la superficie base.
2. Rotar dicha línea con el ángulo deseado en un plano de construcción perpendicular al borde de la superficie (*_CPlane_Curve*).
3. Construir la curva de sección con los dos primeros puntos de control alineados a lo largo de dicha línea.

En el caso B), para crear un relieve con continuidad controlada a lo largo de los bordes, existe un método muy práctico basado en el uso del comando *_MatchSrf*.

Comando: _MatchSrf

El comando permite ajustar la continuidad geométrica de una superficie respecto a otra hasta la G2. También permite conservar la posición y la orientación del borde opuesto al borde seleccionado, igualmente hasta la continuidad G2.

Opciones importantes

CurveNearSurface (sólo en Rhino 6)	Opción en la línea de comando, permite seleccionar como segundo borde del match una curva que se encuentra sobre la superficie target en lugar de un borde de la misma. Dependiendo de la orientación de la curva podría ser necesario recurrir al botón *Flip* en la interfaz del comando para orientar correctamente el *match*.

Se puede crear una superficie inicial utilizando los dos bordes del relieve (se recomienda crear un *_Sweep2* con una sección lineal) y entonces cambiar las condiciones de continuidad a lo largo de los bordes con el *_MatchSrf* (Figura 13.19).

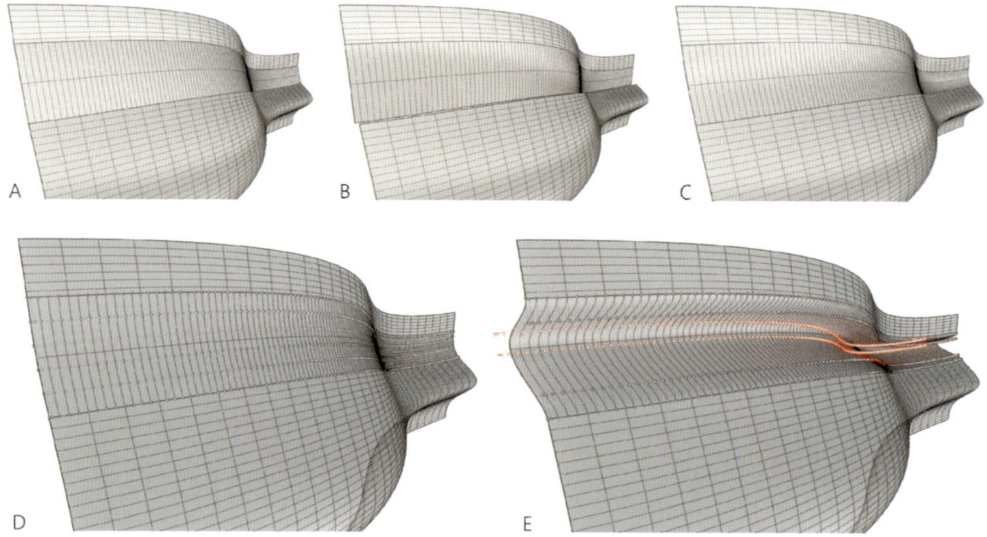

Figura 13.19 – Relieve G1-G1: A) superficie sweep con sección lineal; B) match del borde superior con G2; C) match del segundo borde con G2; D) superficie G2-G2 obtenida; E) desplazamiento de las dos líneas de puntos internas

Se puede utilizar simplemente el *_Sweep2* (sin los match sucesivos) si se crean curvas de sección entre los dos bordes con la continuidad deseada. En este caso, el método es el mismo utilizado en la creación de enlaces entre superficies (*11.5.1 Sweep 2*).

Cuando se crea la curva de sección para darle forma al relieve, es necesario utilizar un enlace blend entre los bordes: ¡Recordemos que si se crea un *blend* con continuidad G1-G1 la curva tendrá 4 puntos de control (dos por cada tangente) y grado 3, mientras que si se crea un *blend* con continuidad G2-G2 la curva tendrá 6 puntos de control (tres por cada curva) y grado 5!

Si se quiere deformar la sección manteniendo continuidad G2-G2, el *blend* debe tener por lo menos continuidad G3-G3: en tal caso se obtendrían 3 puntos de control para la continuidad de la curvatura a lo largo de los bordes y dos puntos de control disponibles para deformar la parte intermedia de la curva de sección. El único problema es que ¡La curva de sección sería de grado 7!

Veremos cómo resolver el problema del grado en el caso de enlaces blend en el punto *BlendSrf – Continuidad y grado*, pág. 361.

Observaciones

- Durante el uso del comando _*MatchSrf* se presenta una deformación de la superficie original para adaptarse a la superficie target con la continuidad requerida (Figura 13.20, el plano se deforma encorvandose para ser G2 a lo largo del borde de la superficie inferior).

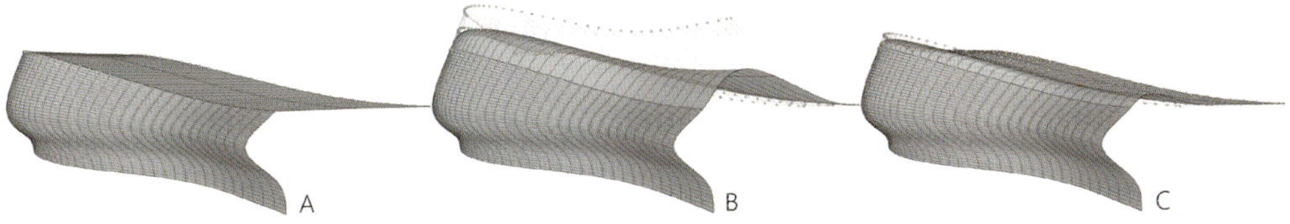

Figura 13.20 – Cambio del nivel de continuidad entre dos superficies: A) superficie plana original; B) match con superficie inferior; C) match al que se agregaron 3 líneas de nodos

Esta deformación abarca una porción de superficie más o menos amplia según la complejidad de la misma. Para limitar la extensión de esta deformación de la superficie, es posible agregar una o más líneas de nodos en la dirección del borde seleccionado para hacer el match.

En el caso C) en el que se quiere crear un relieve que toca la superficie base formando un ángulo de 90 grados se puede proceder de la siguiente manera (también son válidos los otros procedimientos ya explicados y aplicables a este caso).
A partir de las curvas dibujadas sobre la superficie se crea una extrusión normal a la superficie base en la dirección opuesta al relieve que se quiere obtener. Por lo tanto se utilizan los bordes de las extrusiones como carriles para el *sweep* (Figura 13.21) seleccionando al menos la continuidad de tangencia.

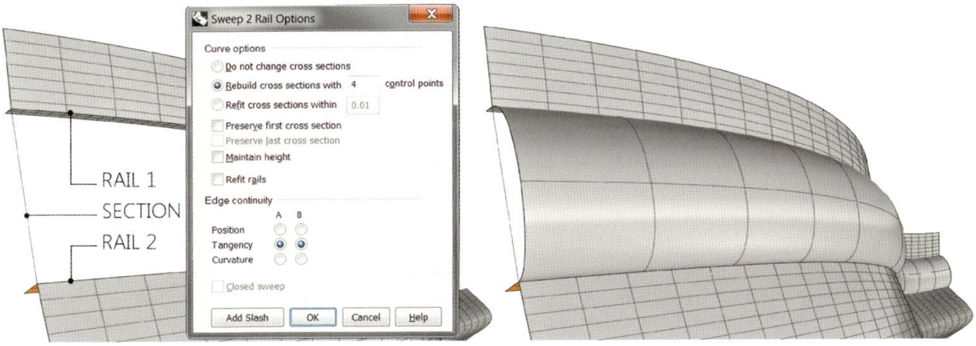

Figura 13.21 – Relieve con sweep perpendicular a los bordes

13.2.4 Relieves Blend

Con el enlace *blend* entre superficies se obtiene la máxima versatilidad para crear la superficie del relieve. La ventaja de crear un relieve con el *blend* es que se puede crear una superficie extremadamente variable simplemente agregando y manipulando secciones intermedias.

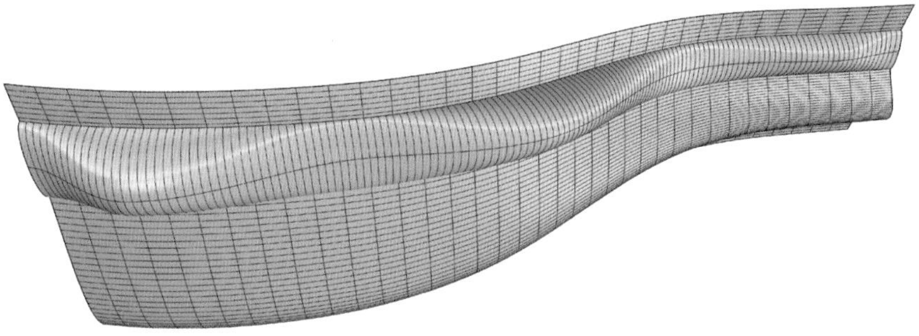

Figura 13.22 – Relieve con blend y secciones variables

La desventaja (si de desventaja se puede hablar, lo cual depende mucho del flujo de trabajo del usuario) es que a continuidades superiores corresponden grados superiores de la superficie, como ya hemos visto muchas veces.

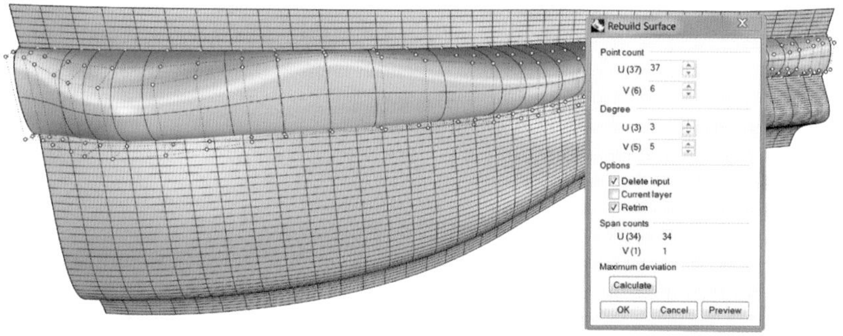

Figura 13.23 – Grado 5 de la superficie blend con continuidad G2-G2

13.2.5 Relieves Flow

Probablemente la manera más simple de dibujar un relieve sobre una superficie es utilizando el *flow* (*12.2.2 Flow por superficie*).

Dibujar el relieve en el plano implica diversas ventajas:

- Se simplifica el dibujo de cualquier curva de construcción que sea necesaria;
- Se utilizan técnicas de modelado 3D de volúmenes con operaciones de modelado sólido (Figura 13.24).

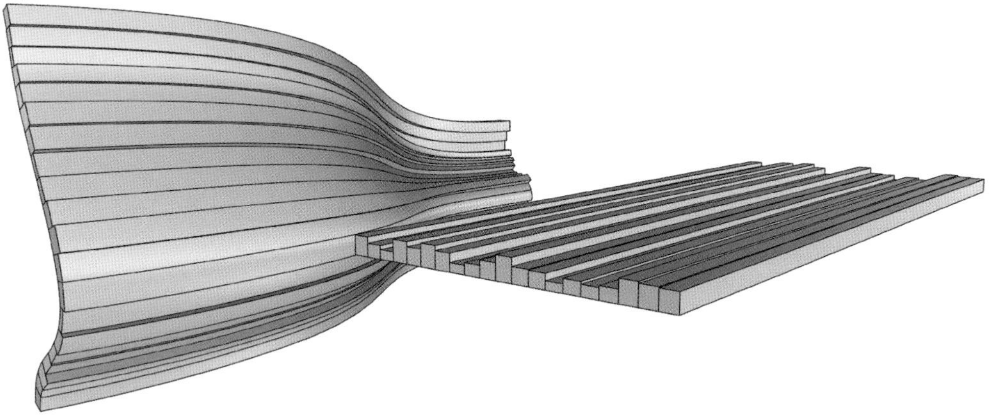

Figura 13.24 – Serie de relieves en secuencia aplicados sobre la superficie utilizando el flow

Se aconseja utilizar el *flow* en combinación con el método de las curvas UV. Este proceso permite utilizar eventuales curvas ya dibujadas sobre la superficie como curvas UV en el plano, para generar el relieve en una configuración plana más sencilla (en la Figura 13.25 las bandas diagonales fueron proyectadas sobre la superficie y desarrolladas en el plano mediante el comando *_CreateUVCrv*).

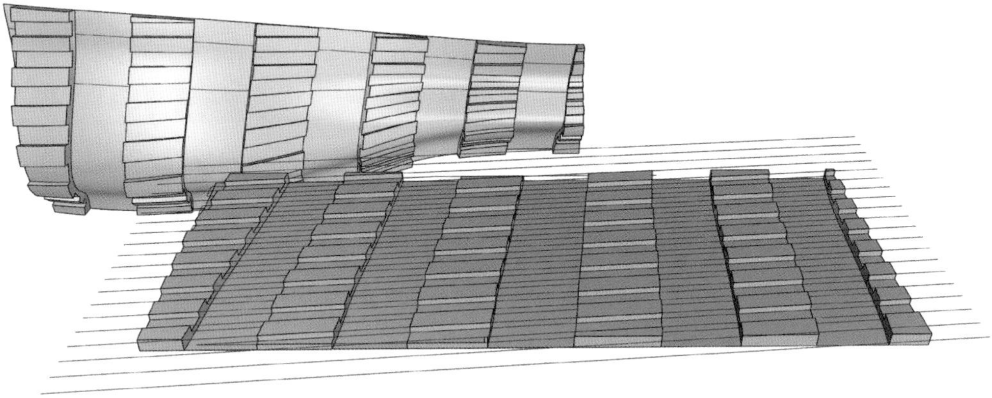

Figura 13.25 – Relieves obtenidos mediante extrusiones y operaciones booleanas

Observaciones

- No conviene utilizar el *flow* para crear relieves simples sobre una superficie, ya que la deformación derivada del *flow* podría resultar más compleja que las operaciones de *offset* de superficies o *blend* estudiadas hasta ahora con los otros métodos.

13.3 Tutorial – Creación de incisiones y relieves

La aplicación de detalles sigue el mismo procedimiento utilizado para dividir la carrocería; sin embargo, casi siempre es necesario utilizar la técnica de las proyecciones con deformación mínima (*10.5 Proyecciones con deformación mínima*).

La creación de un logo en relieve sobre una superficie debe ser particularmente cuidada para evitar que el logo resulte deformado por la proyección.

Figura 13.26 – Logo (a la izquierda); logo tangente a la superficie del auto (a la derecha en negro) y logo proyectado con deformación mínima (a la derecha en rojo)

Una vez proyectado el logo sobre la superficie del auto, se ejecuta un *offset* de la misma superficie hacia el exterior con una distancia igual a la altura del relieve que se quiere crear. Entonces se proyectan (*_Pull*) las curvas rojas del logo sobre la nueva superficie y con estas se recortan las partes externas al logo (Figura 13.27).

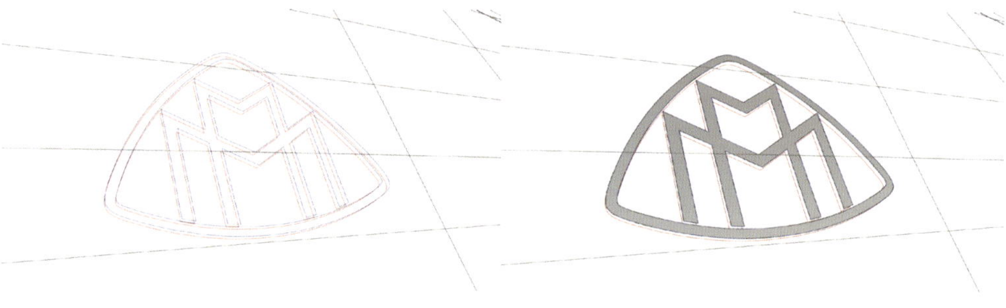

Figura 13.27 – Proyección (_Pull) del logo y corte de la superficie en relieve

Para completar el detalle del logo en relieve, es suficiente construir las superficies laterales: se recomienda utilizar el comando *_Sweep2*.

Con la misma técnica se pueden realizar todos los detalles de la parte frontal y trasera del auto.

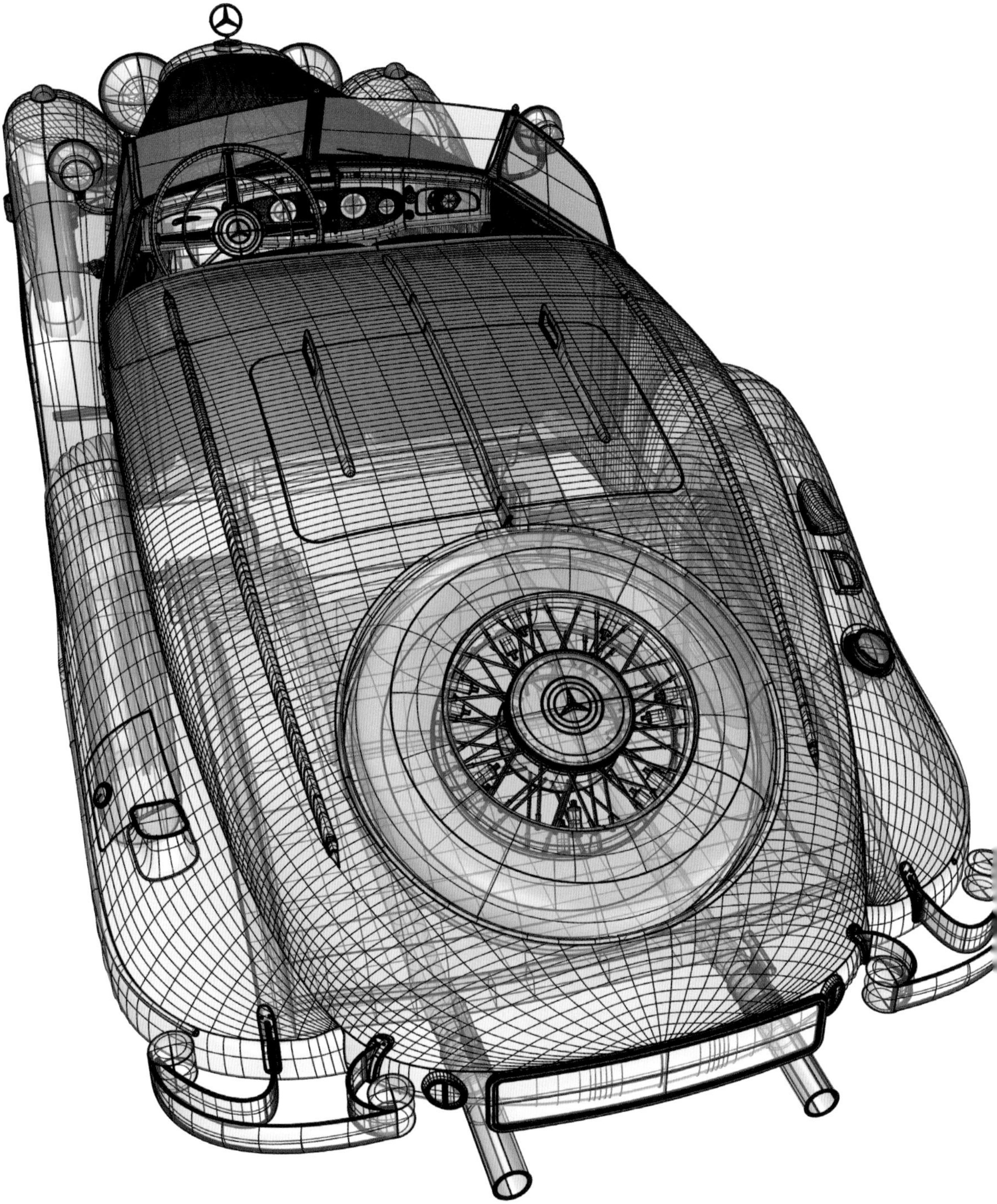

14_Modelar para la producción

Modelar en 3D para obtener un diseño complejo y bello no es difícil; al contrario, trabajando con geometrías NURBS puede ser fácil: un simple *loft* que tenga como resultado una superficie orgánica tiene indudablemente un valor estético (Figura 14.1).

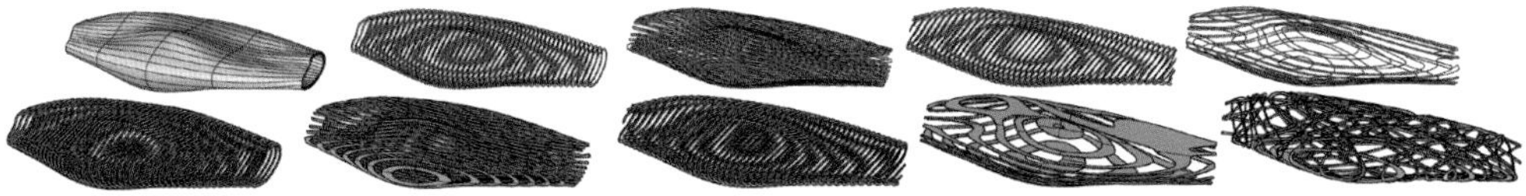

Figura 14.1 – Superficie loft y sus representaciones

Sin embargo, cuando el diseño complejo debe ser producido nos enfrentamos a una serie de problemáticas que no siempre son fáciles de solucionar.
En este capítulo se toman algunos casos significativos, analizando métodos de modelado para la producción y técnicas prácticas para preparar el modelo 3D de la manera más simple y eficaz.
Sucesivamente se hablará de las principales tecnologías de prototipado y producción: impresión 3D, corte y maquinado CNC. Obviamente la explicación no será, ni quiere ser, exhaustiva: se dará una introducción general sobre todo en relación a las problemáticas de modelado 3D que caracteriza cada una de dichas tecnologías.

14.1 Modelado sólido

Hablar de modelado sólido en Rhino no es precisamente correcto, siendo Rhino un modelador de superficies. Uniendo muchas superficies entre ellas se obtiene un tipo de objeto que se llama polisuperficie.
Una polisuperficie que no delimita un volumen definido se llama polisuperficie *abierta*.
Si una polisuperficie delimita un volumen definido, se llama polisuperficie cerrada.
Una polisuperficie cerrada es un sólido.
Ya que un sólido es una polisuperficie cerrada, existe una ventaja enorme respecto a otros modeladores 3D: la posibilidad de crear las superficies *free-form* utilizando herramientas de modelado NURBS y convertir estas superficies en sólidos a través de comandos de unión o modelado sólido.

14.1.1 Unión de superficies

Uno de los temas fundamentales que tienen que ver con el modelado para la producción es la creación de objetos "sólidos". Aparte de la creación de sólidos primitivos (cubo, esfera, cono, etc.), es definitivamente más interesante crear sólidos a partir de la unión de muchas superficies, sobre todo si son complejas.
La unión de superficies puede presentar problemas: su ejecución es una operación banal cuando se trabaja con superficies simples, presentando un grado de complejidad elevado cuando se trabaja con superficies orgánicas.

Comando: _Join

Permite unir varias superficies entre ellas. Dos superficies se pueden unir si tienen dos bordes en contacto, o bien cuando la distancia entre las dos superficies a lo largo del borde compartido es constantemente inferior a la tolerancia absoluta.

La unión de dos superficies es realizada si todos los puntos de los bordes de las dos superficies se encuentran a una distancia inferior al valor de la tolerancia absoluta.
Veamos qué sucede cuando esta condición no es respetada.

Forzar la unión entre superficies

En la Figura 14.2 observamos dos superficies que se tocan a lo largo de los tramos inicial y final de un borde, pero no en la parte central, donde la distancia máxima entre los puntos de los bordes es igual a 1 unidad.

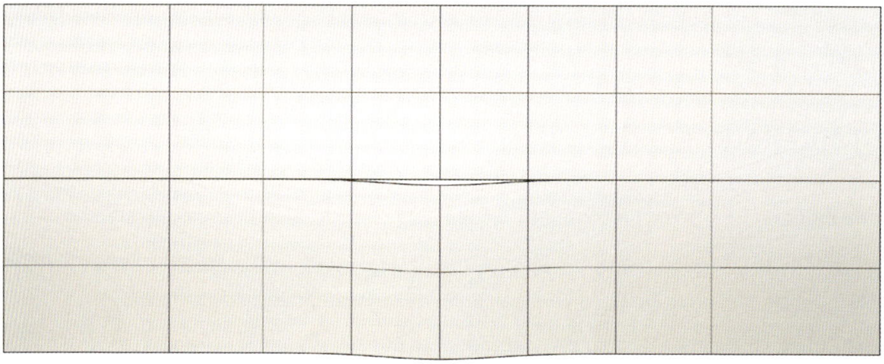

Figura 14.2 – Superficies no perfectamente adyacentes

Si se intenta unir las dos superficies, Rhino advierte que no puede completar la operación: *Can't join that surface.*

La razón por la que el programa no puede unir las dos superficies es que la distancia entre los bordes, aún en un tramo limitado, es superior a la tolerancia absoluta: en el ejemplo la tolerancia absoluta es de 0.01; este valor depende de las propiedades del documento (*3.2.1 Tolerancia absoluta*).

Se podría pensar en "forzar" la unión de las dos superficies aumentando el valor de la tolerancia absoluta. De hecho este método funciona: sin embargo, se crea un problema todavía más grande como se puede observar en la Figura 14.3.

Figura 14.3 – Unión de dos superficies obtenida aumentando el valor de la tolerancia absoluta

Si observamos las isocurvas en la zona donde la distancia entre los bordes era mayor que la tolerancia absoluta, notamos que hay una isocurva que queda suspendida, sin llegar a tocar el borde. Esto nos dice que la topología de la superficie superior no es coherente con el resultado de la unión.

Si se explota la polisuperficie obtenida, se nota cómo la superficie superior resulta tener el borde inferior alterado: para recuperar el borde original es necesario utilizar el comando *_RebuildEdges* (Figura 14.4).

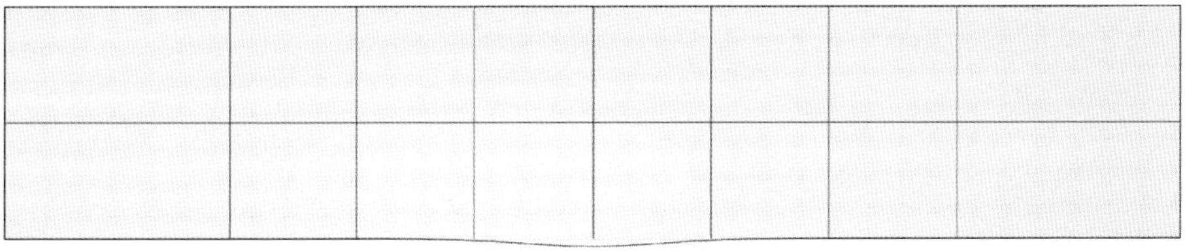

Figura 14.4 – Borde de la superficie alterado por la unión forzada

Se recomienda no forzar la unión entre superficies a menos de haber llegado a una versión definitiva del modelo, por lo cual no será necesario realizar intervenciones sucesivas.

Nota: en el ejemplo anterior, se dibujaron dos superficies con una distancia deliberadamente superior al valor de la tolerancia absoluta: sin embargo, este tipo de problema se presenta cuando se trabaja con tolerancia absoluta de 0.01 ó 0.001, por lo tanto es muy difícil notar si dos superficies no son perfectamente adyacentes a lo largo de un borde.

Otro método para forzar la unión entre dos superficies es la fusión de los respectivos bordes usando el comando *_JoinEdge*.

Comando: _JoinEdge

El comando permite fusionar los bordes de dos superficies y, en consecuencia, unir las dos superficies a lo largo del borde compartido.

El comando *_JoinEdge* permite resolver problemas de unión de superficies y se utiliza sobre todo para generar polisuperficies cerradas o sólidos, para enviar a producción.
En el caso de las dos superficies de estudio, si se intenta unir los dos bordes en contacto con un *_JoinEdge* el comando avisa que debido a la tolerancia absoluta la unión no es permitida, y pregunta si se quiere proceder igualmente (Figura 14.5).

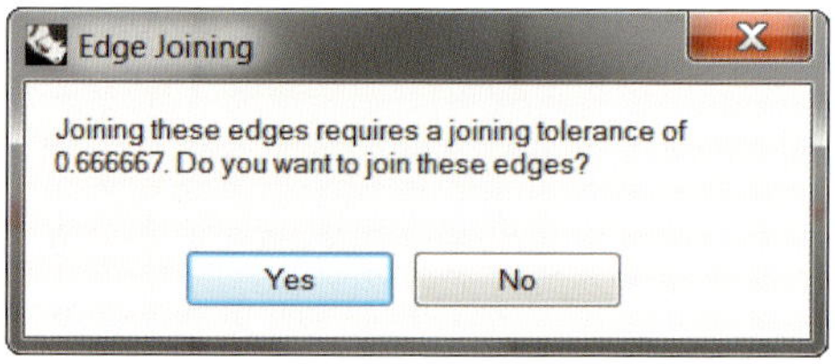

Figura 14.5 – Interfaz del comando _JoinEdge

Si se procede a la unión, se obtiene el mismo resultado ya visto en la Figura 14.3, con las mismas consecuencias.

Observaciones

- Se recomienda utilizar el comando *_JoinEdge* solamente en casos en que sería antieconómico volver a crear nuevamente las superficies problemáticas, ya que la topología de las polisuperficies resultantes puede generar problemas en las elaboraciones sucesivas.
- En el caso de fusión de bordes de un objeto sólido, se podrían presentar problemas topológicos que requieran de análisis y ajustes de la *mesh* resultante.

Reconstrucción/Refit y maximum deviation/tolerancia

Muchas veces la falta de coincidencia perfecta entre los bordes de dos superficies depende de operaciones de reconstrucción de las curvas o de las superficies mismas.

Las principales reconstrucciones son el *rebuild* y el *refit*: ambas producen una deformación del objeto original partiendo de dos estrategias diversas:

- el *rebuild* permite controlar directamente la complejidad;
- el *refit* permite controlar directamente la precisión.

Con el rebuild la precisión es determinada por el parámetro *Maximum Deviation*; con el refit se especifica directamente, con el valor *Tolerance*, cuál debe ser la deformación máxima del objeto. En ambos casos entonces, el objeto reconstruido difiere del original.

Si se reconstruye una curva coincidente con otra o una superficie que tiene un borde coincidente con el borde de otra superficie, la deformación producida altera la relación entre los dos objetos, que ya no serán coincidentes debido a un factor igual a la *Maximum Deviation* o *Tolerance*.

Por lo tanto es necesario prestar mucha atención cuando se reconstruyen geometrías, ya que se pueden determinar problemas de coincidencia y por lo tanto la imposibilidad de unir los bordes de las superficies.

Sólidos con espesor constante – superficies con espesor

Una de las preguntas más frecuentes de los nuevos usuarios de Rhino es cómo dar espesor a las superficies. Cuando se dibuja una superficie se genera un dominio bidimensional sin espesor: por lo tanto la pregunta es lícita dado que en la realidad no existe ningún objeto bidimensional.

Es posible modelar una a una todas las superficies que constituyen las caras del objeto 3D: por lo general esto es el procedimiento normal cuando se dibujan formas completamente irregulares.

Pero existe una categoría de objetos que se pueden imaginar como si fueran superficies con espesor constante. Este tipo de objeto se obtiene con una operación muy simple: el *offset* de superficies.

Del comando _*OffsetSrf* ya hablamos en el punto *11.3 Offset de superficies*; ahora analizaremos solamente la opción *Solid* dentro del comando, que permite crear justamente un *offset* sólido.

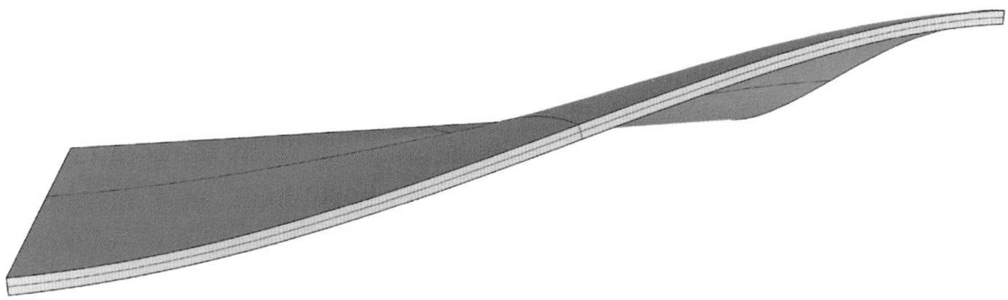

Figura 14.6 – Offset sólido de una superficie con doble curvatura

El *offset* sólido genera una superficie *offset* con una tolerancia preestablecida: si la tolerancia es alta la superficie *offset* es simple pero no exactamente equidistante de la superficie original, mientras que si la tolerancia es baja la superficie *offset* es prácticamente equidistante de la original en cada uno de sus puntos pero tiene un complejidad (muy) superior respecto a la superficie original.

Observaciones

- Para dar espesor a una superficie se puede utilizar también la extrusión de superficies, pero este comando no crea un sólido con espesor constante si la superficie que se extruye es curva (Figura 14.7).

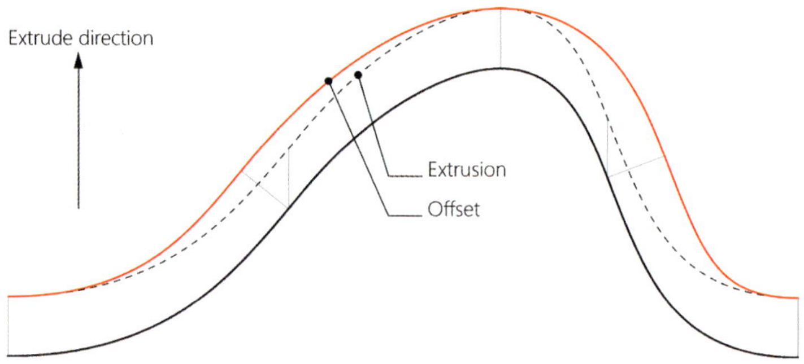

Figura 14.7 – Espesor variable en la extrusión (línea discontinua) de superficies curvas

14.2 Enlaces

El tema de los enlaces entre superficies merece ser tratado aparte, tanto por las diversas aplicaciones en las que se usan los enlaces como por las dificultades que el uso de las herramientas de enlace puede generar. Aprovechar plenamente el potencial de modelado de superficies NURBS quiere decir casi siempre modelar superficies complejas de doble curvatura y sucesivamente unirlas para crear formas sólidas producibles.

En estos casos, además de la necesidad de cuidar la unión entre superficies a lo largo de las aristas también se vuelve importante ajustar la continuidad geométrica para crear bordes biselados o redondeados, es decir no "afilados".

Normalmente se confía este tipo de elaboraciones a operaciones sólidas como el *fillet* (empalme) de los bordes, pero existen alternativas (válidas) que permiten mantener un mejor control del nivel de continuidad geométrica y al mismo tiempo generar enlaces con formas orgánicas no necesariamente circulares.

14.2.1 FilletEdge

Muchas veces nos confiamos en el enlace *fillet* para redondear los bordes de una polisuperficie o de un sólido. Se trata de una técnica que produce un empalme redondo de un borde.

Comando: _FilletEdge

El comando permite redondear las aristas de una polisuperficie.

Opciones principales (en la línea de comando)

NextRadius	Determina el radio del empalme que será realizado en correspondencia con los bordes seleccionados.
ChainEdges	Permite seleccionar automáticamente bordes consecutivos con base a sus niveles de continuidad geométrica en los puntos de conexión.
FaceEdges	Permite seleccionar todos los bordes de la cara de una polisuperficie.
Edit	Permite cambiar las configuraciones de un empalme (o chaflán o *blend*) anteriormente realizado (siempre que durante la ejecución del comando se ha utilizado la opción *Record History*).

Una de las preguntas más frecuentes es cómo resolver los problemas relacionados con la ejecución del *fillet*. En realidad el comando per sé no presenta problemas: sin embargo para que funcione correctamente es necesario entender bien sus principios.

¿Por qué el *fillet* no funciona?

Las condiciones para que el *fillet* produzca un resultado correcto están básicamente relacionadas con la geometría sobre la cual es realizado. La condición crítica que hace fallar la ejecución del comando es siempre la misma pero se puede presentar en tres formas diversas.

1. El caso más simple es cuando al menos una de las dos superficies a enlazar no tiene extensión suficiente para permitir el *fillet* (Figura 14.8).

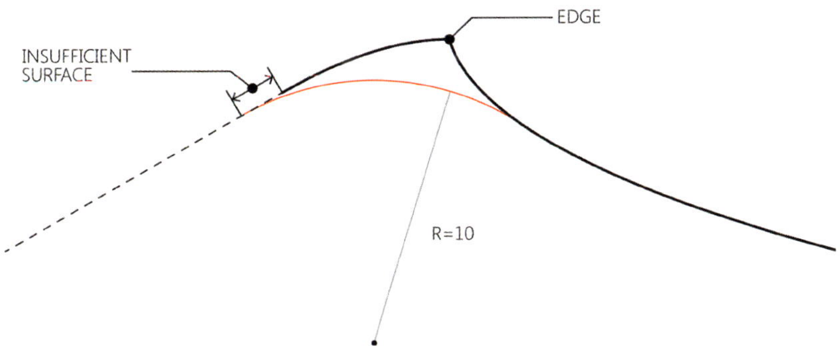

Figura 14.8 – Error del fillet debido a la extensión insuficiente de la superficie a la izquierda

En este caso no hay mucho que hacer, más que reducir el radio del *fillet* (a menos que sea posible aportar un cambio al diseño para que la superficie defectuosa se pueda utilizar con el radio deseado).

2. Un caso más complejo se puede observar cuando a lo largo del borde a enlazar se unen varias superficies según ángulos diferentes (Figura 14.9).

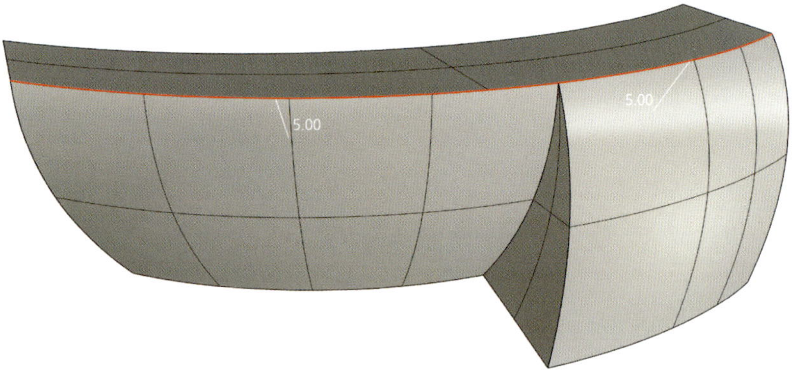

Figura 14.9 – Unión de superficies con inclinaciones diversas a lo largo del mismo borde

Si tales superficies no tienen la misma inclinación a lo largo del borde, el *fillet* genera enlaces con radios diversos (Figura 14.10).

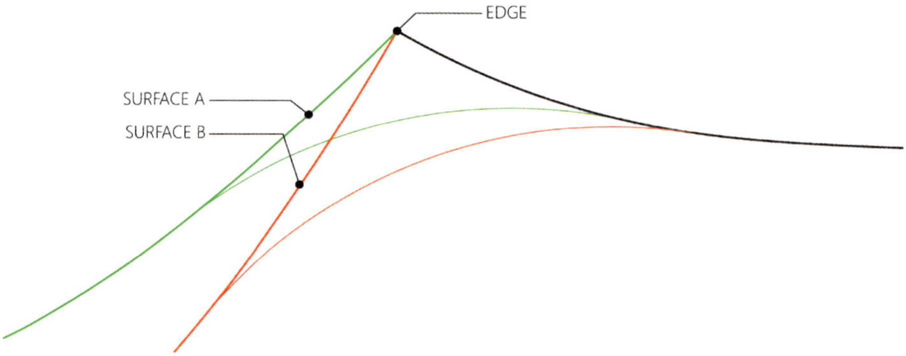

Figura 14.10 – Salto del fillet en el punto de paso de una superficie a la otra

Esta circunstancia genera dos problemas geométricos (Figura 14.11): la falta de enlace de la superficie D; la discontinuidad del *fillet* a lo largo de la superficie A.

En este caso se puede resolver el problema realizando la ejecución del empalme en dos pasos: primero enlazando las superficie A y B, luego las superficie A y C. La superficie D se debe crear otra vez después de la ejecución de los dos *fillet*.

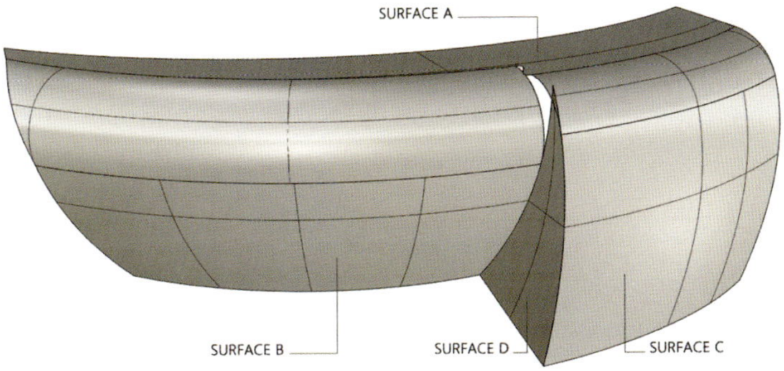

Figura 14.11 – Resultado de la ejecución del fillet

3. Un caso todavía más difícil de resolver se presenta cuando se ejecuta un *fillet* que termina en un punto (Figura 14.12). Se puede intentar resolver el problema utilizando un radio 0 en correspondencia con el punto y "acompañando" la reducción del radio del *fillet* con la adición de puntos a lo largo del borde a empalmar.

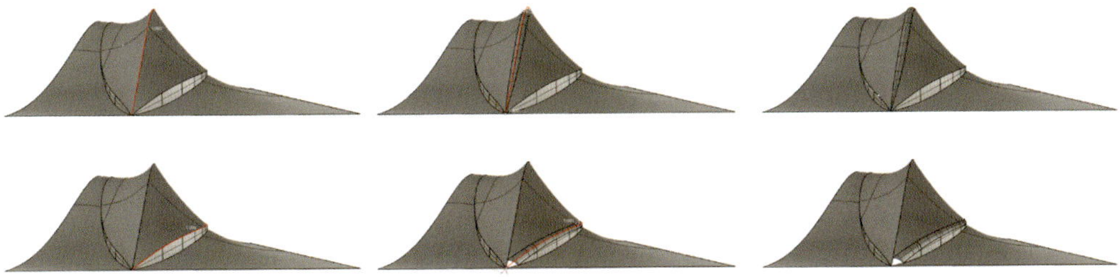

Figura 14.12 – Fillet que termina en un vértice

En algunos casos esta técnica funciona. Sin embargo, por lo general el problema no depende solo de que el radio tiende a 0 en un punto: hacer que la regla del enlace circular continúe siendo válida cuando las superficies se vuelven localmente infinitesimales es un cálculo complejo; además, este enlace debe ser tangente a las dos superficies.

Se puede llegar a discutir la necesidad misma de efectuar un *fillet* en estas condiciones. Una alternativa puede ser la de cambiar radicalmente la construcción de las superficies interesadas, eliminando a priori la presencia de aristas convergentes. Por otra parte los empalmes en correspondencia de aristas son producidos naturalmente durante los procesos de fabricación y en la fase de retoque del objeto.

Cuando la ejecución del *fillet* falla por cualquiera de los tres motivos apenas mencionados, la mejor solución para realizar el redondeo de los bordes es dibujarlo con otras herramientas.

Una solución seguramente menos práctica pero más segura es recortar las superficies convergentes *antes* de que lleguen al borde, y entonces crear un enlace *blend* entre las dos superficies recortadas:

1. **Cortes de las dos superficies.**

   Para crear el límite de corte se puede ejecutar un *_OffsetCrvOnSrf* (desfasar curva sobre una superficie) generando un offset del mismo borde a la distancia deseada a lo largo de cada una de las dos superficies. O se puede extraer una isocurva paralela al borde.

Nota: las curvas generadas con la herramienta _OffsetCrvOnSrf son generalmente curvas complejas; si se utilizan como límite de corte de una superficie pueden afectar la complejidad del resultado.
Se recomienda utilizar este comando si existe la necesidad de mantener una distancia constante del borde durante el enlace.
Si se realiza el corte con una isocurva extraída de la misma superficie (_ExtractIsocurve), la ventaja es que el borde a enlazar tendrá la misma complejidad de la superficie.
Se recomienda utilizar esta técnica si la distancia del borde a enlazar puede ser variable o si se quiere controlar la complejidad del enlace producido.

2. **Creación del enlace entre superficies con _*BlendSrf*.**

   Del comando se hablará en detalle en el próximo punto. La complejidad del resultado depende de la técnica que se utilizó para el corte de las superficies (Figura 14.13).

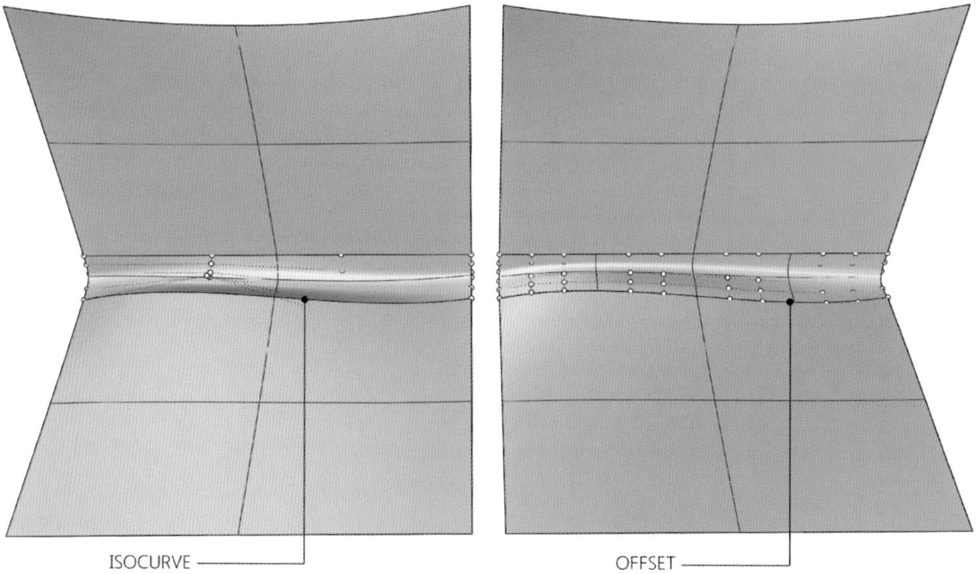

Figura 14.13 – Enlace blend con bordes generados por offset (a la izquierda) e isocurvas (a la derecha)

14.2.2 BlendSrf

El *blend* de superficies es una herramienta muy potente que permite resolver una infinidad de problemas de modelado de formas complejas y continuas.

Ya analizamos el funcionamiento del comando (*11.5.3 Blend de superficies*): ahora nos ocuparemos de su aplicación en el enlace entre superficies.

El uso del enlace con el *_FilletEdge* permite crear superficies curvas con sección circular, por tanto enlaces simples y regulares. Desde el punto de vista de la continuidad, normalmente un enlace *fillet* es continuo G1 con las superficies enlazadas: la sección del *fillet* es un arco de círculo, por lo tanto una curva con curvatura constante que no necesariamente coincide con la curvatura de las superficies adyacentes.

El uso del *blend* implica dos ventajas:

1. La posibilidad de crear una superficie de enlace con forma variable;
2. La posibilidad de determinar el grado de continuidad geométrica entre el enlace y las superficies adyacentes.

BlendSrf – Control de la forma

Con el *fillet* se crea una superficie de enlace con sección circular, por lo tanto el enlace es simétrico respecto al borde enlazado o sólo puede conectar bordes simétricos. Con un *blend* es posible utilizar cualquier pareja de bordes y sucesivamente ajustar la forma del enlace de tres maneras: cambiando el grado de continuidad geométrica; desplazando los puntos de control; moviendo y agregando secciones a lo largo del enlace (Figura 14.14).

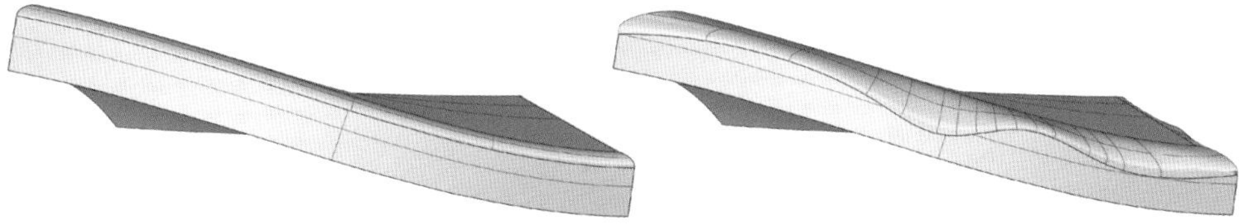

Figura 14.14 – Enlace con fillet (a la izquierda) y con blend (a la derecha)

BlendSrf – Continuidad y grado

Ya hemos tratado el problema del grado de un enlace *blend* (sea entre curvas que entre superficies) como consecuencia de la continuidad geométrica impuesta en los extremos del enlace (resumen en la Tabla 4, pág. 115). Si la superficie *blend* no necesita deformaciones adicionales, el grado de la misma no representa un problema (a menos de tener que exportar la geometría obtenida a otros programas).

El problema del grado es importante cuando se quiere producir deformaciones controladas sobre la superficie *blend*.

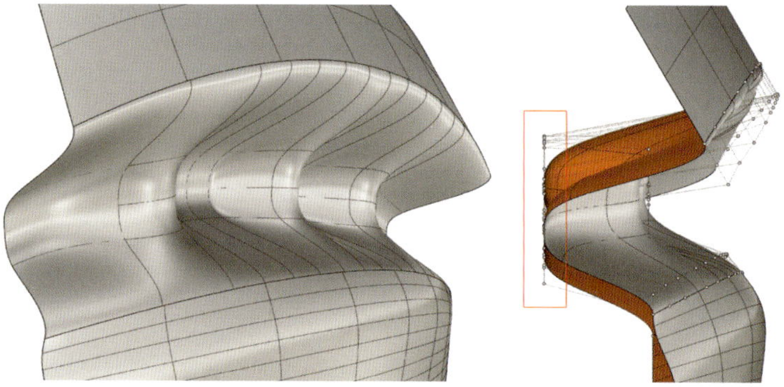

Figura 14.15 – Deformación con profundidad controlada de una superficie blend

Es necesario trabajar con superficies de grado 3 para poder utilizar las reglas prácticas del dibujo con puntos de control (Figura 14.15); veamos entonces cómo aprovechar el gran potencial de modelado del *blend* y producir deformaciones controladas sin renunciar a la continuidad geométrica deseada a lo largo de los bordes.

Imaginemos querer crear un enlace *blend* entre dos superficies y que este enlace deba tener continuidad G2-G2 con las superficies existentes.

Si se crea el *blend* directamente con las continuidades G2-G2 se obtiene una superficie de grado 5 en la dirección del enlace y 6 líneas de puntos de control. De estas 6 líneas de puntos ninguna puede ser utilizada para deformar la superficie: el desplazamiento de un solo punto implicaría la pérdida de la continuidad G2 correspondiente. Se puede reconstruir la superficie con un *rebuild* volviéndola de grado 3 y con la cantidad de puntos de control que se quiera para poder sucesivamente deformar internamente la superficie: sin embargo, en este caso la superficie resultante sería deformada, lo que implicaría la pérdida de la continuidad G2 a lo largo de los bordes (a una escala muy pequeña).

Si es posible conformarse con una continuidad *prácticamente* G2 entonces el *rebuild* es una solución viable. De lo contrario, es necesario proceder de la siguiente manera.

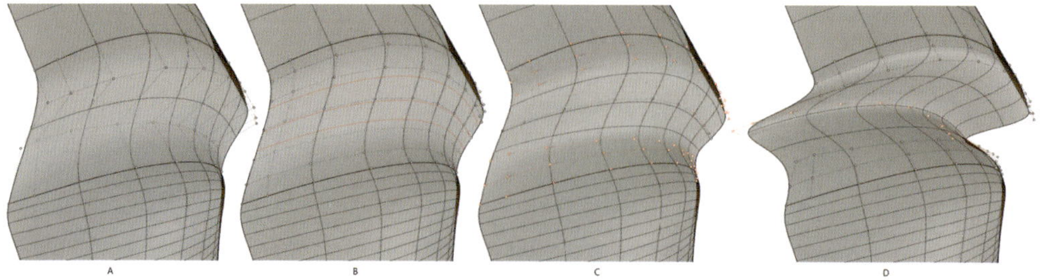

Figura 14.16 – Blend de grado 3, deformación y continuidad: A) blend G1-G1; B) introducción de tres líneas de nodos; C) match con continuidad G2 en los dos bordes; D) deformación interna sin alterar la continuidad de los bordes

A) Se crea un *blend* con continuidad G1-G1 para obtener una superficie de grado 3 en la dirección del enlace: de este modo se podrán utilizar inmediatamente las reglas prácticas del dibujo con puntos de control.

Durante la ejecución del *blend* es posible aprovechar todas las opciones del comando para crear la forma general de la superficie, por ejemplo agregando secciones adicionales a lo largo de los bordes, o reduciendo la longitud total del enlace desplazando las secciones terminales, etc..

Se obtiene así la superficie *blend* con continuidad G1-G1 y grado 3.

B) Se introducen líneas de nodos a lo largo de la superficie para agregar deformabilidad y para preparar la superficie a la posibilidad de ajustar la continuidad a lo largo de los bordes.

La adición de líneas de nodos no implica deformación de la superficie, que permanece G1-G1.

Agregando tres líneas de nodos se crean tres líneas de puntos de control: una servirá para crear la continuidad G2 a lo largo de un borde; otra servirá para producir la deformación dentro de la superficie; la tercera servirá para crear la continuidad G2 a lo largo del otro borde.

Si se quiere producir una deformación interna más compleja basta con agregar líneas de nodos adicionales.

C) Se realizan dos *_MatchSrf* para elevar la continuidad de la superficie a G2-G2 a lo largo de los bordes.

Cada *match* utilizará las primeras tres líneas de puntos de control para crear la continuidad G2 a lo largo del borde.

Es necesario especificar que se quiere mantener la continuidad G2 a lo largo del borde opuesto.

D) Se deforma la superficie internamente utilizando la línea (o las líneas) de puntos de control no utilizada(s) en el punto C.

14.2.3 Cuándo enlazar

Pensando en la producción de un objeto modelado en 3D es necesario preguntarse si es necesario o vale la pena enlazar sus bordes. En algunos casos, de hecho, crear los redondeos puede ser contraproducente.

Desde el punto de vista de la producción, un buen criterio para decidir si enlazar o no un borde está relacionado con la funcionalidad del enlace:

- *si el enlace corresponde a una exigencia funcional* o si es tan importante que constituye una parte integral del diseño del objeto, entonces conviene enlazar controlando el enlace desde el punto de vista dimensional;
- *si el enlace corresponde exclusivamente a una exigencia estética* (un borde empalmado es más realista y genera efectos de reflexión de la luz más realistas) entonces no conviene enlazar.

Por lo general, los archivos para la fabricación difícilmente presentan enlaces en los bordes.

14.2.4 Enlaces y complejidad

Existen diversos comandos y técnicas para empalmar una arista, algunos más sencillos y otros que requieren más trabajo.

Pero cuando se crea un empalme en correspondencia de las aristas de un sólido se produce un aumento en su complejidad, lo cual puede tener consecuencias a la hora de hacer elaboraciones sucesivas.

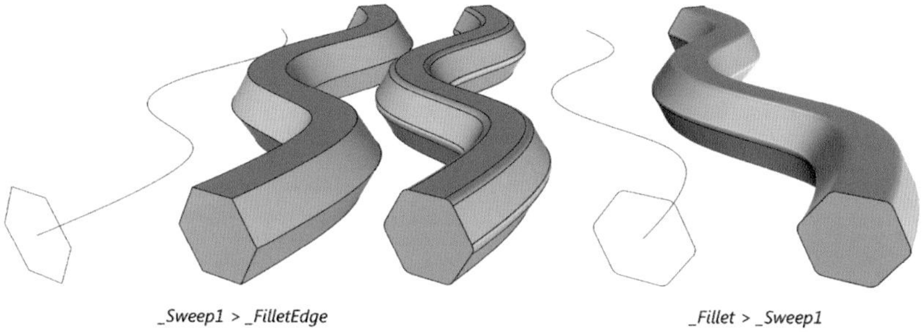

Figura 14.17 – Dos diversos modos de crear una forma tubular hexagonal con bordes redondeados: a la izquierda, polisuperficie con 14 caras; a la derecha, polisuperficie con 3 caras

En la Figura 14.17 se observa cómo se puede generar la misma forma con niveles de complejidad diferentes. En este caso es suficiente empalmar la curva de sección antes de ejecutar el *sweep* en lugar de empalmar las aristas longitudinales del *sweep*.

Buscar siempre la menor complejidad no es un capricho. La pared lateral de la forma tubular con sección hexagonal y esquinas redondeadas (imagen a la derecha) está constituida por una superficie: esto permite realizar intervenciones sucesivas con extrema simplicidad respecto a la polisuperficie compleja (Figura 14.18).

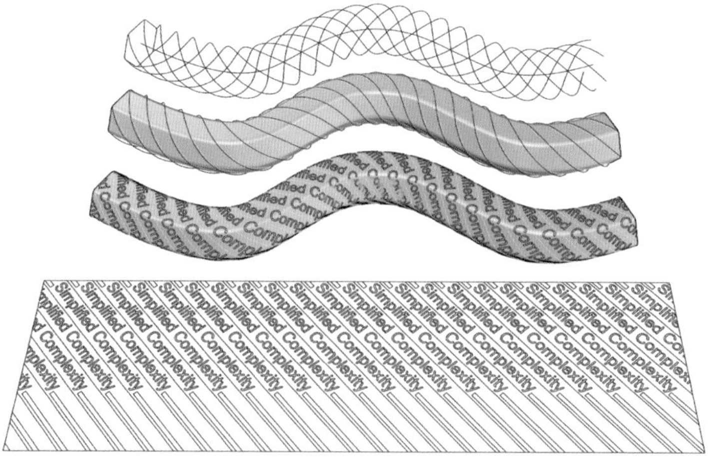

Figura 14.18 – Intervenciones sucesivas posibles gracias a la naturaleza simple de la polisuperficie

Como siempre con el método Simplified Complexity, no es suficiente decidir realizar una operación de modelado, es más importante elegir correctamente el procedimiento más simple y eficaz, capaz de crear las mejores condiciones para que eventuales elaboraciones sucesivas sean simples.

14.3 Comprobación de un sólido

Cuando se crea un sólido por unión de superficies y/o polisuperficies adyacentes, es fácil darse cuenta si la operación produce o no el resultado deseado, ya que el comando *_Join* termina automáticamente en el momento en el que el conjunto de los objetos seleccionados forma un sólido, señalando en la línea de comando que todos los objetos fueron unidos para crear una polisuperficie cerrada.
Si a la hora de completar la selección de objetos el comando no termina automáticamente, seguramente la polisuperficie resultante no está cerrada en algún punto a lo largo de los bordes o en correspondencia con los vértices.
Esto puede depender de un problema de tolerancia y distancia entre los bordes, pero también de enlaces que no permiten que las caras del objeto cierren correctamente a lo largo de los bordes o en los vértices (el *fillet* a veces presenta este problema).
En estos casos es indispensable (a menos que se esté trabajando únicamente para la visualización) realizar la comprobación del sólido.

14.3.1 Naked edges

El análisis principal que se puede realizar sobre un sólido que "no se cierra" es el control de los bordes desnudos, o *naked edges*.

Comando: _ShowEdges

El comando permite realizar un análisis sobre los bordes de una superficie o polisuperficie, detectando específicamente *Naked edges* (bordes desnudos o libres, a lo largo de los cuales no se unen dos superficies) y *Non-manifold edges* (bordes no múltiples, a lo largo de los cuales se enlazan más de dos superficies).

La presencia de un borde desnudo en una polisuperficie significa que el sólido está todavía abierto. El comando evidencia estos bordes con un color (magenta por defecto) y permite realizar un *zoom* para visualizar en detalle el punto donde ocurre el problema.
Sin embargo, una vez identificado el problema, es necesario decidir cómo resolverlo.
Se recomienda, si es posible, redibujar las superficies que convergen en el borde o vértice problemático.
Seguramente no es agradable, pero es el único modo seguro de obtener una geometría bien hecha.
Existen comandos que permiten "resolver" (por así decirlo) el problema automáticamente.

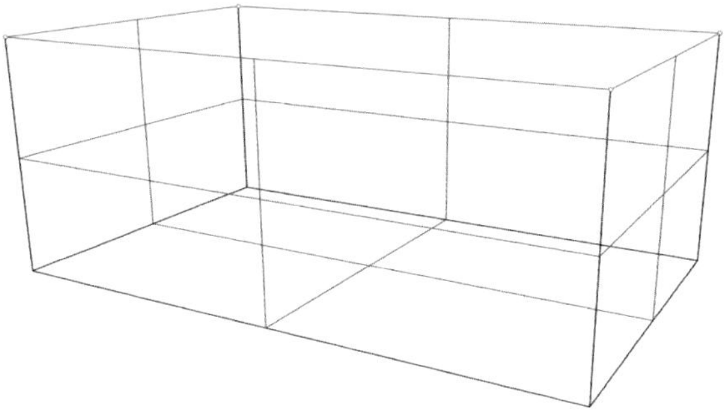

Figura 14.19 – Naked edges (magenta)

Cuando se detecta un problema de naked edge en una polisuperficie, se puede recurrir al comando *_JoinEdge* (*Forzar la unión entre superficies*). Sin embargo la geometría resultante sigue teniendo problemas en la zona donde la unión es forzada. Si mediante la aplicación del *_JoinEdge* se logra obtener una polisuperficie cerrada, el objeto ya es un sólido y se puede enviar a producción: sin embargo los problemas de *naked edge* "resueltos" con el *_JoinEdge* podrían determinar una mala conversión a *mesh*, y por lo tanto necesitar de controles y ajustes sucesivos.

En el caso de que el problema de *naked edge* ocurriera en un vértice, el comando *_JoinEdge* no funciona: la única manera de resolver el problema es redibujando una o todas las superficies que convergen en el vértice en cuestión, o en Rhino 6, usar el comando *_RemoveAllNakedMicroEdges*.

Observaciones

- Si en el modelo aparecen micro-bordes que afectan la posibilidad de crear una polisuperficie cerrada (sólido), quiere decir que en algún momento hubo un error de precisión en la construcción de las superficies.

  Aún cuando en Rhino 6 exista el comando *_RemoveAllNakedMicroEdges* se recomienda una revisión del modelo en el área donde se presenta el problema, para evitar soluciones "cosméticas".

14.4 NURBS y mesh

La geometría NURBS no es utilizable directamente en los procesos de fabricación, a excepción de las máquinas de corte (láser, plasma, chorro de agua, vinil).

Obviamente no todos los modelos 3D se pueden fabricar con tecnologías de corte, por lo que veremos cómo preparar el modelo también para tecnologías de manufactura aditiva (impresión 3D) o sustracción de material (maquinado CNC).

El tipo de objeto que se usa para la fabricación digital con máquinas de control numérico es la malla o *mesh*.

14.4.1 Topologia mesh

Un objeto *mesh* es un poliedro compuesto por vértices, bordes y polígonos. Los polígonos pueden tener forma triangular (*triangles*), cuadrangular (*quads*) o tener más de 4 lados (*Ngon*). Los bordes de un polígono son rectos y lineales, por lo tanto no deformables: por esto una *mesh* puede solo aproximarse a una geometría curva NURBS.

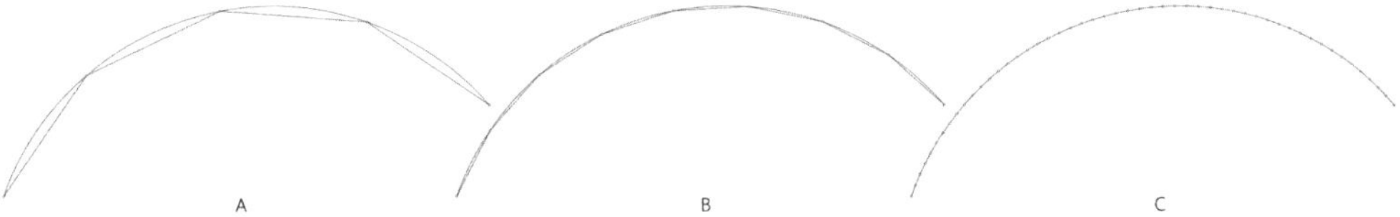

Figura 14.20 – Aproximación de una curva con una polilínea: A) 4 segmentos; B) 8 segmentos; C) 50 segmentos

En Figura 14.20 se puede imaginar el arco como el corte de una superficie NURBS, y la polilínea con los vértices rojos como la sección de la *mesh* correspondiente. Se nota de inmediato como una *mesh* con muchos polígonos (caso C en la figura) se aproxima mejor a la forma curva de la NURBS. Lo que sucede también en el caso 3D: aumentando el número de polígonos de la *mesh* se obtiene una mejor aproximación de la superficie NURBS (de forma libre).

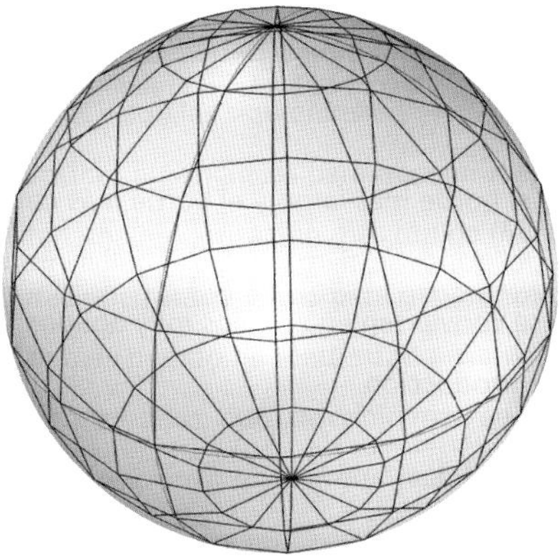

Figura 14.21 – Aproximación de una esfera NURBS con una mesh de baja resolución

A una *mesh* con muchos polígonos se le denomina de *alta resolución*, mientras que una con pocos polígonos es de *baja resolución*.

Una *mesh* puede presentar diversos tipos de problemas, principalmente debidos a:

- *Aspect ratio* – Factor de forma de los polígonos;
- Relación entre los elementos de la *mesh*;
- Orientación de las caras.

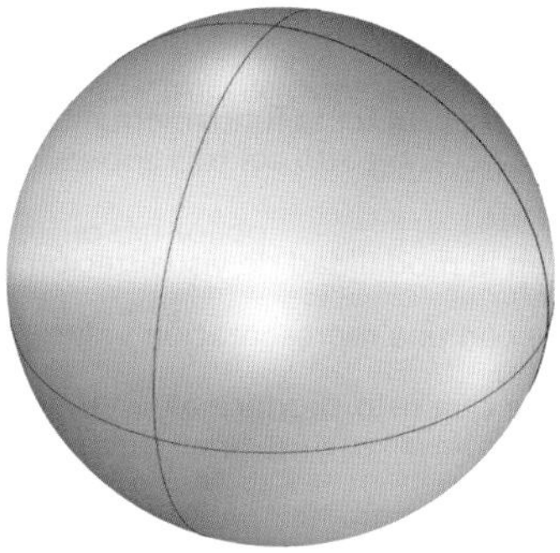

Figura 14.23 – Esfera en visualización Shaded con mesh jagged and faster

Los defectos de la modalidad *jagged* se vuelven visibles cuando la superficie NURBS presenta zonas de gran curvatura (Figura 14.24).

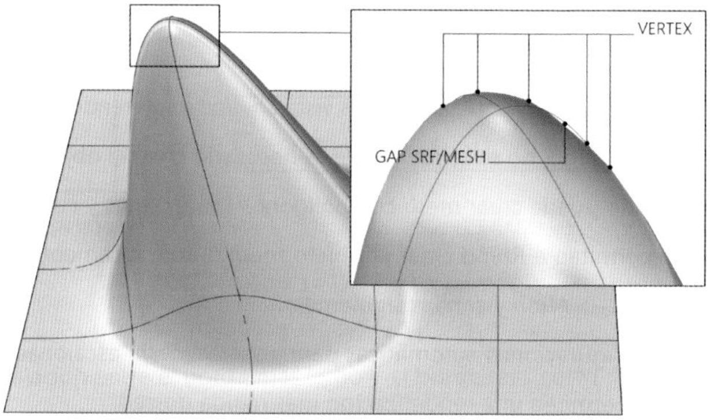

Figura 14.24 – Superficie con gran curvatura y mesh con polígonos visibles

En este último caso, para obtener una mejor representación se puede decidir mejorar la calidad de la *mesh*. Se recomienda no realizar este cambio dentro de las opciones de Rhino, ya que el aumento de calidad de las configuraciones *mesh* generales incide en la calidad de todos los objetos presentes en el modelo.

La calidad de la representación *mesh* de un objeto se encuentra en sus propiedades. En el grupo *Render Mesh Settings* es posible activar el campo *Custom Mesh* y sucesivamente cambiar las configuraciones, entre las que se encuentra la opción *Smooth and slower* que permite aumentar la resolución de la mesh de una forma generalizada. Sin embargo, la mejor manera de controlar la complejidad de un objeto mesh es utilizando las configuraciones *Custom*.

Existen dos maneras de controlar la calidad de la representación *mesh* de un objeto:

- Opciones simples;
- Opciones detalladas.

Las opciones simples permiten regular la calidad de la *mesh* utilizando un cursor: moviendo el cursor se puede decidir si la *mesh* tendrá pocos polígonos o muchos polígonos (Figura 14.25). Haciendo clic sobre el botón *Preview* en la línea de comando se puede leer el número de polígonos correspondiente a la calidad configurada.

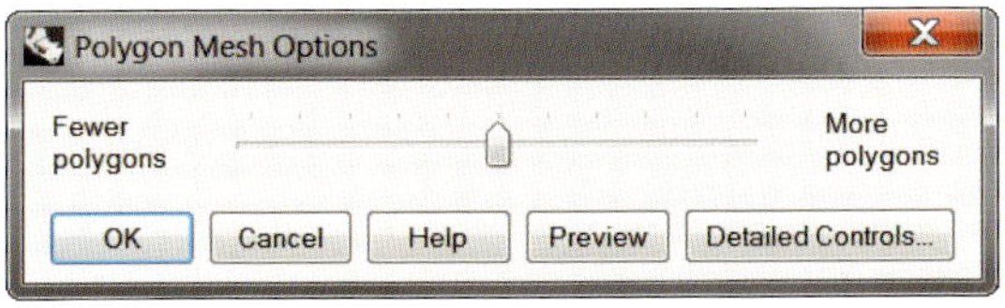

Figura 14.25 – Configuraciones de la representación mesh - Opciones simples

Para objetos con gran curvatura que requieren un cuidado especial de la calidad de la *mesh*, sucede normalmente que aún seleccionando una representación con más polígonos no se alcanza la calidad deseada (Figura 14.26).

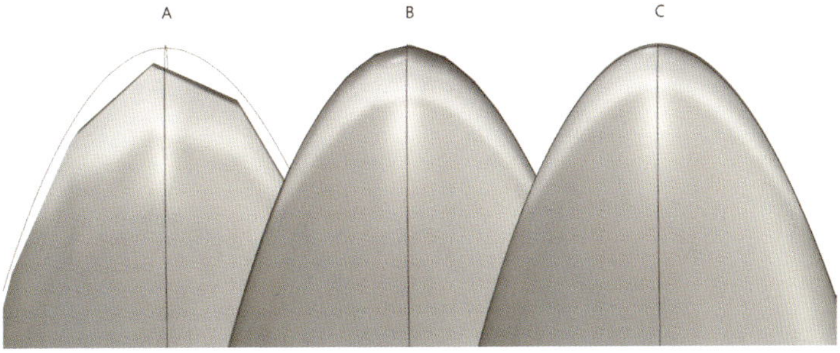

Figura 14.26 – Configuraciones objeto mesh: A) controles simples, menos polígonos; B) controles simples, más polígonos; C) controles detallados

En este caso es necesario seleccionar la opción *Detailed Controls* (Figura 14.27).

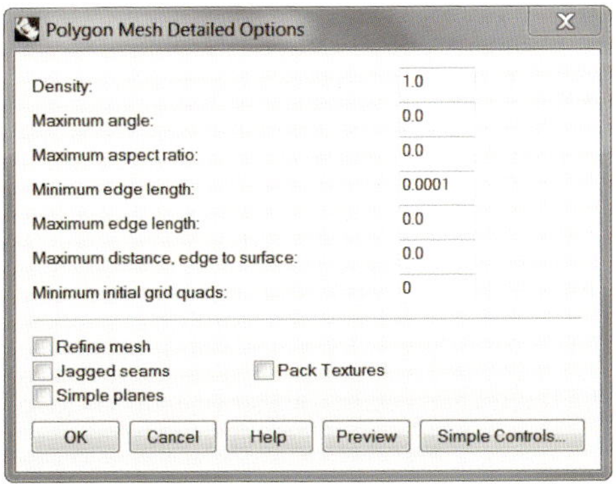

Figura 14.27 – Configuraciones de la representación mesh – Opciones detalladas

Con las opciones detalladas se tienen a disposición diversos parámetros que permiten determinar la calidad de la *mesh* según criterios diferentes. Algunos de estos permiten optimizar la complejidad de la *mesh* resultante, otros permiten regularizar la topología.

Nota: el valor 0 anula el efecto de un parámetro.

Parámetro/Opción	*Funcionamiento e indicaciones*
Density	Rango 0-1, determina la densidad de la *mesh* con base a la distancia del borde de la cara desde la superficie NURBS. Al crecer el valor se genera una *mesh* con más polígonos.
Maximum Angle	Determina la densidad de la *mesh* a partir del ángulo máximo permitido entre la cara y la superficie. Para determinar el ángulo entre *mesh* y superficie, nos basamos en la dirección normal a la superficie, pero por obvias consideraciones geométricas esto equivale a considerar la tangente.

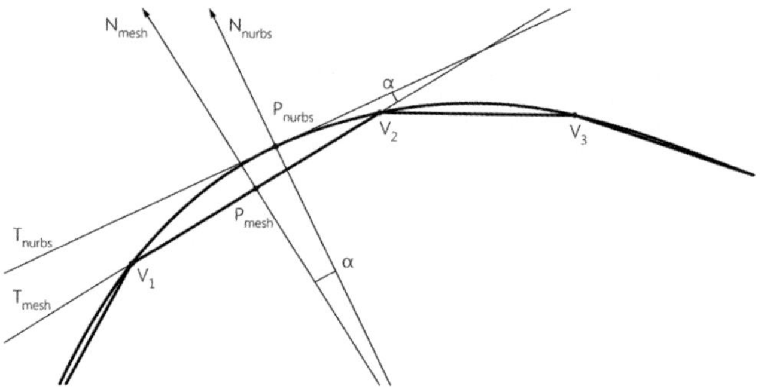

Figura 14.28 – Ángulo entre la cara de la mesh y la superficie NURBS

	Configurando el valor del ángulo máximo se establece la rotación máxima de la cara de la *mesh* respecto a la tangente a la superficie NURBS. ▪ Ángulo pequeño→caras más pequeñas y *mesh* más densa en zonas de gran curvatura; ▪ Ángulo grande→caras más grandes y *mesh* de menor densidad en zonas de gran curvatura. Es un parámetro útil para optimizar la cantidad de polígonos. El valor se expresa en grados.
Maximum aspect ratio	Este parámetro influye sobre el primer paso de la creación de la *mesh*. Inicialmente la superficie NURBS está subdividida en una *mesh* compuesta solo por *quads* (véase parámetro *Minimum initial grid quads*): estos polígonos tendrán un *aspect ratio* menor o igual que el valor especificado. Como ya vimos (*Aspect ratio*, pág. 368), el *aspect ratio* es el factor de forma de un polígono, determinado por la relación entre el borde más largo y el borde más corto.

Por su definición, tiene sentido considerar un valor mínimo de 1 (bordes que tienen la misma longitud). Se aconseja no utilizar valores muy elevados con el fin de evitar la creación de caras excesivamente alargadas que puedan implicar problemas de cálculo. Por lo tanto para obtener una *mesh* de mayor calidad, el *aspect ratio* debería ser igual a 1. Es un parámetro útil para regularizar la topología de la *mesh*.

Minimum edge length

Mejor sería llamarlo *Minimum allowed edge length*, porque este parámetro configura la longitud mínima que el borde de una cara de la *mesh* puede tener, tanto en la fase de creación inicial junto al parámetro *Minimum initial grid quads*, como en cualquier fase de definición de la *mesh* de la mano a otros parámetros.

Por ejemplo, puede suceder que para el parámetro *Maximum angle* una cara tenga que ser subdividida porque es muy inclinada respecto a la superficie: si dicha subdivisión genera caras con un borde de longitud inferior a *Minimum edge length*, esta subdivisión no ocurrirá. El valor de default es muy pequeño (0.0001) y esto es bueno porque significa que una *mesh* puede alcanzar un nivel de detalle muy fino. Aumentando el valor se reduce el número de polígonos de la *mesh*.

El valor se expresa en la unidad de medida del archivo.

Maximum edge length

Permite determinar cuál debe ser la longitud máxima del borde de las caras de una *mesh*.

- Valor pequeño→*mesh* con muchos polígonos;
- Valor grande→*mesh* con menos polígonos.

Si bien es cierto que para valores pequeños se generan *mesh* de alta resolución, al mismo tiempo la *mesh* tiende a tener polígonos más regulares, o bien con *aspect ratio* más cercano a 1.

Es un parámetro útil para regularizar la topología de la *mesh*.

El valor se expresa en la unidad de medida del archivo.

Maximum distance, edge to surface

Define la distancia máxima entre el borde del polígono y la superficie NURBS. La distancia es medida a partir del punto medio del polígono.

Su efecto es mayor en las áreas de gran curvatura de la superficie NURBS.

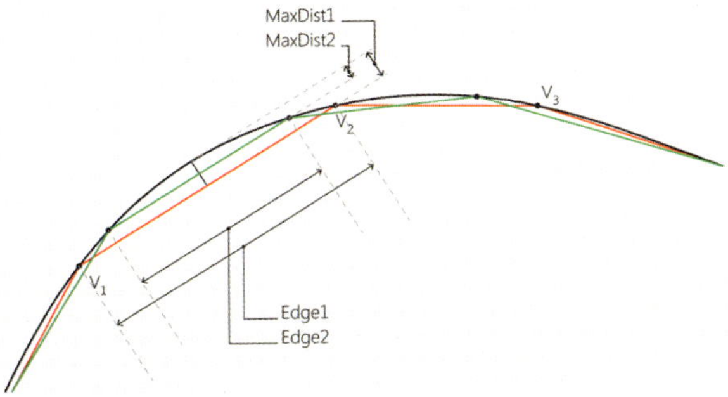

Figura 14.29 – Distancia entre el borde del polígono y la superficie

Il suo effetto è maggiore nelle aree a grande curvatura della superficie NURBS.

- Valor pequeño → *mesh* con muchos polígonos en áreas de gran curvatura;
- Valor grande → *mesh* con menos polígonos en áreas de gran curvatura.

Es un parámetro que permite optimizar la cantidad de polígonos.

El valor se expresa en la unidad de medida del archivo.

Minimum initial grid quads

La *initial grid* es la primera *mesh* que Rhino crea cuando convierte un objeto NURBS. Como su mismo nombre lo dice se trata de una *mesh* compuesta únicamente por polígonos *quads* y este parámetro determina el número mínimo de *quads* que serán utilizados para convertir la superficie NURBS.

- Valor grande → número de *quads* alto;
- Valor pequeño → número de *quads* bajo.

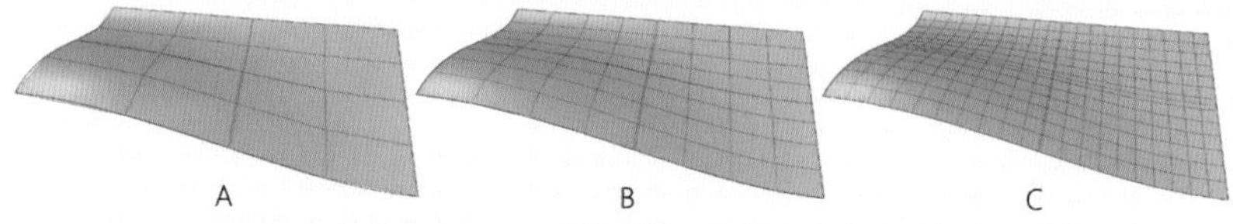

Figura 14.30 – Minimum initial grid quads configurado a A) 16, B) 64, C) 256

En caso de que la superficie NURBS sea una superficie recortada, la *initial grid* ignora los cortes y genera una *quads mesh* regular; sucesivamente la *mesh* es recortada y son creados los polígonos (generalmente triángulos) a lo largo de los bordes recortados (Figura 14.31).

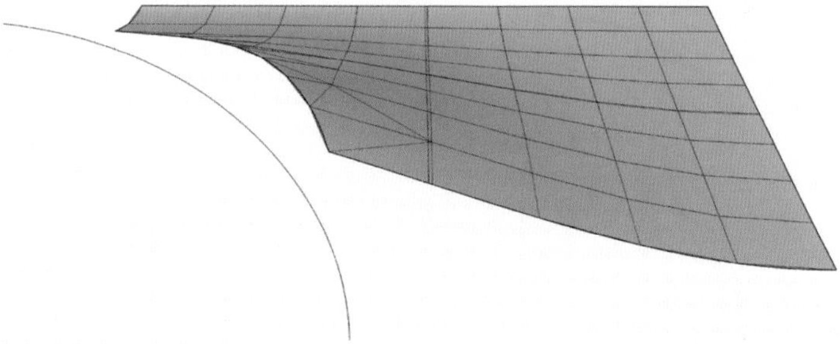

Figura 14.31 – Gestión de los bordes recortados con la initial grid

Es un parámetro útil para generar *mesh* regulares, o bien:

- con una distribución de polígonos optimizada (nótese cómo en la Figura 14.30 al valor 256 no corresponden 16x16 polígonos sino 20x13=260 polígonos, porque de este modo la *mesh* es más regular);
- con polígonos que tienen mejor *aspect ratio*.

Es, asimismo, un buen parámetro para generar *mesh* de alta resolución para representar incluso los más pequeños detalles de una superficie NURBS.

Refine mesh

Esta opción actúa después de la creación de la *initial grid* (determinada por los parámetros *Minimum initial grid quads* y *Maximum aspect ratio*) dando pie a los procesos de acabado de la mesh según las configuraciones de los parámetros Maximum angle, *Minimum edge length*, *Maximum edge length* y *Maximum distance, edge to surface*. Es una opción que generalmente aumenta el número de polígonos determinado por la *mesh* inicial. Es muy útil en trabajos de visualización *(15.1.1 Render: conversión NURBS → Mesh)*.

Jagged seams

Permite obtener una *mesh* compuesta exclusivamente por quads (Figura 14.32).
Rhino no puede crear una quads mesh sólida, por lo que si se utiliza esta opción en la conversión a *mesh* de una polisuperficie cerrada, es muy probable que la *mesh* resultante no sea cerrada. Como se puede observar en el caso B) en la Figura 14.32, a lo largo de los bordes de la polisuperficie no hay correspondencia entre los bordes de los polígonos, que resultan no alineados. Esto genera una *mesh* con superposiciones y huecos a lo largo de los bordes.

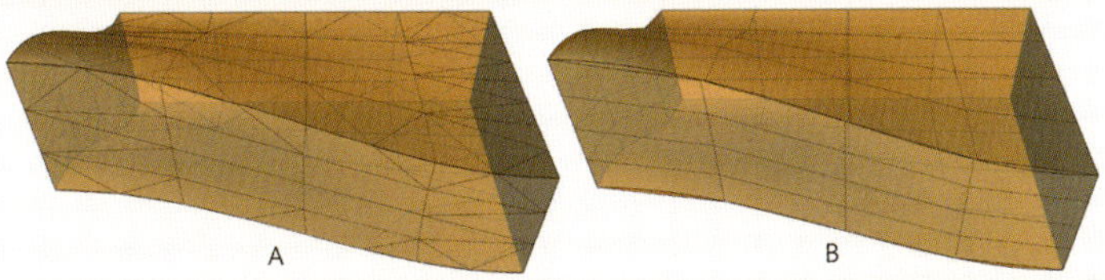

Figura 14.32 – Quads mesh (B) con opción Jagged seams

Simple planes

En la creación de una *mesh* a partir de superficies planas (o de caras planas de polisuperficies) esta opción permite generar los polígonos a partir de la discretización de los bordes de la superficie NURBS. Como ya vimos en la Figura 14.20, una curva tiene mejor aproximación con una polilínea que tiene muchos segmentos. En el caso de una recta es suficiente una polilínea con un solo segmento. Lo mismo sucede con los bordes de la superficie NURBS: si el borde es recto es suficiente el borde de un solo polígono para cubrirlo durante la creación de la *mesh*.
De acuerdo con esta opción es evidente que a la hora de generar la *mesh* todos los parámetros son ignorados, incluso el *Minimum initial grid quads*. La única opción que es considerada es *Jagged seams*.

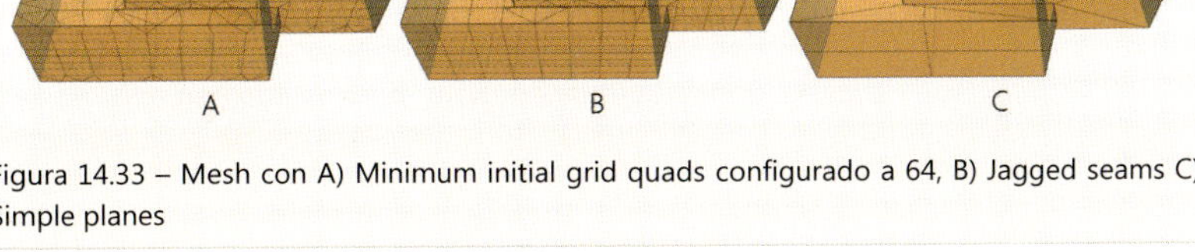

Figura 14.33 – Mesh con A) Minimum initial grid quads configurado a 64, B) Jagged seams C) Simple planes

El objeto *mesh* configurado en las propiedades del objeto no es visible ni utilizable para otras aplicaciones que para la visualización en tiempo real (vistas con *shading*) y el render.

Si se quiere crear un objeto *mesh* a partir de una geometría NURBS se puede utilizar el comando _*Mesh*.

Comando: _Mesh

El comando permite extraer una representación poligonal de un objeto NURBS (superficie o polisuperficie) determinando la calidad con base en opciones simples o detalladas.

Las opciones para determinar la calidad de la *mesh* son las mismas apenas descritas (simples y detalladas); sin embargo, el comando crea un objeto *mesh* independiente.

La ventaja de crear un objeto *mesh* independiente es que este no sufre ajustes adicionales cuando se exporta el archivo en formatos poligonales (.obj, .stl, etc.).

En la siguiente tabla se muestran los parámetros en las opciones detalladas de malla poligonal (*Polygon mesh detailed options*) con indicación del efecto general sobre la *mesh* resultante.

Parámetro/Opción	*Mesh regular*	*Mesh compleja*	*Mesh optimizada*
Maximum angle		✓	✓
Maximum aspect ratio	✓		
Minimum edge length			✓
Maximum edge length	✓	✓	
Maximum distance, edge to surface		✓	✓
Minimum initial grid quads	✓		
Refined mesh		✓	
Jagged seams	✓		
Simple planes			✓

Tabla 5

Retopologizar una mesh

Una *mesh* creada a partir de un objeto NURBS, aunque se busque cuidadosamente regularizar y optimizar la topología, tendrá siempre algún problema. Un caso típico es la superficie esférica.

La topología NURBS de una esfera (*6.1.1 Topología de la esfera*) converge en los polos y como consecuencia también la topología de la esfera *mesh* tiene la misma propiedad.

Lo que significa que los polígonos de la *mesh* esférica se vuelven triangulares y con *aspect ratio* alto (estrechos y alargados) en las proximidades de los polos.

Generalmente con Rhino es casi imposible resolver problemas relacionados con la topología *mesh*, a menos que se utilicen plugins. Con Grasshopper, a través de herramientas nativas y plugins, es posible crear y trabajar objetos *mesh* con muchas más opciones que con Rhino.

Grasshopper puede generar, por ejemplo, una *mesh* esférica obtenida de la "esferificación" de un cubo (*MSphereEx*). A través de simples construcciones es posible obtener *mesh* esféricas con Ngon.
Rhino 6 puede utilizar también los Ngon, por lo tanto se pueden crear *mesh* que tienen polígonos con más de 4 bordes.

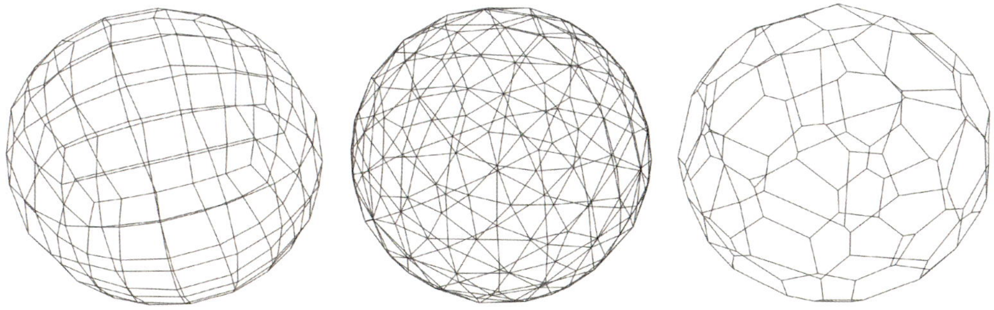

Figura 14.34 – MSphereEx y mesh sferica con Ngon creadas con Grasshopper

Algunos plugins para Grasshopper permiten crear *mesh* esféricas con diversas topologías:

- BullAnt, plugin de Jon Mirtschin (Geometry Gym), permite crear cúpulas geodésicas;

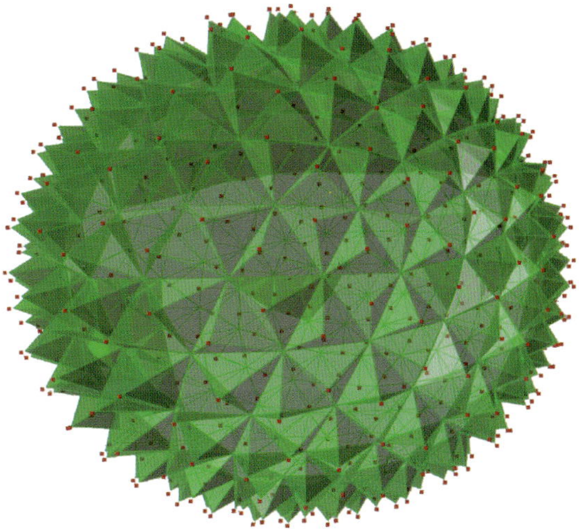

Figura 14.35 – Cúpula geodésica con BullAnt

- Weaverbird, plugin de Giulio Piacentino, permite trabajar con la topología *mesh*; no dibuja directamente cúpulas geodésicas pero trabajando con Weaverbird y herramientas nativas de Grasshopper se pueden realizar *mesh* esféricas con topologías regulares (Figura 14.36);

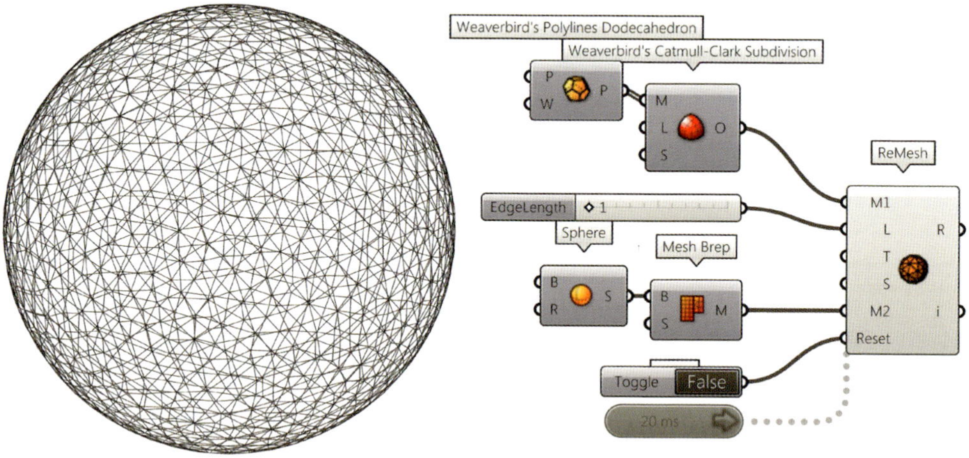

Figura 14.36 – Mesh esférica con subdiv mesh (Catmull-Clark)

- Kangaroo, plugin de Daniel Piker, permite la creación de topologías esféricas obtenidas gracias a la simulación de fuerzas (Figura 14.37).

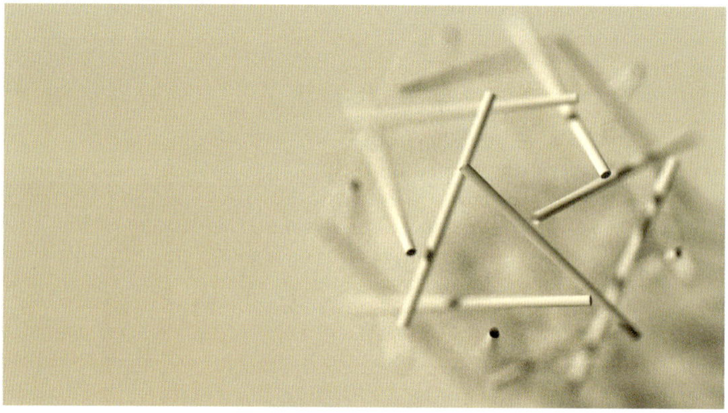

Figura 14.37 – Tensegrity sphere compuesta por pentágonos y triángulos

Retopologizar una *mesh* quiere decir cambiar su topología, generalmente con dos finalidades: simplificar y/o regularizar la *mesh*.

En Rhino no es posible ejecutar una retopologización controlada de una *mesh*: para resultados más precisos y confiables es necesario reconstruir a mano la malla de polígonos. Sin embargo, también en este caso, Rhino presenta muchos límites ¡No es un modelador poligonal!

Algunos software ponen a disposición instrumentos para facilitar este proceso, por ejemplo a través del dibujo de polígonos con vértices yacentes sobre la *mesh* original (Figura 14.38).

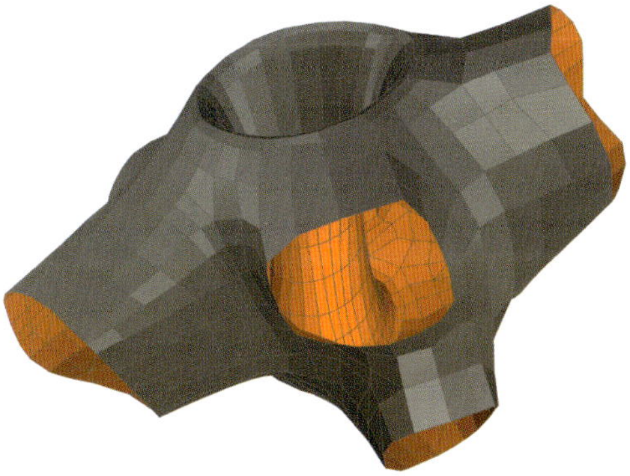

Figura 14.38 – Mesh retopologizada únicamente con quads

14.5 Impresión 3D

La impresión 3D se convirtió en el símbolo de una revolución histórica. La posibilidad de auto-producir implica un replanteamiento general de muchos procesos de producción y distribución que hasta ahora hemos considerado *standard* e imprescindibles.

Hoy en día todavía estamos lejos de este objetivo. Probablemente la difusión masiva de las impresoras 3D para el usuario *home* está dañando el sector en vez de favorecerlo. Se ha creado la ilusión de poder auto-producir, sin embargo, esto choca con la realidad: la impresora 3D, salvo pocos casos, crea prototipos no funcionales y no productos.

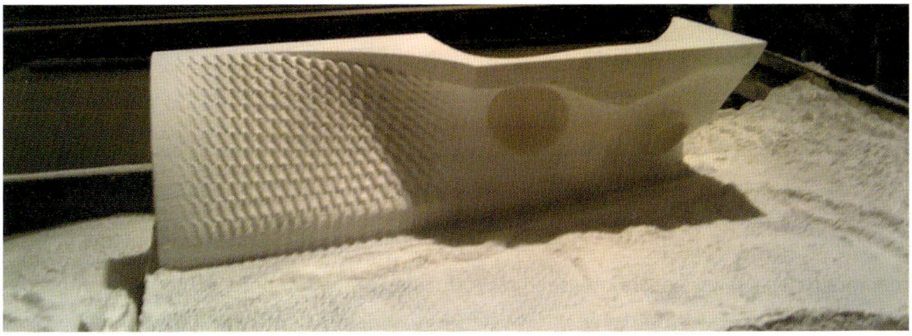

Algunos procesos productivos ya emplean la impresión 3D, limitado a la producción a pequeña y mediana serie. Ejemplos ya consolidados son: la joyería, la ortodoncia, etc.. Sin embargo, también en estos casos la impresora 3D es solo un eslabón en la cadena, y genera casi siempre un prototipo no funcional que es utilizado para elaboraciones sucesivas.

En los pocos casos en los que la impresora 3D crea un producto final, los costos de producción son generalmente muy elevados, sea porque los tiempos de la impresión 3D son largos o sea porque los materiales

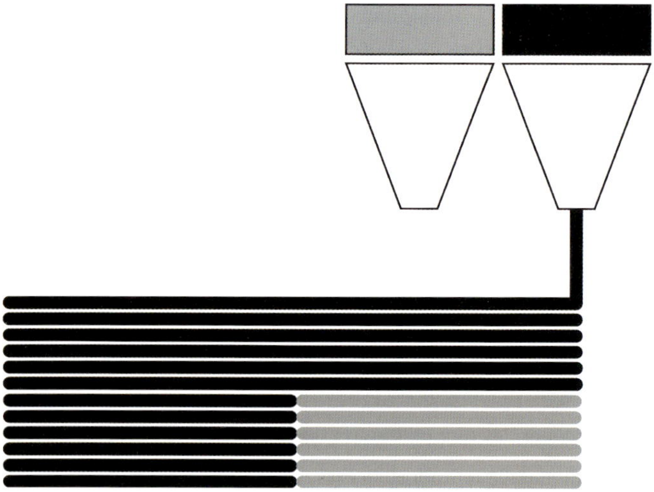

Figura 14.39 – Doble extrusor y el material de soporte

Siempre que se disponga de una impresora con doble extrusor es necesario adoptar una estrategia para evitar los undercuts.

La estrategia más simple es rotar el modelo en una posición en la que cada punto del objeto (menos la base obviamente) sea visible desde la vista superior.

Una herramienta que permite verificar si un objeto presenta undercuts es el *_DraftAngleAnalysis*, que visualiza la superficie del objeto con un color de rojo a azul.

Comando: _DraftAngleAnalysis

El comando permite analizar la orientación de la superficie de un objeto. El color de la superficie depende de la inclinación de su normal respecto a la dirección horizontal.

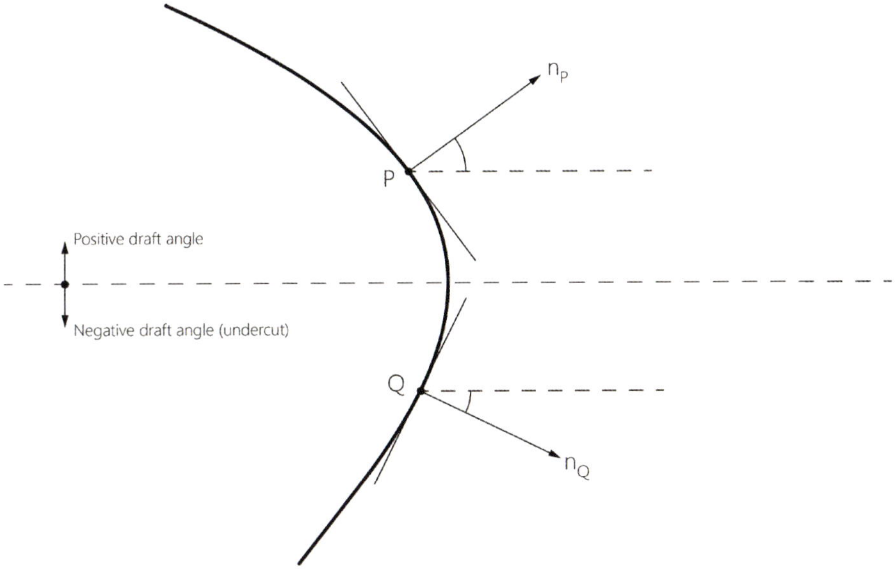

Figura 14.40 – Significado del Draft Angle

Si se usa el rango [-0.1, 0] aparecerán en rojo las zonas en undercut (Figura 14.41).

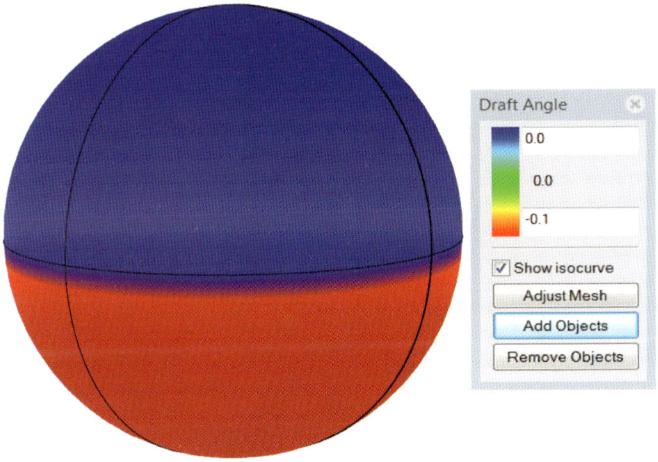

Figura 14.41 – Análisis del undercut

Si un objeto se puede imprimir con una impresora de un único extrusor presenta un análisis draft angle totalmente azul (a excepción de la base del objeto).

Nota: volveremos a encontrar el undercut también en el punto 14.7 Fresado CNC.

Otro análisis que se llevará a cabo sobre un objeto a imprimir en 3D es el espesor en las áreas finas a través del comando *_ThicknessAnalysis*.

Comando: _ThicknessAnalysis

El comando permite analizar el espesor de un sólido representándolo con un color variable dentro de una gradiente rojo-azul, donde rojo es el espesor mínimo y el azul el espesor máximo.

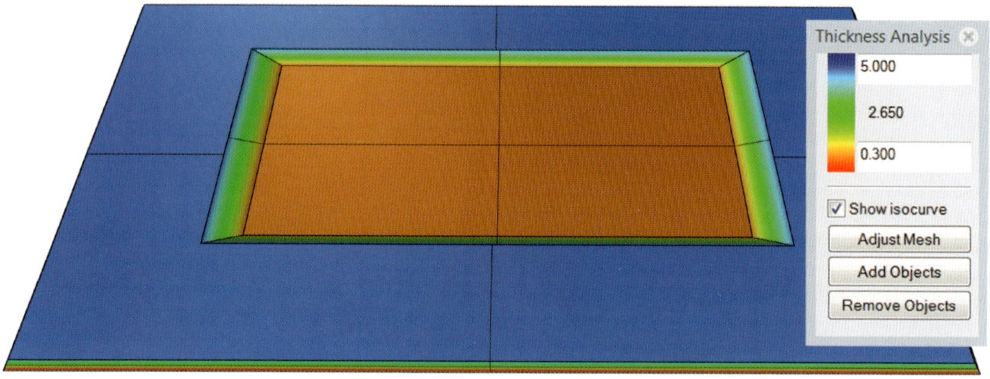

Figura 14.42 – Análisis del espesor de un sólido

En la Figura 14.42 se configuró el valor mínimo del espesor a 0.3 mm, imaginando que esta es la resolución vertical máxima de la impresora 3D. El área central del sólido asume un color naranja, lo que indica que el espesor del sólido en esta área (la más fina) es superior al valor de la resolución de la impresora: por lo tanto se puede realizar un prototipo del objeto con la impresora manteniendo el espesor de proyecto (salvo consideraciones de resistencia de un estrato fino del material utilizado).

Si existen áreas de color rojo, estas no serán realizadas con el espesor de proyecto sino con el espesor dado por el nivel de detalle máximo alcanzable por la impresora utilizada.

14.6 Corte

La tecnología de prototipado y producción más rápida y menos costosa es el corte CNC.

Existen diversas tecnologías de corte, desde el cutter CNC (plotter) hasta el corte con chorro de agua, pasando por el corte láser y el corte por plasma.

Para realizar prototipos de objetos 3D los plotter son poco útiles, trabajando con materiales normalmente poco o muy poco rígidos. Con el corte láser en cambio se pueden cortar (y grabar) diversos tipos de ma-

teriales, incluso la madera y el metal. Además las máquinas de corte láser son relativamente económicas, sobre todo las de formato pequeño (aproximadamente 70 cm de lado).
Prototipar un modelo 3D con una máquina de corte que genera piezas prácticamente bidimensionales puede parecer sin sentido, pero no es así.

14.6.1 Planos seriados

Esta técnica consiste en generar una serie de secciones progresivas del objeto, que es representado por una serie de "rebanadas" consecutivas.
Las secciones son (set de) líneas y por lo tanto pueden ser enviadas directamente a una máquina de corte.
Es necesario cuidar la exportación de las curvas ya que el prototipado puede ser afectado de dos modos:

- Si las curvas son segmentadas el láser puede pasar dos veces por el mismo punto y generar defectos en la continuidad del mismo corte o al menos de sus bordes;
- Si se trabajó con superficies de grado superior al 3 y se seccionan tales superficies, las curvas resultantes serán de grado superior al 3 y esto, como ya lo hemos mencionado muchas veces, puede crear problemas en los software de gestión de las máquinas.

Si se presta atención a estos detalles, trabajar con los planos seriados es bastante simple. En Rhino de hecho basta con utilizar la herramienta *_Contour*. La distancia entre los planos de sección consecutivos debe ser igual al espesor del material que será utilizado para el prototipo.
Para tener una idea del aspecto del prototipo se pueden extruir las secciones obtenidas por el *_Contour* con una altura de extrusión igual al espesor del material (Figura 14.43).

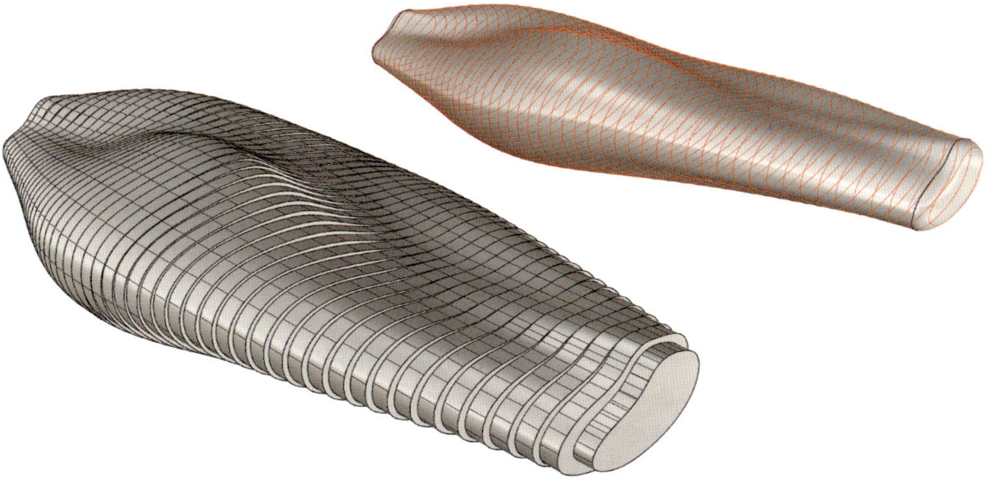

Figura 14.43 – Secciones del _Contour extruidas y simulación del aspecto del prototipo

Superficies doblemente rayadas

Las superficies doblemente rayadas son una clase particular de superficies en las que a través de cada punto pasan dos rectas que yacen sobre las mismas.

Estas superficies no son desarrollables en el plano, aunque sean superficies rayadas.

Ejemplos de superficies doblemente rayadas son la hiperboloide y el paraboloide hiperbólico (Figura 14.54).

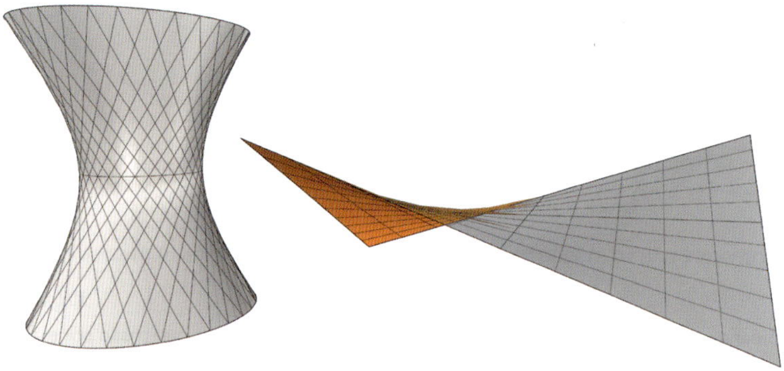

Figura 14.54 – Ejemplos de superficies doblemente rayadas: hiperboloide y paraboloide hiperbólico

Superficies de doble curvatura

La superficie de doble curvatura es el tipo de superficie más interesante, ya que probablemente es la verdadera razón por la que se utiliza el modelado NURBS.

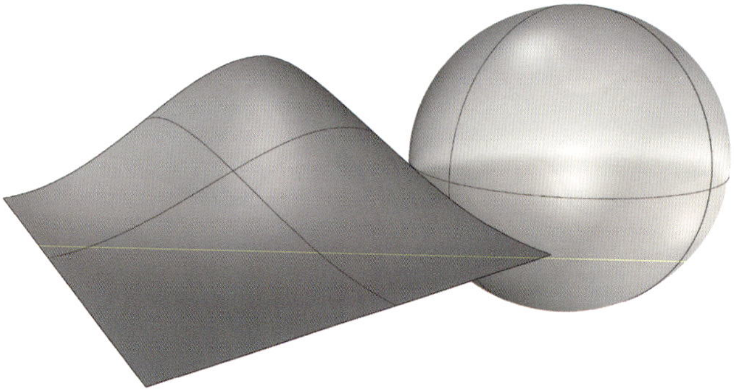

Figura 14.55 – Superfici a doppia curvatura

Esta clase de superficies no es desarrollable en el plano de forma continua y sin producir deformaciones: un ejemplo notable es la superficie terrestre, aproximadamente esférica y por ende de doble curvatura. Dado que es matemáticamente imposible desarrollar la superficie de una esfera con una forma continua plana rectangular sin distorsionar el contorno o la parte interna de la superficie, la superficie terrestre ha sido representada durante siglos según diversas técnicas de desarrollo en el plano, cada una con un objetivo diferente: mantener inalteradas las distancias, mantener inalteradas las áreas, o simplemente obtener una representación legible de los contenidos.

Muchas de estas técnicas consisten en proyectar la superficie esférica (o partes de ella) sobre superficies desarrollables (normalmente planos, cilindros o conos) y por lo tanto desarrollar el resultado de la proyección en un plano.

La proyección de Mercator (Figura 14.56) es probablemente la representación más común de la Tierra: las distancias entre dos puntos del mapa nunca son reales, a menos que los dos puntos estén alineados a lo largo de la Línea del Ecuador. Además la distorsión aumenta a medida que nos acercamos a los polos: Groenlandia parece ser tan grande como África ¡Pero es mucho más pequeña! Por lo tanto en esta proyección no se conservan ni las dimensiones ni las áreas. La única característica útil de esta representación es que la dirección que conecta dos puntos es una dirección real, incluso si en realidad esta no es recta: por esto la proyección de Mercator se utiliza en la navegación.

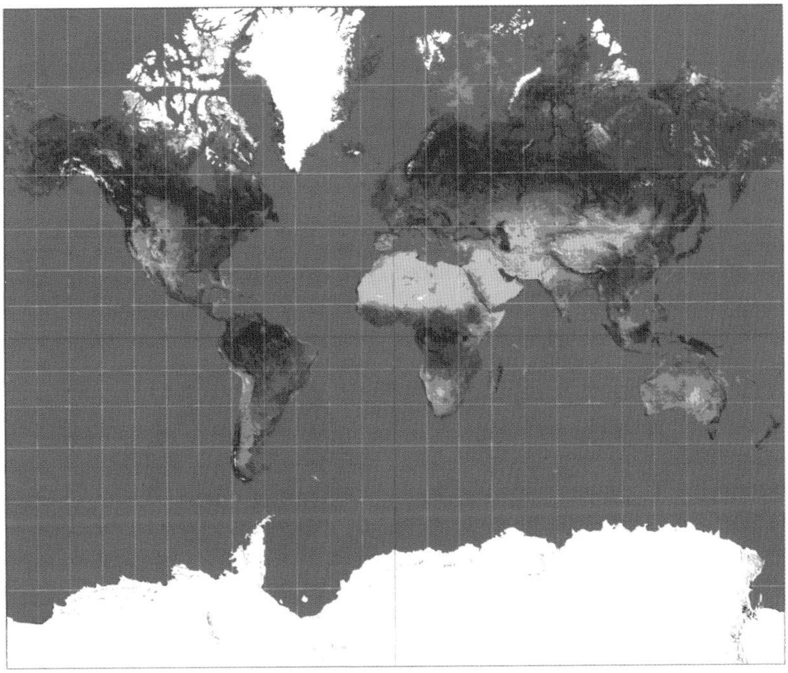

Figura 14.56 – Representación de la superficie terrestre según la proyección de Mercator

La proyección de Goode en cambio mantiene las áreas pero utiliza una proyección discontinua, o bien es necesario recortar la superficie terrestre para poder obtener su desarrollo en el plano (Figura 14.57).

¡Yo crecí con este mapa!

Las tecnologías de corte CNC son aún más simples.

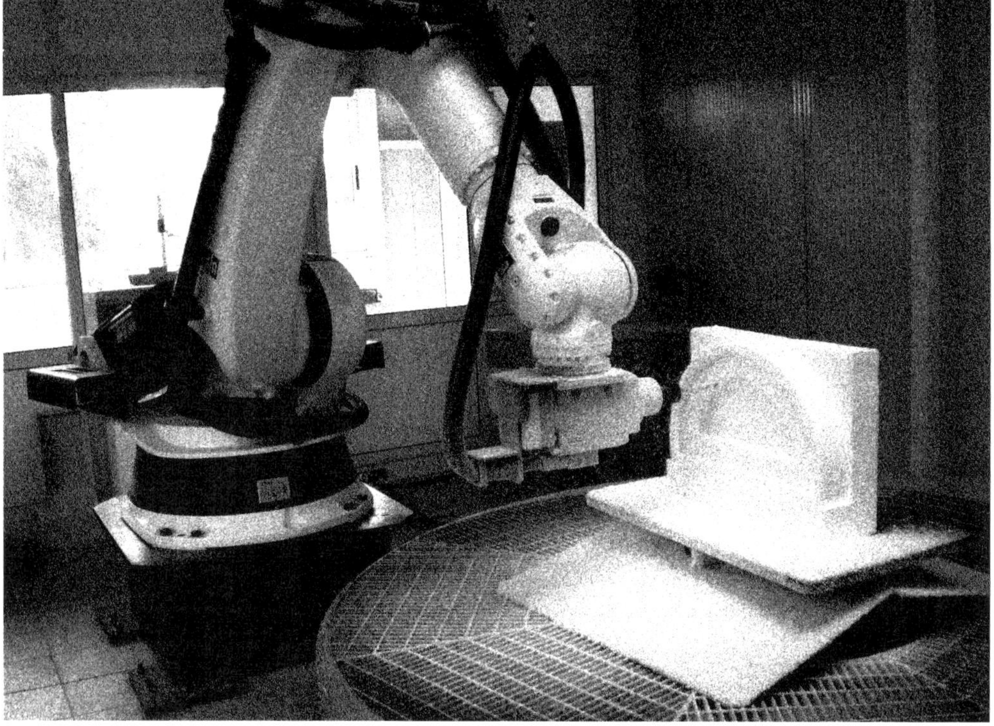

Figura 14.62 – Brazo robótico industriale

Las fresadoras CNC, en cambio, se caracterizan por la posibilidad de tener más ejes, o bien más grados de libertad, empezando por las tres traslaciones X, Y y Z, hasta 6 grados añadiendo las tres rotaciones alrededor de los ejes X, Y y Z (Figura 14.63) y más cuando se usan soportes giratorios y de desplazamiento.

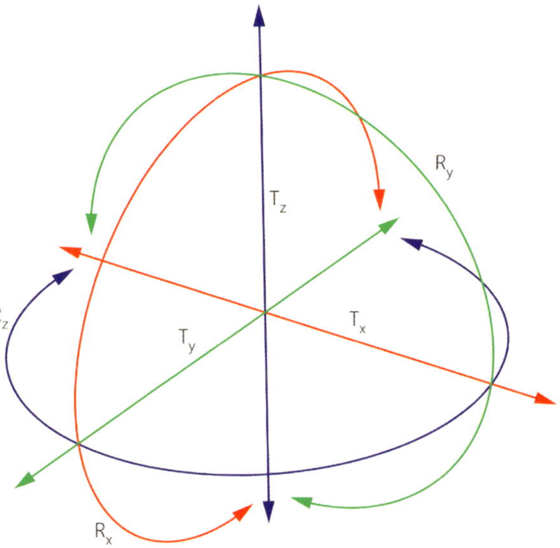

Figura 14.63 – 6 grados de libertad: 3 traslaciones y 3 rotaciones

Traslaciones y rotaciones, junto con otras opciones programables como el cambio de herramienta durante los procesos de maquinado, deben ser programadas con precisión para evitar diversos tipos de problemas, incluso problemas de seguridad.

Para programar una fresadora CNC se utiliza un lenguaje de programación para máquinas de control numérico llamado *G-code*, a través del cual es posible comunicar a la máquina los movimientos, las rotaciones, los cambios de herramientas, la velocidad con la cual moverse y la trayectoria a seguir.

Rhino no es capaz de comunicarse directamente con una máquina CNC; para hacerlo necesita un plugin, por ejemplo RhinoCAM®: este plugin es capaz de traducir la forma del modelo 3D en trayectorias para la herramienta, *toolpath*, generando el *G-code* prácticamente para cualquier modelo de máquina CNC.

14.7.1 Preparación del modelo para procesos CNC

Los tipos de procesos realizables con una fresadora CNC varían según el número de ejes de la máquina, o bien de sus grados de libertad.

Una fresadora de 3 ejes por ejemplo no puede realizar procesos con undercut dado que la punta de la herramienta está constantemente orientada verticalmente hacia abajo, mientras que una fresa de 4 ejes si puede (aunque con algunas limitaciones (Figura 14.64).

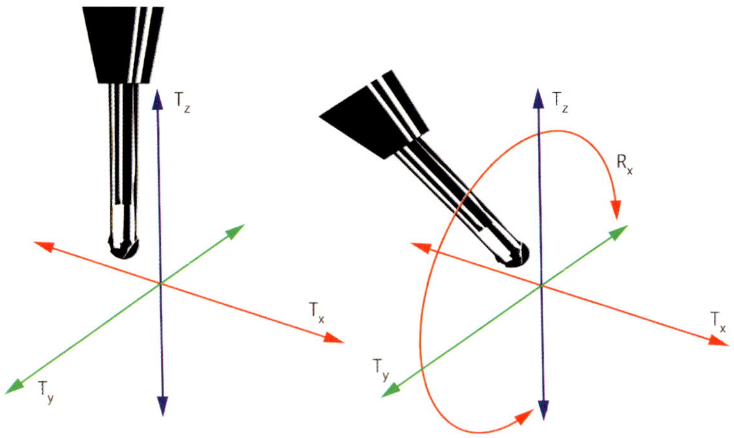

Figura 14.64 – Orientación de la broca - 3 ejes (a la izquierda) y 4 ejes (a la derecha)

Ya hablamos del problema del undercut cuando tratamos de la impresión 3D. También analizamos el comando *_DraftAngleAnalysis*, que permite realizar un análisis preliminar de la geometría para detectar la presencia de undercut.

Sin embargo, en el caso de una fresadora CNC el problema no es tan fácil de solucionar, porque la herramienta está montada sobre un cabezal que tiene dimensiones físicas y conexiones que no le permiten alcanzar cualquier inclinación ni por consiguiente cualquier punto en undercut (Figura 14.65).

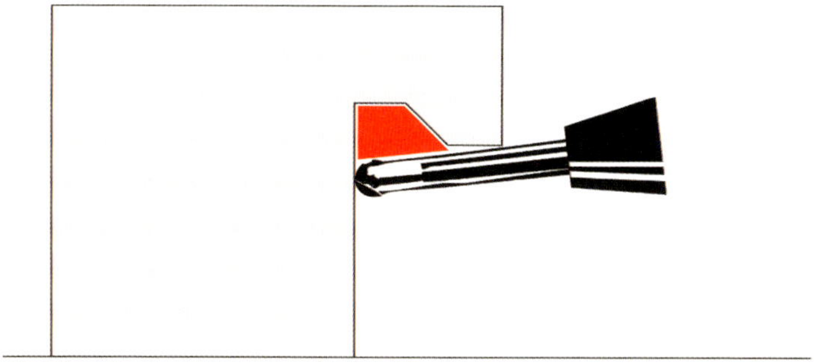

Figura 14.65 – Undercut no alcanzable por la broca

Por lo tanto en el caso de procesos con fresadora CNC no solo es necesario asegurarse de contar con un número suficiente de ejes para ejecutar los trabajos necesarios, sino también considerar la efectiva libertad de movimiento y rotación para permitir que la punta de la herramienta alcance cada punto de la superficie del modelo 3D. A este conjunto de propiedades geométricas y mecánicas se le denomina *cinemática*.

Los software que generan el *G-code* normalmente están en grado de considerar la cinemática de las máquinas: de tal manera pueden generar toolpaths realizables por la máquina y al mismo tiempo pueden detectar eventuales problemas en la fabricación del modelo.
También en el caso de los procesos con fresadora CNC es necesario controlar el espesor mínimo de la geometría, no tanto en relación a la resolución de la máquina, sino más bien en relación a las características físicas y mecánicas del material utilizado. Un espesor muy pequeño puede convertirse en un punto de fragilidad del objeto fabricado

14.7.2 Nodos y velocidad de la curva

Hemos descrito muchas veces la curva NURBS como una geometría determinada por nodos, grado, y puntos de control. Veamos cómo estas características de la curva influyen también sobre los procesos de maquinado CNC.
Una manera de imaginar la creación de una curva NURBS es la de asociar el parámetro t al tiempo, por lo que con el pasar del tiempo un punto P se mueve en el espacio dibujando una curva.
Según esta representación, la función de los nodos de la curva es la de regular la velocidad con la que se mueve el punto P a lo largo de la curva. Un vector de nodos uniforme determina una curva con velocidad uniforme, mientras que un vector de nodos no uniforme determina una curva con velocidad variable.
Una velocidad variable implica aceleraciones a lo largo de la trayectoria de la curva.
Si la operación que se realiza es simplemente un render de la curva, o bien su visualización en la pantalla, la presencia de estas aceleraciones no implica ninguna consecuencia, a parte de las que observamos en el capítulo de las superficies.
Pero cuando la curva en cuestión se convierte en un toolpath, una aceleración se traduce en mayor fricción y mayor esfuerzo para las partes de la máquina, por lo que una aceleración excesiva puede provocar diversas consecuencias más o menos graves: ruptura de la broca, daños a la máquina, hasta un riesgo para la seguridad de los operadores.

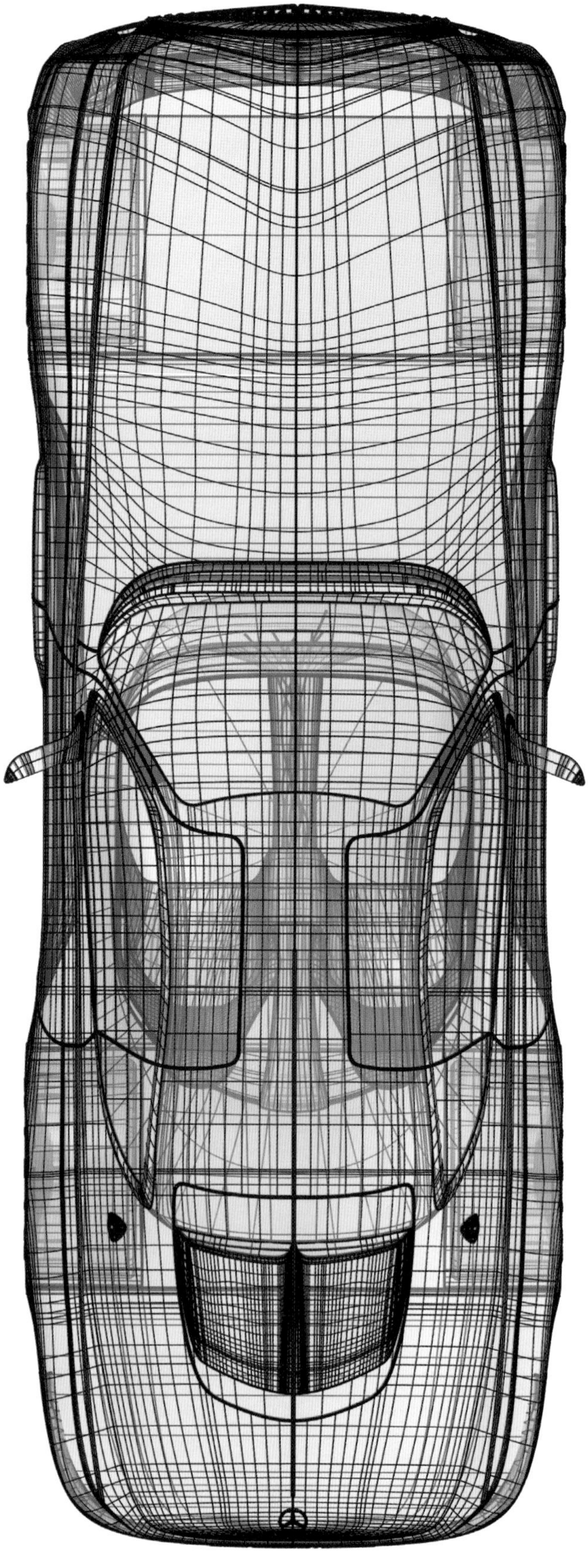

tes o con *displacement* (los tiempos de render de un objeto que tiene material con *disp*
si el objeto está cerca de la cámara).

Mesh en alta resolución y optimizada

Por lo general, cuando se realiza un render con campo largo/larguísimo o (en determi
medio o total, no es necesario regular la calidad de la *mesh*: como ya vimos, la co
(*Jagged and faster*) produce *mesh* cuya resolución es más que suficiente para repres
curvatura relativamente uniforme, sobre todo si están lejos de la cámara.

Figura 15.10 – Render de detalle

En el campo medio o total, eventualmente, se puede proceder con el aumento de pc
opciones simples, sin recurrir a las detalladas.
En un render de primer y primerísimo plano o de detalle, en cambio, casi siempre es
mesh de alta resolución para evitar que la aproximación de los polígonos respecto a
la NURBS resulte visible en la imagen final.

Alta resolución

En las opciones detalladas, los parámetros que permiten aumentar la resolución d
dientemente de la forma de la geometría NURBS que se está representando son
Quads, Maximum Edge Length.
Con el valor de *Minimum Initial Grid Quads* es posible configurar directamente el
deseados para una *mesh*: el número de polígonos resultante de la conversión ser
este parámetro (Figura 15.11).

15_Modelar para la visualización

Cuando el objetivo del modelado 3D es el render, las problemáticas a afrontar son similares a aquellas ya vistas para la fabricación digital.
El render es un cálculo basado en la geometría *mesh* y no en la NURBS, por lo tanto para poder realizar un render es necesario convertir el modelo 3D en *mesh*.
Si para la fabricación digital se tiende generalmente a utilizar *mesh* regulares y con alta resolución, en la visualización el criterio principal para determinar las características de la *mesh* es un criterio extrínseco: el tiempo de renderizado.

Figura 15.1 – Render con fotomontaje

El tiempo necesario para producir el render depende de la complejidad del modelo *mesh*.
El render es una secuencia de cálculos que analiza cada cara del modelo *mesh* evaluando:

- si es visible en el área del render;
- si su normal positiva está a la vista;
- cuál es su material;
- si el material presenta bump/*displacement* maps;
- cuáles son las condiciones de iluminación;
- cuáles son las propiedades físicas del material;
- etc..

Render de producto – figura completa

A menos que no se esté realizando un personaje (extremadamente difícil co

blamos de "figura completa" cuando el render tiene un sujeto principal y co

15.9).

Figura 15.9 – Render de producto – figura completa

La resolución de la mesh inicia a ser un factor determinante para la calidad

superficies curvas, sobre todo si los materiales son reflectantes/reflejantes y/

Render primer plano, primerísimo plano y detalle

Cualquier defecto de aproximación de la *mesh* es visible (Figura 15.10); por l

ble utilizar configuraciones que generen un gran número de polígonos.

El tiempo de render aumenta, sobre todo en presencia de materiales reflecta

Art. 410
Manfrotto
ITALY
Ser. No
G 1234567
Manfrotto
410
MADE IN ITALY

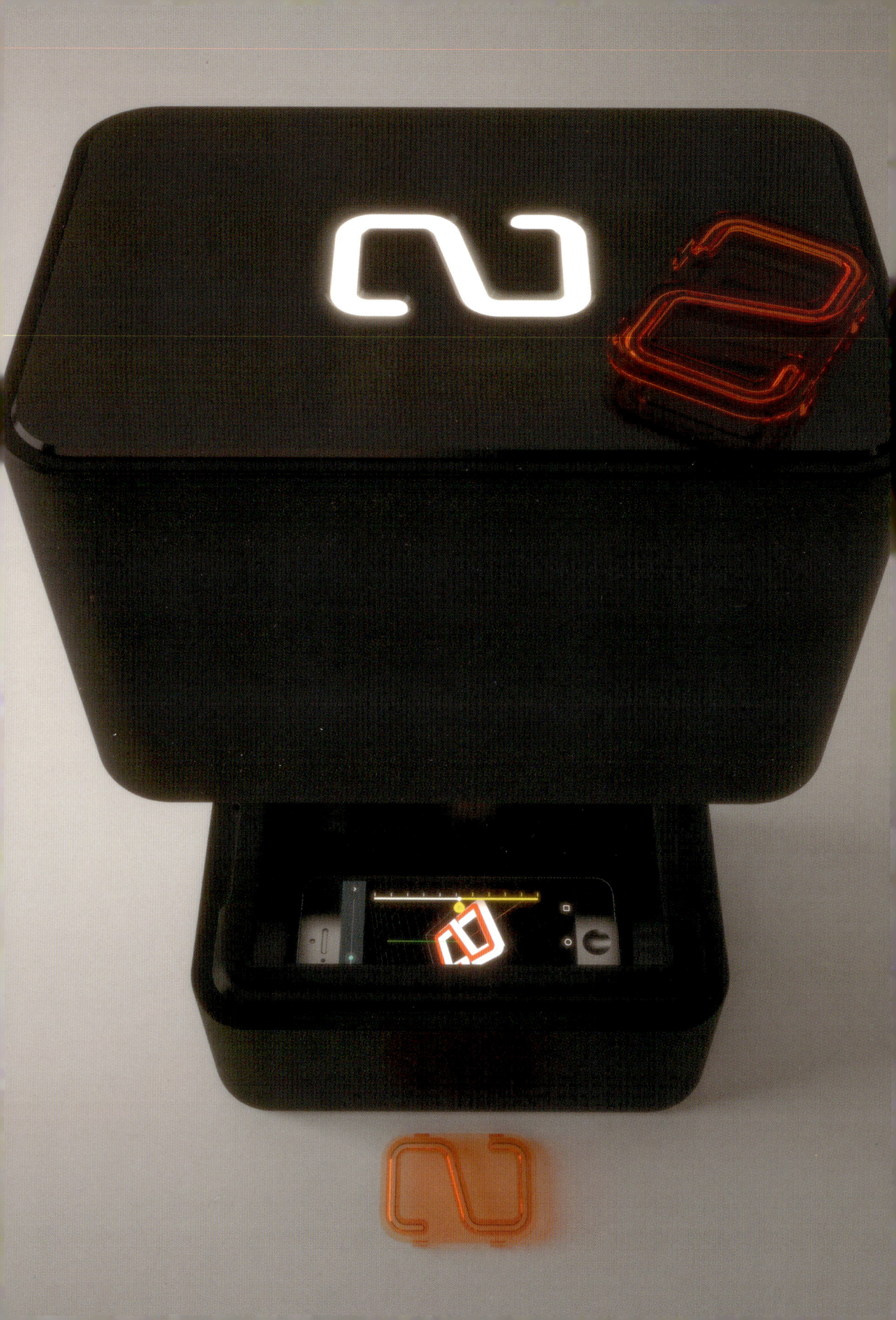

La valentía de diseñar

Davide Lombardi
Lecturer at Xi'an Jiaotong – Liverpool University (China)

"If it's a good idea, go ahead and do it.
It is much easier to apologize than it is to get permission"
(G. Hopper)

Antes del advenimiento del diseño la transmisión de la idea de la Arquitectura y de sus elementos era principalmente oral, basada en la descripción de proporciones y procesos, casi nunca soportada por elementos gráficos. Además, el conocimiento del "qué hacer" era propiedad exclusiva de los trabajadores de la construcción y no del arquitecto, mismo que aparecerá tiempo después y probablemente gracias a la introducción de la disciplina del diseño.

El diseño arquitectónico así como lo entendemos ahora es una invención relativamente reciente que nace de la división realizada por Leon Battista Alberti entre el pensar/diseñar arquitectura y el construir arquitectura. El sistema de reglas y códices para la representación, además de la invención de técnicas específicas de diseño arquitectónico ha influido de manera notoria en el curso de la historia sobre los estilos arquitectónicos a lo largo de los siglos. Basta pensar en el rol de la axonometría en el movimiento moderno o en cómo la perspectiva ha determinado edificios, si no es que áreas completas de ciudades a partir del renacimiento en adelante. Desde aquel momento el diseño se ha consolidado aún más como el instrumento no solo de la descripción del proyecto sino también de la investigación del proyecto mismo y de la preconcepción de arquitecturas imposibles y realidades futuristas, como ha sucedido al interno de movimientos vanguardistas.

En este contexto se ha desarrollado el conocimiento de cómo el diseño ha sido el resultado de la interacción entre el ingenio humano que reside en el cerebro y la mano que efectivamente logra trazar sobre el papel puntos, líneas y superficies con la intención de definir un espacio y de organizarlo en función de los diversos parámetros que regulan la proyectación arquitectónica.

El acto de diseñar a mano, con su gran retroalimentación debido a la inmediatez y a la fisicalidad del mismo, ha monopolizado el lenguaje arquitectónico hasta la invención de la computadora y del software CAD, los cuales han introducido aún más un mejoramiento en términos de tiempo necesario a la realización de un trabajo gráfico pero no en términos de calidad e innovación de la propuesta proyectual.

También por esta razón aún hoy el tema del diseño de arquitectura es el centro de discusiones que se enfocan mayormente en la controversia entre analogico y digital. Los dos equipos, equitativamente divididos entre ellos, combaten en un terreno ideológico que ve a los defensores del papel y el lápiz oponerse

Elaboración gráfica de Mengzhen Xu, ARC102 A.A. 2016/2017 Xi'an Jiaotong – Liverpool University (China)
Tutor: Davide Lombardi

Elaboración gráfica de Yuchen Li, ARC102 A.A. 2016/2017 Xi'an Jiaotong – Liverpool University (China)
Tutor: Davide Lombardi

Cada uno de ellos, aunque en su primera experiencia de composición arquitectónica, ha desarrollado su propia línea de pensamiento proyectual y de representación optando por las técnicas y tecnologías que mejor satisfagan sus necesidades.

El resultado final fue un conjunto de modelado digital, story-telling, collage digital y renderizado que les permitió descubrir no sólo el placer y el valor de diseñar, sino también la necesidad de evitar las limitaciones debido a la dificultad de proyectar formas tridimensionales muy complejas sobre un soporte bidimensional.

Esta experiencia ha demostrado que la combinación de creatividad, medios adecuados y una mente libre de prejuicios debidos a muchos años de formación y experiencia puede conducir a resultados inesperados y de una calidad sorprendente, desmintiendo a aquellos que todavía quieren proponer la profesión de arquitecto en su versión más romántica y artesanal pero evidentemente más ajena a la contemporaneidad.

ONO representa hoy la sencillez, la innovación y la revolución que hace 20 años Rhino ha representado en el mundo del CAD: con Simplified Complexity veo estos caminos converger maravillosamente y crear las bases para una nueva generación de creativos que sorprenderán a todos con una nueva revolución de procesos.

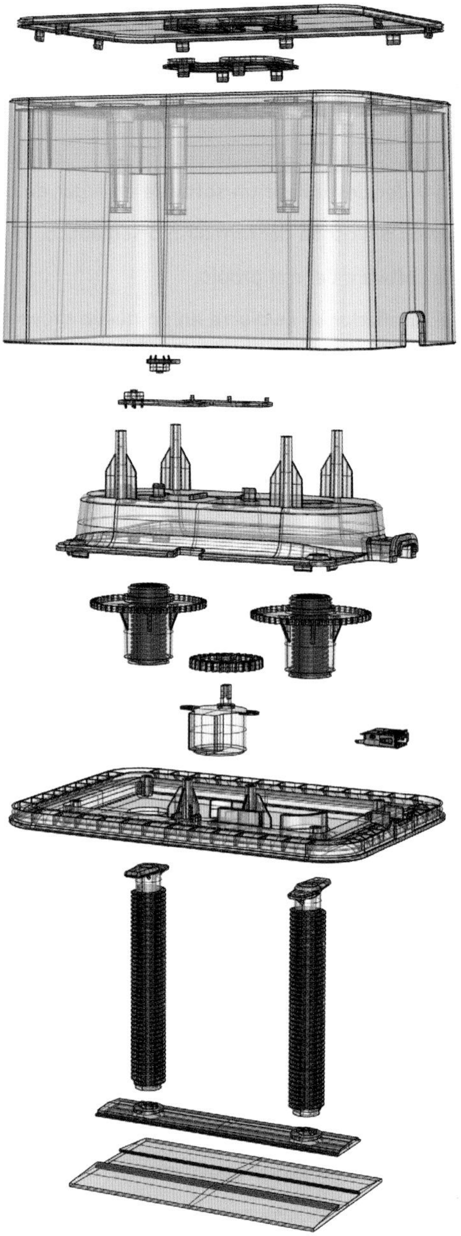

Simplified Complexity es exactamente el libro que querría escribir si tuviera el mismo conocimiento de Giancarlo sobre el tema y sobre todo si hubiera tenido su sabia habilidad para identificarse en aquellos que por primera vez se acercan a Rhino o en aquellos que quieren conocerlo profundamente y aprovechar su inmenso potencial de modelado.

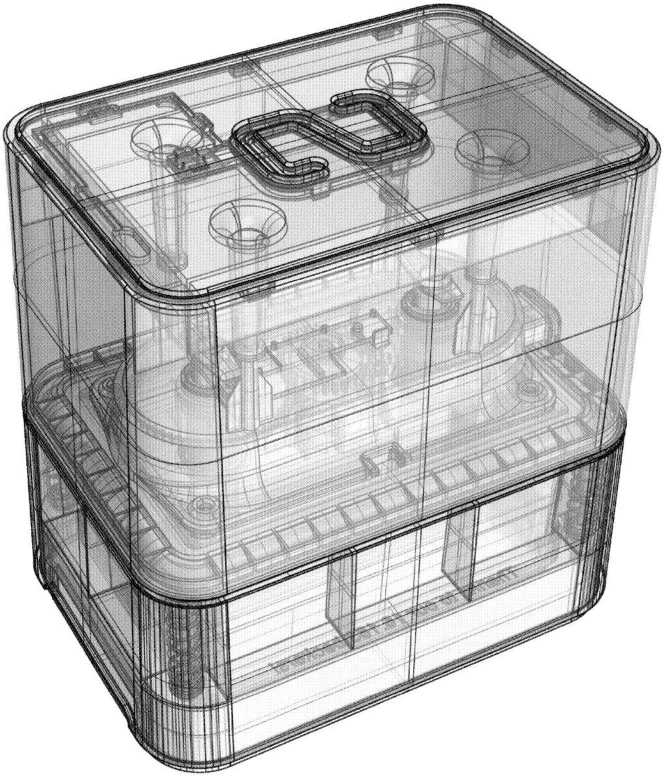

Aunque no lo escribí, tuve el placer de leerlo con antelación y ciertamente seré parte de los muchos que leerán y volverán a leer el libro al considerarlo una excelente referencia técnica y al mismo tiempo un estímulo para la eterna búsqueda de "su propio estilo".

¡Buen trabajo! para todas las personas curiosas que aprenden todos los días, observan, critican y proponen, en definitiva, diseñan.

Índice de los Comandos

Códigos QR decodificados

Código QR n.1, p. 20, 38, 68, 78, 100: https://www.lepenseur.it/symplified_complexity_book/SC-QR1.rar

Código QR n.2, p. 136, 254: https://www.lepenseur.it/symplified_complexity_book/SC-QR2.gh

Código QR n.3, p. 330: https://www.lepenseur.it/symplified_complexity_book/SC-QR3.zip

Créditos

Foto p. 14 – Sistema Fessura, design by Arturo Tedeschi, realización Legnocad

Figura p. 404, n. 15.2 – Štefan Turcovský, FlyingArchitecture

Figura p. 406, n. 15.6 – Matúš Nedecký, FlyingArchitecture

Figura p. 407, n. 15.8 – Štefan Turcovský, FlyingArchitecture

Figura p. 417 – Render superior por Daniela Levy Esses